말의 자연사

말의 자연사

언어의 기원

장-루이 데살 지음

박정준·이현주 옮김

교육서가

차례

들어가며

　인류의 기원에 대한 문제는 더이상 고생물학자들만의 영역이 아니다. 진화 과정에서 언어와 같은 인간의 근본적 특징이 출현한 것에 관심을 갖고자 한다면, 우리의 연구를 화석에만 한정할 수는 없다. 우리의 조상이 돌연 말하는 능력을 갖게 된 이유를 이해하려면 언어 행위에 대한 인지 모형을 만드는 것이 필수적이다. 그러면 생물학적 구조로부터 생물학적 기능으로 거슬러올라가는 것이 가능해지고, 해당 기능이 그것을 부여받은 이들에게 유용한 것이 되도록 만드는 특별한 조건을 명시하는 것도 가능해진다.

　인지과학은 최근에 인상적인 발전을 보였다. 현 시기에서 가장 특징적인 것은 인지과학이 예전에는 암묵적으로 금기시했던 문제들에 대하여 열려 있다는 점이다. 이는 수년 전만 해도 불가능했던 일이다. 인지 연구라는 엄밀한 틀 안에서 이제는 감정이나 의식을 다룰 수 있게 된 것이다. 언어의 계통발생적 기원에 대한 문제도 역설적으로 이러한 새로운 주제 중 하나이다.

정신 현상을 연구하는 과학자들은 일반적으로 인간의 행동이 어떻게 만들어지는지 이해하고 싶은 열망이 그 동기가 되지만, 영혼이나 심령 에너지, 생명의 역동과 같은 마법의 원리를 사용하는 것을 거부한다. 그들이 이용하는 원칙적인 방법은 생물학의 차원에서 그리고 학습 능력의 차원에서 인간 행동의 **구조**를 분석하고 그 결정 인자를 찾아내는 것이다. 언어에 적용하자면, 연구자들은 언어를 사용할 수 있게 해주는 신경 회로의 구조뿐만 아니라 음운 구조, 통사 구조, 의미 구조 등을 분석한다. 반면에, 생물학적 의미로서의 **기능**에 관한 문제들은 인지과학에서 이례적이다. 그런데 동물의 행동을 연구할 때는 생물학적 기능의 문제가 처음부터 제기된다. 인간이라고 예외가 아니다. 인간도 진화로부터 나온 생물학적 존재들이며, 우리의 행동은 수렵과 채취를 하는 우리 조상들의 행동과 대부분 질적으로 다르지 않다. 모든 동물과 마찬가지로 우리의 이러한 행동은 생물학적 기능을 수행할 수 있기 때문에 가능하다.

인간 언어는 인지과학이 가지는 관심사의 핵심이다. 인간 언어의 구조가 수많은 연구의 대상이었지만, 그 기능에 대해서는 아닌 듯하다. 생각과 판단을 전달하기 위한 우리의 의사소통 방식이 생물계에서 유일한 것 같기에 언어의 기능에 대하여 우리가 잘 모른다는 사실은 더욱 안타깝다. 우리는 왜 그러한 능력을 소유하고 있고 다른 종에는 왜 없을까?

나는 진화론적 관점을 인지과학에 체계적으로 도입하는 것이 인간에 대한 우리의 이해를 완전히 뒤바꿀 수 있다고 확신한다. 생물학적 기능의 필요성으로부터 몇몇 구조적 특징들을 도출함으로써, 진화론적 접근은 일관성이 없던 영역에 일관성을 도입하면서 생물 현상의 복잡성을 줄일 수 있도록 해준다. 언어의 생물학적 필연성이란 무엇인가? 이 책이 직접 다루려는 문제들 가운데 하나가 바로 이것이다.

과학계에서는 인지에 대한 연구에 계통발생학적 측면을 다시 도입하고 있는 중이다. 이 글을 쓰는 시점에서 나는 2000년에 파리에서 언어 진화에 대한 세번째 국제 학술대회를 조직했으며 언어 계통학에 대한 관심이 커가는 것을 인정하게 되었다. 언어의 진화에 대한 많은 연구서들이 최근 출판되었으며, 그중 몇몇을 차후에 언급하려고 한다. 한때는 수년 동안 완전히 별개의 분야로 여겨졌고 지금도 충격적으로 보일 진화생물학과 인지과학의 결합이 지속되기를 희망한다. 이 책의 주된 목적은 두 분야의 화합에 기여하고, 그 풍성함을 증명하는 것이다.

이 책에 제시된 많은 생각은 언어의 진화에 대한 이전 학술대회의 토론중에 형성되었다. 나는 크리스 나이트Chris Knight의 신뢰에 감사드린다. 또한 내가 이 분야의 연구자들과 가깝게 지낼 수 있는 기회를 제공해준 것에 감사드린다.

장-베르나르 오리올Jean-Bernard Auriol, 랄레 가닥푸르Laleh Ghadakpour, 올리비에 위드리Olivier Hudry, 필립 모니에Philippe Monnier, 프랑수아 이봉François Yvon에게 그들의 소중한 도움과 격려에 심심한 감사를 드린다. 내가 제시하는 생각들의 일관성과 깊이를 더하기 위하여 그들의 조언을 따르려고 애썼다. 그토록 오래전부터 열중해왔던 주제에 대하여 글을 쓰게 되면서 내 부모님께 감사드릴 기회가 생겼다. 아버지 로베르 데살Robert Dessalles은 내가 어릴 때 인간의 진화에 대한 원칙들을 설명해 주셨고, 어머니 페르낭드 데살Fernande Dessalles은 이 책을 쓰도록 격려하고 조언해주셨다.

이 책의 목적은 언어가 탄생하는 조건에 대하여 일관성 있고 논증을 거친 그림을 제공하는 것이다. 독자들이 여기에서 각자의 비판 정신을 자극할 참신한 생각을 발견할 수 있기를 바란다.

장-루이 데살

1부
인간 종의 역사에서 언어가 차지하는 위치

인간의 혈통이 진화하면서 언어가 출현하게 되는 시나리오를 재구성할 때 다음과 같이 세 단계의 절차를 채택할 수 있다. 첫째, 언어와 관련된 행동을 종의 진화라는 맥락에 위치시킨다. 둘째, 언어와 관련된 행동의 구조를 연구하여 생물학적 기능과 연관시킨다. 셋째, 이러한 생물학적 기능을 장점으로 만든 조건들을 찾는다. 이 책의 1부, 2부, 3부의 주제가 바로 여기에 있으며, 각각 모두 놀라운 사실들을 조심스럽게 다룬다. 우선, 언어는 필연적 결과이기보다는 우연한 호기심으로서 등장할 것이다. 다음으로, 언어의 진화에 있어서 확실히 구분되는 최소한 두 개의 단계가 존재한다는 것이 언어의 구조에 어떤 식으로 암시되어 있는지 보게 될 것이다. 마지막으로, 우리는 하나의 역설을 해결해야 할 것이다. 언뜻 보기에 언어는 그것을 사용하는 이들에게 불리하게 작용하는 것 같기 때문이다. 이 책은 이러한 논지 전개에 따라 다음과 같이 구성되어 있다. 1부는 문제 제기를 목표로 삼으며, 2부는 언어가 출현하게 되는 시나리오의 구성 요소들을 제공할 것이고, 3부는 일관성 있는 해결책을 제안할 것이다. 이러한 전개의 논리를 파악하고자 하는 독자는 각 장들이 제시된 순서를 따라오기 바란다.

언어가 자연스럽고, 명백하며, 심지어 필수적이라는 것은 흔히 받아들여지는 생각이다. 지능을 가진 존재가 말을 하지 않는 것을 어떻게 상상하겠는가? 언어가 생물학적 성향으로서 담고 있는 모든 것을 고려하자면 언어는 아메바에서 인간으로 진화하며 생길 수밖에 없는 결과일 것이다. 언어를 행동으로 고려하는 경우에는 동물이 사용하는 여러 의사소통 체계들과 유사하게 여겨질 것이다. 언어는 단지 더 복잡한 것일 뿐이다. 동물의 종들이 우리만큼 훌륭하게 '말하지' 않는 것은 아마도 그들의 진화가 완료되지 않았고, 그들이 지성과 문화를 향한 발전의 여정에 머물러 있기 때문일 것이다. 우리는 지성과 문화를 통하여 우리의 여러 자원뿐만 아니라 우리의 관념도 어우를 수 있다. 이러한 방식으로 보자면 언어는 우리 인간 종이 자연을 지배할 수 있게 만든 환상적인 수단인 것이 명백하다. 또다른 증명이 필요한가? 언어의 효용은 자명한 것이다.

반면, 언어의 존재는 자명하지 않다는 것을 보여주는 것이 바로 1부의 목적이다.

1장
동물의 의사소통과 인간의 의사소통

어떤 이들에게는 인간 언어가 단지 동물들의 의사소통의 특별한 경우에 불과하며 다른 이들에게는 이와 반대로 우리를 동물들과 구별시켜주는 행동으로 여겨진다. 인류가 말하는 능력을 갖게 된 과정을 이해하기 원할 때 그 과정의 연속성이나 불연속성의 문제가 곧바로 제기된다. 구두 의사소통의 출현은 있을 법하지 않은 혁신을 나타내는가? 아니면 단지 이미 존재하던 체계들의 양적 개선에 불과한 것인가?

1.1 인간 언어의 생물학적 지위

인간 언어의 지위는 논란의 여지가 많다. 동물 행동학의 발전을 통해 우리는 동물들의 의사소통이 보이는 예상 밖의 풍부함에 대하여 보다 잘 알게 되었다. 인간의 의사소통은 동물들의 의사소통보다 복잡하기는 해도 원리에 있어서는 동일한 발전의 연장일 따름인가? 현재의 컴퓨터들이 겉모습은 다르지만 기능에 있어서는 1940년대의 전자계산기들과 거의 다르지 않다는 것과 약간 비슷한가? 만약에 그렇지 않다면, 인간 언어가 근본적으로 새롭고 나머지 동물의 세계에서는 알려지지 않은 본질을 가진 것이라면, 인간 언어가 어떤 식으로 왜 출현했는지 설명해야 한다.

이 두번째 가능성은 당연히 의심스러울 수밖에 없다. 지식의 발전을 오랫동안 저해해온 편견이 있다면 그것은 바로 인간이라는 부류가 나머지 자연과 구별되어 있고 특별한 법칙들을 따르며 완성된 결과라는 견해이다. 19세기의 과학자들이 인간을 오로지 조물주의 구상으로 여기기를 그만두었을 때에도, 우리 인간 종이 진화의 평범하고 우발적인 결과일 수 있다는 사실을 받아들인 것은 아니었다. 인간의 존재가 필연적이지 않으며 우연들이 축적되어 생긴 사소한 결실이라는 것을 받아들이기가 그 정도로 어려웠다. 우리가 지성과 문화를 소유하고 있기 때문에 자연에서 떨어져나왔다는 사실만은 적어도 인정할 수 있었는가? 인간의 여러 사회는, 원초적인 사회들조차 그 고유의 법칙을 따른다. 인간은 이런 식으로 자연에서 벗어나면서 특별하고도 유일한 지위를 차지하게 된다. 이러한 관점에서 보자면 인간의 진화는 우리를 동물의 세계로부터 결정적으로 벗어나게 했을 새로운 길을 따랐을 수도 있다. 문화가 존재함으로써 우리가 동물적 기반에 정착하지 않은 채 새로운 능력들을 발전시켰을 수도 있으며, 언어가 그 본보기일 수 있겠다.

매우 인간중심적인 이러한 견해에 대하여 다음과 같은 반작용이 있다. 진화에 정통하며 복잡한 동물 행동에 대한 사례들을 잘 알고 있는 과학계에서는 통상적으로 근본적인 '연속주의'의 입장을 채택하고 있다. 즉 인간은 동물 가운데 하나에 불과하기 때문에 인간들이 가지고 있는 특성은 자연 그대로의 것이며 인간의 생물학에 기반하고 있다고 여긴다. 인간의 특성이 동물들에게서 보이는 능력과 다르다면 수량적인 측면에서만 다를 뿐이다.[1] 자연은 비약을 하지 않는다. 당나귀와 말 사이에 비약이 없듯이 인간과 침팬지 사이에도 비약은 없다. 이러한 맥락에서 보자면 인간 언어는 의사소통 체계 가운데 하나에 불과할 수 있으며, 인간 언어가 동물들의 의사소통 방식과 비교하여 그토록 발전된 듯 보이는 것은 우리가 동물들의 의사소통 방식을 잘 알지 못하기 때문이다.

　동물 행동학의 발전은 우리로 하여금 우리 인간 종이 가지고 있는 독창성에 대한 많은 편견을 수정하도록 이끌었다. 동물이 단순한 자동인형보다 더 나은 것인지 데카르트René Descartes가 의문을 가졌던 시대 이후로 우리는 동물들이 도구를 제작할 수 있고, 복잡한 전략을 배울 수 있고, 우리의 감정과 비슷한 감정을 가질 수 있고, 동맹을 형성할 수 있고, 우리에게는 알려지지 않은 색깔들을 감지할 수 있고, 복잡한 건조물들을 지을 수 있고, 심지어 문화를 형성할 수 있다는 것을 알게 되었다(Bonner 1980 ; Wrangham *et al.* 1994). 동물들은 또한 정신 상태를 전달할 수 있고, 거짓말을 할 수 있으며, 눈앞에 있지 않은 사물에 대해 의사소통을 할 수 있다. 여전히 인간에게 남아 있는 것은 무엇인가? 심지어 웃음이나 미소도 우리가 유인원들과 공유하고 있는 능력인 듯

---

1 "⋯⋯인간과 하등 동물들의 정신 능력은 본질에 있어서 다른 것이 아니고 발전의 정도에 있어서 엄청나게 다른 것이다. 정도에 있어서 존재하는 차이는 그 강도가 어떠하든 인간을 하나의 구별되는 계에 위치시키는 것을 정당화하지 않는다(Darwin 1871)."

하다(Goodall 1971, p. 243).

인간의 의사소통 방식이 갖는 독창성을 정확하게 헤아려보기 위해서는 동물들의 의사소통이 갖는 복잡함을 과소평가하지 않는 것이 중요하다. 긴 코를 가졌다는 것이 코끼리를 다른 유제류 동물들과 구별시켜주듯이 인간 언어가 우리를 다른 종과 구별시켜주는지, 인간 언어의 어떠한 측면이 진정으로 독창적인지 규정하는 것은 비교를 통해서만 가능하다.

1.2 동물들의 의사소통

모든 생물은 자신의 종에 속하는 개체들과 의사소통을 한다. 의사소통은 번식을 위한 상대를 찾는 것에서 시작된다. 의사소통이 없이는 유전자의 전달이 불가능하고, 그래서 더이상 종에 대해서 말하는 것 자체가 불가능하게 된다. 의사소통은 우리 신체의 내부에도 존재한다. 즉 우리의 세포들은 복잡한 의사소통 방식들을 가지고 있으며, 우리는 그것들을 조금씩 밝혀내고 있다. 우리의 면역체계에 있는 세포들의 경우를 예로 들 수 있다. 이 세포들은 서로를 인식하며, 항원의 공격을 받는 경우에 다른 세포들을 모집할 줄 안다. 이러한 현상은 정보의 전달을 기초로 하고 있으며, 정보 전달은 몇몇 측면에서 언어와 유사하다. 예를 들어 우리의 림프구(백혈구)는 신체의 세포들이 표면에 지니고 있는 몇몇 분자를 통해 그 세포들을 인식한다. 이 표식들이 없는 경우에 림프구는 면역체계의 다른 세포들에게 경고하는 생성물들을 분비한다.

인간들의 언어와 한참 떨어진 이야기를 하는 듯하다. 우리 신체의 미세한 구성 요소들 사이에서 이런 식으로 전달되는 신호들은 글자 그대로 신호일 뿐이다. 언어는 감정이나 추상적 사고에 대해 의사소통을 할 수 있게 해주며 눈앞에 있지 않은 실체의 위치와 같이 구체적인 정보를 전달할 수 있게 해준다. 이 두번째 능력은 인간이나 몇몇 영장류의 전유물이라고 오랫동안 여겨졌다. 칼 폰 프리쉬Karl von Frisch가 1940년대에 꿀벌의 '언어'에 대한 관찰을 출간했을 때 그 내용은 큰 놀라움을 불러왔다. 꿀벌(Apis mellifera)은 자신이 확인한 식량의 위치를 같은 무리의 동료들에게 알려줄 수 있다는 것을 우리는 오래전부터 알고 있었다. 반면에, 꿀벌들이 그 정보를 정확한 코드 체계를 통해 전달하는 것은 모르고 있었다. 폰 프리쉬는 미끼들의 위치를 다양하게 바꿔가며 꿀벌들이 무리에 돌아와서 보여주는 행동을 관찰함으로써 그 유명한 꿀벌들의 '춤'을 해독하기에 이르렀다. 이 춤은 진정한 코드로 고려되어야만 한다(von Frisch 1967).

동물의 의사소통에 대한 또다른 보기는 마찬가지로 자주 인용되고 많이 연구된 것으로서 버빗 원숭이(녹색 원숭이)가 위험신호로 지르는 소리들이다. 포식자가 접근한 것이나 다른 무리의 개체들이 등장한 것을 알리기 위하여 이 작은 원숭이들이 사용하는 소리들의 목록은 다양하다. 위험을 알리기 위해 지르는 이 소리들을 녹음하고 재생하면서 수행한 실험이 증명하듯이 이 소리들의 의미 구조는 매우 명확하다. 포식자가 접근했을 때 지른 소리가 녹음된 것을 들으면 개체들은 적절한 반응을 보인다. 즉, 접근한 것으로 알려진 포식자가 독수리라면 개체들은 숨으며, 포식자가 뱀인 경우에는 개체들이 일어서서 주위의 풀들을 살펴본다. 지른 소리가 표범의 접근과 관계된 것이면 개체들은 나무 위로 피신한다. 이렇게 지르는 소리들이 지금까지는 감정 상태만을 나타낸다고 여겨졌으며, 도망치는 행동의 결과로서 나오는 소리이고 그 행동을 유발하는 소리는 아니라고 생각되었다. 지르는 소리들을 녹음하여 수행한 실험은 이러한 생각이 사실과 다르며, 그 소리들은 진정한 신호라는 것을 증명한다(Cheney & Seyfarth 1988). 이 신호들의 음향 구조를 버빗 원숭이들은 선천적으로 알고 있다. 이렇게 지르는 소리들의 대략적 의미도 또한 선천적으로 주어져 있으나 어린 원숭이들은 그럼에도 이 소리들을 정확하게 내뱉는 것을 배워야 한다. 어린 원숭이들이 두 살이나 세 살이 되기 전에는 위험을 나타내지 않는 종들이 나타난 경우에도 소리를 지르기 때문이다. 어른 원숭이가 주로 잔점배무늬독수리를 가리키기 위해 지르는 소리를 예로 들자면 어린 원숭이들은 포식자가 아닌 독수리가 출현할 때조차 바로 그 소리를 낸다(Hauser 1996, p. 307).

버빗 원숭이들에 의해 사용되는 음성 신호들이 어느 정도까지 단어와 비교될 수 있을까라는 질문이 동물 행동학자들에게 제기되었다. 파블로프Ivan Petrovich Pavlov의 유명한 실험에서 입증된 조건반사에 의한 조정의 원칙을 여기에 적용시키는 행동주의 심리학자는 단순한 자극 연상을 확인하는 것이 어렵지 않을 것이다. 즉 포식자를 봄으로써 생겨난 자극에 대해 체계적으로 연결된 청각 자극은 적절한 도망이라는 반응을 유발하는 데 충분할 것이다. 위험을 알리기 위해 지른 소리 때문에 떠올려진 상황의 의미를 표상하는 정신 상태는 위와 같은 자극-반응이라는 직접적인 연결의 구도에서 설 자리가 없다. 그렇다면 버빗 원숭이들의 발성을 언어의 맹아로 여기기는 어렵다. 현재의 연구 상황에서는 위와 같은 행동주의적 해석은 잘못된 것이다. 체니Dorothy L. Cheney와 세이파스Robert M. Seyfarth는 매우 훌륭한 실험들을 통해서 음성 형식과 행동 반응 사이의 연상 관계가 직접적이지 않으며, 정신 표상의 형식이 매개로 작용해야 한다는 것을 증명하였다. 이를 위하여 체니와 세이파스는 습관화 실험을 사용하였다. 즉 자극의 반복된 발생을 통해 행동 반응의 강도가 줄어들도록 하였다. 지르는 소리가 녹음된 것을 반복하여 듣게 됨으로써 원숭이들은 반응하기를 멈추며 지르는 소리의 내용을 무시한다. 이러한 상태에서 전혀 다른 신호를 들으면 버빗 원숭이들은 그에 적절한 반응을 하게 된다. 즉 습관화는 선별적이다. 체니와 세이파스는 비슷한 음성 형식이나 의미 신호로 이 습관화가 전이될 수 있는지 의문을 제기했다. 언어에 있어서 유사한 경우를 보자면 우리는 fraction(분수)이라는 단어로부터 numerator(분자)라는 단어를 쉽게 연상한다. 즉 fraction(분수)과 traction(견인하기) 사이에 있는 것과 같은 형식적 유사성에만 한정되지 않는다. 두 단어 fraction과 traction은 음성적으로 매우 유사하지만 일반적으로 유사한 상황을 떠올리게 하지는 않는다. 반면에, fraction과 numerator는 흔히 동일한 문맥에서 연상된다. 우리는 이 경우에 음성적 유사성보다 의미 사이의 연상 관계에 더 민감한 것이다. 버빗 원숭이들의 경우는 어떠한가?

습관화에 기반을 둔 이론의 예상처럼 버빗 원숭이들이 음성적 특성에 따라서 신호들을 비교하는지 아니면 그 의미에 따라서 비교하는지 알아보기 위하여 체니와 세이파스는 인접 무리들 사이에서 영역 분쟁이 일어날 때 원숭이들이 지르는 두 가지 소리를 녹음하여 이용했다. 하나는 wrr처럼 일종의 떨음으로서 울리는 소리이고, 또 하나는 chutter(영어 의성어)와 비슷하게 울림이 없는 소리이다. 앞엣것은 개체들이 다른 무리의 출현을 알게 되었을 때 내는 소리이고, 뒤엣것은 두 무리가 서로 위협을 하거나 싸움에 이르렀을 때 발생하는 소리이다. 음성적으로 서로 다름에도 불구하고 상당히 유사한 의미를 지니고 있기에 이 두 소리는 흥미롭다. 실험에 의해 다음과 같은 사실이 밝혀진다. 녹음을 통해 20분마다 반복하여 들음으로써 wrr에 습관화된 개체들은 wrr를 낸 것과 동일한 개체가 지른 chutter가 녹음된 것을 들을 때 거의 반응을 보이지 않는다. 반면에, 표범이나 독수리가 나타났을 때 위험을 알리는 소리처럼 습관화를 위한 신호와 실험을 위한 신호가 전혀 다른 의미인 경우에는 원숭이들이 정상적으로 반응한다. 다른 원숭이에 의해 실험을 위한 신호가 발생된 경우에도 습관화는 전이되지 않는다. 이를 통해 체니와 세이파스는 다음과 같은 결론에 이른다. 버빗 원숭이들에 의해 발생된 신호는 정신 표상을 유발하며, 행동의 근원이 되는 것이 바로 이 정신 표상이다. 신호와 행동 사이의 연결이 직접적이라면 습관화 실험에서 우위를 차지하는 것이 음성적 유사성이었을 것이다. 하지만 실제로는 신호와 행동 사이에 개입하는 유사성은 전달 내용이 발신되고 상황이 떠올려지게 만드는 정신의 구조에 관련된 것이다. 이러한 이유로 버빗 원숭이들 사이의 의사소통과 인간의 의사소통은 어느 정도 유사성을 지니고 있으며, 지금부터 이것을 자세히 살펴보겠다.

1.3 신호로부터 행동으로

인간의 언어를 동물의 의사소통과 대립시키는 방법 가운데 하나는 동물의 의사소통을 반사 행동으로 기술하는 것이다. 즉 동물의 의사소통 행위들은 그 행위가 수신자에게서 유발하는 행동과 직접적으로 연결되어 있다고 주장하는 것이다. 체니와 세이파스의 실험이 있기 전에는 버빗 원숭이가 도망치는 반응이 원숭이들이 위험을 알리기 위해 지르는 소리에 대한 직접적이고 반사적인 결과라고 생각할 수 있었다. 사실이 그렇다면 신호의 중심 효과는 신호가 유발하는 행동이라고 말할 수 있을지도 모른다.

동물의 의사소통에 대한 이러한 기술은 동물들이 자연환경에서 실제로 보이는 행동에 대해 잘 알지 못하는 행동주의 심리학자들이 제시할 수 있었던 것으로서 흔히 너무 단순화된 기술로 밝혀진다. 신호와 우발적 행동 반응 사이에는 두 개의 연속적 기제가 개입할 수 있다. 첫째, 표상적 기제가 있다. 신호는 **정신 표상**을 구축하기 위하여 사용되며, 행동을 촉발하는 것이 바로 이 표상이다. 앞에서 보았듯이 체니와 세이파스의 실험들은 버빗 원숭이들에게 있어서 이러한 유형의 표상이 존재한다는 것을 뒷받침한다. 즉 이 원숭이들은 음성 형식에 따라서 신호들을 연상하는 것이 아니라 신호들이 결부되어 있는 상황에 따라서 연상한다. 이러한 경우에 의사소통 행위의 중심 효과는 정신 표상을 만드는 것이라고 말할 수 있다. 그러므로 표범이 출현했을 때 버빗 원숭이가 흔히 지르는 소리의 효과는 무언가 표범과 동일한 것을 원숭이의 정신 속에 만들어내는 것이라고 볼 수 있다. 경험한 상황에 대한 기억으로부터 구상되는 표범의 영상을 예로 들 수 있다. 체니와 세이파스의 실험에서 얻어진 자료들이 이와 동일한 맥락에 있기는 하다. 그러나 지르는 소리에 의해 버빗 원숭이에게서 유발되는 정신 표상이 그만큼 구상적이라고 확신하기에는 부족한 면이 있다.

신호와 대응 행동 사이에 개입하게 되는 정신 표상들의 장점은 무엇일 수 있을까? 명백한 단점은 반응이 보다 느리다는 것이다. 개체가 신호에 대해서 반사적으로 즉각 반응하는 대신에 신호가 통상적으로 연상하는 상황에 대한 표상을 만들어내고, 그러고 나서 이 표상과 현재의 상황을 비교하고, 그 비교에 근거하여 반응하기 때문이다. 체니와 세이파스의 실험들을 약간 일반화하면 다음과 같다. 다른 무리가 접근하는 것을 알리기 위해 지르는 소리를 듣게 되면 버빗 원숭이는 낯선 무리를 마음속에 표상하고 이 표상을 현재 상황으로 투영한다. 이로부터 다음과 같은 사실이 설명된다. 즉 동일한 상황을 알리는 다른 소리가 등장하는 경우에 이 원숭이는 그 지르는 소리가 음성적으로 다르더라도 반응을 하지 않는다. 적절한 행동 반응을 만들어내기 위해서는 왜 이런 종류의 복잡한 기제를 거쳐야 하는가? 이러한 매개 작업의 장점은 상황을 개입시킬 수 있다는 데서 찾을 수 있다. 뱀을 연상시키는 신호를 듣는 경우에 버빗 원숭이는 위험의 위치를 확인하기 위하여 주변의 땅을 쳐다본다. 도망치는 행동이 반사 행동이라면 아무데로나 달리기 시작할 테지만 버빗 원숭이는 그렇게 하지 않는다. 버빗 원숭이는 머릿속에 뱀을 떠올리고, 현재 상황의 맥락에서 그 뱀을 찾는다. 이 상황에서 뱀이 존재한다는 결론을 얻지 못하면 원숭이는 도망치지 않을 수 있다.

신호가 발생된 상황을 정신 표상으로 만드는 작업이 신호와 그 신호가 유도한다고 여겨지는 행동 사이에 개입할 수 있는 유일한 기제는 아니다. 많은 경우에 정신 표상은 **평가**를 유발하는 경우에 그 존재가 정당화된다. 신호를 감지한 동물이 의사소통의 어떤 측면들을 평가할 수 있는 경우에는 자신이 들은 것에 구속되지 않는다. 특히, 평가라는 기제 덕분에 동물들은 신호의 발신자가 만들어내는 조작에 대해 대항할 수 있다. 예를 들자면 영역에 민감한 조류들의 지저귀는 소리가 갖는 정확한 생물학적 기능이 여전히 부분적으로 신비스럽기는 하지만 암컷은 같은 종 수컷이 지저귀는 소리의 몇몇 측면에 민감하다는 것이 확인되었다. 예컨대 암컷 참새는 자신이 들은 지저귀는 소리가 어떤 특징을 갖고 있는 경우에 자발적으로 과감하게 짝짓기의 전조가 되는 행동들을 보인다. 참새가 다섯 가지에서 열세 가지의 지저귀는 소리를 낼 수 있으므로 이 특징들의 목록은 풍부하다. 또한 지저귀는 소리가 즉시 반복된 것과 나중에 반복된 것이 이 특징들을 통해서 대비된다(Hauser 1996, p. 396). 평가의 기초와 그 생물학적 의미가 부분적으로는 여전히 밝혀져 있지 않지만 암컷 참새가 자신이 들은 것을 평가한다는 것은 명백하다.

영역에 민감한 조류의 보기에서 추정할 수 있듯이 평가는 신호 자체를 기초로 삼아서 작용할 수도 있고 또는 신호로부터 만들어진 표상을 기초로 삼아서 작용할 수도 있다. 주변을 탐색하고 나서 도망치기도 하고 도망치지 않기도 하는 버빗 원숭이는 자신이 상황으로부터 스스로 만들어낸 표상에 근거하여 결정을 내린다. 그러한 원숭이의 행동은 위험을 알리기 위해 지르는 소리나 상황으로부터 자신이 만들어낸 표상에 의해 자동적으로 생겨난 결과가 아니다. 표상은 평가의 대상이 되며, 앞으로 채택될 행동을 규정하는 것이 바로 이 평가의 결과이다. 평가는 경험이나 습관화와 같은 몇몇 요인에 민감하다. 또한 신호의 원천에 대한 신뢰성과 같은 상황적 요인까지도 포함하여 고려될 수 있다. 위험을 알리기 위해 지르는 어떤 소리에 방금 습관화되었더라도 그 소리가 다른 원천으로부터 나오는 경우에는 버빗 원숭이가 다시 정상적인 관심을 보이기 시작한다는 것을 습관화 실험에서 확인할 수 있다(Cheney & Seyfarth 1990).

의사소통 상황에 대한 평가가 가장 명백하게 드러나는 경우가 위협이다. 위협을 받은 개체는 공격자의 실제 의도를 가능한 한 정확하게 측정하는 것이 이득이며, 공격자가 발신한 신호를 기초로 그 의도를 평가한다. 존 크레프스John Krebs와 리처드 도킨스Richard Dawkins의 이론에 따르면 위협을 받은 개체가 조작된 신호에 속을 위험이 있기 때문에 이러한 평가는 필수적이고 복잡해진다(Krebs & Dawkins 1984). 개는 위협을 할 때 마치 상대방에게 뛰어들기라도 할 듯이 이빨을 드러내고 몸을 낮추어 네 발로 뛰어오를 자세를 취한다. 그런데 그 개가 정말로 뛰어들려는 의도가 있을까? 이처럼 과시하는 동작은 무엇보다도 공격 행위를 실제로는 하지 않으려는 의도를 가지고 있다. 공격 행위가 자신에게도 위험이 될 수 있기 때문이다. 위협 받은 개체는 이러한 조작에 대항하기 위하여 공격 가능성을 꽤 정확하게 평가해야 한다. 이러한 두 개의 역할은 상반되는 이해관계를 가지고 있기 때문에 크레프스와 도킨스의 이론으로는 점점 남보다 앞서려는 일종의 의지가 생겨난다. 위와 같은 상황에서는 점점 더 감별하기 어려운 신호들이 생겨나며, 한편으로 평가 능력은 그러한 상황 속에서 점점 더 정밀해진다.

몇몇 행동들은 사고와 반사 행동 사이의 매개적 인지 능력을 전제로 한다(Grumbach 1994). 이러한 행동은 자극-반응 유형의 단순한 연상 관계들의 총체로 귀착될 수는 없을 것이다. 많은 종들의 내부에서 이루어지는 의사소통이 그러하다. 신호의 감지가 정신 표상으로 이어질 수 있는 경우가 있다. 이 정신 표상은 신호가 알리는 사건을 거의 직접 감지하는 것으로 만든다고 볼 수도 있다. 그러므로 이 경우에는 유발된 행동이 신호 자체에 연결되어 있는 것보다 신호에 의해 상기된 상황에 더 많이 연결되어 있다. 우리가 두번째로 언급했던 기제는 신호에 대한 평가 또는 유발된 표상에 대한 평가이다. 동물들의 의사소통은 선천적 연상이든 학습에 의한 연상이든 단순한 연상을 넘어서는 고도의 정신적 과정들을 작동시킨다는 것이 이러한 기제 덕분에 엿보인다. 이 사실로 보자면 동물들의 의사소통은 논란의 여지 없이 인간의 의사소통과 유사하다. 타인의 말은 우리로 하여금 정신 표상을 만들어내도록 하며 우리는 그 정신 표상을 평가한다. 예컨대 우리는 일기예보에서 '남쪽으로부터 저기압이 오고 있습니다'라는 말을 들으면서 해당 상황에 대한 표상을 구축한다. 그리고 나서 그 표상의 특성을 우리의 주말에 대한 불편함이라고 평가한다. 이것이 언뜻 보기에는 위험을 알리기 위해 지르는 소리를 듣고 적당한 방식으로 급하게 도망가기로 결정을 짓는 버빗 원숭이가 실행하는 것과 크게 다르지 않은 듯하다.

1.4 코드로 고려되는 인간 언어

인간 언어를 동물들의 의사소통 체계와 구별시켜주는 특질을 찾는 것은 수월해 보인다. 인간 언어의 가장 현저한 특성 가운데 하나는 지시 능력이다. 즉, 단어는 사물을 **표상한다.** 예컨대, Peter라는 이름은 그 사람이 존재하지 않더라도 한 명의 특정한 사람을 표상할 수 있다. 언어는 이처럼 코드로서 인식된다. 즉 사람들은 대화 상대자를 위해 상황을 번역하여 단어들로 나타낸다. 이 대화 상대자는 전달 내용의 암호를 풀고, 의사소통 행위를 유발한 상황을 재구성한다. 꿀벌에 대한 폰 프리쉬의 실험이 관심을 끄는 이유 가운데 하나로 다음과 같은 사실을 들 수 있다. 눈앞에 있지 않은 실체를 코드로 지시하는 능력을 유일한 근거로 인간 언어의 우월성을 주장하려는 모든 시도가 폰 프리쉬의 실험으로 무효가 된다.

꿀벌들의 말

꿀벌은 벌통의 수직형 봉방에서 이동하며 어둠 속에서 일종의 춤을 구현한다. 1초에 약 열다섯 번 정도 자신의 배를 흔들면서 직선의 짧은 거리를 걷는다. 그러고 나서 바워을 따라 보통의 걸음걸이로 걸으며 출발점으로 돌아온다. 오른쪽과 왼쪽으로 반원을 번갈아 그리며 이 주기를 반복한다. 그리하여 춤은 전체적으로 8자 모양의 궤도를 그린다. 꿀벌은 밀원의 위치를 이 궤적 덕분에 알려줄 수 있게 된다.

가장 중요한 요소는 이 8자의 가운데에 있는 직선 경로이다. 즉 꿀벌이 빠르게 떨며 걷는 경로이다. 이러한 꿀벌의 동작은 춤추는 동안에 생기는 아주 작은 소리와 공기의 움직임을 통해 가장 가까이에서 따르는 벌들에 의해 감지된다. 몸을 흔드는 속도와 횟수는 벌통과 밀원 사이의 거리를 가리킨다. 즉 밀원이 가까울수록 춤이 더 빠르다. 예를 들어 3초의 주기성은 500미터의 거리를 가리키게 된다. 가장 눈길을 끄는 것은 폰 프리쉬가 밝힌 방향에 대한 코드화이다. 벌이 그린 직선 경로의 방향과 연직선 사이의 각도는 밀원에 도달하기 위해 가야 하는 방향과 태양 방향 사이의 각도를 재현한 것이다. 의욕이 넘치는 벌은 한 시간 가까이 춤을 출 수 있다는 사실을 고려한다면 그 벌이 태양의 방위가 변하는 것을 참작하여 자신의 춤에 조금씩 수정을 가해야 한다는 것이 이해가 된다. 이러한 코드가 존재한다는 것은 꿀벌들에게 '말하기' 위해 꿀벌 모형 로봇을 사용한 생물학자들에 의해 증명되었다 (Kirchner & Towne 1994, Michelsen 1998).

꿀벌의 이러한 언어가 가지는 속성들은 여러 측면에서 흥미롭다. 1그램도 되지 않는 이 존재가 눈앞에 있지 않은 실체를 가리킬 수 있다. (지시하고자 하는 밀원의 표본을 자신과 같은 벌통에 사는 벌들에게 제공한다는 것을 참고로 알아두자.) 밀원에 대한 지시는 여러 개의 상보적 코드로 구성된다. 무엇보다도 방향에 대한 코드와 거리에 대한 코드로 구성된다. 이 코드들은 아날로그 코드이다. 그러니까 서로 이웃하고 있는 위치는 거의 유사한 춤을 통해 지시될 것이다. 아날로그이기는 해도 엄연한 코드이다. 하나의 영역을 다른 영역으로 재현한다(다시 나타낸다)는 점에서 코드이다. 여기에서는 한 쌍의 공간 좌표들이 다음과 같이 거리와 방향을 재현한다. 수직형 봉방에서 돌아다닌 몇 센티미터의 거리는 벌통 외부의 몇 데카미터 또는 몇 헥토미터의 거리를 재현한다. 또, 수직 방향은 태양의 방향을 재현하며, 춤에서 직선 경로의 방향은 밀원으로 가기 위해 따라야 하는 방향을 재현한다. 꿀벌들이 움직임이라는 영역을 사용하여 공간의 위치 결정이라는 다른 영역을 재현하는 것, 꿀벌의 의사소통이 눈길을 끄는 점이 바로 이것이다. 만약에 꿀벌이 같은 벌통의 벌들을 자신이 발견해낸 장소로 데려가는 것에 그친다면 우리의 흥미는 훨씬 적을 것이다.

그런데 꿀벌들의 '언어'는 우리가 인간 고유의 의사소통 방식에 대하여 품고 있는 개념과는 여러 측면에서 다르다. 핵심적인 차이 가운데 하나는 꿀벌 춤의 고정적이고 생득적인 특성과 관련있다. 같은 종에 속하는 꿀벌들은 모두 동일한 방식으로 춤을 추고 동일한 방식으로 춤을 해석한다. 꿀벌들은 학습할 필요가 없으며 춤추는 행동은 유전자에 코드화되어 있다. 꿀벌 춤은 빈칸이 있는 일종의 양식과 비슷하다고 볼 수도 있겠다. 창의성을 위한 자리는 없으며 표현될 수 있는 모든 것은 규정되어 있다. 거리, 방향, 발견한 밀원의 품질이 그것이다. 거의 전부가 자유인 인간의 의사소통과 얼마나 대조적인가! 이 자유는 아마도 어떤 면에서는 환상에 불과하다(14장 참고). 그렇지만 우리를 꿀벌과 비교해본다면 그러한 자유의 존재를 부인할 수 없다. 즉 우리의 단어와 우리의 문장은 이 곤충이 벌통의 봉방에서 그리는 궤적에 비하면 자유자재로 변화할 수 있는 듯하다. 이러한 자유가 있는 것은 우리가 사용하는 기호의 사회성과 자의성 덕분이다.

기호의 자의성

그 유명한 스위스 학자, 페르디낭 드 소쉬르Ferdinand de Saussure는 20세기 초에 다음과 같은 언어의 근본적 특성을 역설했다. 주로 단어라고 볼 수 있는 우리가 사용하는 기호들은 그것이 가리키는 사물이나 행위나 현상과 어떠한 유사 관계도 갖지 않는다. 다른 말로 하자면 의성어를 제외하고는 시니피앙(단어)과 시니피에(사물, 행위 등)의 관계는 전적으로 규약에 따른 것이다. 동일한 의미에 대한 단어가 개별 언어마다 다르다는 사실을 살펴보는 것만으로도 이를 확인할 수 있다. 예를 들어 enfant, kind, child, copil, koudak은 프랑스어, 독일어, 영어, 루마니아어, 페르시아어에서 동일한 대상을 각기 다른 방식으로 가리킨다. 구조주의 언어학자들은 어휘의 상대성을 인식한 채 개별 언어에 따라 의미와 상관없이 각자의 규칙을 갖고 있는 기호 체계를 보기 시작했다. 연구 범위를 흔히 하나의 개별 언어나 몇몇 개별 언어들 사이의 관련에 국한시킨 구조주의 언어학자들은 같은 맥락에서 한 발 더 나아가 인간 언어가 어떤 개별 언어로 실현되었든 상관없이 일정한 하나의 체계라고 고려하기 시작했다.

자의적 기호를 바탕으로 하는 의사소통 체계의 장점은 무엇인가? 언뜻 보기에는 그러한 의사소통이 아주 나쁜 것 같다. 각 개별 언어가 다른 기호들을 사용하므로 그 기호들을 배우는 것이 반드시 필요하다. 신생아가 자신의 언어를 알고 태어나지는 않는다. 또한 제2언어를 배우는 것은 여러 해의 노력을 필요로 한다. 게다가 두 명의 화자가 서로 다른 언어를 사용하는 경우에는 의미의 사회성 때문에 서로의 말을 이해할 수 없을 것이다. 이는 의사소통 체계로서 매우 심각한 단점에 해당한다. 비교해보자면, 동물들의 의사소통 체계는 대부분 생득적이며, 학습이 거의 필요하지 않거나 전혀 필요가 없다. 그렇지만 다음 사실들을 참고로 해두자. 어린 버빗 원숭이들은 위험을 알리기 위해 지르는 소리들의 대략적 의미를 알기는 해도 몇 해에 걸쳐 그 소리들의 정확한 의미를 학습해야 한다(Hauser 1996, p. 306). 어떤 종의 새들은 자기 지역의 개체군이 내는 울음소리를 어릴 때 학습해야 하며, 그러한 종들에게 있어서 지역에 따른 방언 변이가 관찰된다(Darwin 1871 ; Hauser 1996, p. 275). 이러한 가변성은 기호와 그 기능 사이의 상대적으로 느슨한 연결을 나타낸다.

기호의 자의성 때문에 바벨탑의 비극이 인간들 사이에서 다양한 정도로 끊임없이 반복된다. 그렇지만 개인이 새로운 의미들을 창조할 수 있는 가능성의 길을 여는 것이야말로 인간 언어가 가지는 특성이다. 인간 언어는 열려 있는 어휘 목록을 가지고 작동한다. 누구라도 새로운 단어들을 만들 수 있다는 말이다. 끊임없이 새로 등장하는 젊은이들의 은어와 과학자들의 전문용어가 이러한 창조성의 좋은 보기이다. 서로 관계가 없는 개별 언어들이 존재한다는 것은 새로운 의미들을 나누는 우리의 놀라운 능력을 위해 지불해야 할 비용이라고 할 수 있겠다.

인간들과 접촉하며 자란 몇몇 침팬지들은 어쩌면 제외해야겠지만 동물들은 새로운 단어들을 만들어 자신의 동족들에게 내보이는 방법을 소유하고 있지 않는 듯하다.

동물들의 의사소통에 있어서는 대부분 어떠한 자의적 특성도 가지고 있지 않은 기호들이 사용된다. 동물들은 태생적으로 다른 어떤 기호도 모두 제외한 채 이처럼 자의성이 없는 기호들을 사용하게 되어 있다. 종의 진화의 차원에서 추론을 하자면, 이와는 반대로, 동물들이 사용하는 기호에서 자의적인 측면을 많은 부분 발견한다. 꿀벌은 자유롭게 새로운 춤을 발명할 수 없다. 그렇지만 종의 진화에 따라서는 전혀 다른 춤이 창조되었을 수도 있다. 칼 폰 프리쉬는 꿀벌들이 벌통 밖에서 날아다니며 연습해본 것이 어떻게 꿀벌 춤으로 발전되는지 보이고자 애썼다. 태양의 방향을 어두운 벌통 속에서 수평 방향이나 벌통 입구 방향으로 대체하지 않고 수직 방향으로 대체한 것은 어느 정도 자의성을 담고 있다. 마찬가지로 동물들이 위험을 알리기 위해 지르는 많은 소리들은 그 위험과 어떤 필연적 관계도 가지고 있지 않은 듯하다. 둘 사이의 관계는 동물들의 개체에 내재되어 있는 행동 관련 장치에서 이어져 있을 뿐이다. 그러므로 우리 인간 언어의 자의적 특성이 절대적 혁신인 것은 아니다. 앞으로 보겠지만 우리의 의사소통 코드는 본질적으로 '디지털' 코드라는 데서 그 독창성이 있다고 할 수 있다.

두 가지 유형의 코드

인간의 의사소통은 꿀벌이나 버빗 원숭이의 의사소통과 마찬가지로 코드의 사용을 기초로 삼는다. 의사소통을 하려는 개체가 만드는 기호들은 그 의미를 아는 개체만이 해석을 할 수 있다. 그렇기는 하지만 우리가 말할 때 사용하는 코드의 유형과 꿀벌들이 사용하는 코드 사이에는 근본적인 차이가 존재한다. 꿀벌들의 춤은 기호학자들이 **도상성**이라고 규정하는 특성을 가지고 있다. 즉 어떤 영상과 그 영상이 표상하는 구체적 상황이 유사한 것처럼 어떤 꿀벌이 그린 궤적과 그 벌을 따르는 다른 벌들에게서 그 궤적이 유발하는 행동 사이에는 유사성이 존재한다. 기술적인 관점에서 보자면 밀원의 위치를 결정하는 공간과 전체 궤적 사이에 연속적 대응이 존재하기 때문에 꿀벌의 춤이 도상의 측면을 가진다고 말할 수 있다. 유사성 관계를 보존하는 이러한 체계를 **아날로그** 체계라고 부른다.

인간 언어에도 마찬가지로 아날로그의 측면이 여럿 존재한다. 예를 들어 강세는 한편으로는 엄격한 규칙을 따른다. 특히 강세의 위치에 있어서 그렇다. 그렇지만 강세의 정도는 점진적인 변화를 통해 미묘한 의미 차이를 나타낼 수 있다. 이야기하고 있는 사건이 있을 법하지 않음을 점진적으로 강하게 나타내기 위하여 영어 It was unbe*lie*vable에서 lie 또는 프랑스어 C'était absolument *in*croyable에서 in의 강도와 길이를 점점 강하고 길게 할 수 있다. 우리의 의사소통과 관련된 행동에 있어서 또다른 아날로그의 측면을 몸짓에서 발견할 수 있다. 우리는 말을 할 때면 어김없이 양손이나 몸의 움직임을 동반한다. 이러한 움직임이 의사소통에서 갖는 역할은 아직 제대로 규명되어 있지 않다. 일반적으로 이 몸짓들이 어떤 추상적 위치나 이동 또는 구체적 위치나 이동을 지시하는 경우에는 도상의 지시 방식을 취한다. 어떤 위치를 가리키면서 그곳을 지시하는 화시적 몸짓이 가장 대표적인 경우이다. 침팬지들이 화시적 몸짓을 해석할 수 있다는 것은 참고할 만하다. 그와 달리 개와 같은 다른 동물들은 손가락이 가리키는 쪽으로 시선을 두는 대신에 손가락을 쳐다본다(Premack & Premack 1983, p. 79; Savage-Rumbaugh & Lewin 1994, p. 161).[2] 화시적 몸짓은 자의적이지 않다. 즉 몸짓과 그 의미 사이에는 수학의 연속함수로 모델을 제시할 수 있는 아날로그 관계가 존재한다.

도상적 연관은 기호의 공간과 의미의 공간처럼 두 개의 공간 사이에 아날로그 관계가 존재할 때 생길 수 있다. 공간적 형태나 공간적 관계를 몸짓으로 묘사하는 경우가 그러하며 의성어와 그 대상이 되는 소리가 비슷한 것도 마찬가지다. 이와 같은 아날로그 관계를 맺고 있지 않은 실체들에 대해서 여러 기호를 한데 합쳐 지시하는 것은 엄밀히 말해 그러한 경우가 아니다. 이는 마임 놀이를 통해 확실하게 드러난다. 혈족관계, 희망, 고생물학, 초월과 같은 개념을 마임으로 나타내려고 시도해볼 수 있다. 이것은 많은 기호와 큰 노력을 요구하겠지만 성공할 보장이 적다. 인간 언어가 기초로 삼는 코드는 본질적으로 아날로그의 특성을 갖고 있지 않다. 즉 우리의 언어 기호는 본질적으로 기호가 지시하는 대상과 어떤 유사성도 갖고 있지 않다.

인간 언어의 기초 단위들은 소유하고 있는 몇 가지 속성에 의해 도상적 측면으로부터 멀어진다. 단속적 공간에 속한다는 것이 그 속성들 가운데 하나이다. 코드의 구성 요소들이 분리될 수 있을 때 그러한 코드를 단속적이라고 한다. 코드에 있어서 구별되는 두 개의 구성 요소 사이의 거리가 임의로 짧을 수는 없다는 뜻이다. 이러한 관점에서 봤을 때 꿀벌들의 춤은 단속적인 모습을 보이지 않는다. 왜냐하면 꿀벌이 춤

---

2 해당 몸짓이 의사소통에서 나타내는 의도를 침팬지가 이해한다는 것은 아니다(Call, Hare & Tomasello 1998).

으로 표현할 수 있는 여러 각도가 임의로이 서로 가깝게 위치할 수 있기 때문이다. 인간 언어의 음소는 분리가능성이라는 속성을 소유한다. 두 개의 형태 사이에서 음향 신호 하나를 점진적으로 변화시킴으로써 이를 쉽게 확인할 수 있다. 예를 들면 pierre로 들리는 형태와 bière로 인식되는 형태 사이에서 확인할 수 있다. 여기에서 음향 신호의 변화는 분명히 점진적이다. 그런데 그에 대한 인식은 점진적으로 이루어지지 않는다. 이 실험에 참여하는 프랑스어 화자는 전이가 갑작스레 일어나는 느낌을 받는다. 이 주체에게는 이쪽 단어가 들리거나 또는 저쪽 단어가 들린다. 어떤 순간에도 두 단어 사이에서 매개적이라고 할 만한 절충적 형태를 인식하지는 않는다(Martinet 1967, p. 22 ; Mehler & Dupoux 1990, p. 232).

단속적 체계의 장점은 잘 알려져 있다. 음악 녹음의 디지털 방식과 아날로그 방식의 차이를 생각하면 된다. 디지털 녹음은 소음을 오류확률로 변형시킨다는 장점이 있다. 아날로그 체계는 일반적으로 선형 체계[3]여서 방해전파를 전달하고 축적한다. 그래서 높은 신뢰도가 요구되는 경우에는 아날로그 체계가 작동할 수 없게 된다. 반면에 단속적 체계는 일정 정도의 방해전파는 허용할 수 있다. 그로부터 생기는 오류확률이 지각될 수 없을 때까지 허용한다. 이러한 단속적 체계는 본질적으로 비선형 체계이다. 그래서 입력 단계의 방해전파는 엄청나게 강하지 않다면 그냥 깨끗이 제거되어버린다. 그리하여 인간의 가청 대역폭을 그 값의 5분의 1로 제한하는 전화 전송과 같은 음향적 방해 요소는 우

---

3 선형 체계는 중합 원리를 따른다. 입력 단계에서 소음이 추가되면 그 소음은 어떤 형태로든 출력 단계에 다시 나타난다.

리가 인간 언어의 음소를 인식하는 데 현저한 영향을 끼치지 않게 된다.[4]

인간 언어가 본질적으로 도상적이지 않은 것은 단지 인간 언어가 단속적 단위에 기초하기 때문만은 아니다. 단속적 코드도 몇몇 도상적 측면을 간직할 수 있다.[5] 유럽 방식으로 코드화되어 있는 주소에서 건물 번호의 순서와 건물들이 도로에서 차지하는 위치 사이에는 유사점이 있다. 본질적으로 우리의 언어가 기초로 삼는 코드는 단속적 코드일 뿐만 아니라 비非아날로그 코드이다. 인간 언어는 아주 많은 측면에 있어서 디지털 체계이다.

인간 언어의 디지털 측면

인간 언어는 디지털 코드(digital은 손가락을 뜻하는 라틴어 *digitus*에서 유래)라는 눈에 띄는 특성을 보인다. 디지털 코드는 아날로그 방식이 아닌 단속적 코드이다. 다시 말하면, 기호의 공간과 의미의 공간 사이에 유사성 관계를 수립하는 것이 가능하지 않다. 음향적인 관점에서 서로 가까운 두 개의 형태가 비슷한 의미를 가질 만한 어떤 이유도 없다. 예컨대 두 단어 peer와 beer는 서로 상당히 먼 의미를 가지고 있다. 반대로 stone과 pebble처럼 매우 다른 두 단어가 서로 상당히 가까운

---

4 방해 요소가 존재할 때 정확한 음소들을 재구성하는 이와 같은 우리 인간의 능력은 음소의 코드화와 단어의 코드화라는 최소한 두 개 차원의 코드화를 이용한다. 이 능력은 고유 명사를 인식하는 경우와 같이 하나의 음운 요소에만 근거할 때는 효율이 떨어지게 된다.

5 음악 신호와 같은 어떤 신호를 수량화하게 되면 단속적 값을 가진 신호를 얻는다. 이 작업은 비선형적이지만 신호가 표상하는 물리적 현상과 해당 신호가 맺는 아날로그 관계를 파괴하지 않는다.

의미를 가질 수 있다.

기호의 집합과 의미가 이렇게 독립적이기 때문에 기호의 집합은 자신만의 구조를 가질 수 있다. 인간 언어의 구조는 세계의 구조 가운데 무엇에 대해서도 그것을 우리가 인식하는 그대로 복제한 것이 절대 아니다. 언어 기호와 의미 사이의 관계는 독립적으로 구성된 두 체계 사이의 연결이다. 이 연결은 하나의 항과 다른 항 사이의 단순한 대응이 아니다. 수학에서는 표현들이 모두 일대일 대응을 이루는 것이 이상적이지만 언어에서는 그와 반대이다. 분석 철학 초창기의 몇몇 사상가는 시니피앙-시니피에 관계를 단순한 전단사 관계로 귀착시킴으로써 일상 언어와 수학 언어 사이의 그러한 차이를 없앨 수 있다고 생각했었다. 앞으로 보겠지만 기호 체계와 의미들 사이의 연결은 그와는 반대로 복잡한 장치이며 거기에서 중의성이 수행하는 역할이 의사소통 기능에 핵심적이다.

인간 언어가 디지털이라는 특징이 단점을 보이지 않는 것은 아니다. 인간 언어의 그러한 단속적 측면 때문에 대부분의 방해 요소는 작동을 하지 못하는 것이 사실이다. 그렇지만 오류가 하나 발생하면 인간 언어 코드가 디지털이라는 특징 때문에 그 오류는 터무니없는 것이 된다. peer와 beer를 혼동하는 것은 해석에 있어서 커다란 오류를 유발할 수 있다. 꿀벌에게 있어서 독해의 오류는 꿀벌이 정확한 방향에서 옆쪽으로 가도록 이끌기는 하지만 이는 허용될 만한 것이다. 음성학적 오류는 전언을 착각하게 만들 수 있다. He's a banker로 듣는 대신에 He's a wanker라고 듣게 만들 수 있는 것이다. 그러므로 인간의 의사소통이 디지털이라는 특징은 심각한 오류를 만들 가능성이 있다. 인간 언어 코드의 단속적 측면을 통해 방해 요소는 허용될 만한 횟수 안에서 일어나는 오류로 변형된다. 그럼으로써 이 방해 요소의 영향은 통제될 수 있다. 그렇기는 하지만 이 코드가 아날로그가 아니라는 특징 때문에 오류들은 터무니없는 결과를 낳게 된다. 이는 잠재적으로 많은 의미를 가질 수 있는 코드를 갖기 위해 치러야 할 값이다.

아날로그가 아닌 코드에 의해 접근될 수 있는 의미들은 그 폭에 있어서 무제한이나 다름없다. 왜냐하면 그러한 코드에서 사용되는 기호의 지시 능력에는 유사성이라는 전제 조건이 전혀 개입하지 않기 때문이다. 언어 기호의 형태와 언어 기호가 가리키는 것 사이의 독립성은 특히 추상적 실체들을 명명할 수 있는 새로운 가능성을 열어준다. 추상적 실체에 대해서 도상 유형의 기호가 만들어질 수 있을지는 확실치 않다. 또한 코드는 자신에게 제공되는 의미들을 대부분 포착할 만큼 충분한 능력이 있어야 한다. 이 능력을 인간 언어가 가지고 있는 것은 인간 언어의 결합적 측면 덕분이다.

인간 언어는 열려 있는 결합 체계이다

데릭 비커튼Derek Bickerton은 동물들의 의사소통과 인간 언어 사이의 근본적 차이는 인간 언어가 "열려 있는 체계인 반면에 동물들의 의사소통 체계는 닫혀 있는" 것이라고 밝히고 있다(Bickerton 1990, p. 16). 우리는 새로운 단어들을 만들 수 있는 가능성, 그리고 이전에는 한 번도 말해지지 않았던 문장들을 말할 수 있는 가능성을 가지고 있다. 이와 같은 뛰어난 특질은 인간 언어가 가지고 있는 결합적 속성에 기인한다.

인간 언어는 많은 측면에서 디지털 코드이기 때문에 그 구성 요소들은 자신들이 지시하는 것과 유사성 관계에 있지 않다. 그러므로 이 구성 요소들은 자신들만의 고유한 구조를 소유할 수 있다. 이렇게 고유한 구조를 가질 수 있는 덕분에 **결합** 체계가 형성된다. 이러한 언어의 결합 체계에서 의미 단위들은 다른 단위들의 결합으로부터 생겨난다. 분자들이 원자들의 결합으로부터 생겨나는 것과 같다. 인간 언어는 이러한 가능성을 다음과 같이 두 가지 방식으로 활용한다. 우리는 음소들을 결합하여 단어들을 형성하며 단어들을 결합하여 문장들을 형성한다. 인간 언어를 동물들의 의사소통과 구별하고자 할 때 가장 빈번하게 내세우는 속성이 이것이다. 이것은 언어학자들이 재미있는 은유를 통해 인간 언어에 적용하여 이중 분절(Martinet 1967)이라고 부르는 것이다. 이러한 이중 결합 현상은 인상적이다. 우리가 말을 할 때, 수만 개의 어휘를 담고 있는 어휘 목록에서 단어를 선택하고, 잠재적으로 무한한 집합에서 문장을 '선택한다'. 비교를 하자면 동물들에 의해 사용되는 신호의 목록에는 신호가 열다섯 개를 넘는 경우가 거의 없다.

우리 인간 언어의 이 같은 다채로움은 음향 형식의 점진적 변화에 기인한 것이 아니다. 우리는 언어학자들이 음소 목록의 형식으로 분류한 극히 적은 수의 기본 소리를 사용한다. 개별 언어들이 사용하는 음소는 기껏해야 수십 개이며 프랑스어의 경우는 30여 개를 사용한다. 이 음소들은 얼추 자음과 모음(on이나 an과 같은 콧소리를 포함)에 대응된다. 우리는 이 정도 개수의 음향 형식으로부터 결합 체계를 사용하여 수만여 개의 단어로 된 어휘 목록을 만든다. 몇몇 제약 사항을 준수하며 결합 체계를 통하여 음소들을 잇는 것이다(7장 참고). 이와 마찬가지로 우리는 각 개별 언어의 통사 기제를 사용하여 단어로부터 출발해서 문장의 집합을 형성한다. 이 집합은 잠재적으로 무한집합이다(9장 참고).

거듭 놀라운 이러한 인간 언어의 특성은 흔히 인간들의 의사소통 체계가 갖는 독창성의 명백한 증거로 칭송된다. 실제로는 인간 언어가 디지털이라는 특성도, 인간 언어의 결합적 측면도, 그리고 또 두 개 차원의 결합이 포개지는 것도 생물의 세계에서 유일한 것이 아니다. 예를 들어 수컷 나이팅게일은 약 200개 정도의 울음소리 유형을 사용하며 그 가운데 일부는 학습이 된다. 이들을 생후 첫 몇 주 동안 여러 조각의 나이팅게일 울음소리에 선택적으로 노출시키는 것을 기초로 하는 실험을 하였다. 이 실험을 통해 나이팅게일의 울음소리 구조가 그들의 기억 속에서 절, 편, 면, 문맥의 네 개 계층으로 조직되어 있다는 것이 밝혀질 수 있었다. 나이팅게일의 시퀀스(문맥) 생산은 다음과 같이 계층에 따라 이루어진다. 하나의 '면'에서 다음 '면'으로 넘어감으로써 시퀀스가 생산되는데, 이러한 면은 여러 개의 편이 결합된 채 기억되어 있는 것이며, 편은 더 간단한 성분인 여러 개의 절로부터 구성된 것이다(Hauser 1996, p. 286). 나이팅게일은 자신의 음향적 생산을 실현하는 데 있어서 이처럼 여러 결합적 성격의 계층을 사용한다. 그러므로 이러한 관점에서 보자면 인간 언어는 혁신적인 것이 아니다. 게다가 결합적 성격의 디지털 체계는 생물의 세계에 어디든지 존재한다. 예를 들어 유전 정보를 표현하는 데 있어서 디지털 체계들이 거듭해서 사용되는 것을 볼 수 있다.[6] DNA의 구성 성분은 네 종류가 세 개씩 읽혀져 코돈이라고 불리는 64개의 조합을 만든다. 다음 차례로는 코돈이 단백질의 형식으로 결합되고 해석된다. 이 단백질의 수는 잠재적으로 무한하다. (하나의 세포 안에 수만여 개의 각기 다른 단백질이 존재한다.) 결합적 측면은 유전자 발현을 통제하는 체계 안에서도 나타난다. 이러한 통제는 억제인자와 촉진인자가 결합된 활동으로 이루어진다. 면역체계도 마찬가지로 여러 결합 체계를 기반으로 한다. 항체가 매우 다양하게 합성될 수 있는 것은 DNA의 조각들이 림프구 안에서 무작위로 재배열되기 때문이다. 여기에서 각각의 배열이 코드를 이루어 특정 종류의 항체를 만들어낸다. 또한 감염된 세포의 표면에서 낯선 분자가 인식되는 것은 그 세포의 표면에 자기 자신이라는 표식이 존재하기 때문이다. 쌍둥이가 아닌 두 개체는 동일한 표식들을 가질 가망성이 잠재적으로 전혀 없다는 가변성이 여기에서도 유전적 결합에 의해 나타난다. 인지 기능이 부분적으로 디지털 체계에 근거한다는 사실은 자주 반론에 부딪힌다. 그렇지만 그와 같은 생각이 예컨대 지각작용에 관한 이론(Pylyshyn 1980)과 특히 언어에 대한 많은 이론의 근거가 된다.

언어는 이처럼 디지털 코드이다. 즉 단속적이고 자의적인 상징들로 만들어졌으며 게다가 결합하는 특성을 이중으로 갖고 있다. 그러나 이러한 사실로 언어가 자연의 기적이 되는 것은 아니다. 그러므로 우리의 의사소통 방식이 생물의 세계 속에서 조금의 독창성이라도 보이는지 의문을 갖는 것은 타당하다. 다음 1.5절이 어쩌면 우리에게 그 실마리를 제공하겠다.

---

6 이 사실은 생명체 내부의 단일 조직 원칙을 추구하는 여러 학파에 의해 거부된다. 단일 조직 원칙은 예컨대 반작용을 통한 안정화의 사이버네틱스 규칙들과 자기조직화에 근거를 두고 있는 것이다(Piaget 1967, 1976 ; Varela 1988). 그렇기에 구성주의 생물학자 프란시스코 바렐라Francisco Varela는 다음과 같이 쓸 수 있다. "이른바 유전 '코드'의 경우는 계열적이다. …… 몇 해 전부터 생물학자들은 단백질들이 DNA의 뉴클레오티드들에 의해 코드화된다고 생각한다. 그렇기는 하지만 DNA의 3염기연쇄체가 세포의 신진대사에 참여하는 경우에만 단백질 내부에서 아미노산을 적절하게 선택할 수 있다는 것이 명백하다(Varela 1988, p. 81)." 바렐라의 표현인 '이른바 유전 코드'의 존재는 안정적이고 자급자족적인 형태의 필요성에 근거한 생명체의 통합이론에 정말 매우 거추장스럽다. 화학적 맥락이 있더라도 유전 코드의 단어들이 갖는 자의성과 관련된 어떤 것도 제거되지 않는다. 이러한 자의성은 "신생 규칙성"이라는 바렐라의 구도에서 설명이 불가능하다. 언어도 또한 이와 같은 몇몇 측면에서 자의적 코드의 모습을 보인다는 사실은 구성주의 이론에 있어서도 매우 문제가 많다.

1.5 영장류로서 인간의 의사소통

문화, 이성, 언어가 우리의 동물 본능을 대체했다고 흔히 여겨지고 있다. 동물이 우리의 조상이라는 것은 라마르크Jean Baptiste Pierre Antoine de Monet Lamarck가 1800년에 종의 진화론적 생물변이설을 표명한 이후로 명백한 사실이라고 여겨지며, 그것은 인간으로서 우리의 특성과 진정한 관련이 없는 인류 기원 관련 신화, 흥미진진한 일화, 생물학적 어원론을 대신한다고 볼 수 있다. 그런데 인간의 행동에서 동물의 특성을 찾아내는 것이 아주 어렵지는 않다. 두 명의 인간이 치고받고 싸우는 경우에 우리가 다른 영장류와 구별이 되는가? 그들은 이를 꽉 문 채 드러내고, 턱과 가슴을 앞으로 내밀어 힘을 과시하고, 더 무섭게 위협을 하려 한다. 아마도 그들은 전율을 느낄 것이고, 그래서 침팬지만큼 털이 많다면 털을 세워서 자신들의 몸집을 훨씬 더 크게 보이려 할 것이다.[7] 우리가 보이는 동물의 특성은 이처럼 우리가 문명화된 존재라는 것을 잊어버리는 상황에만 드러나는가?

우리가 사회생활을 하는 방식과 의사소통을 하는 방식이 동물들의 방식과 너무나 다르기 때문에 우리에게는 동물계의 범위 밖에 있는 특별한 지위가 부여되는 듯하다. 이 책의 목표 가운데 하나는 그러한 생각이 어떤 의미에서는 그럴 듯하다고 밝히는 것이다. 그렇기는 하지만 우리가 사회생활을 하는 양식과 의사소통을 하는 방법이 영장류의 근

---

[7] "인간의 경우에 있어서 엄청난 공포의 영향으로 나타나는 털이 서는 것과 같은 몇몇 표현들이 나타나거나 격분하는 경우에 이를 드러내 보이는 것은 인간이 예전에는 훨씬 더 낮은 동물적인 조건에서 존재했다는 사실로밖에는 설명이 되지 않는다(Darwin 1872)."

본적인 사회적 행동들을 대체한다고 생각하는 것은 그릇된 것일 수 있다. 예를 들어 우리의 감정과 그 감정들을 전달하는 데 쓰는 코드는 원숭이들이 갖고 있는 감정과 그것들을 표현하는 방법이나 크게 다르지 않다. 심지어 개와 같이 우리로부터 더 먼 포유류들에 있어서도 마찬가지다. 이러한 유사성은 이미 다윈Charles Robert Darwin에 의해 강조되었다. 다윈에 따르면 개들은 우리에게 완벽하게 읽히는 방법을 통해 사랑, 긍지, 분노, 수치를 느끼고 표현한다(Darwin 1872).[8] 인간들의 언어 가운데 구두 언어 이외의 '언어'는 침팬지의 것과 비슷하다. 예컨대 분노, 위협, 호기심, 웃음을 나타내는 우리의 얼굴 표현이 그들과 유사하다. 진정시키기, 보호하기, 애정 나타내기를 위한 침팬지들의 몸짓이 인간들에게서도 동일하게 나타난다(Eibl-Eibesfeldt 1967). 또한 배우자나 아이들의 피부를 가꿔주기 좋아하는 사람들이 하는 일은 우리의 자매종이 그토록 자주 하는 이를 잡는 행위와 비슷하다. 어떤 문화에서는 포옹을 한 번에 몇 차례씩 하는데 이는 보노보 원숭이들의 포옹과 비슷하다(Savage-Rumbaugh & Lewin 1994, p. 109). 우리는 다른 영장류들과 마찬가지로 무리의 고립, 고통, 괴로움, 기쁨, 성관계에 모음 발성을 동반한다. 이 발성이 항상 말로 표현되는 것은 아니다. 우리의 복종의 몸짓에서는 심지어 관습화된 경우에도 조상들의 몸짓을 발견할 수 있다. 개들은 자신의 목을 지배자의 이빨에 바침으로써 복종하게 되고, 고릴라는 자세를 낮추고 시선을 회피하며, 침팬지는 등을 내민다. 이들

---

8 그렇기는 하지만 커너Richard Connor는 인간의 감정 표현과 비슷한 개들의 표현이 이들 동물의 작위적 선택, 무의식적 선택에서 기인한다는 의견을 제시한다(Connor 1999, 사적인 대화에서).

경우 모두 자발적으로 공격받기 쉬운 상태가 되는 것이다. 우리가 모자를 벗고 몸을 숙여 목덜미를 내놓는 태도가 정확하게 이와 동일한 효과를 갖는다고 볼 수 있다(Eibl-Eibesfeldt 1967).

인간의 의사소통은 흔히 유리된 현상으로 묘사된다. 즉 개체가 처해 있는 상태와 환경에서 즉각적으로 발생하는 우연들과 거의 관계가 없는 현상으로 묘사된다. 동물의 의사소통은 이와 반대로 비자발적이고, 감정적이고, 필연적인 것으로서 제시된다. 비자발적이라는 것은 동물들이 외부 자극이나 내부 자극에 대한 반응을 통해서만 의사소통을 한다는 것이다. 외부 자극으로는 포식자를 예로 들 수 있으며, 애완동물이 배고픔을 느껴 먹을거리를 요구할 때와 같은 경우에 내부 자극이 있는 것이다. 동물들은 나머지 시간에는 의사소통을 하지 않는다. 굳이 이유를 대자면 말할 거리가 없기 때문이다. 동물의 의사소통은 감정적이라고 평가된다. 공포, 욕구, 분노 등 명확하게 확정할 수 있는 감정을 항상 수반하기 때문이다. 또한 동물들의 의사소통은 반사 행동과 유사하기 때문에 흔히 필연적인 것으로 고려된다. 반사 행동은 자극에 의해 촉발되며 동물은 반사 행동을 피할 수 없다고 여겨진다. 동물의 의사소통이 보이는 이러한 특성들은 인간의 의사소통이 갖는 특성들과 대립된다고 볼 수 있겠다. 인간의 의사소통은 자발적인 듯하고 감정적이지 않으며 의지의 통제 아래 머무르는 듯 보인다. 그렇지만 이러한 대립이 절대적으로 옳은 것은 아님을 살펴봐야 한다.

동물들의 의사소통은 대부분 이러한 세 가지 측면의 특성에서 벗어난다. 육지에서 죽어가는 어미 악어는 새끼들과 접촉을 유지하기 위하여 주기적으로 소리를 낸다. 악어가 이렇게 하는 것은 어떤 구체적 자극에 반응하는 것이 아니다. 자극의 개념을 너무 확장하지 않는다면 그렇다. 이 행동이 특별하게 감정적으로 큰 무게를 갖는 것 같지도 않다. 판에 박히고 반복적이며 어떤 감정적 함의와도 단절되어 있는 의사소통 행위들을 자연에서 빈번하게 볼 수 있다. 이러한 의사소통 행위들도 마찬가지로 자극에 대한 반응이 아니다(Hauser 1996, p. 23).

한편, 인간의 의사소통 행위들이 모두 자발적이고, 감정을 싣고 있지 않고, 통제된다는 것도 마찬가지로 사실이 아니다. 우리는 웃음을 통제할 수 없는 경우가 자주 있다. 웃음은 하나의 신호이다. 즉 기계적 행동에 기인한 부적절한 상황을 발견했다는 것을 다른 사람들에게 전달하는 것이 웃음이다(Bergson 1940). 많은 상황에 있어서 이 신호는 하나의 반사 행동이다. 우리의 의지는 반사 행동에 대하여 영향력을 갖고 있지 않다. 감정에 대해서 말해보자. 우리의 말 가운데 어떤 것은 그것을 동반하는 감정과 분리될 수 없을 뿐만 아니라 (욕설을 생각해보라) 분노와 같은 몇몇 감정은 그러한 감정을 느낀 사람들이 거의 대부분 모음 발성을 하도록 자극한다. 그런데 주변적인 것으로 고려될 수 있는 이러한 경우들을 제쳐놓으면 언어의 일상적 사용은 동물들의 의사소통에는 거의 존재하지 않는 자발적 특성을 갖고 있는 듯하다. 우리가 어떤 자극에 의해서 말을 하게 되는 것은 아닌 듯하다. 즉 말을 하는 것이 환경에 의해서 통제되지 않는 것임은 당연하며, 그것은 내적 인지 과정의 결과로 보인다. 그렇기는 하지만 언어 활동을 이렇게 고려하는 태도와 모순되는 다음과 같은 상황을 생각해보자. 파리의 노천카페에 앉아 있는 두 사람을 그려보자. 인도로 한 사람이 지나간다. 그는 벌거벗고 있다. 그를 본 사람은 분명히 다른 이에게 즉시 그것에 대하여 이야기하고, 대화가 이어진다. 이러한 사건이 눈에 띄면 심지어 파리에서도 대화를 유발하는 데 필요한 특성을 지닌 자극을 구성하며, 이는 거의 결정론적이다. 버빗 원숭이가 위험을 알리기 위해 지르는 소리보다 이 대화가 덜 자동적인가? 우리는 결정론적인 구두 의사 교환을 유발하는 자극의 형상들에 대하여 나중에 다시 살펴볼 것이다. 지금으로서는 다음 사실을 인정하자. 즉 동물의 의사소통과 인간의 의사소통 사이에 본질적인 차이가 존재한다면 환경이나 감정이나 반응으로부터의 유리가 아닌 다른 요인에서 그 차이를 찾아야 한다.

1.6 인간에 의한 언어의 사용

인간 언어가 열린 체계인 것은 결합적인 측면 덕분이다. 인간들은 자신들에게 주어진 결합의 가능성을 넓게 활용한다. 우리가 일생 동안 발음하는 수백만 개의 문장 가운데 동일한 것은 거의 없다. 이러한 측면에 있어서 우리의 의사소통 체계는 생물계에서 진정으로 유일한 것이다. 동물들은 제한된 목록에서 가져온 반복된 신호들을 발신한다. 인간들은 말을 한 번 할 때마다 새로운 전달 내용을 만들어낸다. 인간 언어가 단지 동물들의 의사소통의 '강화된' 버전이라고 여기는 사람들은 이러한 현상에 대한 설명을 찾기가 꽤 힘들 것이다. 동물들로 하여금 같은 표현을 반복하도록 만드는 이유들을 우리는 짐작하고 있다(Krebs & Dawkins 1984, 16장 참고). 반면에, 인간들이 일상 대화에서 언어를 사용할 때 같은 표현을 절대 또는 거의 반복하지 않는 이유를 설명하기는 더 어렵다.

인간들은 깨어 있는 시간 가운데 꽤 많은 부분을 언어로 된 전언을 교환하는 데 바치며, 전언은 언제나 새로운 것이다. 아마도 이러한 점에 있어서 인간의 의사소통이 생물계에서 비견할 것이 없을 만큼 극도로 특별하게 여겨진다. 자발적인 언어 사용에 대한 수치 자료는 거의 없다. 〈표 1.1〉은 Dunbar(1998)를 재현한 것으로서 여러 다양한 문화에서 언어와 관련된 사회적 상호작용이 깨어 있는 시간의 약 20%를 차지한다는 것을 시사한다. 안타깝게도 이 표의 수치들은 서로 다른 출처에서 나온 것이며, 주로 대화를 나누는 것에 해당하는 사회적 여가 활동으로 분류된 범주가 저자들마다 상당히 다르다.

사회	경제	활동	깨어있는 시간 대비 비율
던디(스코틀랜드)	공업	대화	20.6
카파나라(뉴기니)	원예	사회적 상호작용	19.4
마사이(탄자니아)	목축	여가	17.5
중앙아프리카공화국	농업	여가	16.8
네팔	농업	여가 / 사교	32.3
코트디부아르	농업	사교	7.2
오트볼타	농업	여가(사교, 종교, 장보기)	23.6

〈표 1.1〉 다양한 문화에서 언어에 할애된 시간 비율

말을 하거나 다른 사람의 말을 듣는 이러한 시간들을 모두 실제로 무엇을 하는 데 사용하는지 밝혀내는 것이 인간의 본질을 분석하려는 이들에게는 누구에게나 근본적인 것인 듯하다. 그런데 이 문제는 인류학 차원에서든 사회학 차원에서든 거의 연구되지 않았다. 이론적 관점에서 보자면, '정보 교환'이나 '사회관계의 강화'와 같은 일반론 이외에는 인간의 의사소통의 정확한 기능에 대하여 실제로는 주장된 것이 아

무엇도 없다. 심리학의 측면에서 보자면, 우리는 말하기에서 즐거움을 이끌어내며 말을 할 필요성을 느끼기 때문에 말을 한다. 그렇지만 그것이 우리의 의사소통 방식의 생물학적 존재 이유에 대하여 아무것도 알려주지 않는다. 언어의 출현의 주요 이유들을 이해하고 싶다면 피할 수 없는 이 문제를 당연히 뒤에서 다시 다룰 것이다. 이러한 언어활동의 꽤 특별한 측면인 서사에 잠시 관심을 기울이자.

서사는 분명히 우리의 종을 구별 짓는 행동이다. 이전에 겪은 사건들이나 심지어 상상의 사건들을 전달하는 능력은 우리에게 고유한 재능이다. 몇몇 학자들에 따르면 이러한 능력은 심지어 우리의 종이 출현하는 원인이 된다(Victorri 1999). 언어를 통해 우리는 공간과 시간에서 떨어져 있는 것을 지시하며 공유할 수 있다. 공간적으로 떨어져 있는 대상을 알릴 수 있는 것이 우리만은 아니라는 것을 꿀벌들의 예에서 알 수 있지만 시간적으로 멀리 떨어진 대상들을 사용하는 동물들의 명백한 예는 존재하지 않는다. 다양한 장소들을 지시하고 현재의 순간에서 빠져나오는 능력이 바로 서사의 구성 요소이다. 우리는 날마다 하루 중에서 무시할 수 없을 만큼의 시간 동안 이 활동에 전념한다. 우리는 지금까지 그렇게 해왔듯이 인간 언어를 동물들의 이러저러한 유형의 의사소통과 모든 측면에 있어서 비교할 수 있다. 살아 있는 생물들의 일상을 채우고 있는 청각 신호, 시각 신호, 촉각 신호, 화학 신호들 가운데 서사와 대등한 것은 없을 것이다.

서사는 제약되어 있는 과정이다. 내가 알기로는 서사의 구조를 대상으로 하는 어떤 체계적 연구도 존재하지 않는다. 몇몇 이들은 마치 책이 서론과 결론을 포함하고 있는 것처럼 서사가 보편적 특성을 포함하고 있다는 것을 보여주기 위하여 이야기의 선형 구조를 기술하려고 했다(Genette 1983). 그러나 기술되는 내용을 제한하는 제약들은 정확하게 탐색되지 않았다. 인간의 사회적 삶에서 서사 활동의 중요성을 생각하자면 이는 안타까운 일이다.

모든 내용이 서사의 대상이 될 수 있는 것은 아니다. 어떤 내용이 전달되기 위해서 지녀야 하는 특성들은 무엇인가? 다음 보기를 살펴보자.

"어느 날 그냥 이렇게 나는 일어났다. 습관대로 아침을 먹었다. 커피를 갖고 자리를 잡았다. 그리고 기계적으로 라디오에서 프랑스 엥포를 틀었다. [기업 A]가 교환의 차원으로 [기업 B]를 샀다고 한다. 나는 그 교환의 또다른 대상이 무엇인지 궁금했다. 그것은 [기업 C]였다."

이 세 개의 기업이 청자들의 관점에서 그냥 아무 기업으로 여겨진다면 이 서사는 그 자체로는 올바르지 않은 서사이다. 우리는 이 서사에서 무엇인가가 부족하다는 것을 알고 있다. 이야기된 사건이 **흥미롭게** 보이기에 충분한 속성들을 가지고 있지 않다. 우리는 흥미롭게 보일 사실들에 대한 직관이 있으며 서사가 그러한 사실들을 포함하기를 기대한다. 서사적 흥미라는 이러한 개념은 무엇으로 구성되어 있는가? 위 보기에서 이야기된 사건이 올바른 서사를 구성하기에 충분한 재미를 보이지 않는 것은 무엇 때문인가? 우리의 직관에 따르면 이 서사는 A, B, C에 대하여 무엇인가를 포함해야 하거나 또는 서사가 끝나지 않은 것이다. 만약에 화자가 이 상태에 머물러 있다면 청자는 화자가 자신을 놀리는지 또는 화자가 제정신인지 의아해할 것이다. 인간의 의사소통은 우리가 흔히 인식하지 못하는 어느 정도의 제약이 존중되어야 한다는 것을 상정한다. 이 제약들을 고려할 줄 모르는 사람은 금방 정신적 문제를 보이는 것으로 여겨진다. 한편, 이 책을 읽는 독자들은 다음 실험을 해봄으로써 그러한 제약들이 존재한다는 것을 확신할 수 있을 것이다. 앞의 보기에서 말하는 사건을 친구들에게 전달해보는 것으로 충분하다. 물론 A, B, C에는 아무 기업의 이름을 넣으면 된다. 청자가 '그래서?'라고 묻는 것이 그나마 가장 괜찮은 경우이다. 그럼으로써 청자는 자신이 들은 내용에 의미가 부여되기 위해서는 어떤 요소들이 부족하다는 것을 표현한다.

이 현상을 어떻게 설명할 것인가? 전달된 사건이 그 자체로는 너무 진부하며 독창적인 것을 아무것도 가지고 있지 않다. 진부함과 독창성이라는 것을 과학적 개념을 통해 해석하려면 당연히 확률의 개념에 다다른다. 우리는 확률론이 적절하게 적용된다면 서사가 제공할 수 있는 관심사의 일부를 설명할 수 있다는 것을 14장에서 보게 될 것이다. 일단은 우리가 예기치 못한 것으로 여기는 사건들에 대하여 민감하다고해 두자. 우연의 일치, 일상적이지 않은 사실, 규범에 벗어난 것, 우리의 기대에 반대되는 것 등을 예로 들 수 있다. 우리의 보기에서 화자가 C 기업에서 근무를 하며 청자가 그것을 알고 있다면 이 서사는 옳은 서사가 될 가능성이 더 많다. 청자는 화자가 말하려는 바를 즉시 이해할 것이다. 청자의 관점에서 보자면 이 서사는 우연의 일치를 제공한다. 여기에서 말하는 사건은 분명히 예기치 않은 특성을 갖고 있다. 자신이 다니는 기업이 방금 매각되었다는 것을 라디오를 통해 알게 되는 것이 매일 있는 일은 아니다!

우리는 기괴한 사실, 우연의 일치, 우리가 겪은 믿지 못할 모험을 이야기한다. 우리는 자기 자신과는 관련이 없을 법한 사실에 민감하다. 예를 들어 한 사람이 2주 연속으로 복권에 당첨되었다는 사실은 복권을 산 사람들보다 훨씬 큰 대중들에게 관심거리가 될 것이다. 사람들은 어린 시절 친구를 집에서 5천 킬로미터 떨어진 곳에서 우연히 만난 것이나, 비행선이 자신의 집 위를 지나가고 있는 중이라거나, 이학 박사 학위를 가진 집배원을 알고 있다는 것을 기꺼이 이야기한다. 예기치 않은 사건들을 전달하는 이러한 행동은 인간의 의사소통 방식이 갖는 독점적 속성이다. 즉 이 행동은 인간과 다른 종들 사이의 진정한 질적 차이를 구성한다.

　동물들이 호기심이 없다고 말하려는 것이 아니다. 예를 들어 침팬지들은 새로운 것에 대하여 제각기 개별적으로 관심을 표한다. 무리 중하나가 먼 곳을 가만히 쳐다보면 다른 침팬지들이 그의 시선을 쫓아갈 것이다. 반면에 침팬지들은 그들의 놀라움을 자발적으로 전달하지 않는다(Call, Hare & Tomasello 1998). 동물들은 자신의 감정 상태나 신체 상태, 자신의 의도, 자신의 존재, 자신의 정체, 긍정적 사건(식량)이나 부정적 사건(포식자)을 전달한다. 그런데 일상적이지 않다거나 예기치 않다는 것만을 특성으로 갖는 사건들을 알린다고 기술된 적은 없다.[9] 이와 같은 우리들만의 의사소통 방식은 예상과 반대되는 사건들을 알아내고 그것들을 전달하는 것으로 섬세한 기제에 기반을 두고 있다. 예를 들어 화제의 사건의 가치를 평가하기 위해서는 유사한 사건들이 얼마나 자주 일어나는지 염두에 두어야 한다. 예컨대, 누군가 당신에게 어떤 이웃이 XBS45 자동차를 갖고 있다고 말하고, 당신은 사람들이 그 모델을 갖고 있는 경우가 얼마나 많은지 알지 못한다면, 당신은 들은 내용이 얼마나 관심거리가 되는지 가늠할 수 없다. 당신이 동네에서 이 종류의 차를 본다면 당신은 아마도 이를 주변 사람들에게 말할 만한 사건으로 여기지 않을 것이다. 희귀함은 빈도에 의해 평가될 수 있다. 또한 그 분야에 대해서 갖고 있는 지식을 통해서 평가될 수 있다. 예를 들어 견인차에 묶여서 가는 스포츠카를 만나는 것은 드물다고 여겨질 것이 분명하다. 스포츠카와 견인차는 어울리지 않는다고 생각하는 것이 일리가 있기 때문이다.

서사는 드물거나 예기치 못한 사건들을 지향한다는 사실은 서사를 잘 하는 사람들을 관찰하면 확인된다. 청중의 관심을 끌면서 사건들을 전달하는 기술은 한편으로는 몇몇 세부사항들을 강조하는 데 있고 또한 이야기가 있을 법하지 않다는 점을 부각시키기 위하여 다른 세부사항들을 과장하는 데 있기도 하다.

의사소통에 있어서 우리 인간들이 갖고 있는 서사적 방법은 섀넌의 방식이라고 규정될 수 있다. 클로드 엘우드 섀넌Claude Elwood Shannon은 정보의 개념을 정의함으로써 의사소통 이론을 혁신하였다(Shannon 1948). 선험적으로 사건은 있을 법하지 않기에 섀넌의 맥락에서 보자면 더욱 많은 정보를 가지고 있다. 정보를 이런 식으로 생각하는 방식은 원격 통신 체계의 성능을 다시금 생각하도록 이끈다. 그럼으로써 원격 통신 체계의 능력을 점점 더 향상할 수 있다.[10] 섀넌의 개념을 서사의 상황으로 옮겨놓는다면 사건에 관심을 끌게 하는 부분을 멋지게 규정할 수 있게 된다. 청중이 사건에서 충분한 정보를 발견할 수 있게 되

---

9 조건화에 기반을 둔 이론들의 틀에서는 이러한 행동들이 불가능하다고 여겨지는 것을 참고하자. 어느 정도의 규칙성을 보여주는 상황들만이 학습으로 이어질 수 있으며 따라서 행동으로 이어질 수 있기 때문이다.

10 섀넌이 주요하게 기여한 바는 다음 사실을 밝힌 것이다. 흔히 받아들여지고 있는 생각과는 반대로 일정 수준의 이하에서는 정보의 전송량을 제한한다면 소음이 정보를 손상시키지 않는다.

면 사건은 곧 서사의 관점에서 흥미로운 것으로 여겨질 수 있다.[11] 정보에 관련된 이러한 인간 언어의 쓰임과 동등한 것이 동물의 세계에는 없는 듯하다.

1.7 인간 언어의 독창성

우리는 인간 언어가 가지는 질적으로 유일할 법한 특성을 찾기 위하여 그 속성 몇몇을 살펴보았다. 기호의 자의성이나 인간 언어의 디지털 속성과 결합적인 속성 모두 동물의 세계에서 대등한 것이 없다고 볼 수는 없다. 이 속성들이 구두 의사소통에서 매우 진보된 것임에는 이론의 여지가 없으나 그렇다고 해서 이것들이 진정한 혁신을 구성하는 것은 아니다. 다윈이 『인간의 유래*The Descent of Man*』에서 여러 차례 주장했듯이 인간의 정신 능력은 고등 동물들의 능력과 본질적으로 구별되는 것이 아니라 오로지 정도에 따라서 구별되는 것이 사실일까? 이 생각은 때때로 영장류학자들에 의해 다음과 같이 계승된다. "언어는 기본적인 측면에서 보자면 인간을 동물과 구별시키는 특성으로 고려되는 것이 더이상 합리적이지 않다(D. Savage-Rumbaugh *et al.* 1994)." 의사소통과 관련된 인간의 행동에 대하여 앞에서 간략히 살펴본 바에 따르면 침팬지의 의사소통과 질적으로 비교될 만한 것은 오히려 비언어적 의사소통이다. 언어는 우리 인간 종의 보조적 능력으로 보인다.

---

11 이 결과는 14장에서 좀더 다룰 것이다.

인간 언어에서 진정으로 가장 혁신적인 측면 가운데 하나는 예기치 않은 것으로 인식될 수 있는 모든 사건을 전달토록 유도하는 서사 활동에 있다. 서사적 행위의 존재만으로도 인간 언어는 의사소통의 여러 방식에 있어서 유일한 것이 된다. 즉 인간 언어는 동물들의 의사소통의 단순한 연장이 아니다. 서사의 차원에서 행해지는 우리의 자발적인 언어 행위는 새년이 말하는 정보를 감지한다. 그래서 우리는 인간의 언어 행위를 별도로 구별한다. 동물 행동학자에게 있어서는 이 행위가 인간 종 특유의 속성인 호기심으로 보일 뿐만 아니라 이해할 수 없는 행위로 보일 수도 있겠다. 왜 인간들은 한마디로 하찮은 상황들을 정교한 결합 코드를 사용하여 다른 사람들에게 이야기하는 데 그토록 많은 시간을 들이는가? 인간의 의사소통 행위에 전적으로 고유한 이와 같은 측면이 첫눈에는 역설적으로 보이지만 인간 언어가 등장한 이유를 우리가 이해하도록 해주는 열쇠가 될 것이다.

2장
문화, 개별 언어, 인간 언어

인간 언어에 대한 연구는 개별 언어들의 다양성에 직면한다. 인간들이 의사소통을 위하여 근본적으로 각기 다른 체계들을 사용한다는 것이 명확해지면 생물학적 근원이 있다고 여겨지는 언어 능력이 단 한 가지만 존재할 수 있다는 것을 상상할 수 있을까? 개별 언어들은 자신의 내적 논리를 소유하고 있는 체계이다. 개별 언어들이 몇몇 개인에 의해 의식적으로 발명되었다고 생각하는 것이 부조리하다면 적어도 의사소통의 필요성에 따라 돌연히 나타난 결과라고는 생각할 수 있다. 하나의 말무리에 속하는 개인들은 단어를 쓰며 자신을 이해시키려 사물을 가리킨다. 다음으로는 사고를 표현하기 위하여 단어들을 배열한다. 그리고 점점 더 가깝게 의미에 대하여 합의가 이루어지고 하나의 새로운 개별 언어가 등장한다. 인간의 의사소통의 여러 체계들이 이런 식으로 독립적인 체계가 되는 듯하며, 독립성의 정도는 체계마다 다르다. 인간 언어를 이런 방식으로 고려한다면 개별 언어들 사이의 유일한 공통점은 의사소통하려는 의지와 자신을 이해시키려는 의지 그 자체뿐이다. 만약 이와 반대로 의사소통 코드를 구성하는 방식을 인간들에게 강제하는 진정한 언어 능력이 존재한다면 개별 언어들의 다양성과 유사성에 대한 연구는 그러한 성향의 경계를 짓는 매우 좋은 수단이다.

2.1 왜 여러 개의 개별 언어가 존재하는가?

라디오 방송에서 어느 어린이가 인간은 왜 모두 같은 언어를 말하지 않느냐고 물었다. 제시된 대답은 기호의 자의성과 그로부터 생긴 가변성에 기초한 것이었다. 하지만 하나의 개별 언어가 그 어휘만으로 요약되는 것은 아니다. 음운 구조와 통사 구조, 그리고 이 구조들을 관장하는 복잡한 규칙들도 마찬가지로 모든 개별 언어들에 따라 커다란 다양성을 지니고 있다. 인간들은 어떻게 이토록 다양하며 복잡한 의사소통 체계들을 창조할 수 있었을까? 우리의 의사소통 방식을 통제하는 정밀한 언어 능력의 존재를 믿는다면 이 사실은 불가사의하다. 마찬가지로 개별 언어들이 단순히 사회적 구조물이라고 생각하는 경우에도 역시 불가사의하다. 첫번째 견해를 따르면 실제로 단 하나의 언어만 존재할 수밖에 없을 것이다. 결국 앞의 얘기와 같은 말이다. 두번째 견해에서 이해되지 않는 것은 구조의 복잡함이다. 왜 단순한 언어는 존재하지 않는가?

보편적 체계로서 인간 언어의 개념은 의사소통하고 있는 인간들을 관찰하여 즉각 얻어지는 자료로부터 구성된 추상이다. 바로 드러나는 사실은 사람들이 각자 하나의 개별 언어를 말한다는 것과 개별 언어들은 지리적 위치에 따라서 서로 다르다는 것이다. 개별 언어와 방언을 구별하는 것이 어렵기 때문에 통계가 까다롭기는 하지만 세계에는 개별 언어가 약 5천 개 정도 있다. 언어학에서 겪는 가장 커다란 어려움 가운데 하나는 다양성과 공통성 사이의 충돌이다. 다양성은 전 세계에서 사용되는 언어 구조와 어휘의 엄청난 다양성을 말하며, 공통성은 모든 인간에게 공통적일 수 있는 언어 능력이라는 개념을 말한다.

이 책은 언어 능력의 출현을 유발한 요인들의 탐색을 목표로 한다. 그러므로 인간들의 의사소통은 본질적으로 사회에 편입되어 있는 건강한 상태의 모든 인간들이 공유하는 어떤 능력에 근거하고 있다고 고려한다. 동물들에게는 없는 이 능력은 인간들이 말을 통한 교류에 상당히 많은 시간을 들이도록 만든다. 그러나 이러한 언어 능력과 그 원천에 대하여 생각하기 전에 개별 언어들의 다양성을 철저히 따져봐야 한다. 사실상 이러한 다양성의 각 구성 요소는 공통의 능력으로부터 추출되어야 하기 때문이다. 이렇게 존재한다고 추정되는 보편적 언어 능력 가운데 어느 부분이 지구를 가득 채우고 있는 개별 언어의 다양성을 조사한 이후에도 남는지 아는 것이 중요하다.

개별 언어 사이에서 대비되는 점들은 명백하다. 예를 들어 어떤 언어들은 굴절을 중시한다. 즉 단어들이 통사 결합을 할 때 단어의 어근이 변화를 한다. 인도유럽어족 언어들의 경우가 그렇다. 프랑스어에서는 동사 변화가 굴절(faire, fis, ferai)을 일으킨다. 튀르키예어와 같이 교착어의 경우에는 단어의 변화가 접미사를 통해서만 이루어지고, 따라서 어근이 항상 앞에 위치한다. 하나의 동사가 필연, 가능, 조건, 부정, 재귀, 수동 등 매우 다양한 의미의 변화를 표현하는 접미사들을 가질 수 있다. 예를 들자면 '당신은 가져서는 안 됩니다'를 의미하는

almamalisiniz는 동사 almak(가지다)의 어근 alm와 부정을 나타내는
접미사 ma와 필연을 나타내는 접미사 mali와 2인칭 복수를 나타내는
siniz로 구성되어 있다(Malherbe 1983).

튀르키예어는 또한 모음조화를 보이는 언어로 가장 자주 인용되는
언어이다. 형태적 구성에 있어서 모음들이 분류되어 있는 것이다. 즉 하
나의 단어 안에 모음으로 a, i, o, u가 있거나 e, i, ö, ü가 있다. 외국어
어원을 가진 단어를 제외하고는 이 모음들이 섞여 있을 가능성은 없
다. 아랍어나 히브리어와 같은 셈어족 언어에 있어서 의미는 무엇보다
도 자음으로 된 어근에 따라 결정된다. 단어의 모음들은 흔히 파생어
를 만드는 데 사용된다. 예를 들어 '글을 쓰다'를 의미하는 아랍어 동사
의 어근을 구성하는 자음 k.t.b는 aktubu(나는 글을 쓴다), taktabu(너
는 글을 쓴다, 남성형), katabtu(나는 글을 썼다)에서 보인다. 아랍어 사전
에서 단어는 어근의 알파벳 순서로 분류되어 있다. 그래서 드물다는 개
념을 나타내는 어근 q.l.l에서 파생된 단어 istiqlal(독립)은 사전에서 철
자 q에 위치한다(Malherbe 1983).

개별 언어들의 다양성은 분류 형태소의 쓰임에서도 확인된다. 분류
형태소는 사물의 물리적 속성이나 공간에서의 위치나 세계를 파악하
는 방식을 가리키는 명사구(중국어, 베트남어, 반투어 방언) 또는 동사구
(아메리카 대륙 북서부 언어, 뉴기니와 오스트레일리아의 몇몇 언어)에 접사
로서 의무적으로 사용되는 요소이다(Hagège 1985). 예컨대 중국어 단
어 yī-zhī-qiānbǐ는 글자 그대로 옮기면 '하나-사물(막대기 형태)-연
필'을 의미한다. 이 단어를 '연필'로 번역하면 분류 형태소 zhī의 존재를
통해 부여된 의미를 반영하지 못한다. 중국어는 성조라고 불리는 모음
억양과 같이 유럽 화자들에게는 매우 낯선 여러 측면을 나타낸다. 베이

징어에는 4개의 성조가 존재하며, 그것은 기호 ´ ˉ ` ˜로 표기된다. 광둥어와 베트남어에는 6개의 성조가 존재한다. 성조의 존재는 대부분 단어를 인식하는 데 있어서 결정적 역할을 한다. 예를 들자면 běi는 '북쪽'을 뜻하고 bèi는 '등(신체 부위)'을 뜻한다.

이러한 다양성에 직면했을 때 일반적인 반응은 개별 언어들을 관통하는 규칙성, 가능하다면 보편적 규칙성을 찾아내려고 시도하는 것이다. 클로드 아제주Claude Hagège는 '실체적' 보편소를 이렇게 찾는 것이 실체적인 어떤 것에도 도달하지 못한다는 것을 『말하는 인간L'homme de paroles』에서 즐거운 마음으로 우리에게 보여주고 있다. 예를 들어 '소유하다'와 같은 근본적 개념은 모든 개별 언어에서 하나의 단어로 표현되어야 한다고 생각할 수도 있다. 절대 그렇지 않다. 예컨대 다음과 같은 표현을 사용하여 말을 한다. 'X는 Y-소유자이다'(케추아어-페루와 볼리비아의 구어), 'X는 Y화化했다'(오스트레일리아의 여러 언어), 'X의 Y가 존재한다'(하칼테크어-과테말라의 언어), 'Y는 X에게(X를 위하여, X네 집에, X 안에, X와 함께) 있다'(러시아어, 아프리카 동부의 여러 언어), 'X는 Y와 함께 있다'(아프리카 중부의 여러 언어), 'X는 Y를 지니고 있다'(로망스어, 게르만어, 러시아어를 제외한 슬라브어) 등이 있다. 이와 마찬가지로 '사람'에 해당하는 단순한 명사와 '보다'에 해당하는 단순한 동사가 있을 것이라고 예상한다. 그런데 디에게뇨어(멕시코)에서는 '사람'이 'isk^w-ič(키가 큰 이)라고 말해지며, 칼람어(뉴기니)에서는 '보다'가 '(눈으로)-인식하다'를 뜻하는 복합어로 표현된다. 칼람어는 사용되는 기본 동사의 수가 놀랍게도 매우 적다. 상용되는 동사가 25개이며 동사의 전체 개수는 96개밖에 되지 않는다(Hagège 1985, p. 51).

개별 언어들의 다양성은 통사 구조에서도 확인된다. 예를 들어, 아랍어나 타히티어와 같은 언어들은 동사를 문장의 제일 앞에, 주어보다 먼저 위치시킨다. 아주 많은 언어에서는 동사가 문장의 끝에 나타난다. 아르메니아어, 페르시아어, 인도의 인도유럽어족 여러 언어, 튀르크어족 여러 언어, 몽골어, 일본어, 한국어, 티베트어, 케추아어(아메리카 인디언 언어), 누비아어에서 그러하며, 심지어 독일어의 종속절에서도 그러하다(Malherbe 1983). 통사 범주 자체는 어떠한가? 많은 수의 언어가 형용사를 가지고 있지 않다. 튀르키예어와 같은 언어는 형용사와 부사를 구별하지 않는다(yavaş는 '느린'과 '느리게'를 모두 뜻한다). 일본어와 한국어에서는 형용사가 동사의 개념과 결합되어 있다. 그래서 몇몇 형용사는 동사 변화를 하는 듯 보인다. 즉 형용사 '커다란'은 순수한 상태로는 존재하지 않고 과거나 미래의 표지를 가지는 '커다란-이다'의 형태로 존재한다(Malherbe 1983). 바스크어에서는 명사와 형용사의 구별이 거의 드러나지 않는다.

이러한 언어적 다양성을 확인하고 나면 언어 능력이란 무엇인가라는 의문을 가질 수 있다. 만약 언어 능력이 존재한다면 그것은 의사소통의 필요성이나 결합적 성격의 코드를 사용한다는 사실과 같이 매우 일반적인 원칙에 대해서만 관여할 것으로 보인다. 우리는 이 문제를 다시 다루며 인간 언어를 구성하는 단위가 겉모습보다 훨씬 더 대단하다는 것을 관찰할 것이다. 지금으로서는 다음 사실들을 확인하는 것에 만족할 수밖에 없다. 개별 언어들이 엄청나게 다양하다는 사실, 그리고 표면적인 유사성들이 존재하는 경우에 그것은 역사적 계보에 있어서 우연에 기인한다는 사실을 확인할 수 있을 뿐이다.

2.2 공통 조어의 신화

언어의 시간을 거슬러올라가기

거의 모든 개별 언어들은 어휘와 문법 구조에 있어서 서로 매우 다르다. 그러나 때때로 예기치 못한 유사점을 보일 때가 있다. 예를 들어 전통적으로 라틴어와 그리스어 사이의 유사점들은 라틴어가 그리스어에서 나왔다는 사실로 설명되었다. 그렇지만 이 계통 관계는 국소적인 방법으로 인식되어왔으며 확증된 사실들 속에 고정시키려는 진지한 시도는 없었다. 그래서 19세기에는 과학적이기보다는 이념적 근거에 의해 히브리어가 다른 모든 개별 언어들을 발생시켰다고 생각할 수 있었다. 인도 주재의 법조인으로 언어 연구에 열심이었던 윌리엄 존스 William Jones는 1786년에 그리스어, 라틴어, 켈트어, 고트어, 산스크리트어의 몇몇 단어들 사이에서 보이는 놀라운 유사성에 관심을 가졌다. 이들 언어와 그가 알고 있는 다른 언어들, 특히 이와 동일한 유사성을 나타내지 않는 아랍어와 같은 언어들에 대한 분석을 기초로 존스는 그리스어, 라틴어, 켈트어, 고트어, 산스크리트어가 지금은 사라진 하나의 언어의 후손이라는 가정을 내놓는다. '별'에 해당하는 다음 단어들을 예로 들어보자. setareh(페르시아어), tara(벵갈어), asdgh(아르메니아어, gh = r), stella(라틴어, 이탈리아어), star(영어), stern(독일어), stered(브르타뉴어), estella(에스파냐어), étoile(프랑스어)이 있다. 이에 해당하는 아랍어 단어인 nejma가 같은 부류에 속하지 않는 것이 명백하며, 그리하여 아랍어가 인도유럽어족의 언어들에 대해서 상대적으로 멀다는 것을 알 수 있다. 마찬가지로 dina(신할리어), din(벵갈어, 힌디어), dien(러시아어), deiz(브르타뉴어), dia(에스파냐어), day(영어), tag(독일어), giorno(이탈리아어)가 영어의 day를 뜻한다. 이 단어들은 아랍어 단어 yaoum(날)이나 nahar('밤'의 반의어)와 대비된다. 인도유럽어족의 언어들 사이에 있는 유사성이 우연이 아님을 보여주는 보기들을 더 내놓는 것은 쉬운 일이다.

존스의 가정은 구체적으로 분석된 사실에 근거한 최초의 가정이다. 이 가정은 놀라운 것이었으며, 개별 언어들 사이의 많은 연구가 뒤를 이었다. 이 연구들은 인도유럽어족의 확장을 이끌어내 이후로 많은 수의 다른 어족이 제안되었다. 튀르키예에서 몽골에 이르는 알타이어족을 예로 들 수 있다. 이러한 어족의 규모가 커질수록 그 경계에 대한 언어학자들의 합의는 줄어든다. 메릿 룰렌Merrit Ruhlen은 근래에 이 어족들을 상위 어족으로 재분류하여 모든 개별 언어들이 하나의 유일한 언어에서 유래된 것으로 가정하지만(Ruhlen 1994) 여전히 논란의 대상이 되고 있다. 룰렌은 이 방법론을 의미군에 있어서 유사한 단어들을 찾아내는 데까지 확장한다. 그리하여 aqua('물', 이키토스어), yaku와 hoq'o('물'과 '젖다', 케추아어), oqo('들이켜다', 아이마라어), ko('물', 마푸둥군어), iagup('물', 젠네켄어), aka('호수', 야마나어)를 비교함으로써 이들 아메리카 인디언 언어들이 친족 관계에 있다는 가정을 뒷받침했다. 특히 룰렌은 '나', '너', '둘', '누구?', '이빨', '염통', '눈', '혀', '아니요', '물', '죽음'과 같은 의미를 포함하는 기본 어휘에서 그와 같은 의미군을 선택한다. 이 어휘에 있는 단어들은 식품이나 공산품(예를 들어 '커피', '담배', '텔레비전')을 가리키는 단어들과는 반대로 개별 언어들 사이에서 거의 차용 대상이 되지 않는다. 언어학자들은 흑해와 카스피해 북부에서 5천 년 전에 사용된 원시 인도유럽어에 속해 있었음이 분명한 많은 단어들을 재구성하는 데 다다랐다. 그와 마찬가지로 룰렌도 모든 개별 언어에 공통적일 법하며 아마 수만 년 전에 아프리카에서 말해졌을 언어에 속하는 단어에 해당할 만한 얼마만큼의 어근을 발견했다. 그와 같은 어근으로 tik('손가락'), pal('둘'), par('날다'), mena('생각하다'), mana('그 자리에 머무르다'), meno('사람'), aqʼwa('물') 등이 있다. 언어적 시간을 이렇게 거슬러올라가는 것이 어떤 이들에게는 현기증을 일으킬 수도 있다. 그런데 룰렌의 주장을 뒷받침하게 될 언어와 관련 없는 논거들이 존재한다.

언어의 진화

개별 언어들 사이의 유사점이 기호의 자의성에 대한 소쉬르의 원칙을 침해하는 것은 아니다. 오히려 그와 반대이다. 확인된 모든 유사점은 역사적 친족 관계에 해당한다고 볼 수 있는데 기호와 의미 사이의 자의적 관계는 세대에서 세대로 전달되었기 때문이다. 언어는 살아 있는 생물과 같다고 할 수 있다. 시간의 흐름에 따라 언어들은 진화하고, 태어나고 사라지며, 다양화한다. 다윈은 언어와 생물의 이러한 유사 관계가 진화 기제 사이의 유사성과 연관되어 있음을 보이기 위하여 논거들을 축적하며 언어-생물의 유사 관계를 강조했다. 우선, 다윈에 따르면 언어의 진화와 종의 진화라는 두 개의 과정은 점진적으로 진행된다. 이러한 진화의 흔적은 종들을 매우 복잡한 부류로 정리할 수 있다는 점을 통해 밝혀진다. 생물의 종들과 마찬가지로 어떤 언어들은 멸종했다. 언어는 한번 사라지고 나면 절대로 다시 등장하지 않는다. 거꾸로 말하면 하나의 개별 언어가 두 개의 서로 다른 지리적 근원을 가지는 경우도 절대 없다. 다윈에게 있어서 생물학적 진화를 가능하게 하는 핵심 요소인 개체 변이는 언어에서도 관찰되는데 새로운 단어들이 끊임없이 나타나는 것이다. 마찬가지로 개별 언어들의 과거를 밝혀주는 자취들이 관찰된다. 이는 어떤 생리적 특징들이 종의 역사를 통해서만 설명되는 것과 유사하다(추울 때 털을 세우는 기능으로 피부가 수축하는 것과 같다). 다윈은 I am의 m을 예로 든다. 이것은 선조 언어에서 1인칭을 가리켰던 것으로 영어에서는 대부분의 동사에 존재하지 않는다는 사실로 알 수 있듯이 이제는 불필요한 것이 되었다. 결국 다윈에게 있어서 언어 진화는 생존을 위한 투쟁의 형태이다. 일부 단어들은 간결함, 발음의 용이함, 심지어는 참신함이나 유행과 같은 기준에 있어서 뛰어나기 때문에 생존하고 번성하는 것이다(Darwin 1871).

어휘가 세대에 걸쳐 진화한다는 사실에 대한 이와 같은 설명은 복합적인 측면을 갖는다. 그중에 하나가 어휘 생성이다. 예를 들어 프랑스어 redingote라는 단어는 영어의 두 단어 riding과 coat의 차용을 통해 생긴 것이다. 그런데 이 단어가 프랑스어 화자에게 있어서는 더이상 형태론적 구성과 관련이 없으며 하나의 진짜 단어가 되었다. 어휘 진화의 또다른 측면들은 덜 명백하다. 언어학자들은 개별 언어의 진화에 있어서 유성음의 체계적 변화를 확신한다. 초심자들에게는 꽤 불분명한 어휘의 유사성을 언어학자들은 이를 통해 알아낼 수 있다. 예를 들면 어떤 문맥에서는 무성 자음 p, t, k가 각각 대응되는 유성 자음으로 대체되는 경향이 있다. 프랑스어 second에서 c가 마치 g처럼 발음되는 것을 보기로 들 수 있다. 마찬가지로 에스파냐어의 agua는 라틴어 단어 aqua에 해당한다. 야콥 그림Jacob Grimm은 19세기 초에 게르만어족 언어들의 f, th, ch가 원시 인도유럽어의 자음 p, t, k에서 왔으며, b, d, g는 마찰음 bh, dh, gh에서 왔고, p, t, k는 b, d, g에서 왔다는 것을 발견했다. 라틴어 단어 piscis와 독일어 단어 Fisch('생선') 또는 그리스어 단어 genos(라틴어 genus)와 영어 단어 kin('친족')같이 거의 불분명했던 몇몇 친족 관계가 이러한 체계적 변화를 통해 밝혀질 수 있었다. 개별 언어들의 계통에서 발생하는 이러한 음운 변화의 이유는 대부분 밝혀지지 않은 채로 남아 있다.

언어와 유전자

언어의 삶은 그것을 말하는 사람들과 일부 독립적이라고 생각할 수도 있다. 개별 언어들은 서로 만나고, 음운 변화와 어휘 생성을 하며 변한다. 개별 언어들은 세대에서 세대로, 침략자로부터 피침략민들에게, 지도층에게서 나머지 국민들에게 전달된다. 게다가 인종이 다양해진 원인인 생물학적 변화와 비교하면 언어적 변화는 엄청나게 빠르다. 어떤 변화들은 한 세대 내에서 관찰될 수 있다. 예를 들어 지금은 존재하지 않을 억양을 듣기 위해서는 2차대전 이전의 뉴스를 들어보거나, 또는 프랑스 전역에서 최근 수년간 젊은이들이 쓰는 은어 zyva를 들어보는 것으로 충분하다. 이러한 전달과 변화는 본질적으로 문화와 관련된 것이다. 전달과 변화가 우리 종에 영향을 미치는 생물학적 변화와 전혀 관계가 없는 것은 물론이다. 생물학적 변화가 환경의 적응에 기인한 것이든 집단 교류에 기인한 것이든 마찬가지다. 더구나 동일한 언어를 말하는 전혀 다른 인종들을 쉽게 발견할 수 있다. 이민자들이 많은 지역의 경우가 대표적이다. 예를 들어 캘리포니아에서는 유럽, 아프리카, 아시아 인종의 아이들이 영어를 모국어로 삼는다. 생물학적 영역과 언어학적 영역 사이의 이러한 독자성은 명확한 이론적 근거를 기반으로 한다. 그렇지만 사실들을 통해서 매우 강하게 반박된다.

혈액 표본의 유전자은행이 존재하여 오늘날 쉽게 이루어지는 종족별 유전자 연구 덕분에 유전학과 언어학 사이의 놀랄 만한 연관 관계가 드러나고 있다. 각 종족은 서로 다른 유전자 빈도에 의해 특징지어진다. 잘 알려진 Rh인자 발현에 기여하는 유전자 가운데 하나 같은 특정 유전자의 몇몇 변이형들이 어떤 종족에게는 빈번히 나타나고 다른 종족에게는 거의 나타나지 않는다. 유전자 빈도에 대한 이와 같은 발견 덕분에 인구 이동의 역사를 재구성하는 것이 가능하다. 그리하여 예컨대 아메리카 인디언은 분명히 북아시아에서 온 사람들이라는 것, 또는 중국 남부 사람들은 유전적 측면에서 한국인들과 상대적으로 멀지만 한국인들은 일본인들과 가깝다는 것을 확인할 수 있다. 이러한 유전적 자료들이 비교 언어학 자료들과 어느 정도 연관된다고 확인하는 것은 놀라운 일이다(Ruhlen 1994 ; Langaney 1999). 룰렌이 공통 조어 共通 祖語의 존재를 발견할 수 있을 때까지 확장하려고 시도한 연구의 토대가 된 조지프 그린버그Joseph Greenberg의 어족들은 특히 루이지 루카 카발리-스포르자Luigi Luca Cavalli-Sforza와 같은 종족별 유전에 대한 연구자들에 의해 별도의 방법론으로 얻은 분류와 거의 정확하게 일치한다(Cavalli-Sforza 1999). 이와 같은 눈부신 확증은 매우 강하게 비판받아온 그린버그에게 구명선이 되었다. 그린버그는 특히 인도유럽어를 알타이 어족, 우랄 어족, 드라비다 어족(인도 남부), 아프리카아시아 어족(베르베르어, 에티오피아어)에 연결 짓는 상위 어족인 노스트라틱 어족의 존재를 상정하여 비판을 받았다. 인도유럽어들을 그러한 여러 집단과 섞는다는 생각이 부당해 보였던 것이다. 그런데 이 언어를 말하는 개체들에 대한 유전자 분석이 공통 기원의 주장을 강하게 뒷받침하게 되었다.

이렇게 언어학과 유전학 사이에서 보이는 매우 강한 연관 관계는 당연히 우연의 산물이다. 이 연관 관계는 개별 언어 사이의 상이점과 유전학적 변이성이 동일한 역사적 원인을 갖는다는 사실로부터 생겨난다. 바로 인구의 이동이다. 사람들이 이주를 하면서 자신들의 유전자와 자신들의 언어도 함께 옮긴다. 서로 다른 두 종족 사이에서 언어가 전달되는 것, 특히 기본 어휘에 관계된 전달은 예외인 듯하다. 사람들은 일반적 규칙에 따르자면 자신들의 생물학적 조상의 언어를 말한다. 종족과 종족 사이에서 측정되는 생물학적 친족 관계와 비교 방법론에 의해 확립되는 언어학적 친족 관계 사이의 굉장한 일치가 보이는 것은 바로 이 때문이다.

공통 조어 개념의 한계

공통 조어의 신화는 그 매혹적이고 신비로운 속성이 무엇이든 역사적 현실에 근거할 가능성이 크다. 언어학자들은 현재 쓰이는 개별 언어들이 계보학적 갈래에 따라 어떤 언어에서 다른 언어로 파생되었다는 사실에 동의한다. 다윈이 종에 대하여 주장하는 바와 같다. 이처럼 언어학적 자료가 종족에 대한 유전학의 자료와 일치한다는 사실은 언어학적 계통들이 존재할 법하다는 생각을 더욱 강화해줄 수 있다. 다양한 어족들을 상위 어족으로 병합하고 그리하여 공통 조어로까지 거슬러올라가도록 해주는 비교 언어학 연구 방식들이 유효한지에 대하여 논쟁이 벌어진다. 우리가 만약 유사성의 수형도를 역사의 차원에 옮겨놓는다면 비교 연구의 방법들이 우리를 7천 년에서 1만 년 너머 과거로 거슬러올라가도록 할 것인가에 대하여 논의를 한다는 뜻이다. 관건은 그저 룰렌이 공통 조어에 속한 것이라고 여긴 공통 어근들이 3만 년이나 5만 년 전에 이 땅에서 살았던 사람들에 의해 실제로 발음되었던 단어들과 일치할 가능성이 얼마나 있는가를 알아내는 것이다.

아마도 크리올어를 제외하고는 이 땅에서 현재 쓰이는 모든 개별 언어들이 하나의 시원 언어에서 유래되었다고 여기는 것은 인간 언어가 문화적으로 창조되었다는 가정을 인정하는 셈이라고 할 수 있다. 즉, 아프리카의 어딘가에 살던 종족에 의해 의사소통 코드가 발명됨으로써 인간 언어의 모든 것이 시작되었고, 그러고 나서 이 발명품이 변화를 거치며 세대에서 세대로 퍼졌다고 볼 수 있다는 것이다. 이러한 역사적 시나리오에 의구심을 가질 두 가지 이유가 있다.

첫째 이유는 우리 인간 종의 인구분포 역사와 연관되어 있다. 개체들 사이의 유전적 상이성을 분석함으로써 해당 개체들이 그들의 공통 조상과 떨어져 있는 시간적 거리를 추정할 수 있다. DNA가 파생 때 겪는 대부분의 변화는 오로지 우연의 탓이며 시간의 흐름에 따라 축적된다. 그러므로 변화의 수는 공통 조상이 살았던 시절 이래로 흐른 시간에 비례한다.[12] 인류가 약 6만 년 전에 여러 대륙에서 엄청난 인구 증가를 겪었고, 그래서 현재의 인류는 당시에 1만여 명의 개체에 불과했던 인구로부터 유래되었다고 추정한다(Lewin 1999, p. 180). 인구 확산이 이처럼 좁은 통로로 이루어졌기 때문에 수십 개의 어족이 다음 세대들로 확산되지 못했다. 그러므로 현재의 개별 언어들이 모두 당시에 사용된 하나 또는 몇 개의 언어에서 나온 것으로 보이는 것은 놀랄만한 일이 아니다. 결과적으로 현재의 개별 언어들 사이의 친족 관계는 인간 언어

---

12 이 분석은 엄마로부터 딸에게 전해지는 모계유전 특성을 가진 미토콘드리아 DNA에 대하여 시행되는 것이 선호된다. 이 DNA는 세포핵의 유전자들이 겪는 유전적 혼합의 영향을 받지 않는다. 그러므로 미토콘드리아 DNA의 변화는 주어진 두 가계 사이의 분리가 이루어진 이후로 흐른 시간을 계산할 수 있도록 해준다.

가 문화적 발명품이든 아니든 예기된 현상이다.

인간 언어가 하나의 문화적 기원을 가진다고 결론을 내리는 데 개별 언어들의 계보를 사용하지 않는 두번째 근거는 언어의 전파 기제에 있다. 화자의 수가 너무 적어서 어떤 개별 언어가 사라질 때면 그 언어가 만들어 냈을 모든 개별 언어로 이루어진, 물론 가상의 하위 나무도 함께 '사라질' 것이다. 이 자리는 다른 하위 나무들로 채워진다. 우리가 100개의 개별 언어에서 출발한다면 이 언어들이 만들어 내는 계보상의 나무들은 사실 서로 경쟁관계에 있다. 우리가 여전히 100개의 개별 언어를 실제로 가지고 있다고 해도 원래 기원이 되었던 100개의 개별 언어가 모두 지금까지 내내 자손의 언어를 보존하고 있을 가능성은 거의 없다. 충분한 시간이 지난 후에 보자면 그 시점의 모든 개별 언어들은 우연을 통해 성공한 혈통 관계들에 의해 동일한 조상을 갖게 된다(그림 2.1). 역으로 추론하자면, 현재 쓰이는 모든 개별 언어의 조상인 공통 조어로 거슬러올라갈 수 있다고 하여 그 언어가 그 시기에 말해진 유일한 언어였다고 증명할 수 있는 것은 아니다. 다른 말로 하자면, 공통 조어가 있다는 가정은 이 땅에서 동시에 말해진 서로 다른 개별 언어의 수도 큰 의미가 있었다는 사실과 완벽히 양립할 수 있다. 그렇다면 공통 조어가 존재한다는 논거는 설득력을 모두 잃으며 더이상 인간 언어의 문화적 발명 쪽으로 결론을 내리는 데 도움을 줄 수 없다.

개별 언어의 진화를 연구하면 인간 언어의 기원에 대해 무엇을 알게 되는가? 언어 관련 행동이 예컨대 문자와 마찬가지로 발명의 대상이 된다는 주장을 하는 이들에게는 개별 언어들의 기원을 연구하는 것이 매우 중요하다. 즉, 그들은 개별 언어들 사이의 혈통 관계를 파악하고, 언어의 발명이 이루어진 장소와 시대를 명확히 할 수 있다는 희망

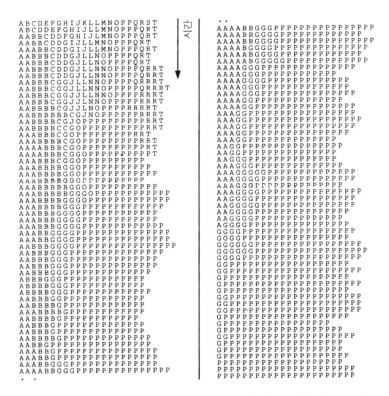

〈그림 2.1〉 개별 언어들 사이의 혈통 관계에 대한 모의실험. 각각의 새로운 개별 언어는 자신을 탄생시킨 개별 언어를 표상하는 문자로 표기된다. 우연히 생긴 소멸들은 모든 개별 언어가 하나의 공통 조어에서 유래되는 상황으로 이어진다.

을 가지고 과거로 가능한 한 멀리 거슬러올라가야 한다. 반면에, 인간이 언어 능력을 생물학적으로 타고났다고 생각하는 이들은 개별 언어들의 기원에 대한 문제가 단지 일화적인 관심을 나타낼 뿐이라고 여길수도 있다. 그렇지만 이러한 관점은 극단적인 것일 수 있다. 언어 능력이 왜 그리고 어떻게 인류에게 나타났는지 이해하는 것이 관건인 경우에는 어떤 언어들이 다른 언어들을 희생시키며 번성할 수 있도록 만든 여러 역사적 우연이 그리 크게 중요하지 않다. 그렇기는 하지만 개별 언어에서 사람들의 생득적 능력이 드러나는 측면이 단순히 공유된 문화적 유산과 관련된 것이라면 그러한 측면에 관심을 갖는 것을 피하기 위해서는 개별 언어들 사이의 혈통 관계에 대한 연구가 매우 중요하다.

예를 들어 많은 수의 개별 언어가 형용사를 사용한다는 사실을 관찰함으로써 언어 능력은 인간들이 형용사를 사용하도록 강요한다고 결론 내릴 우려가 있다. 이제 개별 언어들이 역사적으로 혈연관계에 있다는 것을 확신한다면 더이상 위와 같은 추론을 그처럼 쉽게 할 수는 없다. 그렇다면 형용사의 사용은 문화적으로 전승된 속성으로 여겨지는 것이 꽤 그럴듯하다. 이는 예를 들어 인도유럽어의 3인칭 동사 표지 -t와 마찬가지인 것이다. 그러므로 거짓 보편소를 검토하는 것을 피하기 위해서는 개별 언어들 사이의 혈통관계를 인식하는 것이 중요하다. 마찬가지로 다음과 같은 변화의 역동성 또한 참작해야 한다. 예를 들어 문장에서 구의 어순은 개별 언어들의 역사에서 빠르게 변화한다. 그러므로 동사-주어-목적어의 어순이 상대적으로 드문 이유는 우선적으로 인지적 선호의 관점에서 연구되어야 한다.

만약에 지구상의 모든 종족들이 동일한 언어를 말한다고 가정한다면 일상에서 관찰될 수 있는 언어 관련 행동과 인간의 본질을 구성하는 생물학적 조직의 일부분인 언어 능력 사이의 관계는 보다 명확할 것이다. 그렇지만 전 세계의 개별 언어들을 관찰하면 그 엄청난 다양성을 밝히게 될 뿐만 아니라 역사적 혈통관계에 기인하지 않는 어느 형태의 친족관계 또한 밝히게 된다. 언어학자의 도전은 이렇게 대단한 다양성을 발생시킬 수 있었던 언어 능력이 무엇으로 구성되어 있는지 이해하는 것이며, 그리고 구술을 통해 전승되는 역사적 우연에 속하는 것과 언어 능력의 발현에 보다 직접적으로 해당하는 것을 분리하는 것이다.

2.3 인간 언어와 구석기 혁명

모든 인간들의 공통적 능력의 발현에서 우리가 기대하는 것과 개별 표현들의 다양성 시이의 차이가 너무 크기 때문에 인간 언어익 단일성이 순전히 기능적인 추상 개념은 아닌지 의문을 가질 수 있다. 즉 인간 언어를 작동시키기 위하여 사용되는 특정한 방법들은 고려되지 않고 의사소통 기능으로만 한정될 수도 있다. 이런 특정한 방법들은 다음과 같이 여러 다양한 문화의 산물이라고 볼 수 있다.

> "인간의 두뇌는 분명히 언어 능력을 소유하고 있다. 여기에서 언어 능력이란 정확한 명시를 통해 선험적으로 정의된 언어 체계라기보다는 의사소통과 표상에 대한 넓은 잠재력의 형태를 가지는 능력이라고 일반적 의미로 이해된다."(Donald 1988, p. 50)

언어 능력은 이처럼 의사소통이라는 꽤 일반적인 필요에 한정되며 사회와 전통의 집단적 창의력은 이와 별도로 취급된다. 앞으로 보겠지만 이러한 관점은 고생물학의 몇몇 자료에 의해 더욱 견고해진다.

문화 혁명

문화의 출현이 인간 언어가 출현한 원인이라고 여겨질 만큼 이 둘이 대응되어 있다는 생각은 폭넓게 공유되어 있다.

> "이 세상의 모든 종족들이, 이들의 가장 오래되고 가장 겸손한 표현
> 으로 하자면 인류가, 분절된 인간 언어를 알고 있다는 것과 인간 언
> 어의 출현은 문화의 출현과 완전히 일치한다는 것이 우리가 알고 있
> 는 전부이다."(C. Lévi-Strauss, *in* Charbonnier 1961, p. 188)

이 생각에서 출발하면 인간 언어의 출현을 문화의 출현에 근거하여
우리 인간 종의 과거에 위치시킬 수 있게 된다. 몇몇 학자들은 우리가
알고 있는 그 인간 언어를 문화적 발명으로서 제시하기 위하여 수만
년 전에 발생한 매우 중요한 역사적 현상에 의지한다. 예를 들어, 심리
학자 윌리엄 노블William Noble과 고고학자 이안 데이비슨Iain Davidson은
인간 언어의 출현을 그 유명한 '구석기 혁명'의 수천 년 전에 위치시킨
다. 물론 우리 인간 종 '호모 사피엔스'가 두 배나 더 오랫동안 있었음
을 매우 잘 알면서도 그렇게 위치시킨다. 그들의 논거는 무엇보다도 우
리의 '가까운' 과거와 관련된 실제 역설에 근거를 두고 있다. 인간이 존
재하던 우리 행성의 모든 곳에서 수백 세기 전에 진정한 문화 혁명처럼
보이는 일이 발생했다. 인간들이 정교하게 다듬어진 창, 보석, 플루트,
작은 석상과 같은 복잡한 인공물을 생산하기 시작했다. 이들은 사실성
이 뛰어난 회화와 조각을 우리에게 남겼다. 종교적 행사, 특히 장례가
치러졌다는 흔적을 관찰할 수 있으며, 수렵채집인들에게서 일반적으로
주술과 결합되어 있는 황적색의 사용이 보인다(Knight *et al.* 1995). 이러
한 변화들은 대부분 기원전 4만 년부터 기원전 3만 년의 시기에 나타
났다. 이 시기는 항해를 위해 고안된 작은 배를 이용해 계획에 따라 해

협을 건넜다는 것을 상정토록 하는 오스트레일리아 대륙 정복이 이루어진 시기이기도 하다. 노블과 데이비슨에게 있어서 이러한 구석기 혁명은 인간 언어 발명의 가시적 결과이다.

"[인간 언어는] 생물학적 사건의 산물이기보다는 오히려 행동과 관련된 발견의 산물이었다. 진화와 관련된 생물학적 변화는 언어 관련 행동이 우리가 익히 알고 있는 다음과 같은 형태를 가지게 되는 상황을 만들어냈다. 즉, 발음-청음 통로를 사용하게 되었고, 유년기 동안 내내 계속하여 사회적 상황 속에서 습득이 이루어지게 되었다. 의사소통의 상징적 체계라는 인간 언어의 본질은 인간적 정신을 '창조'했다. 즉, 모든 환경에서 논리 계산을 통해 조직하고 계획을 세울 수 있으며, 여러 개념들을 구현할 수 있고, '우리'를 '타인들'과 구별할 수 있으며, 초자연적인 것을 발명할 수 있고, 자기 자신의 기능과 자신의 과거를 이해하려는 정신을 창조한 것이다."(Noble & Davidson 1996, p. 214)

인간 언어의 출현을 설명하는 데 문화적 관점을 적용하는 주장의 강점은 생물학적 변화를 겪지 않은 채 갑자기 환경의 위대한 주인의 지위, 예술의 경지, 정신적 경지에 도달한 종의 신비를 풀 수 있다는 점이다. 이러한 진보의 시동을 인간 언어의 발명에서 보는 것은 이렇게 대단한 문화적 혁명이 왜 더 일찍 발생하지 않았는지 그리고 이 혁명이 왜 우리 행성 전체에 관계된 것으로 여겨지는지 설명할 수 있을 듯하다. 구두 의사소통의 발명이 개체들의 지식과 그들의 상호 인식을 어떻게 증가시킬 수 있었는지 쉽게 상상할 수 있다. 또한 사람들이 모두 물질적인 문제뿐만 아니라 아름다움이나 죽음과 관련된 주제에도 접근할 수 있도록 했는지 쉽게 상상할 수 있다. 그런데 잘 들여다보면 인간 언어 출현의 이러한 문화적 시나리오는 해결하는 것보다 더 많은 문제를 제기한다.

구석기 혁명이 일어나기 전과 후에 인간은 생물학적으로 동일했다. 즉 현재의 우리보다 더 똑똑하지도 덜 똑똑하지도 않았다. 우리 인간 종의 존재 중 절반 동안은 인간이 문화를 가지지 않은 바보였는가? 의사소통 코드의 발명이 이들에게 예술의 의미, 기술의 의미, 신성함의 의미를 주기에 충분한가? 노블과 데이비슨이 우리에게 믿도록 요구하는 것이 바로 이것이다.

우리 인간 종의 행동에 있어서 갑작스런 변화를 목격한 구석기 혁명이 우리가 설명해야 할 유일한 혁명은 아니다. 약 1만 년 전에 지구의 여러 지점에서 또다른 문화적 혁명이 발생했다. 바로 농업 혁명이다. 여기에서도 또한 어떤 생물학적 설명도 가능하지 않다. 더 오래된 시대에서 예를 들자면 불의 사용만큼 중요한 발견으로 무엇을 생각할 수 있는가? 불의 사용은 식습관, 거주지의 구조, 환경에 대한 지배와 관련된 그토록 많은 변화를 유발하게 되지 않았는가? 불의 사용이 그보다 100만 년 이전부터 존재했고 그후로도 50만 년을 존속하게 되는 '호모 에렉투스'가 아닌 다른 종의 일이라고 생각할 이유가 없다. 이러한 혁명들은 우리를 혼란스럽게 한다. 우리는 이것들이 생물학적 변화로부터 나온다고 기대하기 때문이다. 일반적으로 하나의 종에서 다른 종으로 넘어가며 행동과 관련된 변화가 관찰된다. 거꾸로 생각하면 현저한 생물학적 변화를 겪지 않은 채 자신의 행동 목록을 갑작스레 변화시킬 종은 상상하기도 어렵다. 그러한 상황은 아주 불가사의하게 보일 것이다. 언어가 최근에 발명되었다는 가정이 이들 혁명 가운데 하나를, 예를 들면 다른 혁명이 아니라 구석기 혁명을 설명할 수 있을지가 관건이다.

문화 진보의 본질

어떤 종이 존재하다가 특정 순간에 겪을 수 있는 주요한 문화적 변화들을 설명하기 위해서는 또 그만큼 주요한 이유를 보통 생각하게 된다. '호모 사피엔스'가 구석기시대에 겪은 변화만큼 중요한 변화들이 자연발생적일 수 있다는 것을 받아들이기는 어렵다. 지난 2세기 동안 우리가 경험하고 있는 기술 진보는 규칙적인 그리고 거의 예견 가능한 발전의 형상을 띠고 있다.[13] 각 세대는 이전 세대가 창조한 것을 이어가기 위하여 자기 몫의 혁신을 추가하게 된다. 그런데 진보에 대한 이러한 개념을 인류가 과거에 겪은 것에 옮겨놓는 것은 오류일 수 있다. 서양의 현대 문화에서 혁신은 그 자체로 가치를 부여받는다. 국가들 사이의 경제적인 경쟁은 혁신을 통해 자라나며, 따라서 혁신을 체계적으로 조성한다. 우리는 이러한 맥락에서 구석기 혁명과 같이 커다란 급변을 기대하지 않는다. 대신 우리는 진보에 기여하는 발견들이 축적되는 것을 기대한다.

수렵채집 사회의 문화적 혁신은 집단들 사이의 경제적인 경쟁에 의해 촉발되지 않는다. 그 혁신은 기본적으로 우연에 기인한다. 수렵채집

---

13 전자 회로 기술의 진화를 생각하자. 전기 회로의 능력은 30년을 주기로 18개월마다 규칙적으로 두 배가 되었다. 물론 이 진보는 화학, 재료물리학, 전자공학에서 이루어진 지속적인 혁신을 필요로 한다.

사회의 사람들이 의식적으로 혁신하려 했다는 것을 증명하는 것은 아무것도 없다. 이들의 지능은 물질적 삶과 사회적 삶의 여러 측면 가운데 새로운 도구나 기술들을 만들려는 관심을 포함하지 않는 측면들을 향해 있다. 심지어 산업 사회에서도 기술 혁신은 소수의 특화된 사람들이 이루어내는 것이다. 예술 분야에서도 혁신을 의도하는 이들이 항상 인기가 있는 것은 아니며 그들이 최고의 평가를 받는 사람들 속에 속하는 경우는 매우 드물다. 그러므로 우리의 조상들은 특별나게 창의적이 되려고 하지 않았으며 그들이 혁신을 이룬 것은 단지 우연일 뿐이다.[14] 반면에 이러한 유형의 문화 진보는 다른 자연적 과정들과 마찬가지로 자가 촉매 반응의 측면을 나타낸다. 이 용어가 여기에서는 혁신이 자기 자신의 발전을 촉진할 수 있다는 것을 의미한다. 보기를 들어보자. 역사상 첫번째 활은 우리가 국제 경기에서 볼 수 있는 활들과 거의 닮지 않았을 것이 분명하다. 아마도 그것은 심지어 휘어 있지도 않았을 것이다. 어쩌면 그것은 어떤 가상의 어린이가 만든 놀이에서 나왔을 것이다. 활이라는 어떤 개념을 발생시킨 정확한 조건은 중요하지 않다. 이 조건들이 활을 발명한 사람으로 하여금 아주 불완전한 물건을 제조하도록 이끈 것은 분명하다. 중요한 것은 그 뒤를 이은 현상이다. 첫번째 활은 사람들이 그것을 복제하고 개선하도록 이끌었다. 이 두 가지 행동이 혁신과 반대로 인간들의 특징적인 행동이다. 이웃이 활을 가지고 있으면 나도 활을 가지는 것이, 가능하다면 더 좋은 활을 가지는 것이 중

---

14 과학의 발견에서 우연의 역할이 상대적일 수도 있었다. 뉴턴Isaac Newton의 사과는 방정식보다는 재미있는 이야기를 요구하는 일반 대중들을 위한 일화에 불과하기 때문이다. 충분한 거리를 두고 생각해보면 과학 연구가 준엄한 방식으로 발전된 듯 보이지만 그 연구자가 바른 경로에 들어가도록 만든 우연의 상당한 역할을 무시해서는 안 된다(Lot 1956).

요하다. 바로 이러한 경쟁의식이 자가 촉매 반응 현상을 유발한다. 모든 혁신은 국지적으로 완벽한 사물들, 다시 말하면 혁신 없이는 개선될 수 없는 사물들을 제작할 때까지 이런 식으로 증폭된다.

　이러한 자가 촉매 반응과 같은 증폭은 문화 진보가 자연발생적으로 일어나는 경우에는 급격하게 진행되는 결과를 가져온다. 갑작스러운 변화들은 다소 긴 정체 기간 또는 짧은 정체 기간을 가진 채 드문드문 나타날 수 있다.[15] 이러한 변화들의 특징은 새로운 사물의 창조로부터 근본적인 문화 격변에 이르는 다양한 규모가 될 수 있다는 것이다. 문화적 진보의 이와 같은 불연속성은 구석기 혁명의 중요성을 그리 심각하지 않게 여기도록 해준다. 우리의 정신은 예술과 종교의 발명, 장신구의 제작, 항해 등과 같은 의미 있는 변화들을 동일한 사건으로 재편성하는 것에 만족한다. 그렇지만 이 현상들은 **호모 사피엔스** 종의 존속 기간의 약 10%라는 무시하지 못할 만한 기간 동안 나타났다. 혁명에 대해서 말하는 것이 이 경우에는 약간 기만적이다. 게다가 예술의 발명이나 종교의 발명에 대해서 말하는 것은 환유적 과장에 속한다. 관찰의 대상으로 우리에게 주어진 것은 단지 예술이나 종교의 새로운 표현일 뿐이다. 예술 활동은 조각이나 동굴 암벽화 이외에서도 존재할 수 있었으며 종교적 사고는 장례의 개념에서 표현된 것과 달리 표현될 수도 있었다. 우리 인간 종이 존재하던 기간의 중간쯤에 나타난 것으로 보이는 이러한 암벽화나 장례는 문화적 혁신일 뿐이다. 아름다움이나 신성함을 추구하는 행동이 문화적 혁신을 이끈다. 이러한 행동과 문화적 혁신

---

15 이 현상은 종의 진화를 특징짓는 단속적 균형에 대한 문화적 유사체이다(5장 참고).

을 혼동해서는 안 된다.

그러므로 우리는 구석기 혁명이 그리 중요하지는 않다고 생각할 수 있다. 첫째, 구석기 혁명은 상관관계가 필연적이지 않은 사건들의 집합으로 이루어졌기 때문이다. 둘째, 이 사건들은 종교, 예술, 기획의 출현만큼 근본적인 변화를 구성하지 않으며, 이는 노블과 데이비슨이 제안하고자 하는 것과 반대되기 때문이다. 구석기 혁명을 구성하는 사건들은 종교, 예술, 기획이라는 행동들의 새로운 표현일 뿐이다. 이는 바로크시대의 푸가나 재즈 이전에도 음악이 존재했던 것이나 마찬가지이며, 문자 이전에도 인간 언어가 존재했던 것이나 마찬가지이고, 구석기 "혁명" 이전에도 예술이나 종교나 기술이 존재했던 것과 마찬가지이다.

이러한 생각이 제기된다면 구석기시대의 여러 혁신이 생겨나는 데 인간 언어가 기여한 역할에 관하여 물을 수 있다. 노블과 데이비슨을 따르자면, 인간 언어는 구석기 혁명의 이유일 뿐만 아니라, 구석기 시대의 혁신들이 더 일찍 발생하지 않은 것은 인간 언어의 부재로 설명된다. 그렇기는 하지만 인간 언어가 예술, 기술, 신성함과 맺는 인과관계가 자명하지 않음에 주의하자. 우선, 굉장히 유용하지만 매우 세속적이어서 어떤 식으로든 숭고함이나 신성함을 표상하기에는 너무 제한적인 의사소통 형식을 상상할 수 있다. 반대로, 분절 언어라는 결합적 특성의 구두 의사소통 없이 이루어지는 예술이나 주술 행위도 상상할 수 있다. 마지막으로, 오로지 개인들 사이의 관계를 위해서만 작동하는 순전히 사회적인 의사소통 형태도 상상할 수 있다. 이러한 의사소통 형태는 사용하는 이들의 구체적 기획 능력이나 조직 능력을 전혀 증대시키지 않을 것이다. 우리가 이 모든 것을 생각해 볼 수 있다면 우리 인간 종이 최근에 성공해낸 것들이 인간 언어 덕분이라는 생각은 논거가 빈약하다. 오늘날에는 인류의 매우 많은 능력이 모두 인간 언어 덕분이고 언어의 부재에서는 생각할 수 없다고 여기곤 한다. 게다가 인간 언어는 이러한 능력들이 출현하기 위한 필요조건이면서 동시에 충분조건임을 보여야 한다. 그런데 여기에서 우리가 증명을 하지 않아도 될 만큼 자명한 것은 아무것도 없다. 인간 언어의 출현과 '호모 사피엔스'에 의해 4만 년 전에 수행된 혁명 사이에 연관이 있다는 가설은 어떠한 진지한 이론적 바탕도 갖고 있지 않다. 또한 그 가설은 설명되지 않는 사실들의 수를 줄이기 위하여 서로 연관 지으려는 한 가지 바람에서 생긴 것이 확실하다.

2.4 개별 언어에서도 보이는 복잡성

인간 언어가 순수하게 문화적 구성체라는 생각은 언어 능력과 결합된 특정하고, 보편적이고, 생물학적으로 고정된 능력이 존재하지 않는다는 것을 상정한다. 그런데 문화적 발명을 주장하는 사람들에게 매우 당혹스러운 사실이 있다. 개별 언어들의 복잡성이 각 개별 언어를 사용하는 문화의 복잡성과 연관되지 않는다는 사실이다. 이 문제에 대해 다윈의 이야기를 들어보자.

"많은 미개한 민족들의 언어가 가진 완벽하게 규칙적이고 훌륭하게 복잡한 구조는 흔히 그러한 언어의 신성한 근원의 증거로서 또는 그 언어를 만든 사람들의 위대한 예술과 고대 문명의 증거로 제시된다. 슐레겔Schlegel은 다음과 같이 적고 있다. '지적 문명에서 가장 낮은 수준으로 보이는 곳의 여러 언어 구조에서 매우 높고 발전된 수준의 문법적 예술이 자주 발견된다. ······ ' 그런데 어떤 언어에 대해서든 그것이 예술처럼 체계적으로 훌륭하게 구상되었다고 말하는 것은 분명히 오류에 해당한다."(Darwin 1871)[16]

문화적 진화는 인상적인 변화를 만들었다. 구석기 혁명, 목축과 농업의 발명, 문자와 뒤에 이어 나온 모든 것이 그렇다. 하지만 이러한 문화적 진화가 개별 언어의 풍부함에 영향을 미치지는 않았다. 문자와 계획된 교육이 가능토록 한 어휘의 환상적인 성장을 제외하면 그렇다. 지금도 지구상의 어딘가에서 발견할 수 있는 수렵채집인들은 우리의 언어만큼이나 정교한 언어를 말한다.

물론 어휘의 풍부함과 그것을 사용하는 문화의 정교함의 정도 사이에 상관관계가 존재한다. 이것은 구술 전통의 사회와 문자를 사용하는 사회를 비교하면 특히 명백하다. 반면에 통사 구조의 비교를 통해서는 이런 유형의 상관관계를 정립하는 것이 상당히 어려울 듯하다. 문법적 복잡성은 측정하기 어려운 규모를 가지고 있는 것이 사실이다. 굴절의 사용, 격과 어미변화의 존재, 부류 형태소의 사용, 접사의 사용, 동사 변화, 동사 시제의 개수, 일치의 제약 등의 사이에서 균형을 어떻게 잡을 것인가? 예를 들어 영어는 통사 차원에서 단순한 언어라고 여겨진다. 형태 관련 제약이 극히 적다는 것이다. 격은 없다시피 하며, 법과 동사 시제는 거의 없고, 일치의 제약은 매우 드물다. 그런데 문장 안에서 단

---

16 여기에서 다윈은 개별 언어들이 선택에 의한 진화의 결실이라는 주장을 옹호한다. 그는 이 주장을 언어는 의식적으로 구성된 사고 체계라는 의견과 대비시킨다.

어의 어순이 경직되어 있어서 이상해 보인다. 통사 구조의 복잡성을 평가하려면 이러한 위치적 제약이 고려되어야 한다. 규칙성도 마찬가지이다. 즉 예외의 존재는 암기되어야 하므로 복잡성을 따져보는 데 심각하게 영향을 미친다. 이러한 것을 살펴보기 위해서 채택된 정의가 무엇이든 그것이 문화적 수준과 연관이 있다고 보기는 어려울 것 같다.

통사 관계에 대해서 생각해보자. 개별 언어가 문화의 표현일 뿐이라고 생각한다면 개별 언어와 문화 사이에서 통사 관계가 갖는 독립성은 전혀 이해될 수 없다. 만약 언어가 의사소통의 필요에 따라 공동체에 의해서 창조된 편리한 구성체 그 이상이 아니라면 많은 수의 정교한 개념을 다루는 기술 문화가 수렵채집 부족들이 사용하는 코드보다 더 복잡한 코드를 만들어내지 않은 것을 어떻게 설명하겠는가? 반대로, 만약 개별 언어들의 문법이 최소한 부분적으로라도 특정 언어 능력에서 유래한 것이라면 단순하다고 여겨지는 문화에서 복잡한 언어를 발견하는 것은 놀랍지 않을 뿐만 아니라 그것이 바로 우리가 제대로 예측하는 상황이다. 만일 인류가 자신들이 만들 수 있는 문장의 가능한 배열을 유도하는 추상적 구조의 틀을 갖고 있다면 세상에 있는 모든 개별 언어에서 그만큼의 복잡성을 가진 구조들을 발견해야 한다.

개별 언어들의 커다란 다양성으로부터 다음과 같은 사실을 생각하게 된다. 말을 한다는 사실, 즉 통사 구조, 음운 규칙, 대화 규칙을 사용한다는 사실은 의사소통의 필요에 부응하기 위하여 여러 세대에 걸쳐서 심세하게 배열된 구성체를 만들어낸 하나의 문화 구성의 결과이다. 다음과 같이 비유할 수 있겠다. 18세기 전반기에 표현된 바로크 푸가의 예술은 축적된 문화 진보의 결실이다. 한편 이 문화 진보는 많은 수의 평범한 음악가들 또는 천재 음악가들이 각자 앞 세대 사람들의 기술을 흉내내고 개선하며 공헌한 결과이다. 인간 언어에 대해서도 거의 유사한 개념을 가질 수 있다. 각 세대는 이전 세대로부터 물려받은 의사소통 코드에 적응하고 그것을 개선한다. 그러한 과정의 결과는 매우 발전된 체계일 수 있다. 즉, 푸가가 주제와 대주제의 반복 규칙, 화성 전개 원칙, 음의 결합, 화음 어휘를 소유하고 있는 것과 마찬가지로 인간 언어는 음운 규칙과 통사 규칙, 사용 규범, 어휘를 가지고 있다. 언어를 이렇게 바라보는 방식은 개별 언어들의 역사를 재구성할 수 있다는 생각과 일맥상통하는 듯하다. 역사를 재구성하는 것은 인간 언어의 기원에 대하여 최초의 발명이 우선 있었고 이후에 계속 문화적으로 개선되었다는 언뜻 보기에 일관된 설명을 제시하기 위한 것이다. 그런데 인간들의 언어 현실에 관해 좀더 조사한다면 인간 언어가 문화적으로 창조되었다는 주장이 적지 않은 사실들과 모순된다는 것을 알게 된다.

다음 3장은 언어 능력에 있어서 특정한 생물학적 기반이 존재한다는 것을 강하게 주장하는 적지 않은 사실들을 제시하는 것을 목표로 한다. 그렇다고 하여 언어 능력의 표출에 있어서 문화의 중요성을 부인하려는 것은 아니다. 이번 2장에서 언급된 자료들은 다음 사실들을 우리에게 상기시켜준다. 언어 능력은 개별 언어 안에서 실현되며, 개별 언어는 개인들 사이의 상호작용의 결과로 나타난 것이고 또한 시간의 흐름에 따라 변형되며, 개별 언어의 사용은 문화 속에 녹아드는 것을 상정한다. 이제 우리의 언어 관련 행동 가운데 몇몇 측면은 단순한 문화적 산물일 수 없다는 것을 증명하는 것이 관건이다.

3장
언어 능력의 생물학적 정착

만약 인간 언어가 발명물이 아니라면 우리는 생득적으로 말하는 능력을 가지고 있어야 한다. 이 책은 이 능력의 출현을 설명하는 것을 목표로 하고 있다. 이 능력은 무엇으로 구성되어 있는가? 앞의 2장에서는 그 능력이 개별 언어 안에서 실현되는 다양한 정도를 따져볼 수 있었다. 이제는 반대로 생물학적 능력에 종속되어 있는 언어 관련 행동 부분과 생물학적 능력 가운데 인간 언어와 관련된 특정 능력을 따져봐야 한다. 이 목적에 도달하기 위한 좋은 방법은 언어 능력의 생물학적 정착을 보여주는 적지 않은 수의 사실들을 분석하는 것이다. 예컨대 해부학 자료 및 행동학 자료뿐만 아니라 침팬지에게 언어를 가르치기 위한 시도들을 분석하는 것이다.

3.1 인간 언어의 신체 기관

 침팬지가 말하도록 만드는 것은 불가능하다. 말한다는 것을 단어를 발음한다는 의미로 볼 때 그렇다. 우리 게놈의 98%를 공유하고 있는 침팬지는 인간과 비교하여 몇몇 형태적 차이를 보인다. 후두의 구조가 그러한 차이 가운데 하나이다. 우리의 후두는 독특하며 그 구조는 우리기 속해 있는 영장류 중에서도 평범하지 않다. 이러한 형태적 차이가 말의 사용과 관련있다는 것에 의심의 여지가 없다.

 우리의 발성 기관들은 놀랄 정도로 인간 언어에 최적화되어 있다. 말을 해야 할 필요성을 충족시키기 위하여 이러한 해부학적 장치가 선택된 것인가? 아니면 이와 반대로 다른 기능을 위해 선택되었을 이러한 발성 기관들이 이미 존재하였기 때문에 인간 언어가 우리가 익히 알고 있는 분절의 형태를 취한 것인가? 우리는 초당 십여 개의 음소는 쉽게 낼 수 있다. 이는 성대, 후두, 혀, 입술, 입천장을 극도로 정확하게 통제할 수 있는 덕분에 얻은 성과이다. 침팬지는 이만큼 정확한 통제를 하지 못한다(Deacon 1997, p. 248). 게다가 우리의 발성 기관은 유인원과 현저하게 다르다. 주요한 차이는 인두의 크기에 있다. 우리의 인두는 여섯번째 목뼈에까지 이른다(그림 3.1). 반면에 고양이나 돼지 같은 다른 포유류에서는 세번째 목뼈를 넘지 않으며 개는 두번째 목뼈를, 말과에 속하는 동물들은 첫번째 목뼈를 넘지 않는다(Barone 1976). 인두 쪽으로 통하는 부분에 해당하는 후두는 인간의 경우에 크기가 크다(여성보다 남성의 경우에 더 크다). 인간의 목소리는 기관氣管의 각기 다른 부분들을 후두의 소리가 통과하며 겪는 여러 다양한 변화에서 나온다. 과도하게 큰 우리의 인두와 후두는 세밀하게 통제되는 강한 모음 소리가

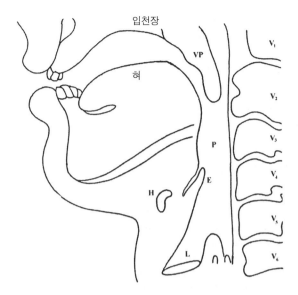

〈그림 3.1〉 인두(P)의 해부도. 인두가 물렁입천장(VP)에서부터 여섯번째 목뼈(V₆) 위치에 있는 후두(L)까지 뻗어 있는 것을 볼 수 있으며 후두덮개(E)와 목뿔뼈(H)의 위치도 알 수 있다.

발생하도록 한다. 인두가 공명 상자 기능을 하는 것이다. 인두와 후두
는 둘 다 움직임이 굉장히 자유롭다. 특히 이는 매우 낮은 인두와 후두
위치에도 불구하고 삼키는 기능을 가능하게 하기 위해서이다. 필립 리
버만Philip Lieberman은 이러한 해부학적 차이의 중요성을 강조한다. 이
러한 차이는 언어 능력에 대한 역할을 제외하고는 불편함만 주기 때
문이다. 특히 음식물이 잘못해서 기관으로 들어가는 위험이 증가한다
(Lieberman 1992).

언어 능력이 문화에서 기원한다는 주장이 일관성을 갖기 위해서는
우리의 발성 기관의 해부 구조가 언어 관련 기능과 무관하다는 설득력

있는 설명을 제공해야 할 것이다. 생명체의 특질들은 매우 특별한 경우를 제외하고는 어떤 하나의 정확한 기능과 결부되어 있기 때문이다.[17] 이러한 사실은 고려된 특질이 단점을 보이는 경우에는 더욱더 명백하다. 그렇기 때문에 후두의 낮은 위치가 언어 능력의 생물학적 진화에 기인한 것이 아니라면 후두의 다른 기능을 찾아내는 것이 반드시 필요하다. 불행히도 이 문제에 대해서 신뢰가 갈 만한 어떤 것도 제시되지 않았다. 어떤 유형의 모음 발성이나 호흡 기능이 그렇게 내려온 후두의 형태를 필요로 할 수 있겠는가? 어떤 학자들은 우리의 인두의 해부 구조가 직립 보행의 결과일 수 있다는 견해를 내놓았다(Aiello 1996). 또 다른 학자들의 의견은 다음과 같다. 우리보다 앞선 호미닌hominid 종들은 우리처럼 직립 보행을 했음에도 인두와 후두가 거의 표준적인 위치에 있었다. 즉 우리 인간 종처럼 비정상적으로 낮은 위치에 있지 않다(Lieberman 1984). 게다가 직립 보행이 무엇을 강요했기에 음식을 삼킬 때 불편함이 생기는 데도 불구하고 우리의 인두 관련 기관이 낮게 위치할 수밖에 없는지 우리는 이해할 수 없다. 마지막으로 직립 보행과 같은 생체 역학적 강요가 이처럼 굉장히 다양한 소리들을 내고 조절할 수 있는 기관을 만들어낸 것이라면 어떤 기적에 의해 그렇게 되었는지 설명해야 할 것이다. '호모 사피엔스'는 영장류들 가운데 see와 put과 같은 단어에서 발음되는 비음 아닌 모음 [i]와 [u]를 낼 수 있는 유일한 영장류이다. 리버만에 따르면 이러한 소리는 다른 영장류들이 낼 수 있

---

17 이 특별한 경우는 어떤 기관이 기능이 사라졌을 때 흔적의 상태로 존속하는 경우이다. 동굴에 사는 장님 물고기의 눈, 또는 굴드Stephen Jay Gould와 르원틴Richard Lewontin이 '스팬드럴'이라고 부르는 것이 그러하다. '스팬드럴'은 자연선택의 결과로 얻은 속성과 연관된 우연한 속성이다(Gould & Lewontin 1979). 쐐기즙의 녹색 색깔을 예로 들 수 있다.

는 소리들보다 훨씬 더 구별이 잘 된다. 그럴듯한 유일한 설명은 분절 언어가 생겨날 수 있도록 인간의 후두와 인두가 자연선택에 의해 변형되었다는 것이다. 만약 이 견해를 따른다면 인간 언어는 단순히 문화의 산물일 수는 없다.

3.2 언어 능력에 바쳐진 신경 회로

후두의 형태가 말과 직접 관련된 인간의 유일한 해부학적 특징은 아니다. 언어 능력의 생물학적 정착은 뇌의 특정 부위의 손상에 의해 실어증이 유발된다는 사실로 명백해졌다. 19세기 중반에 프랑스 의사 폴 브로카Paul Broca는 뇌의 손상과 정신적 장애 사이의 연관성을 증명하는 데 최초로 성공했다. 환자가 모국어의 단어와 문장을 말하지 못하는 실어증의 경우이며 왼편 앞이마 쪽의 피질에 손상이 있었다. 이후 브로카 영역이라고 불리는 곳이다(그림 3.2). 이 성과는 브로카에게 있어서는 언어 능력이 두뇌 좌반구에 위치하는 영역에 의해 실행되는 특정 기능이라는 것을 분명하게 입증한 것이다. 이후의 연구들은 이러한 기본 견해에 세밀한 변화를 더했다. 대뇌 피질의 여러 영역이 언어 능력에 있어서 필수적이며 그 가운데 하나가 왼편 앞이마 쪽에 위치한 브로카 영역이다. 실제로 이 영역은 명확히 구별되는 역할들이 할당된 몇 개 부분을 망라한다(Deacon 1992). 두뇌에서 언어 능력에 핵심적인 또 다른 구역은 베르니케 영역으로 왼편 측두부에 위치하고 있다. 언어를 이해하는 데 있어서 이 두번째 영역이 하는 역할은 브로카의 발견 이후 10여 년 뒤에 독일 신경과의사 카를 베르니케Carl Wernicke에 의해

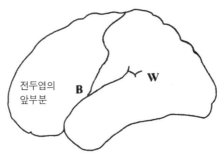

전두엽의
앞부분

B

W

〈그림 3.2〉 좌뇌의 간략한 그림 어어 능력과 관려된 주요 피질층 부분인 브로카 영역(B)
과 베르니케 영역(W)을 보여준다.

밝혀졌다. 두뇌에서 언어 능력에 쓰이는 것으로 보이는 구역들이 존재
한다는 것은 언어 능력이 고유한 어떤 생물학적 특질의 발현이라는 생
각에 힘을 실어준다.

여러 관찰을 통해 이 주장이 절대적인 것은 아님을 알 수 있다. 첫
째, 두뇌 우반구를 포함하여 언어 처리에 있어서 어떤 역할을 하는 듯
한 많은 다른 구역이 발견되었다. 이러한 발견은 두뇌의 다양한 자연
발생적인 손상에서 유발된 병리학 연구뿐만 아니라 신경외과의사들이
수술중에 수행한 직접 자극을 통한 연구들과 뇌 기능 영상 촬영을 통
한 최신 연구들을 통해 이루어졌다. 이 최신 연구들은 양전자 방출 단
층촬영, 핵자기 공명, X선에 의한 뇌 검사와 같은 다양한 기술을 기반
으로 한다. 이 기술들은 흔히 그 결과를 해석하기가 까다롭지만 끊임
없이 향상되고 있다. 그 기술들은 이미 뇌 연구에 있어서 굉장한 발전
을 가져왔다. 작동하고 있는 뇌, 특히 언어 관련 과업에 참여할 때의 뇌
영상들이 병리학 연구 결과들을 대체로 증명한다는 것은 꽤 주목할
만하다. 예를 들자면 브로카 영역이나 베르니케 영역은 일반적인 실험

대상의 언어 관련 과업에 명백히 연관되어 있다. 그렇지만 이 두 영역만 언어에 관련된 것이 아니다. 두뇌의 많은 다른 영역이 언어 과정에 연결되어 있다. 그런데 이 다른 영역들의 우연한 파괴로 유발된 문제들은 브로카 영역, 베르니케 영역과 그리고 다른 몇몇 영역[18]에 문제가 있을 때보다는 확인하고 해석하기가 쉽지 않다. 그러므로 언어 능력과 관련된 신경 회로 요소들은 언어 능력이 생기기 이전의 영장류 두뇌에 첨가되는 국소적 모듈(일종의 선택적 칩)의 형태로 상정되어서는 안 된다(Deacon 1977, p. 293). 그보다는 신경 회로로 이루어진 총체적 형태이어야 한다. 여기에서 어떤 신경 회로들은 언어 능력을 위하여 특화되었고 어떤 것들은 그렇지 않으며, 실험 대상자들의 97%에 있어서 절대적이지는 않지만 대부분 이 신경 회로들이 두뇌 좌반구에만 위치하고 있다.

두뇌에서 언어 능력과 연관된 영역들이 특정한 생물학적 특질의 소산이라는 것을 완전히 증명할 수 없는 또다른 이유는 두뇌의 유연성 때문이다. 두뇌의 유연성이 특히 어른들에게 있어서 매우 제한되어 있어도 그러하다. 예를 들어 후측두 구역의 한 영역은 읽기를 배울 때 동원된다. 그렇다고 해서 아무도 최근의 역사적 발명인 읽기가 특정한 생물학적 행동이라고 주장하지 않는다. 게다가 베르니케 영역은 청각 영역의 이웃에 있으며 브로카 영역은 발성 기관을 지배하는 운동 영역 근처에 있다(Deacon 1992). 언어를 습득할 때 이들 영역이 동원된다고

---

18 발성하는 데 필수적인 보조 운동 영역을 들 수 있다. 또한 두뇌 우반구에서 브로카 영역과 베르니케 영역에 대응되는 영역도 있다. 이 영역의 손상은 운율과 관련된 처리를 하는 데 장애를 유발한다(Deacon 1997, p. 313).

상정할 수 있겠다. 읽기가 그런 경우에 해당한다. 그런데 이러한 가정에 반대로, 신경 회로와 관련된 고유한 특질이 있다는 주장을 뒷받침하는 여러 방증이 나오고 있다. 언어 능력이 거의 일관되게 두뇌 좌반구로 몰려 있는 비대칭화를 예로 들 수 있다. 적어도 상징적 자료의 처리는 두뇌 좌반구에서 거의 담당한다고 상정할 수 있다. 게다가 언어 관련 영역의 손상으로 인한 장애들은 환자가 말하는 개별 언어의 유형에도 그들의 문화에도 연관되어 있지 않다.[19] 반면에 읽기를 위해 동원되는 두뇌 영역이 존재하는 것은 명백하게 주체가 읽기를 배웠다는 사실과 연관되어 있다.

꽤 놀라운 관찰도 하나 언급해야겠다. 만약 언어 관련 영역들의 특화가 단지 언어 습득의 결과라면 이 관찰은 거의 일관성이 없을 것이다. 제1언어가 수화 언어인 청각 장애 환자들에게 있어서 확인된 실어증의 경우이다. 어휘 차원에서 확인된 장애(정확한 수화 동작을 하지 못함)나 통사 차원에서 확인된 장애(수화 동작들의 연결에 있어서 오류)나 의미 차원에서 확인된 장애(어떤 수화 동작을 써야 할 곳에 다른 수화 동작을 사용)가 청각에 문제가 없는 채 브로카 영역과 베르니케 영역이 손상된 환자들의 경우와 정확하게 상관이 있다(Hickok et al., 1998). 이 두 영역이 실질적으로 언어 능력에 특화되어 있다는 것을 매우 강하게 시사하는 사실이다. 즉 브로카 영역과 베르니케 영역은 구술과 관련된 양식이든 몸짓과 관련된 양식이든 의사소통에 사용되는 양식과는 관계가 없

---

19 브로카 영역의 손상이 문법적 문제에 대하여 가져올 수 있는 결과에는 의미 있는 차이가 존재한다. 즉, 환자가 이탈리아어처럼 굴절이 매우 심한 언어를 말하는가 또는 영어와 같이 굴절이 미미한 언어를 말하는가에 따라 차이가 생긴다(Deacon 1997, p. 307). 이 결과는 서로 다른 두 개의 통사 체계가 존재한다는 10장의 가정을 지지할 수도 있다.

다는 것이다. 결론적으로 말하면 이 두 영역이 단지 일상적인 의사소통에서 자신들이 갖는 위치와 청각적인 속성 때문에 동원되는 것이라는 주장을 계속하기가 어렵다. 그렇다면 두뇌의 특화가 개체발생 동안에 완전히 이루어진다고 가정할 때 예상되는 바로 그곳에 어떻게 이 두 영역이 위치하는지 의문을 가질 수 있다. 두뇌에서 이 영역의 지리적 위치가 우연이 아닌 것은 사실이다. 하지만 그에 대한 이유는 차라리 계통발생에서 연구되어야 한다. 다시 말하면 두뇌에서 이루어진 언어 능력 고유의 특화가 진화에서 유래된 것으로 연구되어야 한다. 우리 인간 종의 과거에 브로카 영역과 베르니케 영역을 예고하는 구역들이 처음에는 발음 처리와 청음 처리에 관련되어 있었고, 이 영역들이 언어 자료를 처리하기 위하여 특화되면서 진화하였다. 이 두 영역의 위치는 꽤 전략적이기 때문에 이런 식으로 설명될 수 있다. 즉, 개체발생적 특화를 통해서 설명되는 것이 아니라 우리 인간 종이 획득한 언어 능력과 관련된 생물학적 특질을 통해서 설명될 수 있다.

3.3 동물의 인간 언어 습득

인간 언어는 발성과 관련된 측면들만으로 요약되지 않는다. 다른 영장류들의 발성 기관과 비교하여 우리가 말을 할 수 있는 특이한 발성 기관을 소유하고 있는 것은 사실이다. 그렇기는 하지만 청각 장애인들에 의해 사용되는 수화 언어에 대한 보기는 발성과 관련된 측면이 인간 언어에 있어서 필수 요소가 아니라는 것을 보여준다. 언어 능력의 생물학적 정착을 평가하는 것이 관건이라면 침팬지들이 우리와 동일한 소리들을 내지는 못하지만 몸짓을 이용한 의사소통 능력을 소유하고 있는지 의문을 가지는 것은 당연하다.

사라

1960년대 이래로 여러 연구팀이 어느 정도 성공을 거두며 동물들에게, 주로 침팬지들에게 인간 언어를 가르치는 시도를 했다. 1930년대와 1940년대의 예전 실험에서는 침팬지들이 인간 어린이들처럼 키워졌으며 침팬지들의 사람 양부모들은 그들에게 단어 몇 개를 주입하려는 시도를 했었다. 불행하게도 완전한 실패였다. 그 유인원들은 정확하게 발음하는 데 다다르지 못했다. 단어가 두세 개밖에 안 되었는데도! 1966년에 네바다에서 앨런 가드너Allen Gardner와 비어트리스 가드너Beatrice Gardner는 다른 접근을 시도했다. 이들은 암컷 침팬지 워쇼Washoe에게 농아들이 사용하는 수화 언어의 기초를 가르치기 시작했다(Gardner & Gardner 1992). 4년이 지난 끝에 워쇼는 약 150개의 수화 동작을 적절하게 사용할 수 있었다. 동일한 유형의 저명한 연구 사업이 거의 같은 시기에 캘리포니아에서 데이비드 프리맥David Premack의 지휘로 시작되었다. 여기에서는 어린 암컷 침팬지 사라Sarah가 플라스틱으로 된 상징 기호들을 가지고 표현하는 법을 배워야 했다. 프리맥의 목적은 특히 사라가 '단어'들을 조작하는 능력을 시험하는 것이었다. 이러한 조작은 질문에 대답하기, '단어'들을 연결해 문장 만들기, 부정을 이해하고 표현하기, 추상적인 개념들을 포착하기 등을 위한 것이었다. 프리맥에 의해 기술된, 그리고 시청각 자료를 통해 확인되는 결과는 매우 인상적이었다. 이 결과로부터 다음과 같이 판단할 수 있다. 사라는 Randy cut fig 또는 Mary give apple Gussie와 같은 문장을 쓸 수 있었고, No Sarah honey cracker take 또는 red on yellow if-then Sarah take chocolate과 같이 추론을 포함하는 문장들을 이해할 수 있었다. 사라는 예컨대 사람들이 질문을 하며 제시한 물체와 동일한 물체를 가리킴으로써 same과 different의 관계에 대한 시험에 대답할 수 있었다. 마찬가지로 사라는 플라스틱으로 된 상징 기호와 사물 사이의 관계를 기술할 수 있었다. 이 관계는 apple name-of (real apple)에서와 같이 name-of 또는 not name-of로 규정함으로써 기술하였다. 사라는 또한 red not colour-of banana에서처럼 사물의 실물 자체가 없는 상태에서도 두 개의 사물 사이의 정확한 관계를 찾을 수 있었다(Premack & Premack 1983).

이러한 성과들은 경탄과 의심을 불러일으켰다. 침팬지는 자신이 말하는 것을 정말로 이해하는 것일까? 문장을 표현할 때 침팬지는 문장을 구성하는 여러 단어에 자신이 부여한 의미로 그 문장의 뜻을 이해하는 것일까? 가장 명확한 반박은 사라의 성과와 서커스단 동물의 성과를 비교한 이들로부터 나왔다. 사람들은 조련을 통하여 동물들이 놀랄 만한 것을 보여주도록 할 수 있다. 그런데 사실 사라는 말 그대로 조련을 받은 것이다. 프리맥 본인의 고백에 따르자면 단어 하나의 습득이 때로는 수백 번의 시도를 필요로 했다. 옳은 대답을 할 때마다 사라는 보상을 받았다. 초기에 배운 상징 기호들은 당연히 먹을 것과 관련된 것이었다. 그러므로 침팬지 사라의 언어 관련 행동은 조건화의 결과이며 조련의 결과이다. 우리가 개에게 발을 달라고 할 때 발을 주는 개에 대하여 그 개가 '발 줘!'라는 문장을 훌륭하게 이해한다고 말할 수 있는가? 프리맥은 사라의 행동이 분명히 언어와 관련이 있다고 주장하기 위하여 사라가 자발적으로 만들어낸 행동들의 창의적 측면을 언급할 수 있었다. 색깔 카드에 대하여 제시된 '빨강이 초록 위에 있니?'라는 질문에 사라는 예상치 못한 반응을 했다. 실제로는 빨간 카드가 파란 카드 위에 있었으므로 사라는 '아니'라고 대답하는 대신에 파란 카드를 초록색 카드로 바꾸어놓고는 '응'이라고 대답했다.

동물들이 인간 언어를 습득하는 것에 대한 이와 같은 실험들을 향한 가장 신랄한 비판은 연구자 가운데 한 명인 허버트 테라스Herbert Terrace가 제기한 것이다. 테라스 그 자신의 침팬지인 님Nim은 백여 개의 기호를 습득하여, 그로부터 more banana 또는 give apple과 같이 단어 두 개를 자발적으로 많이 결합해냈다. 게다가 이러한 많은 결합에서 단어들이 아무 순서로 놓인 것이 아니었다. 예를 들어 give, tickle, hug와 같은 타동사들은 대부분 목적어 앞에 등장했다. 님에게서 통사 규칙이 자연발생적인 나타난 것인가? 연구자들은 님이 만들어낸 2만여 개의 결합에 대한 녹화 영상을 연구하였다. 이들은 점점 다음과 같은 결론에 이르게 되었다. 님은 인간의 경우와 같은 의미로 언어를 진정으로 만들어낼 능력을 갖고 있지 않았다. 반면에 님은 '가정교사'들이 자신에게 전달해준 것들을 흉내낸 것이다. 다시 말해, 테라스에 따르면 침팬지들이 간단한 것일지라도 정해진 구조에 의거하여 문장들을 생산할 능력이 있다고 생각하는 것은 순전한 환상이었다.

최소한 이 침팬지들이 어휘를 소유하고 있고 그 단어들을 이해한다고 말할 수 있는가? 이것도 의심스럽다. 보노보 침팬지 칸지Kanzi와 함께 한 작업으로 유명한 수 새비지-럼바우Sue Savage-Rumbaugh에 의하면 말하도록 훈련받은 초기의 침팬지들은 수화 동작으로 말을 했든 상징 기호로 말을 했든 그들이 사용한 '단어'의 지시적 의미를 온전하게 소유하고 있지 못했다. 이들은 방향이 유도돼 있는 맥락에서 어떤 사물이나 어떤 활동에 도달하기 위해 상징 기호를 사용할 수 있었다. 그러나 사람이 상징 기호들을 맥락 없는 단순한 요구에서 사용했을 때 침팬지들은 그 동일한 기호들을 해독할 수 없었다(Savage-Rumbaugh & Lewin 1994). 침팬지들이 그 지시적 의미를 실제로 이해하고 있는 상징 기호들을 사용할 수 있다고 증명하기 위하여 새비지-럼바우는 새로운 유형의 실험에 착수했다. 두 마리의 침팬지가 서로 의사소통하도록 만드는 것이었다.

오스틴과 셔먼

이 실험은 두 마리의 침팬지, 오스틴Austin과 셔먼Sherman이 상징 기호들을 이용하여 자기들끼리 의사소통을 하도록 이끄는 것이었다. 이전의 실험들에서 항상 그랬던 것처럼 이 의사소통이 오스틴과 셔먼에게는 보상을 받는 수단이었다. 그런데 이 보상은 의사소통의 대상에 해당하는 것이 아니었다. 새비지-럼바우는 오스틴과 셔먼이 그 의미를 이해하고 있는 상징 기호들을 사용하고 있다고 우리가 확신할 수 있는 상황을 설정해 보려 했다. 이를 위하여 오스틴과 셔먼에게 둘이서 협동을 해야만 해결할 수 있는 과업을 주었다. 두 마리 가운데 한 마리의 앞에 있는 상자 안에 간식을 숨겼다. 다른 한 마리에게는 그 사실을 모르게 한다. 과자를 숨긴 것을 아는 침팬지(오스틴이라고 하자)는 그 상자(각기 다른 상자 여섯 개가 있었다)를 여는 데 특별한 용구, 예를 들어 열쇠가 필요하다는 것을 알고 있다. 오스틴은 이 용구를 가지고 있지 않기 때문에 셔먼에게 그것을 요청해야 했다. 그러기 위해 오스틴은 자판에 가서 열쇠에 대응되는 상징 기호를 눌렀다. 창문으로 분리된 방의 다른 편에서 셔먼은 그 상징 기호를 읽을 수 있었다. 셔먼은 열쇠를 찾아서 작은 뚜껑 문을 통해 오스틴에게 건네줬다. 오스틴은 그 열쇠를 사용하여 간식을 획득했고, 그것을 동료와 나눠 먹었다.

이 상황은 다음과 같이 많은 변수들을 포함하고 있었다. 상자와 그에 따라 용구를 변경할 수 있었고, 간식을 변경할 수 있었으며, 두 마리의 역할을 서로 바꿀 수 있었다. 두 마리는 문제없이 과업을 수행해냈다. 새비지-럼바우가 원하는 바와 같이 의사소통은 훈련의 결과, 즉 과자를 대상으로 한 것이 아니라 우연한 매개적 개체인 용구를 대상으로 한 것이었다. 오스틴과 셔먼은 적합한 상징 기호를 선택하고 해석하기 위해 의사소통 행위에 주의를 집중해야 했다. 이 상징 기호가 중간 매개체인 용구와 연결되는 것을 알고 있는 새비지-럼바우의 입장에서는 침팬지 둘이 모두 상징 기호와 그것이 지시하는 대상 사이의 양방향 대응 관계를 정립했을 경우에만 이 성공이 가능했던 것이다. 사라가 바나나를 지칭하기 위해 사용한 플라스틱 칩은 '바나나'를 의미하는 단어가 아니라 사람들로 하여금 바나나를 주도록 만드는 행위라고 볼 수 있다. 내 신용카드의 비밀번호가 현금인출기가 나에게 주는 돈을 의미할 수 있다고 생각해본 적이 한 번도 없다. 자판에 비밀번호를 누르는 것은 돈을 찾기 위해 필요한 행위일 뿐이다. 그 순간에 내 비밀번호는 시니피앙으로서 존재하는 것이 아니다. 그보다는 돈을 찾는 것과 연결된 행위인 것이다. 오스틴과 셔먼의 경우는 이와 반대로 그들이 열쇠의 상징 기호를 단순히 열쇠라는 대상과 연결한다고 해석하는 것이 가장 간단하다. 이러한 해석이 확실하다는 것을 역설하기 위하여 새비지-럼바우는 다음 일화를 상세히 기술한다. 셔먼은 때때로 열쇠에 연결된 상징 기호와 멍키 스패너에 연결된 상징 기호를 뒤바꿨다. 어떤 실험에서 멍키 스패너가 필요했는데 셔먼은 다음과 같이 열쇠를 요구했다.

"셔먼은 공구함을 뒤지고 있는 오스틴을 눈여겨보고 있었다. 오스틴이 자신에게 열쇠를 내밀었을 때 셔먼은 놀란 듯했고 '열쇠'와 연결된 상징 기호가 여전히 켜져 있는 자판을 쳐다봤다. 자신의 실수를 깨달은 셔먼은 급히 자판으로 가서 '멍키 스패너'의 상징 기호를 눌러 새로운 요청에 오스틴이 관심을 갖도록 함으로써 자신의 실수를 만회했다. 오스틴은 셔먼이 하는 행동을 보고, 열쇠를 놓고, 멍키 스패너를 가져가 셔먼에게 주었다."(Savage-Rumbaugh & Lewin 1994, p. 82)

이 실험의 성공은 선행 훈련의 결과였다. 이들 두 마리 침팬지는 음식 나누기, 상징 기호들의 도움으로 용구들과 간식들의 이름 매기기, 상자들의 기능 이해하기를 먼저 배운 것이다. 이들은 또한 최종 실험의 과업보다 더 단순한 과업을 앞서 배웠다. 즉 간식의 위치에 대한 정보를 받은 침팬지는 그 간식의 이름을 매겨야 했다. 다른 원숭이도 또한 그 간식의 이름을 정확하게 매겨야만 그 간식을 얻을 수 있다. 정확하게 습득한 이러한 모든 요소들을 가지고 오스틴과 셔먼은 다른 훈련 없이 용구들에 대한 의사소통의 과업을 수행할 수 있었는가? 이 실험은 그렇다는 것을 보여주었다. 처음으로 능동적으로 협력하는 상황에 놓였던 오스틴과 셔먼은 자신들에게 부여된 문제를 함께 풀기 위하여 용구들의 상징 기호를 만들고 해석하는 데 성공했다.

대상을 가리키는 상징 기호들을 사용하는 것에 기반을 둔 의사소통 체계가 동물들에 의해 습득되고 사용된 것이다. 자극-반응의 짝들로 이루어진 연쇄에 기초한 의사소통의 흉내내기(Epstein, Lanza & Skinner 1980)와는 반대로 셔먼과 오스틴의 의사소통은 정신적인 표상을 통해 중재된 것으로 보인다. 이것이 두 침팬지의 자발적 성공을 설명할 유일한 방법이며, 또한 이들이 자신의 실수를 자발적으로 확인하고 만회한 방법이다. 수 새비지-럼바우의 연구는 셔먼과 오스틴이 정신 표상을 구축할 능력이 있다는 것을 매우 강하게 뒷받침하는 논거를 우리에게 제공한다. 사라와 워쇼의 행동은 수화 동작과 행동을 직접 연결하는 조건화의 결과로 해석되는 반면에 오스틴과 셔먼의 행동은 정신 표상의 중재를 필요로 하는 듯이 보인다. 셔먼이 오스틴에게 자신이 필요한 도구를 요청할 때 서먼은 그 도구를 떠올리고 있다고 생각하면 되겠다. 즉 셔먼은 간식을 감추고 있는 상자의 유형이 인식되어 생겨난 반응을 따른 것이 아니다. 이런 양상은 오스틴이 기대된 도구를 제공하지 않을 때 특히 잘 드러난다.

칸지

동물이 인간 언어와 유사한 의사소통 체계를 습득한 가장 인상적인 경우는 논란의 여지 없이 칸지Kanzi의 경우이다. 칸지는 수 새비지-럼바우가 기른 보노보다. 보노보(*pan paniscus*)는 일반적인 침팬지(*pan troglodytes*)와 구별되는 완전히 별개의 침팬지 종이라고 꽤 늦게 인정되었다. 보노보는 그들의 모습, 그리고 그들의 사회적 행동과 성 관련 행동에 있어서 '더 인간적'인 것으로 잘 알려져왔다. 비록 이들이 유전학적으로 다른 침팬지들과 더 가깝고, 따라서 인간과는 동일한 거리를 두고 있음에도 불구하고 그러하다. 수 새비지-럼바우는 인간의 또다른 사촌인 이 보노보의 언어 관련 능력을 탐구하고 싶었다. 그녀는 기회를 얻게 되었다. 그녀가 근무하는 언어 연구소가 위치한 애틀랜타 근처의 여키스 영장류 연구 센터가 그녀에게 칸지의 입양 엄마 보노보를 맡겨 셔먼과 오스틴이 사용한 언어를 가르치도록 부탁했다. 마타타라는 이름의 이 암컷 보노보가 자판의 상징 기호들을 사용하도록 펼친 노력들은 결국 소용없는 것이 되었다. 2년 동안 3만 번에 가까운 시도 끝에 마타타는 극히 제한된 방식으로 단지 여섯 개의 상징 기호만 능통하게 되었다. 태어난 지 몇 달된 아기 칸지는 항상 훼방꾼처럼 행동을 했으며 연구원들이 노력한 많은 부분은 마타타가 훈련에 집중할 수 있도록 칸지의 관심을 다른 데로 돌리는 것이었다. 새비지-럼바우는 그 자신의 표현을 따르자면 동물들에 의한 언어 습득 연구에 혁명을 가져올 당시의 일화를 기술한다.

마타타는 칸지에게 젖을 끊고 잠시 떨어져 있어야 했다. 아이를 임신하기 위해서였다. 그래서 칸지는 혼자 있게 되었다. 연구원들은 마타타에게 실패했던 것을 칸지와 시도하려고 계획해두었다. 칸지는 여태까지 자판의 단추들을 아무렇게나 누르는 것 말고는 마타타의 자판에 관심을 보인 적이 한 번도 없었다. 엄마와 떨어지고 나서 보인 칸지의 행동은 연구원들의 계획을 뒤집어버렸다. 칸지는 혼자 있게 되자 자판에서 적절한 단추들을 자발적으로 누르기 시작했다. 요청에 대한 응답이 아니라 자기 자신의 행동을 알리기 위한 것이었다. 예를 들어 칸지는 사과의 상징 기호를 누르고, 그러고 나서 사과를 가지러 갔다. 이는 칸지가 마타타와는 달리 자판에 있는 상징 기호들의 의미를 알고 있을 뿐만 아니라 게다가 그것들을 자발적으로 학습했다는 것을 증명한다. 이러한 사실은 예상 밖이었다. 침팬지들에게 상징 기호를 가르치는 것은 힘든 활동이다. 즉, 그들의 주의를 교묘하게 잘 끌어야 하며 자신들이 원하는 효과를 얻기 위해 알맞은 상징 기호를 선택하도록 유도해야 한다. 더군다나 이 모든 것은 반복적이고 지겨운 연습 시간을 통해 이루어진다. 그러므로 칸지가 여러 상징 기호들의 의미를 자발적으로 그리고 언뜻 보기에는 큰 어려움 없이 습득했다는 사실은 매우 놀라웠다. 이러한 수행 능력의 원인은 칸지가 다른 종에 속한다는 것(이것은 결정적 요인이 아니라고 후에 밝혀졌다), 어리다는 것, 이미 언어에 노출된 적이 있다는 상황과 연관이 있을 수 있다. 새비지-럼바우는 칸지와 함께 이 마지막 측면을 탐구해보았다. 즉, 계획된 학습을 채택하지 않기로 결정하고 상징 기호들은 상황에 의해 '동물의 관점에서' 적합해질 경우에만 시용하기로 했다. 다시 말하면, 새비지-럼바우는 의사소통 행위를 실현하기 위하여 칸지에게 핵심이 되는 관심거리, 즉 간식, 산책, 놀이, 사회관계 등으로부터 출발하는 것을 시도했다. 새비지-럼바우의 전략은 효과적인 것으로 밝혀졌고 칸지는 추가로 수십여 개의 상징 기호들을 빠른 속도로 배웠다. 칸지는 현재 천여 개의 다른 상징 기호들을 알고 있는 것으로 인정받고 있다.

칸지의 행동이 언어 연구소의 연구자들을 놀라게 한 또다른 주요한 사건은 칸지가 몇몇 영어 단어를 이해한다고 밝혀진 일이다. 예를 들어 연구자들이 자기네들끼리 말을 하면서 light라는 단어를 발음할 때 칸지가 조명 스위치를 바라보거나 그것을 조작하러 간 것이다. 어떤 다른 침팬지도, 심지어 오스틴과 셔먼도 발음된 단어들을 이해할 수는 없었다. 연구자들은 말해진 것을 듣고 이해하는 칸지의 능력을 체계적으로 시험함으로써 칸지가 자신이 사용하는 상징 기호와 연관된 단어들을 꽤 많이 이해한다는 것을 발견하였다. 그래서 연구자들은 칸지와 모든 상황에서 말을 하기로 결정했다. 그리하여 칸지는 이해의 영역에서 꽤 확장된 어휘를 획득하기에 이르렀고, 이는 그의 능력을 한층 더 놀랍게 만들었다.

그러므로 다른 침팬지들과는 다른 칸지만의 특성은 주로 학습의 자발성과 언어 사용에 있다. 새비지-럼바우는 칸지가 어휘의 상징 기호들에 대하여 갖고 있는 이해력을 강조한다. 워쇼는 적절한 방식으로 수화 동작들을 만들 수 있었다. 그러나 그 동일한 수화 동작이 실험을 진행하는 이들에 의해 사용될 때는 보통 그것을 인식하지 못했다. 칸지는 이와 반대로 그러한 어려움이 없었다. 이는 마치 오스틴과 셔먼처럼 칸지가 상징 기호를 사물에 정확하게 대응시킨다는 것을 증명하는 듯하다. 바로 이러한 점에서 새비지-럼바우의 실험이 본보기가 되며 칸지의 행동은 진정 인상적이다.

3.4 동물의 의사소통은 통사 규칙을 포함하는가?

역설적이게도 셔먼과 오스틴의 성과와 그 뒤를 이은 칸지의 성과는 80년대의 과학계를 많이 감동시키지 못했다. 핵심적인 문제는 동물들이 통사 규칙을 포함하는 언어를 조작할 수 있느냐는 것이었으며 허버트 테라스의 매우 부정적인 결론이 그 문제를 부정의 대답으로 끝맺은 듯하다.

지금까지 본 것만 해도 동물의 자발적 의사소통은 통사 규칙의 사용을 추정하도록 할 만한 명확한 보기를 하나도 제공하지 않았다. 예를 들어 버빗 원숭이들의 의사소통 행위는 명확한 내적 구조 없이 고립된 하나의 '단어'로 구성되었다. 포유류들에 의해 사용되는 다양한 신호들은 모든 종류의 다채로운 정보들을 나타낸다. 예를 들면 위치(영역을 나타내는 신호, 부르짖음), 감정 상태(기쁨, 분노), 의도(위협, 짝짓기를 위한 접근 신호), 경고 등이 있다. 이 신호들은 대부분 본질상 점진적이다. 예컨대 개는 드러내는 신호의 강도를 변화시킴으로써 자신의 기쁨이나 위협을 더 드러낼 수도 있고 덜 드러낼 수도 있다. 침팬지는 자신들의 발성 체계 덕분에 감정적 정보를 청각 신호에 추가하기 위하여 소리의 높이, 강도, 지속 시간을 자유자재로 이용할 수 있다. 예를 들어 먹을거리의 존재를 알리기 위해 외치는 소리는 해당 먹을거리와 연결된 기쁨의 정도를 드러낸다(Savage-Rumbaugh & Lewin 1994, p. 228).

빈면에 사용된 신호들이 해딩 의미의 차원에서는 언제나 질직으로 동일하다. 꿀벌들의 춤의 경우에 벌이 그리는 경로의 각도나 춤을 추는 속도와 같은 몇몇 변수는 점진적으로 변화할 수 있다. 이것이 전언의 의미를 변화시킨다. 그렇지만 그 경로들이 질적인 관점에서는 항상 동일하다.[20] 그러므로 전언은 질적으로는 고정된 구조를 가지고 있으며 양적인 변수들만 변화한다. 전언이 질적으로 변화할 수 있는 경우에 통사 규칙이 존재한다. 인간도 자신의 분노를 점진적으로 다르게 표현하기 위하여 동일한 문장을 더 강한 목소리로 또는 덜 강한 목소리로 발음할 수 있다. 그런데 인간은 그에 더하여 자신의 어휘를 변경하고 더 적대적이거나 덜 적대적인 단어를 사용할 가능성도 있다. 이렇게 발화되는 문장은 구성 요소의 질적 변화를 통하여 놀리는 것에서 모욕하는 것까지 변화할 수 있다. 다시 말하면 한 문장의 의미는 문장을 구성하는 기호들을 결합하는 방식에 따라 체계적으로 변화한다. 동물들의 의사소통에서는 통사 규칙의 유사한 사용이 지금으로서는 하나도 발견되지 않았다.

---

20 밀원이 봉방에서 50미터 이내에 있을 때는 꿀벌이 8자 모양보다는 원형 형태의 춤을 춘다는 것을 참고할 것.

그렇기는 하지만 우리가 상징 기호의 언어를 주입시키려고 시도한 유인원들이 구조화된 전언의 내부에서 상징 기호들을 결합시킬 수 있는지 궁금해진다. 이미 보았듯이 사라는 진정한 문장들을 만들 수 있다. 프리맥은 구조라고 말하는 것을 선호한다. 사실 진정한 문장의 내적 구성은 그 의미와 부분적으로는 독립적이다. 예를 들어, 동사에 대한 목적어의 위치는 개별 언어마다 차이가 있는 것으로 해당 문장이 기술하는 세계의 상태에 의해 규정되는 것이 아니다. 사라의 언어학적 구조들은 이와 경우가 다르다(Premack & Premack 1983). 프리맥에 따르면 Mary give Sarah ice cream과 같은 구조는 기술된 상황으로부터 그 구조를 가져온다. 사라는 Mary give Sarah ice cream을 Sarah give Mary ice cream과 구별하는 것을 배울 수 있다. 그런데 이 구별은 단어들이 지시하는 실체, 주는 사람, 행위, 받는 사람, 물체의 역할을 기초로 하여 이루어질 뿐이다. 사라가 Blue on red라고 말하는 경우에는 단지 보이는 물체를 먼저 언급한 것일 뿐이다. 다시 말하면 사라는 주어, 동사, 보어 같은 단어의 문법적 기능을 감지하지 못한다. 프리맥은 사라의 행동을 다음과 같은 어린아이의 행동과 대비시켰다. 즉, 어떨 때는 Daddy come home이라고 말하고 어떨 때는 Come home이라고 하며 또는 Where did Mommy go?에서 때때로 Mommy를 빼먹는 어린아이의 행동과 비교한다. 이 경우에 어린아이는 한정된 실체를 가리키기 때문에 문장의 단어 하나를 빼먹은 것이 아니라 문법적 주어이기 때문에 그렇게 한 것이다(Premack & Premack 1983, p. 159). 사라의 행동은 전혀 이와 같은 것을 드러내지 않는다.

앞에서 보았듯이 사라가 자신이 사용하는 단어들에 대하여 얼마나 이해하고 있는지 의심스럽다. 그의 '문장'들에 대해서는 더욱더 그러하다. 반면에 칸지는 자신의 어휘의 요소들뿐만 아니라 자신이 사용하는 낱말의 조합들에 대해서 훨씬 더 완벽하게 이해하고 있는 듯하다. 결론적으로 칸지가 자신이 표현하는 상징 기호들의 순서에 있어서 제약 사항들을 준수한다는 것이 사실로 밝혀진다면 그것은 무시되기 어려운 현상일 것이다. 다섯 살 때 다섯 달에 걸쳐서 관찰된 칸지는 13,691개의 의사소통 행위를 했으며 그 가운데 10%는 단어 두 개 또는 그 이상을 포함하고 있었다. 이 '문장'들의 절반은 자발적인 것이었다. 즉, 실험하는 사람들의 요청에 반응한 것이 아니었으며, 또한 실험하는 사람들끼리의 의사소통 행위에 대한 모방의 결과일 수 없었다. 칸지는 Hide peanut, Bite tomato에서처럼 한결같이 행위-대상의 순서를 사용했다. 칸지는 이 배열 방식을 주위에 있는 인간들로부터 나온 문장들의 체계적 구조에서 따왔다고 상정하는 것이 타당하다. 그런데 칸지는 그러한 규칙들을 습득할 수 있었을 뿐만 아니라 만들어낼 수도 있었다. 칸지로부터 나온 많은 수의 결합들은 상징 기호와 지시를 위한 몸짓으로 구성되었다. 예를 들면 '간질이다' + [자신을 간질이기로 되어 있는 사람을 가리키는 몸짓]이 있다. 행위를 하는 사람을 가리키는 동작은 어김없이 두번째로 등장했다. 가리킴을 받는 사람이 칸지 근처에 있고, 자판은 멀리에 있어서 칸지가 이동할 필요한 있는 경우에도 그러했다. 새비지-럼바우가 보기에 이러한 양상은 칸지가 만들어낸 진정한 통사 규칙인 것이다(Savage-Rumbaugh & Lewin 1994, p. 161). 그런데 프리맥의 기준에 따르자면 이것은 단순한 형성 규칙일 뿐이다. 즉 문법 범주에 관계된 것이 아니라 행위와 행위자라는 상황의 역할에 관계된 것일 뿐이다. 그렇다 하더라도 규칙은 엄연히 존재하며 기호들의 순서를 자의적으로 규제하고, 칸지가 자발적으로 그것을 채택한 듯 보인다.

3.5 언어의 습득과 보편소

새비지-럼바우는 칸지의 언어 수행으로부터 동물의 의사소통 능력과 인간의 의사소통 능력이 본질적으로 동일하다는 생각을 이끌어낸다.

> "…… 칸지가 이러한 [통사] 규칙들을 고안할 수 있다는 사실은 연속주의 이론을 강력히 뒷받침한다. 다시 말하면 인간의 정신은 원숭이의 정신과 정도의 차이가 있을 뿐이며 본질에서는 다르지 않다."
> (Savage-Rumbaugh & Lewin 1994, p. 163)

훈련받은 침팬지들의 언어 수행과 인간들의 언어 수행 사이에 연속성이 있다는 이러한 생각은 노엄 촘스키Noam Chomsky에 의해 맹렬히 반박된다. 촘스키는 다음과 같은 비유를 한다. 인간 언어는 새의 비행과 같다. 반면에 연구실의 침팬지들이 할 수 있는 의사소통은 높게 뛰기 시도에 불과하다. 새의 비행은 개선된 높이뛰기가 아니다. 그것은 다른 성질의 이동 행위이다. 우리가 침팬지들에게 부과하는 의사소통 코드를 그들이 사용토록 하기 위해서는 엄청난 노력을 쏟아야 한다. 아이들은 이와 달리 구술 언어를 그들에게 가르쳐지지 않아도 자신의 주변에서 자발적으로 습득한다.

언어는 수학처럼 학습되는 것이 아니다. 어떤 이들은 언어를 아이들에게 일어나는 무엇인가와 비교했다. 예를 들면 성적 성숙이나 걸음마 배우기와 비슷한 것들이 있으며 읽기나 브리지 게임처럼 능동적 학습을 요구할 습득과 대조되는 것들이다. 이 문제는 1970년대 중반에 루와요몽 수도원에서 장 피아제Jean Piaget와 노엄 촘스키 사이에 기획된 유명한 토론의 주제였다(Piattelli-Palmarini 1979). 문제는 모국어 습득이 일반적 능력의 결과인지 아니면 주변에서 쓰이는 언어를 빨리 습득하게 해주는 특별한 어떤 생득적 능력에 기인한 것인지 알아내는 것이다. 노엄 촘스키가 두번째 견해를 옹호하는 주요한 논거 가운데 하나는 모국어가 허용하는 여러 통사적 변이에 매우 부분적으로 노출됨에도 불구하고 모국어 습득은 자발적이고 엄청나게 효과적으로 이루어지는 특성이 있다는 것이다. 특히 언어와 연관된 어떤 제약들은 매우 일찍 알게 되는 듯하다. 이는 모국어 습득을 특정한 생득적 능력이 유도하는 경우에만 가능하다는 것이 촘스키의 입장이다. 이러한 생득적 능력은 언어의 어떤 구조들에 대한 선험적 지식으로 구성될 수 있다. 그러므로 이 주장은 인간의 모든 개별 언어들이 어떤 구조적 특질들을 분명히 공유한다는 견해로 이어진다. 왜냐하면 이러한 생득적 능력은 하나의 특정 개별 언어에만 관계될 수 없기 때문이다. 예를 들어보자.

He says that John is ill.

이 문장에서 He와 John은 같은 사람을 가리킬 수 없다[21]. 반면에 거의 동일한 아래 문장에서는 John과 he가 같은 사람을 가리킬 수 있다(반드시 그래야만 하는 것은 아니다).

---

[21] 이러한 금지를 회피하려는 모든 시도는 인격의 분열을 떠올리게 한다는 것이 꽤 주목할 만하다. 이는 예컨대 카이사르가 갈리아 전기에서 화자 카이사르와 주인공 카이사르로 분열되는 것과 같다.

John says that he is ill.

이 제약은 아래 문장과 같이 훨씬 더 꼬여 있는 문장에도 해당될 수 있다.

The fact that he says the cousin of the person to whom John's brother sold his car was a crook doesn't cast any aspersions on James.

여기에서도 he와 John의 동일 지시는 불가능하다. 반면에 he와 James는 전혀 문제없이 동일한 사람을 가리킬 수 있다. 9장에서 보겠지만 이 예문들에 대한 언어학적 설명은 예문의 대명사 he가 두 사람의 이름 John과 James에 대하여 통사 수형도에서 차지하는 위치와 관련이 있다. 이 현상은 영어에만 존재하는 것이 아니라 모든 개별 언어에 존재한다. 이는 보편적인 특성이며 언어 능력 고유의 특성이라는 것이 촘스키의 입장이다(Chomsky 1975). 결과적으로 말하면 아동은 이 제약에 대한 지식을 선험적으로 소유하고 있다. 주변에서 자신에게 제공한 문장들로부터 그 지식을 유추한 것이 아니다.

몇몇 심리언어학자들은 어떤 언어 현상들의 선험적 지식에 대한 이와 같은 추측을 증명하려고 시도했다. 스티븐 크레인Stephen Crain은 두 살부터 다섯 살 사이의 미취학 아동들에게 다음과 같은 유형의 문장들을 제시하면서 그들을 연구했다(Crain 1991).

When he ate the hamburger, the Smurf was in the box.

(그가 햄버거를 먹었을 때 스머프는 상자 안에 있었다.)

이 문장은 중의적이다. 우리는 햄버거를 먹은 것이 스머프인지 아니면 저 장면의 다른 등장인물인 가가멜인지 모르기 때문이다. 그러므로 아동들에게 두 상황이 모두 제시되었다. 그리고 나서 간단한 놀이인 것처럼 아동들에게 이 문장이 맞는지 틀리는지 물어본다(아동이 말하는 것이 맞으면 개구리 모양 저금통을 신물로 주는 놀이이다). 햄버거를 먹는 인물이 누구인지에 관계없이 75%의 아동들이 위 문장이 맞다고 했다. 이어서 크레인은 다음과 같은 유형의 문장들을 시험했다.

He ate the hamburger when the Smurf was in the box.
(그는 스머프가 상자 안에 있을 때 햄버거를 먹었다.)

이 문장은 중의적이지 않다. 왜냐하면 He가 the Smurf를 지시하는 것을 통사 규칙이 금지하기 때문이다. 그런데 아동들이 그것을 아는가? 이를 실험하기 위하여 크레인은 아동들에게 다음 장면을 제시한다. 햄버거를 먹고 있는 것은 스머프이며 그러한 종류의 음식을 싫어하는 것으로 묘사된 가가멜이 함께 등장해 있다. 이러한 모습은 아이들이 실수하도록 유도하려고 구상된 것임에도 아이들은 그것에 속지 않는다. 즉 87%의 아동들이 저 문장을 틀리다고 답했다. 심지어 두 살과 세 살의 아동들도 올바른 대답을 골랐다(Crain 1991, p. 606).

아동들이 세 살이나 네 살부터 복잡한 문장을 구성할 수 있는 그토록 놀라운 습득력은 촘스키에 따르면 개별 언어에 있어서 몇몇 필수 속성에 대한 위와 같은 종류의 선험적 지식 덕분이다. 촘스키 이론의 틀에서 보자면 아이들은 개별 언어의 통사 규칙이라고 할 수 있는 것에 대한 지식을 처음부터 풍부하게 보유하고 있기 때문에 자신이 어떤 종류의 문법을 다루는지 결정하기 위해서는 자신이 듣는 것에서 몇몇 변수만 확인하면 된다. 그렇기 때문에 주어, 보어, 격, 대명사와 같은 어떤 문법 개념들은 모든 인간이 직관적으로 알고 있다. 아이들은 자신이 들은 단어들의 문법 범주를 파악하기 때문에 그 언어가 예컨대 주어-동사-목적어 유형에 속하는지 주어-목적어-동사 유형에 속하는지 결정하는 데 거의 시간이 걸리지 않을 것이다. 배워야 할 것이 무엇인지 정보가 없는 채로 오로지 귀납적인 일반 규칙에만 의존한다면 아이들은 이와 동일한 학습에 굉장한 시간이 들 것이다. 통사 관계에 대하여 우리가 가질 수 있는 선험적 지식은 9장에서 다시 볼 것이다.

3.6 신생아의 언어 관련 능력

언어와 관련된 생득적 능력이 몇몇 언어학자들의 추측만큼 분명하다면 매우 어린 아이들에게서 그 생득적 능력이 발현된다는 것을 보여야 한다. 신생아들이 언어에 대해서 알고 있는 것을 그들에게 물어보는 것은 비현실적으로 보일 수 있다. 그런데 심리언어학자들이 결국 꽤 단순한 장치로 이것을 실현시켰다. 이들은 아기가 가짜 젖꼭지를 사용하는 데 쓰는 열의의 정도를 측정하였다. 이러한 실험의 원칙은 언제나 동일하다. 즉 아기에게 어떤 자극을 반복적으로 제공함으로써 그 자극에 습관화되도록 한다. 그리고 나서 그 자극을 바꾼다. 아기가 가짜 젖꼭지를 빠는 속도를 바꾼다면, 일반적으로 속도를 줄인다면 우리는 아기가 자극의 변화를 인지했다고 확인할 수 있다. 음성의 미세한 변화에 대한 매우 어린 아이들의 민감도를 실험하는 것이 이런 식으로 가능해졌다. 연구자들은 이에 대한 상세한 기록 덕분에 놀라운 결과를 여럿 밝히는 데 성공했다. 예를 들어 젖먹이에게 pa라는 소리를 들려주어 습관화되도록 하고 어른들이 pa라고 분류하는 소리에 속하는 변화를 실행하면 젖먹이는 변화를 인지하지 못한다. 반면에 우리가 ba라고 분류하는 소리에 대해서는 이 아기가 반응을 한다. 동물들 가운데 특히 새들이 매우 미세한 음향의 차이를 구별할 수 있다. 그렇지만 메추리가 어떤 음절이 음소 d로 시작할 때마다 단추를 누르도록 배우는데 4천 번에서 1만 2천 번의 시도가 필요했다(Mehler & Dupoux 1990, p. 234). 그러므로 아기들은 숨쉬고 살기 시작한 첫 며칠부터 놀랄 만한 언어 수행을 실행하는 것이다. 그것도 자발적으로 이루어진다. 언어의 소리를 처리하는 생득적 능력 덕분에 빠른 학습이 가능하다. 예컨대 생후 4일 된 갓난아기는 주변에서 들리는 언어와 다른 언어를 이미 구별할 수 있다. 아마 운율을 실마리로 삼아 구별하는 듯하다(Mehler & Dupoux 1990, p. 216).

이러한 실험들은 갓난아기의 능력을 보여준다. 이와 같은 모습은 모든 것을 세계와 접촉을 통해 배우는 순진무결한 정신의 개념과 어긋난다. 오랫동안 지배적이었던 이러한 경험주의적 개념은 단순하지만 잘못된 것이다. 이 개념은 아이들에게 필수적일 학습의 복잡성을 감추기 때문이다. 갓난아기는 자신의 언어 음소들을 꽤 빨리 분석할 수 있는 생득적 능력을 가진 듯하다. 우리는 쉽게 아기의 학습을 자궁 안의 삶의 시기로까지 되돌려볼 수 있으며 아기가 아직 양수에 있던 삶의 시기에 음운 지식을 습득했다고 상상할 수 있다. 이는 다음과 같은 많은 사실들을 무시한 셈이 될 것이다. 액체 환경에서 비틀어진 음향 감도, 자궁 안의 아기를 에워싸고 있는 신체의 소음, 태어난 갓난아기가 음성학 차원에서 특별한 능력을 갖지만 주위에서 들리는 언어의 음소들에 대한 특성화는 없다는 사실 등등. 망아지는 태어날 때 발굽을 소유하고 있으며 걷는 동작을 알고 있다. 마찬가지로 사람의 갓난아기도 젖 빨기, 엄마의 가슴 찾기, 또는 심지어 걷기[22]와 같은 몇몇 기능적 행동을 갖추고 태어난다. 게다가 앞에서 제시한 자료들은 어린아이들이 주위에서 들리는 언어의 소리를 학습할 특정 능력을 소유하고 있다는 것을 시사한다.

매우 어린 아이의 능력은 음성적 지식에 한정되지 않는다. 태어난 지 삼사일 된 아기가 두 개의 사물로 된 집합을 세 개의 사물로 된 집합과 구별할 수 있다는 것을 위와 유사한 기법을 사용하여 보일 수 있다 (Dehaene 1997, p. 55). 아기가 주의를 집중하는 방식을 측정함으로써 심리학자들은 5개월 된 아기들이 심지어 산술에 대해서도 알고 있다는 것을 보일 수 있었다! 예를 들어 다음과 같이 1+1이 2가 아닌 것으로 생각하게 하려고 하면 아기는 놀라며, 이는 가짜 젖꼭지를 빠는 속도가 느려지는 것으로 알 수 있다. 눈앞에 있는 사물을 가리개로 가리고 또다른 사물을 눈에 잘 띄게 갖다놓는다. 이 사물 중 하나를 속임수로 없애고 가리개를 걷으면 아기는 사물이 두 개여야 하는데 하나밖에 보이지 않는 것에 놀란다. 아기가 사물을 세 개 보게 되는 경우에도 마찬가지로 놀라는 모습을 나타낸다(Dehaene 1997, p. 62). 아기는 경험주의

---

22 갓난아기는 부축을 받으면 걸음의 모든 반사작용을 나타낸다. 이 실험은 갓 태어난 아기의 건강 상태를 확인하기 위해 흔히 실행되는 시험이다.

전통으로 받아들여진 '백지' 상태와는 거리가 멀다는 것이 이렇게 확인된다. 아기는 많은 재능을 가지고 태어난다. 특히 자신의 언어를 습득하는 소질을 갖고 태어난다. 우리는 아기가 언어를 창조하는 능력까지 소유하고 있다고 확신한다.

3.7 니카라과의 청각 장애 아동들의 사례

역사가 헤로도토스Herodotus는 삼메티쿠스Psammetichus라는 이름의 이집트 파라오(기원전 7세기)에 의해 시행되었다는 놀라운 실험에 대한 이야기를 들었다. 이 군주는 두 명의 갓난아기를 염소와 함께 자라도록 했다. 이는 그 아기들이 모든 언어의 시초가 되는 기원의 언어로 말하리라는 희망을 가지고 한 일이다. 헤로도토스는 이 아기들이 발음한 첫번째 단어는 bekos로 빵을 뜻하는 프리지아 단어라고 기록했다. 이 단 한 번의 결과 덕분에 왕의 실험은 프리지아 언어의 우월함에 이론의 여지가 없다는 것과 인간은 언어 능력을 타고난다는 사실을 입증하게 되었다(Hewes 1992).

오늘날에는 완전한 언어적 고립의 사례를 생각할 수 없는 듯하며, 혹시 있다고 하더라도 극히 드물다. 이는 청각 장애 아동들의 상황은 잊은 것이다. 청각 장애 아동들은 자신들을 수화 언어와 접촉시켜줄 수 있는 공동체에 속하지 않은 경우에는 가장 직접적인 필요만 몸짓으로 표현하며 극도의 언어적 고독 속에서 살아간다. 서양에서는 2백여 년 전부터 청각 장애인들이 보살핌을 받기 시작했다. 프랑스에서는 18세기 말에 샤를 미셸 드 레페Charles Michel de l'Epée가 이들에게 몸짓 신호를 가르치는 교육을 시작했으며 우리가 잘 알고 있는 성공을 거뒀다. 젊은 청각 장애인들이 그 신호를 받아들였고, 여러 측면에서 구술 언어의 통사 규칙과 유사한 통사 규칙을 가진 언어가 만들어질 때까지 그것을 개량하였다. 이 젊은이들이 레페 주교가 구상한 신호로부터 하나의 언어를 창조한 것이다. 안타깝게도 이 언어가 만들어진 과정의 기록은 남아있지 않다. 그렇지만 동일한 현상이 어느 때든 완전히 자연스럽게 우연히 실현되기도 하고 과학적으로 관찰될 수도 있다.

1979년에 니카라과에서 발생한 혁명이 그 나라의 청각 장애 아동들에게는 초유의 상황을 만들었다. 이전 정권은 청각에 심각한 장애를 보이는 어린이들을 보살피는 것을 등한시하였다. 가정에만 방치된 이 아이들은 기껏해야 20여 개의 신호라는 엄청나게 한정된 어휘를 사용하여 주변 사람들과 의사소통을 하게 되었다. 이러한 제약 때문에 그 아이들은 지능적으로 결함이 있고 사회적으로 적응할 수 없다고 여겨졌다(Kegl, Senghas & Coppola 1999, p. 199). 혁명 후 정부의 새로운 교육 정책에서 이 아이들은 학교 교육에 편입되었고 교사들에게 맡겨졌다. 교사들은 청각 장애 아동들의 교육을 위한 특별한 연수를 받지 않았지만 아이들에게 읽기를 가르치려고 시도했다. 하지만 헛된 노력이었다. 각 철자와 음절이 이 아이들로서는 알지 못하는 소리에 대응되는데 그러한 알파벳 체계의 의미를 이들이 어떻게 이해할 수 있었겠는가? 초창기의 아이들은 청소년으로 교사들이 그들에게 전달하기 원했던 것보다는 분명히 자기네들끼리 의사소통을 하려는 욕구에 더 관심이 끌렸다. 그들은 몇 달이 지나자 청각 장애가 있든 아니든 어떤 어른들의 적극적인 개입도 없이 자연적으로 신호에서 만든 어휘를 스스로 만들게 되었다. 다행히 그 과정은 처음부터 미국 언어학자 주디스 케글Judith Kegl에 의해 관찰되고 연구되었다. 그녀는 이 청소년들과 그다음에 온 어린이들이 발전하는 모습을 상세하게 기술하였다(Kegl, Senghas & Coppola 1999).

주디스 케글은 마나과 학습 센터에서 관찰한 청소년들이 바로 얼마 전에 만들어낸 것을 알게 되었을 때 그것에 큰 관심이 생겨났다. 청소년들은 여러 생각을 표현하기 위하여 동작들을 자발적으로 배열하였으며 계속해서 새로운 동작들을 고안했다. 그런데 그들의 문장들의 구조를 연구했더니 익히 알고 있는 수화 언어들의 문장과 유사하지 않다는 것을 알게 되었다. 기호화된 의사 교환 문법이 거의 존재하지 않았으며, 동작들이 단순히 연쇄될 뿐이었고, 전달 내용의 정확한 뜻을 맞추는 것은 대화 상대자의 몫이었다. 문맥이 충분히 드러나 있거나 매우 한정되어 있을 때는 상대방이 말하려는 바를 몇몇 실마리로부터 추정하기가 꽤 쉽다. 이 상황을 이해하려면 매우 제한된 어휘만을 가진 외국인과 나눌 수 있었던 대화를 떠올려보는 것으로 충분하다. 구체적인 주제를 다루거나 단순한 감정들을 표현하는 것은 가능하지만 복잡한 상황이나 생각을 전달하는 것은 매우 어렵다. 예를 들어 어떤 상황이 세 명의 인물만 담고 있더라도 통사 규칙이 없으면 그 상황을 설명하는 것조차 힘들다. 통사 규칙은 단어의 순서가 의미를 전달하기 때문에 문장의 의미를 이해할 때 커다란 도움이 된다. 예를 들어 '고양이 이웃 개 쫓아내다'는 통사 규칙 없이는 고양이가 이웃의 개를 쫓아냈다는 것을 의미할 수도 있고, 그 반대의 경우를 의미할 수도 있다. 반면에 '개가 이웃의 고양이를 쫓아낼 거야' 또는 '고양이가 개를 이웃의 집까지 쫓아낼 거야'는 훨씬 더 풍부하며 덜 모호하다. 주디스 케글이 관찰한 청각 장애 청소년들은 통사 규칙이 없었기에 단순한 상황에 한정된 의사소통을 가질 수밖에 없었다. 들을 수 있는 사람들의 세계에서 집에만 고립되어 살던 이전의 상황과 비교하면 이것은 엄청난 발전을 이룬 셈이다. 그러나 그들의 의사소통 코드의 한계는 그들이 자연적으로 창조한 것이 진정한 언어가 아니었다는 사실도 보여주었다. 나이가 더 어린 아이들이 도착하면서 상황은 근본적으로 바뀌게 되었다.

주디스 케글은 마나과 초등학교의 아이들을 관찰하게 된다. 여섯 살 또는 더 어린 이 아이들은 큰 아이들이 만들어낸 몸짓들을 금방 제 것으로 삼았다. 어린아이들은 그 몸짓들을 양식화하였으며 새로운 종류의 다른 몸짓들을 만들어내기도 했다. 청소년들에 의해 사용된 동작들의 주요한 특징은 도상성이었다. 즉 동작과 시니피에 사이의 유사성이었다. 예컨대 '떨어지다'를 의미하는 몸짓은 손의 수직 방향 움직임을 이용한다. 몇몇 측면에서 보자면 이러한 의사소통은 무언극과 유사하다. 나이가 어린아이들에게 있어서는 '떨어지다'에 해당하는 몸짓이 양식화된다. 즉 손의 수직 방향 움직임은 밑그림일 뿐이다. 동작과 시니피에 사이의 유사성이 어원으로서만 존재한다.

주디스 케글은 자기의 눈앞에서 그 어린아이들이 하나의 진정한 언어를, 즉 다양한 문법적 제약을 가진 언어를 창조하고 있는 중이었음을 관찰한 것이다. 예를 들면 화자가 어떤 주어진 실체에 해당하는 동작을 그리면서 공간의 아무 곳이나 한 곳을 가리켰다고 하자. 그리고 나서 그 방향을 향해 동사의 동작을 만드는 것은 좀전의 그 실체가 이 동사의 논항, 즉 주어 또는 보어라는 것을 의미한다. 이와 같은 유형의 문법적 관계 덕분에 니카라과의 청각 장애 어린이들은 매우 유려하고 정확한 표현 방법을 갖게 되었다. 동작들로 이루어진 이와 같은 진정한 수화 언어에 능숙한 어린아이가 해주는 이야기와 그처럼 진정한 수화 언어가 만들어지기 이전에 청소년 때 취학한 청각 장애인이 만들어내는 동일한 이야기를 비교하면 그 차이 때문에 놀라게 된다. 우리는 청소년들의 서사의 핵심은 꽤 쉽게 따라갈 수 있다. 몸짓들이 도상적 특성을 지니며, 이어져 진행되는 특성이 있고, 상대적으로 느리게 진행되기 때문이다. 반면에 어린 아이들의 몸짓은 훨씬 덜 도상적이다. 그 몸짓들은 흔히 밑그림일 뿐이며 서로 결합되어 있기 때문이다. 그래서 어린아이들의 훨씬 상세하고 풍부한 이야기는 그 코드를 잘 알고 있는 사람들에 의해서만 이해될 수 있다.

니카라과의 청각 장애 아동들의 사례는 두 가지 측면에서 경이롭다. 우선은 이들의 언어적 창조가 갖는 자발적 특성이 그러하다. 아이들은 동작으로 된 자신들의 코드를 창조하는 데 아무런 지도도 받지 않았다. 오히려 정반대이다. 왜냐하면 솔직히 교사들은 아이들이 그런 식으로 의사소통하도록 격려하지 않았기 때문이다. 이 이야기를 놀랄 만한 것으로 만드는 또다른 이유는 그 과정의 속도로부터 나온다. 아무것도 없는 상태에서 하나의 언어를 창조하는 데 여러 세대가 필요하지 않았다. 몇 달로 충분했다! 인간 언어의 발명에 대한 문화적 가설을 바로 이와 같이 훌륭하게 반박할 수 있다. 청각 장애 아동들에 의해 사용된 여러 몸짓의 선구가 되는 것을 니카라과에서 청각 장애가 없는 주민들의 자연적 몸짓에서 찾으려 해봤자 소용없을 것이다. 이 아동들이 사용하는 어휘의 본질과 통사 코드의 총체는 자연발생적 집단 창조의 결실이기 때문이다. 통사 규칙과 관련된 그러한 창조는 일곱 살 미만의 아이들에게는 존재하지만 청소년들에게는 사라져버리는 어떤 능력의 표출이다. 니카라과의 청각 장애 아동들은 삼메티쿠스가 꿈꿨던 실험을 과학적 관찰로 제공하였다. 그 결과는 명확하기 그지없다. 즉 우리가 선천적으로 알고 있을 법한 원초적 언어와 유사한 것은 확실히 존재하지 않는다. 그러나 적절한 환경에 있는 경우에 아무것도 없는 상태에서 하나의 언어를 창조할 수 있는 선험적 능력이 인간에게 존재한다. 매우 어린 아이들이 여섯 살이나 일곱 살 이전에 자기들끼리 의사소통할 수 있는 상황에 놓이는 것이 그와 같은 적절한 환경 중에서 가장 주요한 것이다.

3.8 인간 언어는 필연적 활동이다

인간 언어는 근본적인 특성을 하나 가지고 있다. 이 특성을 통해 인간 언어가 여러 문화적 구조들과 구별될 수 있다. 그런데 이 특성이 철학자, 인류학자, 언어학자 들에 의해 그 자체로는 부각되지 않은 듯하다. 바로 언어활동의 필연적 특성을 말한다. 건강한 상태의 사람들은 매우 드문 경우를 제외하고는 대화 활동을 가지지 않을 수 없다. 사람들의 사회적 관계는 반드시 언어를 거쳐야 한다. 이것은 자명한 이치로 보일 수 있으나 그렇지 않다. 우리는 완벽하게 실현 가능한 사회화를 어느 정도 보장해줄 수 있을 만한 많은 비언어적 신호들을 보유하고 있다. 만약에 인간 언어가 재즈, 문자, 도자기와 같은 차원의 문화적 창조물이라고 가정한다면 우리가 재즈를 연주하지 않기로, 글씨를 쓰지 않기로, 우리 손으로 단지를 제작하지 않기로 선택할 수 있는 것처럼 말을 하지 않기로 선택하는 것이 분명히 가능해야 한다. 언어의 경우에는 우리는 그러한 선택을 할 수 없다. 언어 습득은 생후 몇 년 동안 '우리에게 일어나는' 어떤 일임이 분명하다. 그리고 건강한 상태의 사회화된 인간은 모두 자신과 비슷한 누군가와 대화하기를 원한다.

언어활동은 진정한 충동 한 가지에 반응한다. 우리는 몇몇 상황에서 언어활동의 필요를 느낀다. 침묵이 너무 오래 지속되는 상황을 예로 들 수 있다. 그러나 말을 건넬 필요는 또한 매우 정확한 자극에 의해 유발된다. 우리가 1장에서 살펴본 벌거벗은 사람의 일화는 이 현상을 잘 보여준다. 정말 예기치 않은 사건은 목격자에게 다른 사람들의 주의를 끌려는 자동적 반응을 유발한다. 말을 하는 것이 이 경우에 하나의 반사작용이다. 또다른 예는 교정 반응이 보여준다. 누군가가 틀린 사실을 발언하고 우리가 옳은 것을 알릴 수 있는 경우라면 그렇게 하지 않기가 때때로 매우 어렵다. 대화를 하는 중에 누군가가 튀니지는 알제리만큼 인구가 많다고 말하고 당신은 이것이 틀렸음을 알고 있다면 당신은 진실을 밝힐 필요를 느끼며, 이는 여러 사람들이 듣고 있을수록 더욱 그러하다. 여기에서도 의사소통하려는 욕구는 반사적 필요로 보인다. 이 두 개의 보기는 사람들이 자기가 읽고 있던 내용을 근처에 있는 사람에게 자발적으로 언급하기 시작하는 상황에서도 나타난다. 어떤 구절은 당신이 읽는 것을 멈추고 당신의 옆에 있는 사람에게 그것에 대해 언급하기 위하여 말을 걸도록 만든다. 어떤 글에서 발견한 예기치 않은 사실도 당신을 자극하는 부조리한 것만큼이나 이러한 의사소통의 반사작용을 유발할 수 있다.

말을 하는 것은 이처럼 필연적인 측면을 가지고 있다. 의사소통의 반사작용을 일으키는 확실하게 한정된 상황들이 존재한다는 것은 언어는 우리의 생물학적 조직이 우리를 위해 마련해준 자연적 행동이라는 주장과 완벽하게 일치한다. 반대로 인간 언어가 순수한 구조 형식일 뿐이라고 가정한다면 이러한 반사적 측면은 설명이 불가능하다. 동물 행동학의 공동 창시자인 콘라트 로렌츠Konrad Lorenz는 자연적 행동이 조련에 의해 습득된 행동과 구별되는 여러 특성을 가지고 있다는 것을 밝혔다. 특히 자연적 행동을 유발하는 자극들로 이루어진 구성체는 정확하고 보편적이며 때로는 복잡하다. 로렌츠는 생득적 자극 유발 요소(angeborener Auslösemechanismus)에 대해서 말한다. 예를 들어 비둘기 암컷은 짝짓기에 필요한 준비 상태에 있고 그의 상대가 적절한 색깔을 보이면서 적절한 행동을 취할 때 짝짓기가 가능하다. 바위 비둘기 암컷은 수컷이 자신에게 먹이를 가져다줄 것과 날개 뒤에서 계속하여 깃털을 다듬을 것을 요구한다. 그런 다음에서야 짝짓기를 받아들인다(Lorenz 1965, p. 140). 자연적 행동이 꽤 긴 기간 동안 표출될 수 없을 때 우리는 로렌츠가 '비어 있는 반응'이라고 부르는 것을 관찰할 수 있다. 자극 유발의 수위는 낮아지고 동물은 점점 더 약한 자극에도 행동을 취한다. 심지어 자극이 없는 경우에도 행동을 취한다. 다음과 같은 예를 들 수 있다. 개는 입에 신발 한 짝을 물고 마치 그것이 먹이인 양 그것을 '죽을 때까지' 흔든다. 고양이는 가상의 생쥐를 사냥하게 된다. 새장 속의 새는 아무 재료도 없는 상태에서 둥지를 짓기 시작한다(Lorenz 1978, p. 102). 다시 말하면 표출이 막힌 자연적 행동은 심지어 아무 관련이 없이도 결국 실행된다. 로렌츠 또는 아이블–아이베스펠트 Irenäus Eibl-Eibesfeldt처럼 인간의 행위에서 그러한 자연적 행동의 흔적을 연구한 사람들은 매우 드물다.

분명히 말하건대 인간의 행위는 대부분 의지의 표현인 듯하다. 로렌츠가 연구한 본능적 행동 유형과 인간의 행위가 근본적으로 구별되는 것이 이 때문이다. 이러한 인간의 행위들 가운데 말을 하는 것이 분명히 가장 많이 통제되는 행위로 여겨진다. 즉, 우리는 대화 상대자를 선택하고, 무엇에 대하여 말하고 있는지 인지하고 있으며, 말하는 주제의 형식과 내용을 모두 통제하려고 애쓴다. 이러한 말하기는 본능적 반응의 결과라기보다는 의식적 계산의 결과로 보는 것이 훨씬 타당하겠다. 그런데 우리가 말을 하는 조건을 관찰하면 동물 행동학의 기제를 떠올리도록 하는 현상들이 드러난다. 우리의 언어 행위는 거의 체계적인 방식으로 유발될 수 있다. 우리가 방금 살펴본 인간 언어의 필연적 속성이 바로 그것이다. 진허 에기지 않은 상황 노는 부조리함이 우리에게 작용하여 거의 예외 없이 말하기를 유발하게 된다. 우리는 또한 혼자 있는 사람이 동물들과 또는 자신의 자동차와 또는 자기 자신과 큰 소리로 나누는 대화에서 로렌츠의 비어 있는 반응과 유사한 점을 볼 수 있다. 이처럼 반응을 유발하는 현상들과 반응의 수위가 낮아진 현상들은 인간 언어를 다른 관점에 따라 고려하도록 우리를 유도한다. 여기에서 다른 관점이란 인간 언어를 오로지 사회적으로 발명된 구조물이 아니라 자연적 행동이라고 고려하는 훨씬 생물학적인 관점을 말한다. 우리가 깨어 있는 시간의 거의 5분의 1을 할애하는 언어활동은 어린 시절에 주입된 습관의 결과와는 거리가 멀며 지금까지 보았듯이 거의 생리학적인 필요에 대응된다고 할 수 있겠다. 이렇게 생각한다고 해서 말하고 있는 주제에 대하여 우리가 미치는 통제의 의지적 측면이 손상을 입는 것은 전혀 아니다. 단지 이 통제가 우리의 모든 발화 행위의 유일한 원천으로 인식되어서는 안 되며 오히려 자연적 행동의 하나의 변형으로 인식되어야 한다는 것뿐이다. 여기에서 자연적 행동의 존재 이유는 우리의 생물학적 기제에 정착되어 있다.

3.9 언어 능력

우리가 지금까지 검토한 아래 사실들은 인간이 말을 하는 생득적 능력을 가지고 있다는 것을 충분히 보여주고 있다. 근원적 언어의 부재, 언어 능력의 보편적이고 자발적인 특성, 인간 언어의 습득 방식, 언어 능력에 배당된 두뇌 구역과 발성 기관을 가지고 있다는 사실, 복잡한 언어학적 보편소의 존재, 니카라과의 청각 장애 아동들의 사례를 검토하였다. 인간 언어가 문화적으로 창조되었다는 주장은 이러한 사실들과 다른 많은 사실 때문에 타당하지 않다.

인간 언어의 근원을 역사적으로 봐야 한다는 믿음을 유지하는 이유 가운데 하나는 프랑스어에서 각각 다른 단어 langue와 langage로 표현되는 **개별 언어**와 **언어 능력** 사이의 개념적 인접성에서 유래한다. 이 두 개의 개념을 가리키는 데 영어는 language라는 하나의 단어만 사용하며 그러한 인접성이 과학계에서 인정되고 있다. 언어 능력은 어떠 어떠한 장소에서 어떤 개별 언어를 말하지 않고 다른 개별 언어를 말한다는 사실과 관계없는 보편적이면서 인간만이 가지고 있는 능력이다. 언어 능력과 관련된 가장 근본적인 질문은 이 능력이 특정한 것인지 아니면 일반적 형태의 지능을 의사소통에 적용한 것인지 묻는 것이다. 이번 3장의 목적은 언어 능력이 실제로 특정한 능력에 근거한다는 것을 보이는 것이었다. 인류는 말을 하기 위해 진화했다. 이는 10만 년 전에 살았던 인간 종의 구성원들이 우리와 정확하게 똑같은 언어 능력을 가지고 있었음을 의미한다.

우리 인간 종은 음성 통로를 사용하는 조합 코드를 이용하여 의사소통을 한다. 그렇게 의사소통을 하도록 우리를 이끄는 특정한 생물학적 능력을 부여받은 이유는 무엇인가? 왜 다른 영장류들은 그런 식으로 의사소통을 하지 않는가? 이에 대한 답은 우리 인간 종의 과거에 대한 연구와 생물학적 진화 규칙에 대한 고찰에서 나올 수밖에 없다. 앞으로 보겠지만 언어 능력의 계통발생적 근원에 대한 이런 질문은 흔히 잘못된 방식으로 접근되었다. 이는 언어 능력에 관심을 가진 많은 여러 학자들이 종의 진화에 대해서 가질 수 있는 여러 잘못된 편견과 철 지난 개념들 때문이다.

4장
언어 기원에 대한 잘못된 증거들

언어 능력 진화의 기원에 대한 질문은 잘못된 증거들 때문에 퇴색되어왔다. 언어가 단지 인간 보편 지성의 표현이라고 믿는다면, 혹은 많은 학자들처럼 언어가 이를 사용하는 사람들에게 선택 결정에 있어 이점을 제공한다고 믿는다면 언어의 출현은 당연한 것이며 더 설명할 필요도 없을 것이다. 이때 언어란 인류화 진행의 예견된 결과로 등장한다. 하지만 이러한 류의 설명은 그것이 해결한 듯 보이는 만큼이나 수수께끼를 남긴다. 언어가 그렇게 훌륭한 것이라면 원숭이들은 왜 말하지 않는가? 이 질문은 매우 난처하다. 일관성을 유지하려면, 언어진화의 필연성을 믿는 사람들에게는 영장류이든 고래류이든 또는 다른 유형이든 비인류 계열들은 언어로의 진화가 일어나지 않았거나 그럴 시간이 없었다고 가정해야만 한다. 이번 4장에서는 이 논법이 잘못되었음을 보이고자 한다.

4.1 언어는 진화의 필연적인 귀결일 것이다

　자기 집을 한 번도 떠나보지 않은 사람은 분명히 자신의 마을로 오는 길이 하나만 있다고 믿을 것이다. 이 길은 먼 곳으로부터 이 곳까지 오도록 설계되어 있어 마을에 상당히 중요한 요소가 된다. 그리고 모든 일이 이 마을 안에서만, 즉 시장, 시청, 교회 같은 곳에서만 일어나므로 여기 외에 다른 곳으로 가는 길이 있다고 하는 것도 터무니없을 것이다. 인간도 이와 같다. 인류라는 종이 존재하므로 그들에게 이르는 진화론적 길이 분명 존재한다고 상상한다. 이 마을이 길 위에 지어졌고 그리고 그 길이 여러 개이며 자기들 마을만큼 중요하거나 또는 하찮은 다른 마을과 함께 있음을 이해하지 못한다. 그런데 인간 마을은 다른 마을들과는 다르지 않은가. 일견 맞는 말이다. 그 지역적 특수성, 분절된 언어, 기술, 예술, 종교 등등을 내세울 수 있을 것이다. 프랑스에서 자랐다면 치즈나 포도주 없이 사는 것을 상상하기 어렵듯이, 인간은 단지 생존만 할 수 있을 뿐 이것들 없이는 살 수 없다. 분절된 언어로 이르는 길 도중에 마을들이 있다고 하더라도, 그곳의 주민들은 언어적 소통을 발전시킬 만한 충분한 시간이나 지성이 없었던 미완의 존재들일 것이다.

　여러 학자들로부터 일반적으로 채택되는 인간중심적 관점에서 인간화 과정은 우리를 원숭이를 닮은 상태에서 지성과 의식을 갖추고 말하는 능력이 있는 존재의 상태로 옮겨가는 결정론적 과정이다. 이리도 쉽게 자연을 지배하는 우리 종의 현상태는 늘 더 효율적인 종을 생산하고자 하는 선택 과정의 필연적인 귀결임이 분명한 듯하다. 적어도 우리는 그렇게 믿는다. 만약 우리와 유인원과 공통된 선조들 사이에 어떤 종들이 존재할 수 있었다면, 위 논리에 의하면, 그들은 지성과 의식과 언어로 향하는 길 위의 무척 불완전한 지표일 뿐이다. 언어는 실제로 아주 멋들어진 미덕을 지닌다. 언어는 우리를 둘러싼 세계의 위험들에 대한 우리의 경험과 지식, 우리의 기술적 노하우를 공동의 것으로 만들어주기 때문이다. 집단적 행위들을 조정하고 상당수의 갈등을 약화시키고 비슷하지 않은 개인 간에 발전된 사회적 삶의 길을 열어준다. 이렇듯 명백하게 언어의 이점을 정의하는 방식은 다음의 두 인용문에 잘 드러난다.

> "음성언어는 호미닌hominin(인간의 조상 종족)의 직립 보행 능력과 그 이후 짐을 들고 도구를 사용할 수 있는 손의 해방으로 시작된 진화 방향의 연속성을 나타낸다. 생물학적 적응에의 기여는 명백하다. "저기를 봐! 바위 뒤에 사자 두 마리가 있다."라고 신속히 소통할 능력이 있는 사람들과 비슷한 개체들은 살아남을 기회가 훨씬 더 많았을 것이며, 또한 단순한 문장 형태로 돌을 깨서 만드는 도구 제조 기술의 원리를 전달할 수 있던 호미닌도 마찬가지였을 것이다."(Lieberman 1992, p. 23)

> "원시 언어protolangage의 가장 단순한 형태라 하더라도 그것으로 호미닌이 그들 간에 의사소통을 했으며 그로부터 즉각적이고 실질적인 이득을 얻은 것은 확실하다."(Bickerton 1990, p. 156)

다른 종들은, 일반적으로 채택된 논리에 따르면, 생존을 위한 투쟁에 훨씬 효과적인 언어를 '발견하지' 못한 것이다. 그들은 다른 전략을 선택한다. 언어와 비교할 때 유치한 상태로 묘사되는 소통 방식과 행동 특성이 그것이다. 인간 종은 이렇듯 지성이라는 루비콘강을 건넌 유일한 종으로서 언어 덕분에 자연을 지배하게 되었다. 다른 종들은 그럴 시간이나 가망성이 없었을 것이다. 인간에 이르는 왕도는 확실하지만 다른 종에게는 그 입구가 감춰져 있다. 이 과정이 시동이 걸리기만 하면 필연적으로 언어를 가진 종으로 이르게 될 터이다. 만약에 다른 종이, 예를 들어 돌고래들이, 인간과 같은 수준의 지성에 이르는 이 길로 들어설 수 있었다면, 음성적 측면을 제외하고는, 필연적으로 우리와 유사한 언어를 획득했을 것이다. 언어의 출현에 대한 이 같은 결정론적 특징은 스티븐 핑커Steven Pinker에 의해 강조되었다.

> "어떤 초지성적인 종이 구성원들 간에 소통은 하지 않은 채 고립되어 있으면서 각자의 환경과 매우 지성적으로 교섭한다는 것은 상상은 할 수 있으나 이 얼마나 낭비란 말인가! 자기가 어렵게 획득한 지식을 부모, 친구와 교환하는 것은 대단히 이로운 일이며, 언어는 확실히 이를 해내는 주요 수단 중 하나이다."(Pinker 1994, p. 367)

이처럼 언어는 또 한 번 그 능력을 지닌 자에게 생존 가능성을 상당히 높여주는 뛰어난 미덕을 갖는 속성으로 설명된다. 인용한 세 학자가 명백하다, 확실하다라는 단어를 사용해서 언어가 제공하는 이점을 평가한다는 점이 흥미롭다. 보통, 이 단어는 무지를 감추곤 한다. 이 형용사의 사용을 금하는 수학 선생님이 계셨는데, 우리가 확실하다고 설명하는 것은 종종 증명하기 어려운 것이기 때문이었다. 생존을 위해 언어가 유용하다는 것은 최소한의 논의도 없이 받아들여졌다. 이는 대단히 문제적 발상임을 앞으로 보이고자 한다. 또한 언어를 자연 상태의 삶의 모든 문제를 해결해주는 일종의 만병통치약으로 본다면, 오스트랄로피테쿠스 또는 최초의 원시인류와 함께 시작된 불가피한 진화 과정의 마지막 종착지가 우리 종이라는 것을 어떻게 비판할지 알기 힘들다. 진화가 생존에 도움이 되는 해결책에 유리하게 작용한다는 것을 우리는 알고 있다. 언어가 그러한 해결책이라면 그것이 일단 만들어졌다는 사실만으로도 그 발견이 가능했음을 증명하는 것이며 언어의 발견이 불가피했다는 것을 함축하는 것이다. 이런 종류의 추론은 오류일 뿐만 아니라 이를 채택한 사람들은 심각한 어려움에 처하게 된다. 우리는 이를 곧 살펴볼 것이다.

4.2 언어로의 진화는 점진적이고 느리게 진행되었을 것이다

언어는 진화의 관점에서 좋은 것으로, 즉 언어를 타고난 이들에게는 성공을 보장하는 속성으로 간주하려는 일종의 합의가 존재한다. 언어는 이처럼 매혹자로 작동한다. 대충 보아도 그와 비슷한 것이라면 자연선택에 의해 선정되어야 한다. 전문용어로 말하자면, 인류의 의사소통 체계의 모든 변화는 현재 우리가 아는 형태에 가까워지도록 하는 **선택압**이 존재했을 것이다. 만약 이런 선택압이 존재했다면 왜 유인원은 곧장 우리만큼 발달된 언어를 획득할 가능성이 없었는지 설명해야 한다. 동물들이 말하지 않는 이유 역시 설명해야 한다. 선택압에 반하여 다른 종들이 구조와 표현 능력에 있어 인간 언어와 비길 만한 언어를 발전시키는 것을 방해했는지 잘 알 수 없다. 인간 유형의 언어, 즉 디지털식 결합적 의사소통 코드(1장 참고)가 모든 종 혹은 적어도 고등 포유류

중 몇몇 종에게 유용하다고 생각한다면, 생태계에서 언어의 일원성은 문제적이다.

많은 학자들에게 암묵적으로 받아들여진 가능한 설명 중 하나는, 진화가 느린 절차라는 것이다. 가시적인 변화가 드러나려면, 인간의 기억과는 거리가 먼 시간, 전형적으로는 수십만 년의 시간이 흘러야 진화가 일어난다. 침팬지와 공통의 조상인 우리 선조는 최소한 5백만 년 전에 살았고 최초의 유인원은 8천만 년 전에, 최초의 포유류는 2억 년 전에 살았다. 우리는 여기서 결정적이지만 믿을 수 없을 정도로 느린 진행을 본다. 그런데 이 관점은, 이 거대한 전환들 속에서 단순함에서 복잡함으로 가는, 아메바에서 출발해서 점점 더 정밀해진, 보통 더 '진화되었다'고 말하는 존재로 가는 단계들이 있으며, 이 피라미드의 정점에 인간의 지능이 있다고 보는 것이다. 인간들의 마을이라는 앞선 은유를 고려한다면, 진화의 과정은 도달하기 위해 너무나도 오랜 시간이 걸려서 어마어마하게 느릴 수밖에 없다. 진화의 변화가 더디다는 것을 내세우는 것은 왜 인간만이 언어를 갖게 되었는지 설명할 수 있게 만든다. 다른 종들은 이를 발전시킬 시간이 없었던 것이다. 진화가 우연의 요소들에 기반한다는 것을 우리는 알고 있다. 그러므로 우리 종은 다른 종들보다 조금 더 운이 좋았고 지성과 그의 상관물인 언어에 이르는 길에 처음으로 진입할 수 있었을 것이다.

인간 능력의 진화를 이러한 방식으로 그리는 것은 여러 문제점을 보이는데, 특히 언어라는 약속의 땅 주변에 있는 불모지에 많은 종들이 헤매도록 놔둔다는 점이다. 그래서 침팬지, 고릴라, 어쩌면 돌고래 또는 개들이 거의 목표에 다다랐고 의사소통 체계를 개발하게끔 사오백 년 정도를 더 기다리면 그들도 목표에 다다를 수 있다고 한다. 문제는 이 종들이 언어로 가는 길에 들어섰다고 말할 그 어떤 징후도 보이지 않는다는 점이다.

　자연에는 다른 어떤 계통도 획득하지 못한 또는 획득하려고 '노력'조차 하지 않은 독특한 특징을 갖는 종들의 경우가 많이 있다. 코끼리의 코나 비버가 보여주는 댐의 과학을 떠올리는 것으로 충분하다. 코끼리처럼 거대한 동물이 다른 포유류와 동일한 기능을 갖는 코라는 동일 기관으로 엄청난 강도의 일과 섬세한 조작을 할 수 있다는 것, 그리고 비버가 자신의 영역 입구에 천적이 접근할 수 없도록 수위를 높일 수 있다는 점은 매우 대단한 성취이다. 이들에게 이 체계의 이점은 명백하다. 코끼리는 무엇보다도 양분 섭취를 위해서 높은 나무 위의 이파리에 닿을 수 있고 비버는 매우 손쉬운 먹잇감이 되었을 새끼들을 보호할 수 있다. 하지만, 이 적응력의 개별성에 우리는 놀라지 않는다. 코끼리 코의 장점이나 비버 댐의 기술이 보편적인 것은 아니기에 국지적 생물학적 전략임을 이해할 수 있다. 대다수의 종은 전자도 후자도 발달시키지 않는다. 이파리로 양분을 섭취하지도 땅굴을 만들지도 않기 때문이다.

　인간 언어만큼 강력한 의사소통 체계의 장점이 보편적이라면 그 유일성은 매우 놀랍다. 왜냐하면 형태적 또는 행동론적 적응이 고립되어 나타나는 경우는 보통은 매우 특수한 요구에 응할 때이기 때문이다. 그 요구가 보편적일 때는 오히려 수렴진화가 일어난다. 수렴진화는 두 가지 유사한 기관 또는 행동이 두 계통에서 독립적으로 나타날 때 그리고 공통의 조상으로부터 물려받지 않았을 경우 수립된다. 이렇듯, 칼새와 제비의 날개 형태는 매우 비슷해서 오랫동안 이 종들은 가까운 친척관계로 오인되었다. 양갈래 꼬리 형태는 커다란 물고기를 연상시킨다. 돌고래의 초음파는 박쥐의 초음파 탐지법 체계를 환기한다. 예는 수 없이 나열할 수 있다. 여기서 주된 사고는 기능이 기관을 창조한다는 점이다. 일반적인 요구가 존재하면, 다수의 계통이 이 요구를 충족하기 위한 어느 정도 비교 가능한 기관들을 발전시킨다고 결론내리기 마련이다. 그러므로 작은 크기의 새들에게 연속비행, 수력학, 어둡거나 뿌연 곳에서 장애물이나 먹잇감, 천적을 탐지하는 것은 모두 여러 종들과 관련된 상대적으로 보편적인 요구이나. 이중 몇몇 종들은 유사한 적응기관을 따로 독립적으로 발달시켰다. 많이들 인정하듯이, 만약 정보 교환이 큰 보편적 관심거리라면 수렴진화의 경우를 기대해야 할 것이다. 그런데 반대의 증거로 보일 정도로 인간만이 개인들 간에 다양한 성질의 정보를 교환하기 위해 상당한 시간을 할애하는 유일한 종이다.

우리는 1장부터 인간 언어가 유일한 현상이라고 생각할 수밖에 없는 여러 이유들을 살펴보았다. 다른 종들의 의사소통 방식은 열린 디지털 체계로 이루어지지 않았고, 이야기 방식으로 기능하지도 않는다. 어떠한 것도 그들의 의사소통 방식이 우리 인간의 것에 비견할 만한 체계로 진화할 것이라고 장담해주지 못한다. 인간의 언어는 전혀 다른 성질로서, 십중팔구는 혁신에 해당한다. 진화 절차가 느리다고 주장하는 것은 왜 다른 종들이 인간 언어에 견줄 만한 것을 갖지 못하는지를 설명하는 데 충분하지 않다. 인간 언어의 유일성은 지엽적 적응현상이고 그 출현은 우리 고유의 계통 밖에서 발단을 찾을 수 없을 예외적 절차라고 가정할 수 있다.

4.3 지성의 결과로서의 언어

언어의 유일성과 인간에 이르는 진화 절차의 불연속적 필요에 대한 역설로부터 벗어나려면, 개별 인간이 무엇인가 말할 것이 있는 때에만, 또는 언어 능력을 가진 이들에게 효용가치가 있을 때에만 언어가 가능하다고 보면 될 것이다. 다시 말하면, 다른 종이 진화를 통해서 견줄만한 수준의 언어 체계를 만들어내지 못한 것은 그 어떤 종도 인류의 조상이 도달했던 지성의 수준에 도달하지 못했기 때문이라는 것이다. 즉, 지성의 발전이 역으로 언어를 선택하게 한다는 일종의 증거 단계가 있다고 하겠다.

지성의 발전이 선행하고 그것이 언어의 발전을 가능하게 했다는 생각은 이미 다윈에게서도 발견된다 :

"고등 원숭이들이 말하기 위한 발성기관을 사용하지 않은 것은 의심할 여지 없이 충분하게 발달되지 않은 지성 탓이다."(Darwin 1871)

다윈에 따르면, 인간이 유일하게 동물과 다른 점은 다양화된 음성을 사고와 연결시키는 정신 능력의 발달에 확실하게 기반한 무한히 큰 능력이다(Darwin 1871). 다윈이 말하는 정신적 힘은 언어를 가능하게 만들 뿐 아니라 필연적인 것으로 만든다. 말하는 능력이 동반되지 않는다면 지성이 무슨 소용이 있으며, 지식을 담을 수 있을 것인가. 이론적으로는 가정해볼 수 있더라도, 언어 없는 지성을 선뜻 상상하기 힘들다. 어떤 작가들은 공상과학 작품에서 종종 지성을 갖춘 상상의 생명체를 묘사한다. 이 생명체들이 의인화된 특징을 지닌 창조물이기는 하지만 동물적인 형태나 거대한 두뇌, 초감각적 능력과 같은 이색적인 속성으로 늘 채워져 있다. 그렇지만 언어 능력이 없는 것으로는 절대 묘사되지 않는다. 어떤 종의 지능은 그들이 개인적으로만 행동하고 활동을 서로 연결할 수 없으면 매우 제한된 것으로 간주된다. 게다가 지성은 소통의 필요성을 창출해야만 하는 듯 보인다. 어느 정도의 통찰력 수준에 다다른 개인들은 공유된 지식으로부터 이끌어낼 만한 관심사를 어렴풋이라도 알아챌 수 있다고 가정된다. 이러한 도식에 따르자면, 의사소통의 코드가 지성의 존재들 사이에 자리잡을 것이라는 사실이 놀랍지 않다. 영장류가 일정 수준의 지성을 발전시켰다고 가정하는 순간 언어의 출현은 문제가 되지 않는다. 언어의 문제는 이렇게 해결되었으며, 이제 지성의 도래 문제만이 남게 된다.

지성은 생존에 긍정적인 것처럼 보인다. 인과관계를 알아채고, 앞질러 생각하고 계획하고 유사성을 발견하고 오류를 분석하는 등의 능력을 가진 존재는 필연적으로 이들보다 재능이 덜한 동시대 존재들보다 생산 가능한 나이에 도달할 효과적인 수완을 더 가지고 있는 것이다. 이런 조건에서 어떻게 더 큰 지적 능력으로의 선택압을 부정할 수 있을 것인가? 이렇게 영장류는 더 영리해졌고 언어의 중개를 통해 그들의 지식을 교환하는 능력을 획득하게 되었다. 언어 출현의 문제는 다소 부수적인 것이 되고 왜, 어떻게 출현했는지의 질문이 밝혀지면서 언제 출현했는지의 문제만 남게 되었다. 동물들 중에서 우리의 조상만이 지적인 측면에서 충분히 "진화"했기 때문에 말할 필요를 "느꼈다"라는 사실로부터 인간 언어의 유일성이 기인한다. 불행히도 이 추론은 많은 논쟁거리를 포함한다.

이 인간화 시나리오의 첫번째 문제는 지성과 언어 간에 수립된 필연적 연관성이다. 지성적 존재는 복잡한 언어를 가져야 하는가? 말하려면 똑똑해야 하는가? 개체발생적 차원에서 이는 미심쩍다. 지적 발전 없이도 언어 습득은 가능하다. 네다섯 살짜리 아이도, 비록 질량 보존이나 기하학적 방향, 우연이나 정의에 대한 기본적인 개념 관계를 숙지할 방법을 모른다 하더라도 완벽하게 말할 수 있다(Piaget 1932, 1947, 1951). 다운증후군과 같은 몇몇 병증은 심각한 인지적 장애를 수반하지만, 이들조차도 꽤 정확한 방식으로 그들의 모국어를 다룰 수 있다. 민족지학에서는, 언어활동의 수준이 전달하고자 하는 생각의 정밀화에 달려있다고 믿어왔다. 그러나 언어의 일상적 사용은 문화 유형과도, 사람들이 교환한 지식의 층위와도 상관관계가 없었다. 이상의 모든 것들이 언어가 이성을 표현하는 수단이라고 보는 견해와는 양립불가능하다. 현 인류에 대한 관찰은 언어의 발전이 지성의 진화에 의존한다는 주장에 호의적인 어떠한 지표도 제공해주지 않는다.

지능으로부터 언어가 나온다는 시나리오에 가할 수 있는 두번째 비판은 상징적 소통이 꽃피우기 위해서 일정 수준의 지성이 있어야 한다는 생각에 있다. 그렇다면 언어가 가능해지는 양적 또는 질적 임계치를 정의할 수 있어야 하기 때문이다. 침팬지의 언어 및 인지 능력을 한평생 연구한 수 새비지-럼바우Sue Savage-Rumbaugh는 단언한다. 침팬지의 지적 능력은 의사소통을 가능케 하기에 충분하다는 것이다. 분절언어로 발전한 현상은 다른 곳에서 이유를 찾아야 한다.

"그러므로 상징적이고 발화된 언어를 만들어내는 능력은 인간의 첫 조상들의 음성기관의 적절한 발전 때문이지, 획득한 인지 능력의 진화 때문이 아니다. 원시적 형태하에서도 이같은 의사소통 체

계는 생존에 상당히 유리했을 것이다."(Savage-Rumbaugh & Lewin 1994, p. 249)

이 학자는 다윈의 경쟁 개념에 대한 결정적 증거를 언어에서 찾는 부류에 속한다. 그런데 발성기관의 우연한 변화가 언어 출현에 호의적인 조건을 만들어냈다고 주장하면서 앞서 인용한 다윈과 정반대의 입장이 된다. 이렇듯 그녀는 우리의 선조들이 가졌을 지성의 부속물로 언어 출현을 귀속시키는 것을 거부한다.

지성으로부터 언어가 파생되었다고 하는 진화 시나리오의 주된 문제는 언어 출현의 신비를 단번에 두번째로 놓는다는 데 있다. 인간 지성은 확실히 언어를 수수께끼 같은 진화의 문제로 환원하는 속성을 띤다. (1) 생존에 이롭다는 점, (2) 여러 측면에서 질적으로 유일하다는 점, (3) 인간이 도달한 수준은 동물계에 존재하는 그 어떤 것과도 비교할 수 없다는 점이다. (2)번은 처음에는 논쟁적으로 보일 수도 있겠다. 지금으로서는 인간 지성의 기본적인 부분, 계획 수립의 능력이 다른 동물들의 능력과 질적으로 다르다고 말해두자. 다시 살펴볼 기회가 있을 것이다(15장 참고). (1)번과 (3)번만으로도 이미 문제를 제기하기에 충분하다. 진화적 관점에서 지성은 그 자체로서 가치를 갖지 않는다. 속담에서처럼 여우는 많은 것을 할 줄 안다. 고슴도치는 한 가지밖에 할 줄 모르나 중요한 한 가지를 할 줄 안다.[23] 어떠한 기적이 일어나서 우리 조상들은 지성을 갖게 된 반면, 다른 어떤 종도 이러한 방향으로 진정코 진화하지 못한 것인가? 다른 계통에 기적이 일어나지 않았다면 분명히 다시 한번 다른 종들에게는 언어를 가질 만한 지성을 획득할 시간이 주어지지 않은 진화의 느린 속도를 탓할 수밖에 없다. 이 느림의 논거가 타당하지 않다는 것을 추후에 보일 기회가 있을 것이다(6장 참고).

상징 언어 소통을 위해 요구되는 지성에 임계점이 있다는 시각, 지성이 생기기까지 시간이 걸린다는 생각, 입을 다물기에는 너무 똑똑하고 말하기에 충분한 고인류의 지성에 임계점이 있다는 생각은 어떤 탄탄한 근거 위에서 성립된 언어-지성 간의 관계에 대한 것이 아니다. 언어 능력과 지적 능력 사이에 선후관계가 있다면, 그것은 분명히 언어가 사고 능력의 발현이라는 식의 관계는 아니다.

4.4 태초에 말씀이 있었다

자크 모노Jacques Monod는 비판받아왔던 언어와 지성의 관계와는 정반대의 것을 가정하는 매우 독창적인 관점을 우리에게 제시한다. 모노는 뇌의 계통발생적 진행과 언어 능력 발전 사이에 긴밀한 상호의존관계가 존재해야 함을 주목한다.

> "인간의 핵심적인 두뇌 체계의 운종은 진화와 그로 인한 두뇌의 독특한 수행능력의 발전 사이에 밀접한 관련이 없다고 가정하는 것, 그리고 언어가 이 진화의 산물일 뿐 아니라 전제조건 중 하나라고 가정하지 않는 것은 불가능하다."(Monod, 1970, p. 145)

---

23 "The fox knows many things, but the hedgehog knows one big thing."

그후 모노는 일반적으로 생각하는 것과 반대되는 인과관계, 즉 언어가 두뇌 발달의 원인이 된다는 추론을 내놓는다.

"내게 가장 그럴듯하게 보이는 가설은, 우리 계통에 매우 일찍 나타난 가장 초보적인 상징 기호 소통은 근본적으로 새로운 가능성을 제공하고 새로운 선택압을 창조함으로써 종의 미래를 결정짓는 최초의 '선택지' 중 하나가 되었다는 것이다."(Monod 1970, p. 145)

비커튼도 동일한 시각을 주장했는데, 그 역시 우리 종이 동물에서 인간으로 움직이는 과정의 가장 큰 원인을 언어라고 보았다.

"언어가 그 자체로 유인원들과 우리를 구별하는 모든 근원에 있다고 가정하는 것이 불합리하게 보인다 하더라도 언어가 우리를 다른 종들의 한계를 훨씬 뛰어넘도록 만들고 우리의 의식과 독특한 능력들의 필요한 (아마도 충분하기도 한) 전제임에 분명하다."(Bickerton 1990, p. 4)

테렌스 디컨Terence Deacon도 주장한 이 관점은 매우 매력적이다 (Deacon 1997). 상징 기호 의사소통은 아마도 오스트랄로피테쿠스만큼이나 멀리 있던 우리 조상들만이 발견한 매우 새로운 유형의 생태적 지위로 소개된다. 원숭이 한 종이, 매우 초보적이너라도 열린 조합 체계를 써서 의미를 전달할 방법을 찾은 그 순간부터 그 체계는 복잡성을 늘릴 수밖에 없으며 그 결과 지성과 뇌의 크기에 관련이 있는 전달 의미를 풍부하게 했다고 상상할 수 있다.

이는 너무 성급한 결론이다. 이 시나리오는 잘못 수립된 여러 가설들을 암암리에 활용한다. 우선, 상징 기호의 조합이 인간 언어에만 있는 배타적 속성이라는 생각이다. 우리는 1장에서 이것이 오류임을 보았다. 면역체계의 기능이나 새 울음소리의 구조를 통해 볼 때 자연은 결합 체계를 출현시키는 데 어려움이 없는 듯하다. 그러므로 상징 기호 소통을 거의 접근불가한 이상향으로 만드는 것은 분명 과장된 것이다. 그리고 나서 필히 화자든 청자든 간에 소통하는 개인들에게 득이 된다는 가설이 뒤따르는데, 의사소통과 이를 통한 정신능력의 발전 쪽으로 유리하게 작동하는 선택 과정의 연동작용을 설명할 유일한 방법이기 때문이다. 그러나 이러한 상호 유익한 존재는, 앞으로 살펴보겠지만, 저절로 이루어지는 것이 아니다(16장 참고). 마지막으로, 이러한 선택압이 존재했다면, 수백만 년 동안 오스트랄로피테쿠스나 직립원인과 같은 상대적으로 열등한 수준에 정체되어 있는 대신에 현 인류의 언어 및 지적 능력으로 왜 더 빨리 이끌어주지 못했는지 반문할 수 있다. 모노가 쓴 이 시나리오가 설득력이 있으려면 더 많은 근거로 강화되어야 할 것이다.

그렇다고 해서 언어가 지성의 근원이라는 시각이 솔깃하지 않은 것은 아니다. 조금 더 밝혀야 하겠지만 개인 간 복잡한 의미의 소통에 유리한 선택압이 존재했다면, 이 선택압은 지적 능력의 상당한 진전을 위한 조건을 만드는 데 간접적으로 일조했을 것이다. 그러므로 인간의 지성은 주로 의미의 창조와 이해의 방향으로 향했을 것이다. 행동거지와 활동 계획을 위한 구체적인 활용은 부차적이었을 것이며 인간의 지나치게 큰 정신능력이 언어 능력의 부산물로 만들 것이다. 언어 우위에 대한 이 관점은 다시금 고찰할 기회가 있을 것이다. 정리하자면, 인간계통의 지성의 증폭은 언어활동의 결과이지 원인이 아니라는 모노의 생각은 매력적이다. 우리 종과 다른 모든 종을 구분하는 질적 차이로 언어를 보기 때문이다. 그렇지만 보편적 이득이라는 능력, 이마저도 발견하기 쉽지 않지만, 그 능력을 믿는 인간중심주의 시나리오에 회귀할 뿐 왜 그 차이가 나타났는지 설명하지 못한다. 상징 기호 소통은 한 종을 제외한 모든 이에게 그 입구가 숨겨져 있는 금광과 같은 것이 아니다. 이 은유를 계속 끌고 가자면, 모든 종들이 입구를 알고 있는 금광이되 단 한 계통에게만 금이 돈의 가치를 가지는 것이다.

4.5 언어는 과거 진화의 유산이다

우리 조상들로 하여금 상징 기호를 사용하여 소통하고 가치를 부여하게 만든 계기를 탐구하는 것은 흥미로운 일이다. 많은 학자들이 인간 언어로 향하는 진화가 필연적이고 발전하기만을 바랐지만 이러한 언어가 보이는 수많은 장점들이 이용되기 위해서는 여러 요인을 만족시킬 조합이 필요하다. 모든 것이 시작된 그 계기는 어떤 것이었을까? 답이 무엇이든 간에 문제를 일으킬 가능성이 있다. 왜냐하면 언어는 여러 방식으로 사용될 수 있기 때문이다. 언어 출현을 설명하기 위해 하나를 선택하면 다른 것들을 무시할 위험이 있는 것이다.

언어 기원에 대해서 사냥에서의 협조나 파트너 간의 협상, 협잡꾼의 탐지나 위험 예방 등의 사례를 참조하며 설명하는 경우가 있다. 비록 현재에는 매우 다양한 용례가 관찰되지만, 이때 언어는 매우 명확한 사용을 위해 발생한 것이 된다. 특히, 문화가 적은 수를 세는 보편적 능력을 변화시켜 수학을 만들어냈던 것처럼 문화가 언어를 지배하고 깊게 변화시켰다고 느낄 수 있다(Dehaene 1997). 이와 같다면, 현대사회에서 살아 있는 인간에 의해 사용되는 언어를 관찰하는 것은 언어 계통발생학의 이해에 매우 제한적인 이득을 준다.

> "진화의 과정에서 인간에 정착된 체계 중에서 과학적인 구상 능력과 수數적 체계의 기본 속성들을 직관적으로 다루는 능력을 발견할 수 있다. 우리가 아는 한, 이 능력은 선택적 가치가 없다. 비록 이 능력들이 선택적 가치를 지닌 체계 안에서 발전되었다 하더라도 그러하다."
> (Chomsky 1975, p. 75)

이 인용문에서 촘스키가 언어의 비응용적 특징에 대한 가설을 지지하기 위해 과학과 수학 능력과의 유사성을 언급했다는 것은 매우 놀랍다. 촘스키는 그의 모든 저작에서 언어의 특수한 내재적 성질을 옹호하며, 문화적 부분을 훨씬 더 많이 보이는 다른 지적 활동과 구분한다 (Piattelli-Palmarini 1979). 언어와 수학이 매우 좁은 생물학적 기초에 기반해 발전된 문화적 산물이라면, 현재는 사라졌을 수도 있는 매우 특별한 용도로 사용되기 위해 언어가 나타났을 것이라는 시나리오를 상상하는 것이 적절하다. 언어의 생물학적 측면은 원시적 소통의 유산이며 화석이어서 문화가 그 위에 우리가 알고 있는 체계를 세웠을 것이다. 이렇게 원시적이고 내재된 소통 행위에 대한 문화적 노선 변경에 직면하게 될 것이다. 예를 들어, 사냥과 같은 협동 행위를 조직하기 위해서 간단한 명령을 교환하도록 생물학적으로 준비되었을 것이며 이러한 생물학적 기반 위에서 문화는 수학이나 바로크 예술처럼 우리가 아는

다기능의 언어를 구축했을 것이다.

언어 출현의 이유로 고정된 언어의 사용이 무엇이든 간에, 같은 논거가 적용된다. 만약 현대 사회의 언어에서 5, 10, 30개의 활용을 식별해 낸다고 해서 언어가 종의 과거에서 동시에 5, 10, 아니면 30개의 이유로 선택되었다고 주장할 수 없다. 왜냐하면 이 모든 이유 중 어느 하나가 침팬지, 돌고래나 다른 종에는 적용되지 않았는지 설명해야 하기 때문이다. 그리므로 협잡꾼을 잡아내든 꽃들을 세는 능력이든 언어 사용례 중 하나를 선택해야 하며 이를 언어 출현의 '진짜' 이유로 만들어야 한다. 하지만 이때 4개, 9개, 29개의 다른 언어 용법의 지위는 어떻게 되는 것인가? 분명히 단순한 문화적 발명이 언어를 그 원시의 생물학적 목적으로부터 전환시켰을 것이다.

이 시각에 반대하는 일군의 논거들이 있다. 우선, 그 하나만으로 언어 출현을 가능케 한 언어의 원시적 용례가 있었다면 언어적 상호작용의 본질적인 부분을 이루고 있을 것이라 기대하기 쉽다. 그런데 진화 우위를 만들어낸 언어 용례를 정하는 데 여러 학자들이 보이는 의견의 불일치는 그것이 별 의미가 없음을 보여준다. 원시 용례의 시나리오가 맞다면, 이는 문화가 개입해서 현재의 일상에서도 중요한 다른 언어 용례들을 만들어내어 그 종적을 흘트려놓았다는 뜻일 것이다. 오늘날 인간의 삶에서 언어와 관련해서 중요한 모든 것들이 종의 역사에서 중요하지 않았다고 받아들이기는 어려운 일이다.

언어의 개별 원시 용례가 있다는 주장에 반하는 두번째 논거는 언어 용례 전체가 지니는 철저한 자율성에 있다. 우리가 언급한 것 중에, 즉, 명령을 하든 사냥을 하든 속이는 사람의 악행을 말하든 불평을 하는 것이든 간에 건강한 모든 사람에게서 일관되게 발견 가능한 것이 다수이다. 그런 후에 수학이나 바로크 음악, 골프나 제빵 기술과 같은 문화적 산물과 비교하면 그 차이는 더욱 명확하다. 이 모든 활동 중 어느 것에도 열성을 쏟아붓지 않는 많은 평범한 사람들이 있는 것이다. 대부분의 언어 사용례는 보편적이며 세계 전역에, 모든 문화에서 발견되는 반면, 수학적 계산 같은 문화적 장치는 분명히 그렇지 않다.

다른 보충적 논거는 언어 사용의 학습과 관련된 부분에서 나왔다. 하나의 언어 용도가 인간 아이의 처음 발달과정에서 나타나는 것이 아니라 성인에게서 발견되는 모든 보편적 용도가 아이 때에도 자연적으로 나타난다. 수학이나 체스, 골프에서와는 달리 언어의 사용은 아이의 행동에서 자발적으로 나오며 지침이 필요하지 않다.

마지막으로, 언어 사용의 계기가 존재함을 반박하는 주요 논거는 그럴듯한 제안 중 어느 것도 말로 하는 의사소통의 출현을 설명하는 데 결정적 역할을 할 수 없다. 하나의 의사소통 장치가 생기기 위해서는 의사소통에 참여하는 개개인이 각자의 이익을 챙겨야 한다. 언어를 특정 사용례 중 하나로 만들려면 이 사용이 듣는 사람과 말하는 사람 모두에게 어떻게 이득이 되는지 보여야 한다. 우리는 이런 요구가 특히 충족시키기 어렵다는 점을 증명할 것이다(16장 참고).

앞서 살펴본 이유들 때문에, 인간 계통에서의 언어의 등장이 다른 모든 것들을 배제한 어떤 특정 용도 중 하나에 단순히 기인한다고 보는 것은 거의 신빙성이 없다. 언어는 어떤 상황과 직접 연결된 유용성 때문에 선택된 것이 아니다. 언어가 생물학적 기능을 갖지 않는다는 의미는 아니다. 단지 말하기의 다양한 직접적 효과 속에서 선택된 기능을 찾으려 하지 말아야 한다.

하나의 계통만이 상징적 정보 소통을 사용한 이유는 제안할 만했던 모든 인간화 시나리오에서 불투명한 채로 남아 있다. 이번 장에서 신 빙성이 떨어져버린 여러 관점은 모두 보편적인 혜택으로서의 언어라는 개념과 어렵긴 하지만 언어라는 약속된 땅으로 향하는 피할 수 없는 진화의 원리 개념 위에 세워진 것이다. 다음 장은 이와 정반대의 관점을 고찰하는 목적을 갖는다. 언어는 코끼리 코나 비버의 집 짓는 행위만큼이나 우연한 속성으로 비칠 것이다.

5장
언어, 진화된 호기심

한 진화 이론에 따르면, 종들은 결정된 방향으로 진화한다. 이렇게 영장류 계통도 인간 종까지 더욱 정밀하고 지적인 방향으로 진화했을 것이며 언어 역시 필연적인 귀결이었을 것이다. 이러한 생각은 오류가 있다. 우리 종이 꽤 독특한 것이라 여길 수는 있지만 여기에는 미학적 판단이 들어가 있다. 스티븐 굴드Stephen Gould는 새로운 종의 출현이 그 어떤 예정된 경향성을 따르지 않는다고 했다. 이는 우리 종뿐 아니라 그 앞선 종에 대해서도 마찬가지이다.

5.1 진화 : 목적지가 없는 행진

겉으로 보기에 인간의 생존에 매우 득이 되는 언어와 지성이 인간 종의 진화에 더 일찍 나타나지 않은 것을 시간의 문제라고 치부하기 쉽다. 자연선택에 의한 복잡한 진화는 이 복잡성을 만든 여러 장점을 지닌 기본 변이형의 축적을 필요로 한다. 정의상, 이 변이형은 드물고 선택의 우연 속에서 많은 수가 사라졌다. 인간이 되기 위한 최상위 조건을 두고 인간의 정신이 세계에서 가장 복잡하다고 말하는 일군의 사람들을 종종 만날 수 있다.[24] 이런 조건에서 진화가 이런 놀라운 일을 만들어내는 데에 상당한 시간이 걸렸다는 것은 그리 놀라운 일이 아니다. 항상 더 복잡한 형태의 생산을 향한 신보의 과성은 많은 송들을 지성, 의식, 언어의 문턱에 데려다놓았다. 그리고 우연히 이중 하나의 종이 정신을 향한 이 경주에서 앞서게 되었다. 그것이 바로 우리 종이다. 이러한 설명이 언어, 지성 그리고 그 결과로 빚어진 문화와 같은 인간 유일의 자질들을 이해하게끔 해준다. 다른 경쟁자들이 뒤쳐졌기 때문에 우리가 유일하게 된 것이다. 그러나 이 시나리오가 의미가 있으려면 두 가지 조건을 충족해야 한다. 한편으로는 늘 더 발달된 지성과 소통 능력을 향한 선택압이 작동해야 한다. 다른 한편으로는 진화의 과정이 충분히 느려서 우리와 원숭이의 조건을 나누는 5백만 년이 지성을 향한 경주에서 앞선 만큼의 시간에 대응되어야 할 것이다. 그런데, 이 두 경우 모두 이처럼 진행되었는지 심각하게 의심스럽다.

　진화 현상의 이해는 종종 직관과는 반대이다. 그러한 이유로 진화의 메커니즘은 상대적으로 단순함에도 불구하고 대체로 잘못 해석된다.

---

24 이러한 사실은 물론 단순한 계산 이상의 깊은 확신에서 비롯된다. 뇌의 알고리즘적 복잡함의 대부분, 또는 적어도 그 생득적인 생물학적 기초를 계산하기는 쉽다. 즉, 우리 세포에는 약 100 메가바이트의 유용한 유전자 정보 총량이 들어 있다. 기술적 관점에서, 자연에서 많이 발견되는 이런 크기의 예측 수열은 물론 더욱 복잡하다. 잠재적 가능성의 기준을 포함하는 더 적합한 정도의 복잡성은 정의할 필요가 있다.

첫 유인원부터 우리까지 지성과 사회 조직, 의사소통 등이 인간에 와서 정점을 달하게끔 계속 더 복잡한 방향으로 가면서, 우리 계통이 느리고 점진적인 변화를 겪었다는 생각은 관점의 오류에서 기인한다. 주요한 관점의 오류는 "인간 마을"(4장 참고)이다. 우리 계통만이 그 기원으로부터 미리 정해진 도착지점을 따라왔다는 해석은 이 진화의 목적지가 우리라는 잘못된 생각을 심어준다. 루이 15세의 정통 후손에 대한 가계도는 잘 알려져 있다. 루이 15세의 후손이라 자랑하는 사람이 가계도상에 위치해 있으며, 세대에 걸친 결혼이 어떻게 그에게까지 오게되었는지 보여준다. 이 결합의 나열은 마태복음의 시작에 열거된 아브라함과 예수의 혈통 관계처럼 처음부터 암묵적으로 그 후손의 도래가 계획된 것 같은 결정주의적 인상을 준다. 물론 이는 루이 15세와 아브라함에게 다른 많은 후손들이 있었음을 잊는 것이 된다.

굴드는 이 왜곡된 관점에 의해 야기된 오류들을 보이고자 했다 (Gould 1996). 그는 말馬과의 진화를 예로 드는데, 5천 5백만 년 전에 살던 '히라코테리움'에서 현재의 말, 3종의 얼룩말과 4종의 당나귀를 포함하는 '에쿠스' 속의 예를 든다. 이 사례가 흥미로운 것은 보통 진화 방향의 개념을 증명하고자 이를 이용하기 때문이다. 뒷발에는 3개, 앞발에는 4개의 발가락을 가진 새끼 가젤보다 약간 더 작은 조상으로부터 '히라코테리움'(또는 '에오히푸스'), '오로히푸스', '에피히푸스', '메소히푸스', '미오히푸스', '파라히푸스', '메리키푸스', '플리오히푸스', '디노히푸스', '에쿠스'로 가는 규칙적인 진행을 통해서 발가락 하나를 가진 훨씬 큰 덩치의 현재 말에 도달하게 되었다. 동물들의 크기는 점점 커졌으며 측면 발가락은 작아지고, 바닥에 닿지 않게 되자 거의 완전히 퇴화하기에 이르렀다. 이 모든 것이 정해진 진화, 즉 묵직하고 위풍당당하며 경주에 적합한 동물이라는 말의 잠정적으로 완벽한 이미지를 향한 진화라고 생각하게끔 한다. 말의 계통 진화에 대한 이 사례는 진화의 느림과 방향성을 보이기 위해 교재에서 종종 인용된다. 문제는 말의 선조에 대한 이 묘사는 현실을 심하게 왜곡한다는 것이다. 첫번째 오류는 나무를 보지 않고 가지만 본다는 것이다. 특히 '히라코테리움'의 가계도는 잘 알려져 있는데 나무라기보다는 너무나 무성해서 덤불과 같다고 하겠나. 바로 이런 이유로 신화의 역사를 '에쿠스' 속에 이르는 과정처럼 이야기하는 것은 잘못이다. 이 진화의 덤불에는 모든 크기의 종류가 있으며 몇몇 부류는 공통 조상보다 더 크지 않다. 이중 많은 유형이 세 발가락을 보존하고 있다. 이 동물 군집이 최근의 것이라 생각하면 안 된다. '파라히푸스'의 후손만 고려해도 지금보다 천 백만에서 천 팔백만 년 전에 적어도 서로 다른 30개 류가 있었다. 더 먼 과거에는, 비록 화석이 희박하기는 해도 '미오히푸스'와 '메소히푸스'는 서로 구분되었지만 최소 4백만 년 동안 공존했다고 보인다. 게다가 각각의 속은 공존하는 여러 종들로 구성되어 있었다. 와이오밍의 한 지역(이 모든 종이 신대륙에 살고 있었다)에서는 동일한 시기의 3종의 '메소히푸스'와 2종의 '미오히푸스'를 찾아냈다.

굴드는 '난니푸스' 속이 현재의 '에쿠스' 속 대신에 말과의 유일한 생존 속이라면 이 계통학의 귀결을 말이라고 보는 이들이 어떤 견해를 펼칠지 기술한다. 이 시나리오는 근거가 없는 것이 아니다. '난니푸스' 류는 '메리키푸스' 속의 후손으로 2백만 년 전에 사라졌지만, 그 4개의 하위 종이 8백만 년 동안 살았으며 이는 현재 '에쿠스' 속의 4백만 년보다 명백히 긴 시간이다. 사실, 조상 히라코테리움에게서 나온 모든 속은 현재의 '에쿠스' 속을 비롯해서 신대륙에서 모두 사라졌는데, 구대

륙으로 뒤늦게 이동 번식해서 현재의 말속이 살아남았을 뿐이다. 조금 이라도 난니푸스가 이동을 감행해서 살아남았다면 그 누구도 5천 5백 만 년 동안 더 큰 크기와 발가락의 축소라는 방향으로 지속적으로 진화의 방향이 이루어졌다고 말하지 않을 것이다. 난니푸스는 '작은 말'을 뜻하며 작은 가젤 정도의 크기였고 발가락을 3개 가지고 있었다. 현재의 말은 신대륙을 점거했던 종의 그룹 중 비중이 없는 표본이었고 우연한 이주로 생존했다. 기제류奇蹄類(발가락이 홀수로 있는 목)의 과거의 영광에 비해 흐릿한 존재감을 갖는 그들의 선조 '히라코테리움'을 비롯하여 그 계통 중 화석으로 증명된 많은 유형이 그러하며 포유류 세계의 거대 종에 속하는 말이나 코뿔소, 테이퍼만이 살아남았다. 어떤 시대에는 코뿔소과가 포유류 전체에서 가장 다양하고 거대한 군을 이루기도 했다. 이들 중에는 왜소한 종도 있지만 어깨까지의 높이가 5미터를 웃돌아 전 시대를 통틀어 가장 크기가 큰 포유류인 '파라케라테리움'도 여기에 속한다(Gould 1996, p. 72). 이는 진화 계통도에서 정해진 방향성을 찾으려는 시도가 부질없음을 명백히 증명한다.

이 결과는 직관과 충돌한다. 영장류의 진화를 보면 장기적으로 그 방향을 보았을 때 그 진보의 끝에는 예를 들어서 뇌 반구의 정밀화가 있다는 생각을 하지 않을 수가 없다.

"이 모든 요소들은 생물학적 진화의 방향에서 뇌의 양측 반구의 특화된 능력을 향해 점진적으로 가고 있다. 오래전부터 필시 진행된 움직임이며 유인원이나 비인간 영장류, 그리고 사실 대다수의 포유류에서 그 흔적을 발견할 수 있다."(Brenot 1984)

영장류의 역사는 유인원과 인간이 여우원숭이류와 닮은 최초 영장류에 비해 상당한 발전을 이루었음을 보여주는 것 같다. 더 원시적이라고 하는 그들의 조그만 조상보다 확실히 더 '진화'되었다고 기꺼이 간주한다. 현재의 여우원숭이류나 다른 안경원숭이류들이 살아 있는 다른 영장류들과 똑같이 현재까지 완벽히 생존한 계통임에도 우리보다 덜 적응한 일종의 살아 있는 화석으로 간주하는 가치 판단과는 별개로 앞의 생각은 근거가 있다. 이 가치 판단은 큰 원숭이들 특히 우리 인간이 개별적 또는 사회적 행동의 차원에서나 신경 회로의 해부학적 차원에서나 더 정밀하다는 생각에서 비롯된 것이다. 이 논리를 더 밀고 가면, 우리 조상들에 포함되는 물고기나 단세포 생물보다 우리는 더 복잡하다. 이 사실은 불가역적 진보, 즉 생명체가 단순한 것에서 복잡한 것으로 진화하여 그 정점에 인간이 있다는 생각을 함축한다. 이 부분에서도 스티븐 굴드는 반기를 든다. 이는 한번 더 관점의 오류에 기인한 것이다. 이러한 유형의 근시안적 추론은 진화가 어떤 운명, 적어도 하나의 방향을 갖는다고 믿게끔 잘못 인도한다. 이번 경우, 복잡성의 심화는, 이후 살펴보겠지만, 정해진 방향이 아니라 가변성의 증가 때문이다.

이 차이는 중요하다. 진화의 세 가지 가능성을 대비하는 〈그림 5. 1〉에서 그 차이가 드러난다. 예를 들어서 생명체의 복잡성이라는 척도를 나타내는 한 가지 변수만을 고려한다고 하자. 처음에 서로 다른 종들은 검은 분포 곡선이 보여주는 것처럼 하나의 평균값 주변에 모이게 될 것이다.

첫번째 경우, ⓐ에서는 진화가 변수를 늘이거나 줄일 만한 어떤 내재적 경향성도 없다고 간주한다. 다양화로 인한 변동성의 증가로 전체가 대칭적인 분포로 펼쳐져 있음이 관찰된다. 반면, ⓑ에서처럼 진화가 경향성을 따른다면, 다양화에 의해 펼쳐질 뿐만 아니라 경향성의 방향

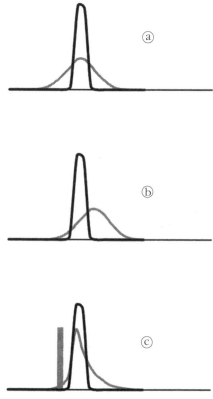

〈그림 5.1〉 3가지 경쟁 가설을 보여주는 주어진 매개변수에 따른 종 분포의 도식적 진화 :
ⓐ 단순 다양화, ⓑ 방향성, ⓒ '장벽' 앞에서의 다양화

으로 이동했음을 관찰하게 된다. ⓐ와는 달리 매개변수의 평균값이 올라간다. 플랑크톤 종의 크기에 대한 분석이 시나리오 ⓐ를 뒷받침한다. 굴드의 동료가 342종의 플랑크톤을 연구한 바에 따르면, 하나의 종과 그 부모 종 간의 규모의 변화는 대칭적인 가우스 분포를 따른다(Gould 1996, p. 161). 이 경우 진화는 규모의 증대나 감소에 대한 어떤 편차도 나타내지 않는다.

하지만, 많은 진화 상황에서 이러한 시나리오는 굴드가 **장벽 효과**wall effect라고 부르는 것 때문에 혼란이 야기된다. 〈그림 5.1〉의 ⓒ는 매개 변수 변동의 두 방향 중 하나가 '장벽'에 의해 차단될 때 왼쪽에서 분포의 확산이 비대칭적인 형태를 취함을 보여준다. 나무 높이를 예로 들면, 생체역학적인 제약으로 인해서 백 미터 이상의 크기는 불가능하다. 수종의 분포는 이렇듯 크기의 측면에서 한계를 갖는다. 복잡성과 관련해서는 그 반대이다. 어느 정도의 복잡성 이하로는 생물은 살기 힘들다. 이것이 〈그림 5.1〉의 ⓒ 그래프에서 드러난 상황이다. 복잡성은 자유롭게 증가할 수 있지만, 다양화가 이루어졌을 때 비대칭적 분포가 생기는 것이다. 지질시대에 생명체의 평균 복잡성이 증가했다는 추론으로부터 우리는 진화가 복잡성의 선호도가 있다고 잘못 결론짓는다. 이는 내재적 한계의 존재로 인한 비대칭의 문제일 뿐이다. 게다가 복잡성이 증대되는 경향이 있다면 가장 단순한 종들은 점점 더 줄어들어야 할 것이다. 그런데 이 또한 그렇지 않다. 다세포 동물의 예를 들면, 80%의 종이 절지동물(곤충, 갑각류, 다족류, 거미류)이다. 플랑크톤 종의 예가 이 현상을 보여준다. 분명히 신종 형성에 있어서 부모 종에 비해 크기의 변화가 일어나는 것은 어떤 편향성을 띈 것은 아니다. 그러나 지질시대를 지나면서 절대 크기가 평균적으로 증가했다. 이 파생은 가장 작은 종들의 소멸 때문이 아니라 −이들은 계속 잘 번성하고 있다− 이런 종류의 유기조직이 그 이하로 내려가면 더이상 생존할 수 없는 하한선이 존재하기 때문이다.

굴드로부터 얻은 교훈은 진화가 판단 불가능하고 불가능한 채로 남아 있다는 것이다. 확실해 보이는 경향성은 장벽 효과일 뿐이다. 다양화가 한계에 부딪히면 그만큼 다른 방향으로 확장되는데, 이것이 진화의 변화에 운명이 있다거나 의지가 있다는 잘못된 느낌을 주는 것이다. 특히, 생명체의 복잡성 증가는, 우리가 볼 수 있듯이, 다양화의 결과일 뿐이다. 아메바에서 인간으로, 척추동물에서 인간으로 또는 심지어 원숭이에서 인간으로 이행을 가능케 한, 방향이 정해진 진화 경향이 있다는 생각은 간단히 말해 환상이다. 우리는 전방위 다양화의 우연한 결과일 뿐이다. 척추동물이나 포유류의 정신 능력과 의사소통 능력의 증가라는 경향, 인간을 향한 방향이라 주장하는 것도 마찬가지이다. 이역시 환상일 뿐이다. 다양화는 맞고 경향성은 틀리다. 6장에서 이 경향성의 부재는 우연에만 맡겨진 진화와는 구분될 것이다. 선택의 판단 불가능성이라는 원리는 무턱대고 적용되어서는 안 된다.

5.2 자연은 도약을 하는 것 같다

화석 조사에 익숙한 고생물학자의 시선으로 굴드는 진화의 방향성만 부정하는 것이 아니라 다윈 이론의 근본적인 명제, 즉 종의 변화는 점진적 과정이라는 가설에 질문을 던진다. 언어의 기원에 대한 문제가 쟁점이다. 언어는 동물의 의사소통 체계에서 점진적으로 변화한 결과인가 혹은 갑자기 등장한 것인가?

다윈은 본인의 연속성의 원칙을 수립하는 데에 라이프니츠Gottfried Wilhelm Leibniz의 유명한 경구를 들어가면서 심혈을 기울인다. Natura non facit saltum. 즉, 자연은 도약을 하지 않는다는 것이다.

"미바트George Mivart는 새로운 종이 '갑작스러운 변화와 함께' 나타난다고 믿는 경향이 있으며, 일부 박물학자들도 그에 동의한다. 예를 들어, 그는 현재 멸종된 히파리온hipparion과 말 사이의 차이가 갑자기 발생했다고 가정한다. 새의 날개가 '상대적으로 갑작스럽고 현저하며 중대한 변화에 의하지 않고 발전했다'는 것을 믿을 수 없다고 생각한다. 그리고 박쥐의 날개나 프테라노돈의 날개에 대해서도 마찬가지 입장을 채택한 듯 보인다. 커다란 간극과 계열에서의 비연속성을 내포하는 그러한 결론은 가장 일어날 법하지 않은 일이다."(Darwin 1859)

다윈은 목적을 달성하기 위해 만들어진 것 같은 기능 기관들이 마법처럼 등장할 가능성은 거의 없다는 원칙에서 출발한다.

"특수 목적을 위해 생성된 듯한 새 기관들이 다른 어떤 생명체에서도 거의 또는 전혀 나타나지 않은 것은 확실히 사실이다. 과장이긴 해도 자연사의 이 오래된 격언이 말해주는 바와 같다 : Natura non facit saltum(자연은 도약을 하지 않는다)."(Darwin 1859)

스티븐 굴드와 나일스 엘드리지Niles Eldredge는 **단속 평형 이론**이라는 명칭으로 알려진 반대의 원칙을 주장한다(Gould & Eldredge 1971). 다윈 이론의 틀 안에 있기는 하지만, 이 학자들은 종들의 변화에 연속성의 원칙에 의문을 제기한다. 다시 말해서, 그들은 화석 기록이 우리에게 제공하는 모습을 진지하게 고려한다. 말의 여러 조상들 간에 관찰되는 것처럼 화석 집합 간의 불연속성이 실제이고, 다윈이 주장하는 바와 달리 하위 표본의 결과가 아니라는 것이다.

"우리의 지질 구조에서 새롭고 독특한 생명 형태가 갑자기 출현하면 얼핏 보기에 급격한 발달이 이루어졌다는 믿음이 강화된다. 그러나 이러한 지표의 가치는 전적으로 세계 역사의 오랜 시기에 걸친 지질학적 기록의 완성도에 달려 있다. 많은 지질학자들이 강하게 주장하는 것처럼 기록이 단편적이라면, 마치 갑자기 생겨난 것처럼 새로운 형태가 출현했다는 사실이 이상할 것이 없다."(Darwin 1859)

굴드는 다윈이 상상한 점진적 진화와는 정반대로 단계별 진화라는 개념을 옹호한다. 존재하고 있는 동안에 종은 변하지 않고 안정적으로 유지된다. 이러한 상태에서 유일한 자연선택의 행위는 안정성을 보존하는 것이다. 단계들의 변화는 갑작스럽고 새로운 종으로 이끈다. 그러므로 화석 기록을 통해 갑작스러운 불연속성을 결론짓는 것은 놀랍지 않다. 왜냐하면 화석 기록은 안정적인 시기만을 표시할 수 있기 때문이다. 이 단속 평형 이론은 자연선택에 부여된 역할의 중요성을 상당히 제한하는 것으로 보인다. 자연선택은 진화의 요인이라기보다는 존재 유지의 요인일 것이다. 그러므로 굴드가 방향적 진화에 딴지를 거는 것도 놀라운 일이 아니다. 그에게 종들 간의 전환은 지질시대 차원에서 단속적 사건이며 대체로 우연에 의한 것이다. 전환이 발생하는 방향과 시점은 완전히 예측 불가능하다.

"연속된 변화의 대진화적 사건이 있는 그럴듯한 역사를 재구성하는 것이 가능한가?"(Gould 1980, p. 182)

진화의 불연속적 시각을 변호하기 위해 굴드는 골드슈미트Goldschmidt가 1940년 그의 저서에서 발전시킨 유망한 괴물의 관점과 연결한다.

> "대진화는 유망한 괴물의 드문 성공에서 비롯되며 그 집단 내에서 일어나는 작은 변화의 축적에서 비롯된 것이 아니다. 다윈주의자로서 나는 골드슈미트가 언급한 다음 가정에 동의하고자 한다. 대진화는 소진화의 단순한 일반화가 아니며, 가장 중요한 구조적 전환은 일련의 긴 중간단계 없이 빠르게 일어날 수 있다."(Gould 1980, p. 182)

이 이론을 인간의 등장과 언어의 출현에 적용한다면, 언어가 복합 돌연변이를 이용해 나타난 유망한 괴물 중 하나가 될 것이라는 촘스키나 피아텔리-팔마리니Massimo Piattelli-Palmarini의 입장에 필연적으로 도달하게 된다.

5.3 언어의 출현은 복합 돌연변이 때문일 것이다

굴드와 같이 종의 진화에 따른 변화를 방향이 없는 절차로 소개하는 것은 신종 형성이 순전히 불확실한 현상임을 암시한다. 한 종이 종간 교배가 아닌 두 개의 하위 종으로 분리되었을 때 이는 환경에 적응할 필요에 부응하기 위해서라기보다는 단순한 우발적 사고이다. 지질학적이든 유전학적이든 행동학적이든 간에, 신종 형성의 주된 원동력은 분리이다.[25] 어느 것도 이보다 더 우발적일 수 없다. 한 생물 집단이 주된 군집에서 동떨어져 나타난다. 그들은 오로지 유전적 자원의 일부만을 가져오며, 주된 군집이 경험할 수 있는 다양성과 다른 자발적인 다양화를 겪는다. 그들은 또한 다양하며 자연선택에 의한 다양한 적응을 야기하는 환경조건 하에 놓일 수 있다. 만약 이것이 지속되면, 두 군집 사이의 종간 교배가 불가피하게 상실될 수밖에 없는 일탈이 생긴다.

이러한 시나리오는 어떤 식의 결정주의도 용납하지 않는다. 새로운 종의 출현을 야기할 정도로 생명체에 영향을 미치는 주요 변화는 지리적 또는 유전적 분리와 같은 뜻밖의 사건에서 비롯된다. 이처럼 오스트랄로피테쿠스는 우연히 나타났을 것인데, 왜냐하면 5백만 년 전 동아프리카에서 일군의 유인원 군집이 그들의 형제들로부터 고립되어 있었기 때문이다(Coppens 1983). 아마도 동일한 유형의 지리적 사건이 지금으로부터 이십만 년 전에 호모 사피엔스의 등장을 설명할 수 있을 것이다. 이 종의 고유한 언어 능력은 이러한 고립에 따른 우연한 결과에 다름이 아니다. 노엄 촘스키는 이 견해에 동의한다.

> "진화 이론은 신종 형성이나 그 어떠한 종류의 혁신에 대해 거의 할 말이 없는 것으로 드러났다. 그것은 이미 존재하는 특징의 새 분포가 어떻게 생겼는지에 대해서는 설명할 수 있으나 새로운 특징이 어떻게 나타날 수 있는지에 대해서는 거의 설명하지 못한다."(Chomsky 1981, p. 23, Pinker & Bloom 1990에서 재인용)

적응의 필요에 부응하기 위해서 나타난 복잡한 구조로 언어를 보는

---

25 유적적 분리는 예를 들어 염색체 재배열의 결과일 수 있다. 구애 표시 또는 짝짓기 의식의 약간의 변화도 일부 개별체들의 유전적 고립으로 이어질 수 있다.

사람들에게 대답하기 위해서 몇몇 학자들은 굴드와 촘스키를 따르며 언어의 적응적 속성을 부인한다.

> "언어 원리의 특수성과 무동기성은 언어의 비적응적, 불연속적 기원이라는 가설 안에서 완벽하게 이해될 수 있다."(Piattelli-Palmarini 1989, p. 22)

언어가 우발적이고 동기가 없으며, 언어가 취하는 형태가 적응적 필요, 특히 의사소통의 필요를 충족시키지 않는다는 생각은 촘스키와 완벽히 들어맞는다. 이 저자는 항상 언어와 관련된 기능적 사고에 맞서 싸웠다. 그에게 언어가 의사소통에 사용된다는 사실은 언어 구조에 대해서는 아무것도 밝혀내지 못한다.

> "서얼John Searle은 의사소통의 필요가 인간 선사시대에 발달한 언어의 '구조'에 영향을 미쳤다고 가정하는 것이 전적으로 합리적이라고 단언한다. 질문은 다음과 같다. '무엇을 결론 내릴 수 있을까?' 답은 '거의 없다'이다. 운동의 필요성이 사람에게 다리가 있고 새에게는 날개가 있다는 사실에 영향을 미쳤다. 이 말은 인체의 본성을 연구하는 생리학자에게는 별로 도움이 되지 않는다. 신체 구조와 마찬가지로 인지 체계는 의심할 여지 없이 특정 방향으로 진화했다. 그러나 이 둘 중 어느 경우에도 진화의 과정에 개입하고 그 결과를 결정하거나 심지어 그 성과에 의미심장한 방식으로 영향을 미친 요인이 무엇인지 이해한다고 진지하게 주장할 수 없다. …… 10^{10}개의 뉴런이 모여 있을 때 농구공만한 크기의 생체 안에서 어떤 일이 일어나는지 우리는

거의 알지 못한다. 그리고 시간이 흐르면 이 시스템의 특별한 발전에 연결된 다른 조건들을 무엇이 채우는지도 알 수 없다. 발전한 구조의 모든 흥미로운 속성들이 자연선택설로 '설명'될 수 있다고 가정하는 것은 심각한 오류일 것이다. 신체 구조의 경우, 그러한 가설에 대한 정당한 증거는 절대 존재하지 않는다."(Chomsky 1975, p. 75)

굴드가 진화 이론을 말의 조상들의 진화에 적용한 것처럼 언어에 이를 적용한다면, 언어가 여기에 우연히 있게 되었다는 것을 받아들일 수밖에 없는 듯하다. 무엇보다도 촘스키의 연구로 그 복잡성이 드러난 음운 또는 통사 구조는 어떤 식의 필요에 부합하고자 존재하는 것이 아닐 것이다. 다른 말로 하자면, 촘스키에게는 기능이 기관을 만든 것이 아니다. 바로 촘스키가 처음으로 비교를 감행한 사람이다.

"복잡한 신체기관을 연구하는 것과 비슷하게 언어와 같은 인지구조의 획득을 연구하는 것은 어떨까? …… 언어의 발전을 신체기관의 발전과 유사하게 고려하려는 아이디어는 특히나 자연스럽고 납득할 만하다."(Chomsky 1975, pp. 20-21)

선택압에 반응한 것이 아니라면, 언어기관이 진화중에 생겼을 수 있다고 어떻게 설명할 수 있을까? 굴드의 엄격한 도식에서는, 언어가 적응 측면에서 필요에 응했다고 가정하는 선택압의 관점을 버려야 한다. 이틀을 따르는 저자들의 유일한 출구는 언어가 갑자기 등장했다고 보는 것이다.

"진화중에, 새로움은 도약에 의해 갑자기 나타날 수도 있다. 간단히 말해서, 새로운 진화 이론이 말해주는 것은 이미 완성된 형태의 진화적 새로움이 갑작스럽게, 특별한 이유 없이 출현할 수도 있다는 것이다. 왜냐하면 유전자들의 단순한 근접성 때문에 생긴 새로움은 어떤 기능에 의해 유도된 것이 아니며 그렇기에 엄격한 적용주의에서 벗어나 있기 때문이다."(Piattelli-Palmarini 1989, p. 8)

사실, 굴드는 실제 진화적 변화에 해당하는 신종 형성의 현상들이 지질학적 차원에서 매우 빠른 현상이라고 지적한다. 고립 집단의 유전적 파생이나 염색체 변화는 이 차원에서 순간적인 현상이다. 언어는 우리 종을 특징지으므로 굴드의 도식 안에서는 갑자기 나타난 우연한 재능일 것이다. 수십만 년의 유도된 선택을 요구하는 적응적 속성으로 보는 시각과는 반대로, 언어는 거대 돌연변이 덕분에 갑자기 등장했다는 관점을 인정하는 것이 중요하다.

"위의 자료들은 언어가 원시 언어로부터 점진적으로 발달할 수 없었음을 보여주며, 어떠한 매개 형식도 존재하지 않음을 시사한다. 그러하다면, 통사는 그 완전체로 한 번에 출현했어야 하며, 가장 명쾌한 이유는 어떤 변이가 두뇌 구조에 영향을 끼쳤다는 것이다. 돌연변이는 우연히 발생하고 유익한 돌연변이는 드물기 때문에 그러한 변이가 한 번 이상 발생했다고 가정하는 것이 불가능하다."(Bickerton 1990, p. 190)

인간 언어가 몇몇 강력한 이유로 동물들의 소통 형식과 질적으로 다르다는 촘스키의 관점은 우리 계통의 진화 역사에서 언어가 갑자기 등장한다는 생각을 뒷받침하기에 매우 적절하다.

"포퍼Karl Raimund Popper는 언어의 진화가 여러 단계를 거쳤는데, 특히 예를 들어 감정 상태를 표현하기 위해 소리가 사용되는 '원시 단계'와 생각을 표현하기 위해 분절된 음을 사용하는 '발전 단계'를 거쳤다고 주장한다. …… 언어 진화의 단계에 대한 그의 논의는 일종의 연속성을 암시하지만 실제로 그는 원시 단계와 발전 단계 사이에 그 어떤 관계를 설정하지 않았으며, 한 단계에서 다음 단계로의 전환이 시작될 수 있는 아무런 장치도 제안하지 않았다. 간단히 말해서 그는 이 단계들이 진화의 절차에 속한다는 것을 증명하는 어떤 논거도 제공하지 않는다. 이 단계들을 (만약 '언어'라는 용어의 은유적 사용이라면) 무엇이 연결하는지 알기 어렵다. 이 '깊은 구렁' 위로 다리를 놓을 수 있을 거라 가정할 어떤 이유도 없다. 호흡에서 보행으로의 진화적 발달을 가정할 이유가 없는 것만큼이나 원시 단계에서 발전 단계로의 진화적 발달을 가정할 이유가 없다. 문제의 단계들은 유의미한 유사성이 없으며 완전히 다른 절차와 원리를 내포하는 것으로 보인다."
(Chomsky 1968, p. 102)

언어의 토대가 되는 인간의 재능이 동물 의사소통의 연장이 아니라는 생각은 분명 1장에서 변호되었다. 우리는 언어에 있어서는 진정한 생물학적 혁신의 문제를 다루고 있다. 굴드의 시각에서 이 생물학적 혁신을 다룬다면, 언어의 출현은 모든 변화와 마찬가지로 새로운 종의 출현이 동반하는 갑작스럽고 특별한 동기가 없는 것으로 간주된다.

특별한 기능이 없는, 우발적 돌연변이로 언어를 소개하는 노엄 촘스키의 입장은 20년간 언어 출현의 문제가 받아 마땅한 관심을 받지 못하도록 하는 데 기여한 듯하다. 촘스키의 큰 장점 중 하나는 언어 문제를 정착시키기 위해 힘들게 노력했다는 점이다. 5~60년대 환경에서 언어는 기호의 규약적 체계 외에 다른 것이 아니었다. 타고난 재능, 언어 능력이 존재하며, 이 능력이 다른 개별 언어와 마찬가지로 연구의 대상이 되어야 한다는 생각을 조금씩 정착시키는 데에 촘스키의 어마어마한 에너지가 필요했다. 이 언어 능력에 부과하는 몇몇 언어적 지질의 보편성에서 출발하여 그는 언어적 재능에 생물학적 근거가 있다고 생각하기에 이르렀다. 그는 언어 능력을 구조를 연구해야 하는 신체기관과 비교하는 데까지 나아갔다. 언어학자의 역할이 근본적으로 바뀌었다. 더이상 도로표지나 상원의원 선거 방법과 같은 규약적 체계만을 연구하는 것이 아니라 자연 체계의 구조를 이해하려는 것이 중요해졌다. 매우 잘된 일이다. 자연스럽게 그다음 단계는 아래 두 가지 질문을 던지는 것이다. 이 체계의 생물학적 기능은 무엇이며 진화 도중에 어떻게 나타난 것인가? 이 두 가지 질문이 근거가 없다고 주장하는 촘스키의 놀라운 입장은 언어 능력의 기원을 찾아야 할 필요성을 완전히 감추었다. 그러므로 촘스키 자신은 자신이 방금 열었던 언어의 자연화라는 문, 즉 가장 특징적인 인간 행동의 진화적 기원에 대한 탐구로 이끄는 문을 닫아버렸다.

이 탐구의 정당성을 회복한 공로는 이론의 여지 없이 스티븐 핑커와 폴 블룸Paul Bloom에게 있다. 1990년 『행동 및 뇌과학Behavioral and Brain Sciences』에 실린 논문에서 그들은 언어에 관한 반적응적 입장에 근거가 없음을 매우 뛰어나게 비판한다. 그들은 언어가 환상적인 장치임을 환기한다. 복합 돌연변이 덕분에 자연발생적으로 언어가 출현한 것은 기적에 가까운 일이다. 눈目과 마찬가지로, 언어는 자연선택의 지속적인 작용에서 그 구조를 도출할 수 있다. 그러나 이 경우 복합 돌연변이의 가능성을 믿는 사람들의 오류는 어디에 있는가? 굴드가 우리에게 제시한 진화에 대한 통찰이 잘못된 것인가? 우리는 다음 장에서 이 문제가 계통의 혼동으로 생겼다는 것을 살펴볼 것이다. 진화는 속과 목이 다양화되는 수천만 년의 기간 동안 어떤 방향성을 보이지 않는다는 굴드의 말은 확실히 옳다. 그러나 단기적으로는 여전히 방향성을 가질 수 있는 것이다. 그 이유를 분석할 기회가 있을 것이다.

언어 출현의 비적응적, 극단적 비관론의 주장을 펼치는 촘스키, 비커튼 등 여러 학자들의 입장은 터무니없는 결과로 이끈다. 열린 이중 결합, 통사 구조에 대한 엄격하고 보편적인 제약, 열린 의미 체계, 이야기 및 논증 능력을 가진 언어가 한 번의 돌연변이로 우발적으로 나타났고, 그리고 언어는 아무것에도 또는 거의 쓸모가 없다고 주장하기에 이른다. 그러나 이러한 돌연변이를 추측하는 것은 원숭이가 되는대로 타자를 쳐서 인간 권리 선언문을 만들기를 기다리는 것과 같다. 이 가설은 사실 그렇게 권위 있는 저자의 서명이 없었다면 웃음을 자아냈을 것이다.

추론해보자. 기적을 믿지 않는다면, 침팬지와 공통되는 우리 선조들의 비非언어에서 우리 종의 특징인 언어로 이행하게 만든 이 대단한 돌연변이가 발견될 기회가 있었어야 한다. 대략 10의 다섯 제곱(10^5), 더 넓게는 10의 여섯 제곱(10^6)에 해당하는 세대가 우리와 우리 조상을 가르고 있다. 각 세대마다 세계 인구는 수렵채집인에 대한 인구 통계학적 일반화 및 유인원과의 비교를 통해서 추론할 수 있듯이 100만 명 미만이다. 따라서 과거 호모계통에는 10^{12}명 미만의 생존 가능한 출산이 있었다고 할 수 있다. 우리 계통이 '운'이 좋았다고 가정해보자. 진화라는 필름을 되돌려보면 우리는 1,000번 중 999번 언어를 놓쳤다. 이는 확률상으로 한 개인이 좋은 돌연변이를 가지고 태어날 확률이 약 10의 −15제곱이 된다는 결론을 이끈다. 이것은 얼마나 많은 양의 정보를 나타내는가? 약 50비트이다.[26] 이것은 원숭이와 인간의 차이를 즉, 인간이 언어를 가지게 할 차이를 50비트로 코드화할 수 있다면 100만 세대에 걸쳐 100만 명의 개인이 대략 1,000번에 한 번꼴로 이 차이를 완전히 우연하게 좁힐 수 있다는 의미이다. 만약 60비트라면, 진화가 언어를 만들어낼 확률은 100만 분의 1에 불과했을 것이다. 그러나 원숭이가 언어를 갖게 되는 데에 50~60비트의 정보만 필요하다는 것을 누가 믿을 수 있겠는가? 물론, 이를 완전히 배제할 수는 없겠지만, 행동을 유도하는 유전적 작동방식에 대한 우리의 무지 역시 크다. 그러나 현재의 지식 상태에서 그러한 가설은 타당하지 않다. 50비트가 측정하는 정보가 얼마나 적은지 상상하기 쉽다. 이 문장에 담긴 정보를 나타내기 위해서는 더 많은 정보가 필요하다. 이 어려움의 극복할 수 없는 특성을 알고 있는 일부 학자들은 언어를 이미 존재하는 재능에서 파생된 기능으로 만들어서 문제를 피하려고 한다.

---

26 50번 동전을 던져서 좋은 조합을 맞출 확률이 10^{15}에 하나 꼴이다.

5.4 언어는 완전히 다른 능력에서 파생되었을 것이다

갑작스럽고 비적응적 언어 출현에 대해 합리적으로 논의할 유일한 방법은 언어를 도출한 침팬지나 유인원의 특징을 찾아내는 것이다. 다른 영장류들에게서 발현된 발성의 단순 연장으로 언어를 보는 연속주의 가설을 다시 꺼내는 것이 아니다. 연속주의 가설은 사실 점진주의적 가설로서, 언어가 정밀한 발성에 이르기 위해 지속적으로 자연선택이 일어나는 것이 필요하다. 그 대신, 언어를 다른 행동에서 파생된 산물로 보는 가설은 굴드식으로 촘스키와 피아텔리-팔마리니가 옹호하는 극단적 비관론의 주장과 일맥상통할 수 있다.

이런 시각에서 언어는 일종의 기생 능력이자 주변효과일 것이다. 이는 언어가 선택될 만한 특별한 기능이 없는 무상의 행위임을 인정함과 동시에 그렇게 적은 정보를 가지고 비언어에서 언어로 어떻게 넘어왔는지 설명해준다. 오래된 군사 병영 건물을 대학 기숙사로 바꿨을 때 아주 적은 비용으로 새로운 캠퍼스가 생기게 된다. 대학 기숙사의 등장은 갑작스럽고, 맨땅에서 만들어내는 데 필요한 시간 및 작업과 비교하자면 거의 변화를 요구하지 않는다. 이렇듯 언어도 기존 체계의 변화에서 이끌어낸 것이라면 큰 변화를 요하지 않으면서 갑자기 등장할 수 있겠다.

언어의 '발판'으로 사용될 만한 후보 체계가 무엇이 있을까? 대답은 당연하지 않으며, 여러 후보가 있다 해도 그중 어느 것도 언어가 그 위에 수립될 수 있는 명확한 토대로 보이지 않는다. 촘스키는, 믿지는 않지만, 문법이 대상에 대한 망막 모델을 정하는 규칙에 그 뿌리를 두고 있다는 리차드 그레고리Richard Gregory의 이론을 언급한다(Chomsky

1975, p. 17, p. 75). 앙드레 르루아-구랑André Leroy-Gourhan에게 언어는 도구를 만들고 조작하는 능력의 분절 영역이 변화된 것이다(Leroy-Gourhan 1965). 로버트 워든Robert Worden에게는 사회적 지능이 언어의 기반이 된다(Worden 1998). 예를 들어 워든이 보기에 침팬지는 다음과 같은 규칙적 상황을 상상할 수 있다. 즉, 'X가 울고 Y가 X의 어미라면, Y는 반응한다.' 워든은 그가 스크립트라고 부르는 것, 즉 개인과 그들의 행동을 나타내는 그래프를 사용하여 위의 표상을 모델링한다. 그런 다음 그는 이러한 스크립트와 언어의 통사 및 의미 구조 사이에 형식의 유사성이 있음을 증명한다.

언어를 다른 더 근본적인 능력에서 파생된 산물로 보는 이런 시나리오의 문제는, 언어와 그것의 전조라고 간주되는 영역들 간에 놓인 구조적 유사성이 취약하다는 데에 있다. 언어의 구조적 풍부함은 다른 영역들에서 우리가 상상할 수 있는 모든 것을 훨씬 뛰어넘는다. 뒤의 장들에서 음운, 통사, 의미 그리고 논증의 여러 복잡성을 보일 것이다. 이 언어의 네 층위는 각각 고유한 구조를 가지고 있으며, 이러한 모든 구조와 주어진 영역(시력, 몸짓의 운용 또는 사회적 관계의 처리) 사이에 명확한 유사점이 제안된 적은 없다. 만약 최선을 다해서 언어의 어떤 측면과 비언어적 인지영역의 속성 간에 형식적 유사성을 찾고자 한다면, 당연히 찾아낼 수는 있을 것이다. 예를 들어, 한 문장의 통사 구조는 자연스럽게 수형도로 표상된다. 그런데, 인지적 처리의 어떤 측면, 예를 들어 계획 같은 것도 수형도를 수단으로 표현할 수 있다. 하지만 이는 표면적인 유사성일 뿐이다. 통사를 표상한 수형도에는 고유한 제약 조건이 있다. 예를 들어 수형도의 상위 항목과 하위 항목 사이에 비대칭 제약 조건이 있다(He says that John is ill이라는 문장(108쪽)에서 이를 살펴보왔다). 계획에는 이런 속성이 없다.

뗀석기의 절단술을 재구성하기 위해 노력한 고생물학자들은 충격을 주어 파편을 떼어내는 것에 대충은 없다는 것을 발견했다. 각 타구는 올바른 위치에 올바른 각도와 올바른 강도로 적용되어야 한다. 또한 이러한 모든 변수는 상황, 돌의 모양 및 재료, 떼는 도구의 품질 및 무게에 따라 달라야 한다. 만족스러운 결과를 얻으려면, 초보자가 접근 불가능한 손기술뿐만 아니라 사용할 재료 및 동작에 대한 명시적인 지식 및 중간 결과를 평가하는 계획 능력이 필요하다(Pelegrin 1990). 이 석제 기술 활동들을 형식적으로 묘사하자면, 나무나 그래프와 유사한 추상 구조를 사용하여 일련의 작업과 결정을 나타낼 위험이 있다. 이것이 언어에서 관찰되는 몇몇 구조를 환기할 수도 있다. 하지만 언어학자라면 이런 유사성의 표면적 속성을 알아차릴 수 있다. 석기의 크기에서 어떤 것이 복수형태나 격 표지, 굴절형태소, 수동태 또는 비인칭 주어 등에 대응될 수 있다는 것인가? 석기 제조 활동에서 통사 구조의 특징에 명확히 대응되는 것은 아무것도 없을 뿐만 아니라, 단순화되었다 하더라도 전조로 사용될 수 있는 것이 무엇인지 잘 보이지 않는다.

언어와 침팬지의 사회적 관계 표현 사이에 워든이 발견한 유사성과 관련하여, 이 표현은 무엇보다도 침팬지의 것이라기보다는 워든 자신의 표현이라고 생각해보자. 침팬지는 확실히 사회적 환경을 포함하여 그를 둘러싼 세계에 대한 표현을 가지고 있지만, 이러한 표현이 워든이 부여한 형식을 취하는지는 의심할 만하다. 더욱이 그가 강조하는 유사성은 기껏해야 특정 의미론적 표현의 기원을 설명할 수 있을 것이다. 그의 스크립트와 통사 도식 간의 유사성은 매우 피상적이기 때문이다.

침팬지의 인지능력 가운데서 언어의 전조를 찾는 것은 완전히 적법하다. 종의 진화에서 종종 그러하지만, 자연선택은 "오래된 것에서 새로운 것을 만든다(Jacob 1970)." 덜 명백한 것은 형식적 관점에서 언어에 거의 동일한 전조를 찾을 것이라 기대하는 것이다. 이 근거 없는 기대에 매달리는 것은 인간, 그리고 그 조상 중 일부에서 비언어적 동물을 분리하는 것처럼 보이는 단절을 어떤 수를 써서라도 줄이고자 하는 의지에서 나온다. 언어의 갑작스럽고 비적응적인 출현을 믿는 사람들은 유인원의 행동 레퍼토리에서 언어와의 완벽한 유사성을 헛되이 찾는 것으로 제한되었다.

5.5 언어에 대한 과장된 낙관주의(팡글로스주의)적 설명

복합 돌연변이 아이디어는 논리적으로 동의하기에 불가능한 굴드 이론의 극단적 버전이다. 우리는 복합 돌연변이와 괴물에 기반한 즉각적인 신종 형성의 요구가 피할 수 있는 것일 뿐만 아니라 단속 평형 현상에 대한 올바른 개념에도 어긋난다는 것을 다음 장에서 알게 될 것이다. 우리는 일단은 전반적으로 굴드의 관점을 기본 논제로 삼을 것이다. 즉, 종분화 현상은 드물고 지질학적 시간 규모에서 매우 빠르게 발생하며 방향을 예측할 수 없다는 것이다. 이 원칙을 호모 사피엔스의 가장 멋진 전유물이지만, 모든 종들이 어느 정도 진화의 기쁨으로 노력해서 얻을 수 있는 정점은 아닌, 언어에 적용하자면, 이는 유인원 계통에서 우연히 등장한 우발적 행동 특성일 뿐이며, 장비류長鼻類 계통에서 나타나는 코끼리의 코와 마찬가지이다. 인간 언어를 고려하는 약간 부정적인 이 방식은 후에 상대적인 것으로 여겨질 것이다. 지금으로서는,

진화론적 설명의 문제에서 굴드가 '과장된 낙관주의(팡글로스주의)'라고 부르는 것에 대해, 특히 여기저기에서 볼 수 있는 언어의 출현에 대한 성급한 설명에 비판의 즐거움과 교육학적 장점을 활용하지 않는 것은 유감스러울 것이다.

의사소통 체계가 유용하다는 단순한 이유 때문에 언어가 의사소통 체계의 점진적 개선으로 탄생했다고 설명하는 추론은 그 자체로 의심스러운 것이다. 이러한 유형의 추론은 'X는 Y에 쓸모가 있으므로 Y는 X의 진화적 원인'이라고 말하는 것과 같다. 그런데 스티븐 굴드와 리차드 르원틴Richard Lewontin과 같은 저자들에게 그러한 추론은 대부분 매우 잘못된 것이다. 코는 안경을 받쳐주는 역할을 할 수 있지만 사람의 코의 원인은 안경의 존재가 아니다. 언어는 지식을 공유하게 함으로써 인간 집단이 자연을 지배하는 데 매우 우수한 효율성을 부여한다. 이 때문에 언어가 자연선택에 의해 채택된 것인가? 이것이 확실하다고 생각하는 사람은 오류를 범하는 것이다.

굴드와 르원틴에게 이 오류는 과도한 적응주의라는 오류이다(Gould & Lewontin 1979 ; Lewontin 1987). 이 학자들에게 진정한 위험은 적응이 일어나지 않은 곳에서 적응을 찾고 발견하는 것이다. 굴드와 르원틴이 비판하는 적응주의는 생명체의 모든 특징들에서 설계의 결과물을 본다. 설계의 주체는 더이상 사람들이 옛날부터 믿는 신이 아니고, 바로 자연선택이다. 이처럼 모든 특징은 생명체에서 기능을 가질 뿐 아니라 그 기능을 위한 최고의 가능성이다. 살아 있는 세계를 이해하는 그러한 방식은 자연스럽게 볼테르Voltaire의 『캉디드』에 나오는 팡글로스 선생의 교훈을 떠올리게 한다.

"팡글로스는 형이상학-신학-우주론을 가르쳤다. 원인 없이는 결과가 없다는 것을, 그래서 이 가능한 최상의 세계에서 남작 저하의 성城은 성 중에서 가장 아름답고 남작부인은 남작부인 중 가장 훌륭하다는 것을 멋지게 증명했다. '모든 것이 다르게는 될 수 없다는 것이 증명 되었습니다'라고 그는 말했다. '모든 것은 목적을 갖고 만들어졌으므로, 모든 것은 필연적으로 최선의 목적을 위한 것입니다. 코는 안경을 지탱하기 위헤 만들어졌으므로 우리는 안경을 씁니다. 다리는 분명히 바지를 입도록 규정되었고 그래서 우리는 바지를 갖고 있습니다. 돌은 깎여서 성을 쌓도록 되어 있으므로 남작 저하는 매우 아름다운 성을 가지고 계신 것입니다. 그 지방의 가장 위대한 남작은 가장 좋은 집에서 살아야 합니다. 그리고 돼지는 먹히기 위한 것이고 그래서 우리는 1년 내내 돼지고기를 먹습니다. 그러므로, 모두 다 괜찮다고 말한 사람들은 어리석은 말을 한 것입니다. 모두 다 최고라고 말해야 합니다.'"(볼테르, 『캉디드』, 1759)

굴드와 르원틴은 진화이론의 실제를 모든 생명체의 특징들이 완벽하다고 하는 '지나친 낙관주의(팡글로스주의)'로 평하면서 비웃는다. 전혀 이렇지 않다는 것을 보이기 위해, 이들은 이러한 상황을 지칭하고자 이제는 진화론적 어휘로 편입된 영어 단어인 **스팬드럴**의 개념을 도입한다. 이는 본래 건축용어로서 돔과 돔이 올라간 구부러진 아치가 교차되면서 생겨난 삼각형의 표면을 지칭한다. 굴드와 르원틴은 베네치아에 있는 산마르코 대성당의 **스팬드럴**이 그 삼각형 표면에 너무나 잘 적용해서 장식을 위해 만들어진 것 같다고 단언하며 즐거워한다. 하지만, 팡글로스 선생에게는 미안하지만, 건축가가 아니더라도 이것들이 전혀 다른 이유로 거기에 있음을 알고 있다. 아치 위에 돔을 얹는다는 사실로부터 우발적으로 생긴 단순한 산물일 뿐이다. 더 생물학적인 예를 들자면, 보이지 않게 숨겨져 있는 혈액이나 담즙의 색깔도 척추동물의 진화에서 그 자체로 실제 다른 역할이 없다는 점에서 **스팬드럴**이라고 기술할 수 있다.

이들은 생물의 타고난 측면을 설명할 때 자연선택에 대한 대안을 제공할 수 있는 일련의 요인을 검토한다. 예를 들어, 그룹 내 유전자의 빈도에 무작위로 영향을 미치는 유전자 부동genetic drift은 그룹이 작을수록 쉽다. 유전자 부동은 개체의 평균적인 진화, 자연선택에 전혀 영향을 받지 않는 진화로 이어진다. 자연선택이 없거나 그에 반하는 형태의 출현을 설명할 수 있는 다른 요소는 상대적 성장의 제약, 보다 일반적으로 조직 도면의 제약에서 비롯된다. 척추동물도 마찬가지지만, 곤충의 조직 도면은 대칭 및 분할의 특성을 보인다. 체절體節이 손실되면 다리가 4개뿐인 곤충이 생성될 수 있지만, 이 도면에서 주요한 예외, 예를 들어 다리가 5개인 곤충을 상상하는 것은 극히 어렵다. 상대적 성장은 또한 티라노사우루스의 앞다리와 같은 많은 진화론적 신비를 설명할 수 있다. 보스턴 박물관에 있는 실물 크기의 유리 섬유로 만든 티라노사우루스는 놀라운 턱뿐만 아니라 입에 닿지도 않는 엄청나게 작은 앞다리로 대중의 눈길을 끈다. 앞다리는 어디에 소용되었을까? 누운 자세에서 일어날 때 수월하기 위해 사용되었을까? 굴드와 르원틴은 동물의 몸이라는 상황과 동떨어진 앞다리 고유의 적응을 찾아보기 전에, 뒷다리의 크기에 비해 크기가 작은지, 그리고 뒷다리의 거대한 크기가 배胚발생 동안 동물의 앞부분과 뒷부분 사이의 단순한 성장 차이 때문에 획득된 것인지 자문해야 한다고 상기시킨다. 티라노사우루스의 앞다리 크기는 분명히 스팬드럴이며, 무슨 수를 써서라도 고유한 생태학적 의미를 찾으려는 근본주의적 적응주의는 잘못된 것이다.

팡글로스주의를 언어에 적용하면, 앞서 살펴본 것처럼 잘못된 증거들을 만들어 낸다. 예를 들어, 리버만에 따르면, 인간이 그의 동족에게 도구를 다듬는 기술과 방법을 소통하고 싶어한다는 것이 명백하다. 그래서 언어를 이 목적으로 사용한다. 불행히도 자주 인용되는 가장 즉각적인 **팡글로스직** 실명은 다음과 같다. 즉, 사람은 분명히 소통하도록 만들어졌으며, 그래서 소통한다. 자신을 둘러싼 세계에서 최고의 가능한 세계를 보고자 하는 그의 결의에서 볼테르의 팡글로스는 만물의 존재를 정당화하기에 이른다. 같은 방식으로, 우리는 우리의 동료에게 위험을 알리고 기술을 가르쳐주기 위해서 언어를 사용할 것이다. 왜냐하면 최고의 세계에서 우연히 일어난 것은 아무것도 없으며, 돌은 깎이기 위해서만 존재하고 그 결과 남작의 성을 구축한 것이고 언어는 정확히 바로 이 유용한 의사소통 기능을 위해 만들어진 것이어야 하기 때문이다.

굴드와 르원틴의 풍자적인 비판이 주된 대상으로 삼는 바는 이것이 **원래** 그런 이야기의 관습이라는 점이다. 이렇듯, 티라노사우루스는 일어서기 위해 작은 앞발을 갖는 것이고 인간은 쌍둥이를 낳을 가능성 때문에 두 개의 젖을 갖는 것이다. 기능으로 존재를 합리화하는 것이라면, 어떤 이야기라도 통할 수밖에 없다. 몸통 분절의 상대적 증가나 다수의 기관이 짝수로 존재하는 대칭의 도면은 물론 기능적 설명이 아니므로 상상력을 덜 자극하는 설명이다.

언어에 관한 한, 우리는 인간 계통에서 구두 소통의 등장을 설명한다고 주장하는 미담을 풍부하게 가질 자격이 있다고 인정해야 한다. 전략들은 늘 거의 동일하다. 언어는 전례가 없는 특성이므로 첫번째 설명 전략은 언어를 우리 계통의 또다른 고유 속성의 결과로 만드는 것이다. 몇 가지 예를 들자면 이족보행(Aiello 1996), 사회적 지능(Worden 1998), 일반 지능수준(Darwin 1871) 또는 후두의 형태(Savage-Rumbaugh & Lewin 1994)를 내세울 수 있다. 각각의 경우에 설명이 등장할 수 있다. 인간 계통에서만 언어가 출현하는 것은 더이상 놀라운 일이 아닌데, 왜 냐하면 그것은 호미닌만이 소유한 속성에서 기인한 것이기 때문이다. 우리는 이족보행이나 비정상적으로 낮은 후두 위치와 같은 예외적인 원 인이 언어와 같은 예외적인 결과를 초래할 수 있음을 쉽게 받아들인다. 불행하게도, 인과관계는 이런 종류의 설명에서 심하게 잘못 취급된다. 이족보행 또는 후두의 해부학적 구조가 어떻게 언어를 유발할 수 있으 며, 이 속성들이 없으면 왜 언어가 발생하지 않을까? 이러한 질문은 우 리가 살펴본 설명 시나리오가 기껏해야 매우 불완전하고 최악의 경우 근거가 없음을 드러낸다는 것을 알게 될 것이다.

또다른 설명 전략은 언어의 효과 중 하나를 선택하고 그것을 진화 의 원인으로 만드는 것이다. 예를 들어, 위험성의 정확한 알림, 지식의 공유(Lieberman 1992), 사회적 유대 강화 또는 비협조적인 개인의 탐지 (Dunbar 1996), 협상(Pinker & Bloom 1990) 또는 '오프라인'으로 자신의 아이디어와 사고를 명확히 할 가능성(Bickerton 1995) 등 이런 모든 언 어의 유익한 효과 그리고 다른 효과들도 우리 계통에 언어가 부과되었 음을 설명하기 위해 쓰일 수 있다. 굴드와 르원틴은 언어의 존재에 대한 이러한 설명이 틀렸다는 것을 보여줌으로써가 아니라 다양한 이야기의 지위를 가지고 있기 때문에 이를 비판한 것이다. 이 이야기 중에 어떻게 선택해야 하는가? 이 두 학자가 보기에 그러한 이야기를 하는 것은 진화에 대한 과학적 접근에 포함되지 않는다. 사실, 생득적 특성의 적응적 기원을 뒷받침하기 위해 그럴듯한 이야기를 하는 것은 늘 가능하다.

"종종 진화를 연구하는 사람들은 자연선택과의 **호환성**을 유일한 기준으로 사용하고 그럴듯한 이야기를 꾸며냈을 때 자신의 과업을 완수했다고 생각한다. 그러나 그럴듯한 이야기를 하는 것은 언제나 가능하다."(Gould & Lewontin 1979)

진화적 현상을 이해하려면 특이한 방식의 추론이 필요하다. 진화론적 추론은 실제로 위험한 추론이며, 흔히 원인과 결과 사이의 시간적 순서를 뒤집기도 한다. 윌리스와 다윈이 공식화한 자연선택 이론에 따르면 생물의 자손에 영향을 미치는 자연발생적인 변이 중 일부는 변이를 지니는 개체에게 유리한 효과가 있기 때문에 그대로 유지된다. 따라서 이러한 변이의 표현형 **효과**는 변이가 성공하거나 또는 제거되는 원인이 된다. 그러므로 어떤 주어진 신체기관의 출현이 진화 속에서 관찰될 때 그 존재가 개체에서 생산하는 효과 중 하나에서 기인한다고 정당화하려는 유혹이 크다. 불행히도, 아무 효과나 선택할 수 없고, 그 효과로 이끄는 진화 과정을 야기했다고 생각할 수도 없다.

언어에 관해서 효과는 다수이다. 앞서 인용한 학자들이 확언한 것처럼, 언어는 정확하고 유용한 경고를 보낼 수도 있고, 기술을 공유하게 할 수도 있고, 사회적 관계를 맺을 수도, 속이는 사람의 나쁜 점을 말할 수도 있고 옆사람과 협상을 하거나 자기만의 생각을 명확히 할 수도 있다. 그러나 많은 다른 것을 하도록 만들기도 한다. 싸우고 인사하고 환심을 사려 노력하고 시를 짓고 노래하고 명령을 내리고 언어유희도 하고 정치연설이나 설교를 하고 허구의 이야기를 하거나 거짓말하거나 자신의 권위를 주장하고 투덜거리고 다른 사람을 욕하고 자신의 능력을 보이고 과학을 하는 것 등이 가능하다. 이 언어 용례 중 아무거나 취해서 언어 출현의 '진정한' 이유라고 결정하는 것으로 충분하다. 그 결과는 언어의 **팡글로스적** 이론 전집을 두껍게 할 가능성이 농후하다.

그러나 굴드의 말을 들으면, 한 극단에서 다른 극단으로 가는 것은 쉽다. 이렇게 극단적 적응주의를 부정하면서, 적응주의가 존재하지 않고 모든 생명체의 특징이 우연적이라고 생각할 위험성이 있는데, 이 또한 어불성설이다. 이는 다윈의 적통이라고 자칭하는 굴드가 옹호하는 관점이 아니다. 그러나 자연선택이 적어도 특정한 경우에 기능을 적절히 수행하는 기관을 발달시키는 역할을 한다는 것을 받아들인다면 그 역할을 어떻게 규정할 수 있을까?

우리는 의심할 여지 없이 굴드와 르원틴의 비판, 즉 다윈의 이론에 대한 반대가 아니라 자연선택에 의한 진화이론의 과도한 오용에 대한 경고의 비판을 적절한 위치에 놓아야 한다. 살아 있는 세계, 특히 언어의 기원을 이해하는 데 없어서는 안 될 두 가지 근본적인 논점을 기억하는 것이 좋겠다.

첫째, 과학자들이 확인된 2만 종의 꿀벌 각각의 날개 정맥 모양을 포함하여 만물의 기원에 신의 뜻이 있다는 사실을 고려하는 것을 포기한 이후로, 기능 기관에 대한 우리가 아는 유일한 발생의 기원은 자연선택이다. 특히 기능에 대한 형태의 적응을 설명하기 위해 다른 신뢰할 수 있는 기제를 제안한 사람은 아무도 없다. 특히 우연성은 정확한 기능의 요구에 부응하는 구조를 띤 복잡한 형태의 출현을 야기할 수 없다. 돌고래의 몸은 왜 이렇게 길쭉한 모양을 하고 있고, 왜 딱따구리의 부리는 뾰족하며, 왜 오리의 발에는 물갈퀴가 있는가? 꿀벌난초(*Ophrys apifera*)는 작은 독방 암컷 꿀벌이 생성하는 후각, 시각 및 촉각 신호를 모방하여 수컷 꿀벌의 교미 행동을 유도한다. 이 기능 덕분에 난초는 꽃가루를 동물에게 묻혀서 이를 같은 종의 다른 꽃으로 옮길 수 있다. 이 아름다운 적응은 완벽히, 우연하게, 어떤 기술자의 의지 또는 동물 자체의 의지나 습관에 의해 나타난 것이 아니다. 오늘날 살아 있는 존재가 긱 세대에서 종종 형제들보다 약간 더 나은 장비를 갖춘 개체들의 후손이라는 사실 때문이다. 그렇다고 생명체의 모든 특성이 자연선택 행위에 의해 독립적으로 결정되었다는 뜻은 아니다. 단지 **기능적 특성**만이 관련이 있다. 굴드와 르원틴의 비판은 거의 전적으로 비기능적 측면과 기능 결정의 순간에 자연주의자들이 범하는 오류들에만 초점이 맞춰져 있다. 언어의 경우, 기능의 결정은 진화적 설명을 탐구하는 데 있어서 핵심적인 단계이다.

강조할 필요가 있는 또다른 측면은 자연선택의 작용 범위와 관련이 있다. 자연선택은 개체의 상대적 복제에 영향을 미치는 표현형 차이에 작용한다.[27] 어떤 속성을 가진 개체들이 평균적으로 동족보다 더 많은 후손을 남기는 경우, 자연선택의 원칙은 이 속성이 개체군 전체에 퍼질 것이라고 규정한다. 이 원리는 두 가지 중요한 결론을 이끈다. 우선, 자연선택의 통제에서 벗어난 일군의 진화 현상을 목도할 것이라 기대하게 된다. 이는 표현형적으로 중립인 유전적 변형의 경우나 번식에 영향을 미치지 않는 표현형 변형의 경우, 또는 개체의 **상대적인 복제 능력**을 변

---

27 이것은 근사치인데, 왜냐하면 어떤 경우에는 개체는 올바른 선택 단위가 아니기 때문이다(Dawkins 1976, Dessalles 1996a).

이가 전혀 바꾸지 않는 개체군의 크기나 종의 성공 등의 생태학적 매개변수의 경우에 해당한다(Williams 1966). 반면, 동일한 원칙은 어떤 속성이 상대적 복제에 영향을 미칠 가능성이 있는 표현형 차이를 생성하는 경우, 이 속성은 자연선택의 영향을 받을 것이라고 규정한다. 그 특성은 사라지거나 개체군을 잠식하거나, 어떤 경우에는 개체군의 제한된 비율만이 그 특성을 소유하는 균형점에 이르러야 할 것이다. 다르게 말하자면, 자연선택은 우연한 진화가 일어나도록 용납하지 않는다.

언어에 대해서는 어떠한가? 추론은 간단하다. (1) 보편성을 지닌 언어는 상당히 발전된 정도의 설계의 표지를 갖고 있다. 그러므로 그것은 필연적으로 자연선택의 산물이다. (2) 언어 능력이 개인의 상대적 복제에 어떤 식으로든 영향을 미치지 않으며 다른 모든 것도 이와 같다고 주장하기는 어려울 것이다. 현대사회에서도 언어를 다루는 능력은 우리가 맺는 사회적 유대에 큰 영향을 미치며 궁극적으로 우리가 미래 세대에 기여하는 방식에 영향을 미친다. 그러므로 복합 돌연변이의 지지자들에게 불쾌감을 주더라도, 언어가 우연히 존재하는 것이 아니며, 반드시 선택의 작용을 받아야 한다고 단언하는 두 가지 이유가 있다. 결과적으로 자연선택에 의해 형성된 모든 특성과 마찬가지로 인간의 언어는 비록 근본주의적 적응주의자가 아니더라도 기능적 측면에서 설명이 필요하다. 즉, **팡글로스적** 설명의 생성은 계속 금지되어야 한다. 언어의 출현에 대한 대부분의 잘못되거나 근거가 없는 설명은 진화의 제약에 대한 무지의 결과이다. 우리는 굴드와 르윈틴이 주장한 것과는 반대로 자연적 특성의 진화적 출현을 설명하기 위해 그럴듯한 시나리오를 만드는 것이 항상 쉬운 것은 아니라는 것을 알게 될 것이다. 바로 언어의 경우가 그렇다.

6장
언어의 국소적 최적성

이 장의 목적은 진화의 점진성과 방향성의 이중 문제에 대해서, 말하자면 굴드와 다윈을 화해시키는 것이다. 두 개의 입장, 즉 굴드의 '도약주의 입장'(도약에 의한 진화)과 다윈의 점진주의 입장은 모두 서로 다른 시간대에서 유효하다는 것을 보이고자 한다. 다시 말해서, 대진화와 소진화를 뒤섞으면 안 된다는 것이다. 언어 출현에 관한 다양성의 본질은 두 시간대의 혼돈에서 나온다. 이 사실은 처음에 모순적으로 보이는 두 부분을 확인해줄 것이다. 첫째, 언어는 영장류의 진화에서 진화적 우연임은 맞다. 종 전체를 특징짓는 대부분의 혁신처럼, 그 발생은 우연이었고 어떤 진화적 경향의 정상적인 결과가 결코 아니었다. 둘째, 언어는 복합 돌연변이에 의한 것이 아니라, 국소적으로 최적인 적응 기능을 수행한다.

6.1 우연과 필연 사이

이전 장은 우리에게 문제를 남겼다. 단속 평형에 관한 굴드와 엘드리지의 가설을 따른다면, 종 분화가 일어나는 방향은 임의적이다. 언어를 완벽하게 갖춘 **호모 사피엔스**의 출현은 갑자기 생겼을 것이고 무엇보다 적응의 측면에서 어떤 요구도 충족시키지 못했을 것이다. 이 가설은 언어를 향한 신화가 섬진적이고 느리지만 냉혹할 것이라는 4장 전체에 걸쳐 비판된 입장의 반대이다. 다윈 이론에 대한 이 두 가지 해석 사이에서 결정적인 선택을 하는 방법은 무엇일까? 문제는 다름 아닌 우리 종의 특권인 언어가 우연인지 필연인지 아는 것이다.

굴드의 생각은 진화가 크기, 전문화, 지능 또는 복잡성의 증가와 같은 특정한 방향으로 간다는 주장에 반대한다. 진화에 방향이 없다면, 시간이 지남에 따라 유인원의 두개골 부피가 명백하게 지속적으로 증가하는 것을 어떻게 설명할 수 있을까? 점점 더 정교해지는 도구의 제작과 불의 발견을 통한 환경에 대한 기술적 숙달의 증가는 인간화의 절차 같은 것이 충분히 실제 있었을 것이라는 생각을 강화한다. 굴드의 주장은 진화가 가능성의 집합을 무작위로 탐색하는 것처럼 작동됨을 의미하는 것 같다. 그러나 이것은 선택이라는 바로 그 개념과 모순되는 것처럼 보인다. 다윈 이론의 핵심을 이루는 자연선택에 의한 진화적 변화는, 정의상, 개체들을 한 세대로부터 구별하는 자연발생적인 변이 중에서 유리한 변이를 선호하는 비대칭을 이끌어낸다. 다시 말해서, 굴드가 속이나 목의 진화에 대해 말한 것과는 달리, 개체의 진화는 모든 방향에서 등방성等方性일 것으로 예상되지 않는다.

선택압 개념은 정확히 진화적 경향을 초래하는 현상을 지칭한다. 예를 들어, 아마존 열대 우림과 같은 생태학적 맥락에서 나무는 우연히 키가 큰 것이 아니다. 햇빛을 받기 위한 경쟁에서는 가장 클 때 보상이 있다. 도킨스가 군비 경쟁에 비유한 이 경쟁은 키를 허용 가능한 최대치까지 높이는 것을 독려한다(Dawkins 1976). 평균 높이의 이러한 증가는 우연이 아니라 선택압에 반응한다. 이 선택압의 원칙을 모든 경향의 존재를 배제하는 엄격한 버전의 굴드의 원칙과 어떻게 조화시킬 수 있을까?

우리가 직면한 대립은 자크 모노의 유명한 책 제목을 빌리자면, 우연과 필연의 대립이다. 우리를 한 종에서 다른 종으로, 한 속에서 다른 속으로 옮겨가게 하는 진화는 그 방향이 예측불가능할 때는 우연히 벌어진 것 같다. 반면, 종 그 자체, 그들의 체격, 행동능력을 살펴보면, 진화의 산물로서의 필요성에 놀랄 수밖에 없다. 고양이의 이빨은 우연히 날카로운 것이 아니며, 돌고래의 몸이 참치나 상어의 몸과 닮은 것은 우연이 아니다. 마찬가지로, 우리의 언어 능력은 인간이 의도한 기능에 매우 잘 적응한 것 같다. 우리는 이 형식에서 특정한 필요성의 표출을 본다. 이러한 조건에서 진화 활동이 맹목적이라고 어떻게 상상할 수 있겠는가? 답은 그 역동적 측면을 이해하는 데서 찾을 수 있다.

6.2 진화적 변화의 느림과 빠름

진화는 일반적으로 엄청나게 느린 과정으로 인식된다. 백만 년이 어느 정도인지 직관적으로 알기는 어렵지만, 종의 역사에서 중요한 변화를 관찰하기를 바란다면 이 정도의 차원에서 해야 한다. 그러므로 진화는 내재적으로 느리고, 빠른 변화는 일어날 수 없다고 생각하는 습관이 있다. 그런데 진화에 대한 이러한 사고는 일관된 속도라는 잘못된 가설에 근거한다. 굴드와 엘드리지의 단속 평형 이론의 틀에서 진화적 변화는 매우 짧은 시기에만 이루어진다. 나머지 시간은 모두 정체 상태에서 흘러간다. 이 새로운 시각은 이제 지질학적 시간의 규모에서 극도로 빠른 것처럼 보이는 진화 작동의 반대 이미지를 제공한다. 굴드는 이러한 대소의 극난적인 입장을 피력한다. 한편으로 수백만 년에 걸쳐 관찰되는 대진화는 매우 느린 과정이다. 5,500만 년 동안 '에쿠스' 속을 포함하여 수백 개의 종을 생산한 '히라코테리움'의 자손에서 대진화의 작동을 발견할 수 있다. 이 대진화는 전체적으로 종의 다양화를 낳는다는 점을 제외하고는 완전히 맹목적으로 이루어진다. 다른 한편으로, 소진화는 굴드 이론의 빈약한 모체라 하겠다. 소진화는 대체로 복합 돌연변이 또는 유전적 변화의 우연성에 기인하는데, 이것이 경미할지라도 주요한 표현형으로 귀결될 것이다. 다시 말해서 굴드에게 그것은 더이상 속도의 문제가 아니라 준準순간성의 문제이다. 소진화는 단일 개체의 탄생으로 요약할 수 있기 때문에 유망한 괴물로 촉발된 진화는 그 과정의 극단적인 버전이다.

한 극단에서 다른 극단으로 넘어가면서, 우리는 당연히 혼란스러울 수 있다. 『종의 기원*the Origin of Species*』에서 복잡한 기능 기관의 출현을 사실화하기 위해 다윈이 기울인 모든 공이 한순간에 사라져버렸다. 점진적인 것을 포기함으로써 우리는 눈, 날개 또는 언어와 같은 설계의 기호를 나타내는 형태의 출현에 대한 단 하나의 그럴듯한 설명을 포기하게 된다. 이 오류는 대진화와 소진화의 메커니즘을 혼동해서 생긴 것이다. 이 오류는 소진화에 대해 이해하는 것을 대진화에 적용하는 점진주의자와 소진화의 고유한 작동원리의 존재를 부정해야 한다고 믿는 도약주의자들이 전통적으로 채택한 입장 모두에 관련된다. 예를 들어 굴드가 주장하는 것처럼 대진화는 실제로 느리고 불연속적이며 방향이 없는 과정이고, 소진화는 빠르지만 순간적이지 않으며 무엇보다 점진적이고 방향이 정해져 있다는 것을 알게 될 것이다.

인공 진화의 사례

나는 『유전자 컴퓨터Ordinateur génétique』(Dessalles 1996a)에서 인공 진화의 여러 상황을 자세히 분석했다. 유전적 알고리즘을 이용하면 컴퓨터의 저장장치에 종의 진화와 유사한 상황을 만들어내고 생물의 역사에서 그 존재가 의심되는 특정 현상을 실시간으로 관찰할 수 있다. 이것은 특히 굴드가 옹호하는 유전 알고리즘의 진화에서 매우 자발적으로 발생하는 단속 평형의 경우이다. 인공 진화가 가속적으로 우리 눈앞에서 일어난다는 사실은 모든 변화들을 기록할 수 있게 만들고, 그 결과 소진화와 마찬가지로 대진화의 작동원리를 볼 수 있고 이 둘을 대립시키는 부분도 관찰할 수 있다.

〈그림 6.1〉 (a)는 유전 알고리즘의 진화에서 연속되는 세 단계를 보여준다. 이는 미로 탈출 문제라는 프로그램을 맡기는 것과 같다. 고전적인 프로그램이라면, 아무 길이나 선택한 다음, 시도를 해서 되돌아오는 수를 줄이면서 점점 더 개선하고 출구를 향한 가장 짧은 경로를 찾는다. 유전 알고리즘은 약간 다르게 작동한다. 기계의 저장장치에 하나의 길이 아니라 백여 개 길의 개체군을 진화하게 만든다. 각 경로('개체'를 말한다)는 '게놈'이라는 이진 시퀀스로 특징지어진다. 미로에서 개체의 행동을 코드화하는 것은 이 게놈이다. 가상의 개체군의 개체들은 엄격

한 선택을 겪는다. 처음에는 무작위이므로 미로에서 불규칙한 동작이 발생한다. 그런 다음 미로에서 되돌아가는 것을 가장 덜 하는 개체를 선택하여 새로운 개체군이 생성될 때까지 '재생'된다. 이 인위적인 선택으로 인해 행동이 덜 무작위적으로 빠르게 변하고 지엽적으로 최적의 경로로 이어진다. 이 상황은 〈그림 6.1〉(a)의 곡선으로 설명된다. 검은색 곡선은 각 세대의 최고 개체의 성과를 나타낸다. 회색 곡선은 개체군의 평균을 니티낸디. 세로축에 ㅣ나타ㅓ는 수행은 되돌아가는 횟수를 고려하여 계산되며 개체가 탈출할 때 보상이 있다.

왼쪽 다이어그램에서 A, B, C로 표시된 단계는 세 가지 다른 전략에 해당한다. A에서는 직선 경로지만 막다른 골목으로 끝난다. B에서 개체군 중 최고의 개체는 순환 궤적을 따르는 이들이며, 이렇게 하면 결코 되돌아가지 않는다. C에서 알고리즘은 탈출구를 발견해낸다. 탈출에 성공한 개체는 보상을 받는데, 이것이 B와 C 단계 간의 성과 차이를 설명해준다.

이 유형의 진화와 단속 평형 이론에 의해 예측된 진화 사이의 유사성을 관찰하는 것은 놀라운 일이다. 알고리즘은 장기간 정체되는데, 그 중간에 뚜렷하게 다른 수행으로 이끄는 갑작스러운 도약이 산재되어 있다. 우리가 이 경험을 자연적 진화가 무엇인지에 대한 모습으로 받아들인다면, 우리는 굴드의 도약주의 개념에 동의하고 다윈이 채택한 느린 동작과는 반대로 자연이 도약한다는 사실을 받아들여야만 하는 것처럼 보인다. 그것은 섣부르게 결론짓는 것이다. 곡선은 개체군이 세 개의 연속 형태로 존재한다는 것을 암시하며, 이를 세 개의 종으로 보고 싶기도 하다. 이 종들은 할당된 시간 동안 되돌아가는 횟수를 줄이고 이에 따라 알고리즘에 의해 부여된 점수에 해당하는 수행이 늘어난다.

수행의 급격한 도약은 굴드가 되살리려는 이론에서처럼 유망한 괴물에 의해 진화가 진행됨을 시사한다. 미로의 경우, 그러한 유망한 괴물은 다른 이들과 근본적으로 다르고 우연히 새롭고 훨씬 더 나은 해결책을 즉시 발견한 개체일 것이다. 따라서 이 인공 아담은 새로운 종의 창시자가 될 것이며, 정체 상태에서 안정적으로 자리를 잡고 그를 탈출시킬 다음 아담을 기다리게 될 것이다. 그러나 이러한 설명은 유전자 알고리즘의 경우에 현실을 왜곡한다.

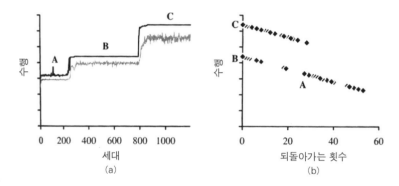

〈그림 6.1〉 여기 제시된 예에서, 유전 알고리즘은 미로에서 빠져나오고자 한다. 최대한 되돌아가기를 피하는 개체를 선택한다. 왼쪽의 곡선은 세대를 거쳐가며 수행이 진화됨을 보여준다. 오른쪽에는 각 세대의 최고의 개체들이 표시되었다.

곡선의 불연속성은 오해의 소지가 있다. 〈그림 6.1〉(b)는 수행의 점진적인 변화를 보여주므로 어느 정도 다윈이 굴드에게 복수를 할 수 있는 것 같다. 컴퓨터의 메모리에서, 연속되는 세대에 존재하는 최고의 개체의 분포를 두 가지 매개변수에 따라 볼 수 있다. 가로축은 그들이 되돌아오는 횟수이고 세로축은 그들의 성과이다. 각 회귀는 성과의 손실을 초래하며, 이는 개체가 두 개의 직선을 따라 분포하는 이유를 설명해준다. 하나는 주어진 시간에 미로 안에 남아 있는 개체들을 위한 것이고, 다른 하나는 탈출해서 보상을 받는 개체들을 위한 것이다. 〈그림 6.1〉(b)에서 A, B, C로 표시된 점은 곡선의 세 단계에 해당한다. 진화가 도약에 의해서만 진행된다면, 세 개의 점만 보여야 한다. 그러나 분명히 사실은 그렇지 않다. 도표는 많은 다른 개체들이 그들의 세대에서 최고로 존재했음을 보여준다. 이 다른 개체들은 한 단계에서 다른 단계로 이끄는 그 짧은 전환의 시기에 살았다. 우리는 다수의 중간 수행이 있다는 것을 확인했다. 알고리즘은 도약으로만 진행되지 않는다.

우리가 이 실험의 결과를 살아 있는 사람들에게 만연한 상황으로 적용한다면, 우리는 굴드가 일정한 속도의 규칙적인 진화를 반박하는 것도 옳지만 다윈이 자신의 편에서 철저한 불연속성의 원칙을 거부하는 것도 옳다는 결론을 내려야 한다. 〈그림 6.1〉(a)의 검은색 곡선과 같은 명백한 불연속성의 존재는 관측 비율로 인한 착시 현상이다. 주로 화석을 연구하는 고생물학자인 굴드가 위치하는 차원에서 속과 목의 진화의 불연속성은 명백하다. 그러나 이러한 불연속성은 계통의 실제 전개를 영화로 볼 수 있다면 대부분 사라진다. 이는 즉각적이지 않고, 정체 시기에 비해 매우 빠른 전환의 문제다. 그것들은 대부분의 고생물학자들이 예상하지 못한 소진화의 속도로 왔다. 〈표 6.1〉은 굴드가 그의 연구의 초점을 맞춘 대진화와 다윈의 자연선택 원리가 적용되는 상황인 소진화 사이의 차이를 요약한 것이다. 우리는 미로의 경험이 보여주는 것을 토대로 이 차이의 다른 요소에 대해 논평하고자 한다.

대진화	소진화
• 불연속성, 돌발적인 전환으로 인한 단속 평형 • 느린 진화 • 선택압의 부재, 등방성isotrope 진행 • 우연 • 명백한 최적화의 부재 • 종의 중대한 분화 • 매우 드문 혁신	• 점진성, 표현형의 연속성 • 빠른 진화 • 선택압, 방향성 있는 진행 • 필연 • 국소적 최적화 : 매혹자 • 분화 거의 없음 • 빈번한 혁신

〈표 6.1〉 대진화와 소진화의 대립 성질 요약

불연속성 또는 점진성

미로의 경험은 굴드와 엘드리지가 밝힌 대진화에서 정체 시기의 본질이 무엇인지 알려준다. 이 경험으로 〈그림 6.1〉(a)에서 확인된 세 가지 평형의 기원을 이해하는 것이 수월하다. 개체군은 늘 평형을 이루고 있다. 어느 시점에서 유전자 알고리즘에 있는 대부분의 개체는 미로 안에서 거의 같은 경로에 있게 된다. 다른 경로에 관여하는 많은 돌연변이가 있지만, 그들의 유전자는 그들의 조상이 한 번도 가본 적이 없는 그 지역에서 어딘가를 향할 유효한 표지를 제공하지 않기 때문에 별 볼 일 없는 성과를 낸다. 따라서 알고리즘에서 구현된 선택에 의해 거의 확실하게 제거된다. 그러므로 그 집단은 나중에 이 해결책이 다른 것들보다 훨씬 더 나쁘다는 것을 알더라도 발견한 해결책에 갇혀 있다. 이 상태의 개체군은 **국소적 최적화**local optimum, 즉 약한 정도의 변화로는 개선될 수 없는 위치에 있다. 개체군은 탈출구를 찾지 못하고 수 세대 동안 막다른 골목(A에서와 같이)이나 또는 순환 궤적(B에서와 같이)을 탐험하면서 격리될 수 있다. 이는 단순히 미로의 나머지 부분을 탐험하려는 변이들이 보수적인 형제들보다 뒤쳐지기 때문이다. 특별히 운이 좋은 돌연변이가 적어도 그 순간의 표준에 필적하는 명예로운 성과를 달성하는 불확실한 날까지는. 그는 후손을 남길 기회도 조금 있고, 마침내 그가 개척할 수도 있는 길에 들어설 새로운 종을 만들 수 있다. 이 새로운 종은 이전 것보다 더 나은, 또다른 국소적 최적에 위치하는 새로운 평형을 이룰 것이다.

한 국소적 최적에서 다른 최저으로 옮기는 이행절차가 빠르지만 순간적이지 않다는 것을 관찰하는 것은 중요하다. 〈그림 6.1〉에서 A에 위치한 개체의 어떤 자손도 B에서 발견되지 않는다. 마찬가지로, B에서 탈출한 돌연변이가 C형의 자손을 생성하는 데 몇 세대가 걸린다. 진화는 한 국소적 최적에서 다른 최적으로 이동시키는 효과가 있지만, 결코 즉각적으로 이루어지지는 않는다.

유망한 괴물의 개념은 어떠한가? 미로를 통해 근본적으로 새로운 경로를 발견한 행운의 돌연변이는 괴물을 닮았다. 〈그림 6.1〉에서 784세대에 등장하는 돌연변이는 출구를 찾을 기회가 있어 현상금을 주머니에 넣고 자신과 닮은 많은 후손을 남길 수 있다. 그러나 그가 새로운 경로에서 약 30번의 회귀를 했다는 사실은 그의 수행 도약을 완화시켰다. 더욱이 그의 게놈을 분석하면 동시대의 개체들과 거의 차이가 없음을 알 수 있다. 물론 미로에서 미개척의 길을 걷는다는 사실은 기괴함으로 인식될 수 있지만, 그 괴물은 개체군의 평균적인 유전적 구성과 크게 다르지 않은 유전적 구성에서 비롯되었다. 이 아담의 유전적 혁신은 그것이 출현하기 이전의 평형 기간으로 추정할 수 있다. 우리의 미로 실험에서 인구 C를 형성하는 아담의 도래는 100명의 개체군에서 약 500세대 동안 기다린 것이다. 결론적으로 유전적 구성이 발생하고 계속될 확률이 50,000분의 1 정도였다는 사실을 추정할 수 있다. 이것은 평형 상태에서 벗어나기 위해 인구가 약 16비트의 게놈에 영향을 미치는 유전적 변화를 기다리고 있었다는 것을 의미한다. 그러나 우리의 아담은 이 정도의 돌연변이를 겪지 않았다. 그의 부모와 비교했을 때, 그는 미로의 한 공간에서 방향을 수정하여 새로운 길을 걷게 한 단 1비트 정도만 달랐을 것이다. 그의 게놈의 다른 15비트는 그의 부모에게와 마찬가지로 아담에게 우연히 존재했다. 이런 상황에서 괴물이라고 하는 것은 과장이며, 요약하자면 창시자 아담은 확실히 유망하지만 괴물은 아니다.

만약 평형 상태가 국소적 최적성과 부합한다면, 과도기는 하나의 국소적 최적에서 다른 국소적 최적으로 바뀌는 것에 해당한다. 바로 이 과도기에서 소진화가 진행된다. '아담'은 자신의 훌륭한 능력 때문에 '보통'의 개체들과 자손을 낳는다. 십중팔구로, 그의 차이점은 자식들에게 전달된다. 미로 안에서 그는 자신이 열어놓은 새로운 길에서 자식 절반쯤과 함께한다. 이 작은 하위 개체군의 개체들은 모집단의 개체들과 계속해서 자손을 만든다. 하지만 금방 새로운 경쟁이 시작되고 이전의 길에 있던 개체들은 경쟁에서 탈락한다. 단지 몇 세대 만에 이 경쟁은 새로운 국소적 최적을, 즉 작은 수정들로는 개선하기 어려운 미로 안의 길을 불러오는 것이다.

진화의 속도

국소적 최적의 변화로 단속 평형 현상을 해석하는 것은 〈그림 6.1〉의 다른 선들에 대해서도 설명해준다. 소진화는 경쟁이 개체들 간에 열려있기에 빠르다. 평형 상태에서 경쟁은 막혀있고, 접근 가능한 최선의 해결책들은 점령당해 있었다. 갑작스러운 전환은 더 나은 새 공간을 연 예측불가한 아담의 출현에 의해 생긴다. 그다음에 극도로 빠른 단계가 뒤따르는데, 이때 경쟁은 상대적으로 적은 수의 세대에서 일어나 새로운 평형으로 이끈다.[28]

선택압과 진화의 방향 작용

소진화 경쟁은 선택이 이뤄지게끔 하고 주어진 방향, 즉 다음 국소적 최적의 방향으로 진화를 밀어붙이는 압력을 생성한다. 미로에서 경쟁은 개체에게 불이익을 주는 모든 되돌아오기가 제거될 때까지 궤적을 개선하도록 개체군을 압박한다. 이러한 개선은 다윈이 예측한 바와 같이 점진적이고 방향성이 있다. 경쟁은 최상의 해결책만을 취하기 때문에 변이를 위한 여지를 많이 남기지 않는다. 반면에 대진화는 굴드가 즐겨 강조하는 것처럼 훨씬 더 예측불가능하다. 특히 평형 상태가 더 오래 지속되었기 때문에 평형에서 벗어날 방향을 예측하는 것은 어렵다. 소진화는 방향성 현상으로 나타나더라도 대진화는 등방성을 보인다.

그러나 미로의 예는 국소적 최적의 변화가 항상 진보의 방향으로 이루어진다고 시사하는 것 같고, 이는 예측할 수 없는 방향으로의 변화

---

28 소-진화의 속도는 열린 경쟁의 존재뿐만 아니라 암시적 **병렬성**이라는 현상 때문이기도 하다. 이 현상은 게놈 간의 교차(crossover)와 연관된다. 교차는 유전자를 서로 독립적으로 만든다. 그러나 개체가 자연선택에 직면했을 때 그 개체가 가지고 있는 모든 유전자는 암묵적으로 평가된다. 따라서 유전자는 패킷에서 선택되고 나머지 패킷은 각 세대에 재분배된다. 따라서 국소적으로 가장 좋은 유전자가 빠르게 나타난다. 이 속도는 유전자 알고리즘에 최적화 방법으로서의 기술적 이점을 준다(Goldberg 1989 ; Dessalles 1996a). 이와 동일한 기제로 대-진화의 속도가 설명된다.

에 대한 굴드의 생각과 부분적으로 모순되는 것처럼 보인다. 우리는 계속해서 향상되는 성능을 향한 느리지만 피할 수 없는 진행을 목격하고 있지 않은가? 만약 그렇다면 대진화도 경향성을 갖는다. 그러나 이 반대에는 답변을 할 수 있다. 자연환경은 우리의 유전자 알고리즘보다 훨씬 더 다양하다. 미로의 경우 모든 경로를 서로 비교할 수 있으며 이 유일한 차원에서 가장 좋은 것만 살아남는다. 생물은 다양한 생태적 지위에서 살고 있다. 종분화가 한 종의 생태 지위를 바꾸도록 한다면, 이 수행은 부모 종의 수행과 비교할 수 없으므로 진보라는 개념 자체가 성립하지 않는다. 이 경우 굴드는 진화에서 진보의 개념을 부인하는 것이 옳다. 그러나 종분화가 같은 생태적 지위에서 일어난다면 새로운 종이 오래된 것을 대체할 가능성이 매우 높은 것은 사실이다. 그러한 경우에 우리는 실제로 진보에 대해 말할 수 있다. 그러나 방향성 진화를 말하는 것은 적절하지 않다. 때때로 진행이 예상될 수 있지만, 종분화에 생태적 지위 변화가 수반되지 않는 경우 종분화와 관련된 형태학적 변화는 완전히 예측할 수 없는 상태로 남아 있다. 굴드의 말은 종의 표현형이 일정한 방향으로 서로 뒤따르지 않는다는 점에서 새삼 옳다.

우리는 같은 생태적 지위에 있다는 것을 전제로 하여, 호모 사피엔스가 호모 에렉투스에 비해 진보했다고 할 수 있고, 후자 역시 그 조상들에 비해 발전했다고 할 수 있다. 그러나 호모 에렉투스는 호모 사피엔스를 배아에 갖고 있지 않았으며, 이는 호모 에렉투스가 태어나게 했을, 우연히 생겨났다면 호모 에렉투스를 대체했을 모든 종에 대해서도 마찬가지였다. 대진화는 방향성이 없다.

우연과 필연

왜 아담은 다른 시기가 아닌 한 시기에 나타나며, 왜 다른 개체가 아닌 이 아담이 나타난 것일까? 평형상태가 잘 자리잡았을 때 큰 변화를 이끄는 새로운 진화의 길을 발견하는 것은 있을 법하지 않은 현상이다. 미로의 실험을 은유적으로 일반화하자면, 평형에서의 탈출은 개체의 표현형 표출에 있어서 '분기점'을 상정한다. 종이 그 평형 안에서 더 안정적으로 느낄수록, 그로부터 탈출하려는 분기활동은 더 중요해진다. 작은 분기들은 이미 조사되었기 때문이다. 게다가 분기는 중요할수록 점점 더 예측 불가능하다. 똑같이 불확실하고 똑같이 유익한 다른 분기들에 비해 어떤 반길 만한 분기가 일어나는 때에도 이 분기들은 어떤 필연성에도 좌우되지 않는다. 생물의 진화를 특징짓는 우연과 필연의 게임에서(Monod 1970), 대진화의 수준에서는 우연이 이기는 것 같다.

반면, 자크 모노가 부여한 의미의 필연은 소진화의 측면에서 완전한 의미를 갖는다. 소진화는 평형에서 벗어난 종에 대해 국소적 최적화를 수행한다. 그러나 일반적으로 형태 집합에서 주어진 위치로부터 접근 가능한 최적의 상태가 많지 않다. 이것은 국소적으로 종의 형태가 '필연적' 속성을 가지고 있음을 시사한다. 따라서 생체역학자는 발이 이족보행을 허용하는 손의 가장 최선의 가능한 변형임을 보이려고 노력할 수 있다. 예를 들어 새와 같은 방식으로 발가락으로 걷는 것 등의 다른 형태가 가능하거나 더 나은 형태가 가능하다는 사실은 최적성이 국소적으로 고려되는 한 관련이 없다. 평평하게 놓인 뒷다리를 하고 손으로 걷는 유인원은 일단 이족보행의 원리가 습득되면 발로의 진화가 불가피하다고 쉽사리 인정된다.

진화와 최적화 : 국소적 매혹자

우리는 모노가 말하는 필연이라는 개념이 굴드와 르원틴이 반박하는 팡글로스 선생의 오류를 재생한다고 생각할 수 있다. 진화학에 의해 순서가 바뀐 이 오류는, 모든 생명체 속에서 완결성을 보기 때문에, 모든 것이 현재 모습 이외의 다른 모습으로는 있을 수가 없다. 모든 종은 완벽하고 이 완결성은 신의 행위에 의해서가 아니라 자연선택 행위에 의한 것이다. 굴드와 르원틴은 볼테르를 원용해서 이러한 방식으로 생명을 보는 것을 비웃는다. 그들은 신종 출현을 이끄는 변화들은 어떤 진보의 힘보다는 우연에 의한 것이라고 강조한다. 그렇지만 미로의 실험은 종들이 우연으로만 이루어진 결과물이 아님을 보여준다. 소진화의 속도 때문에 각 종들은 국소적 최적성을 점한다. 이는 종의 개념에 매우 중대한 결과를 가져온다. 특히 이는 **호모 사피엔스**의 불완전한 초안으로 잘못 인식하고 있는 오스트랄로피테쿠스나 **호모 에렉투스**에 대해 다른 시각을 가지도록 할 것이다. 종의 국소적 최적화 개념은 또한 언어의 기능적 속성을 이해하는 데 매우 중요하다. 임의적인 결과를 낸 우발적인 대진화의 유일한 열매로 언어를 보고자 하는 사람들에게, 진화적 동기와는 별개의 기준에 따라 성립될 수 있는 그 국소적 최적성을 대비시켜 보여줄 것이다.

대진화와 소진화의 차이점을 드러내고 팡글로스 선생의 기벽을 피하기 위한 좋은 방법은 매혹자의 은유를 활용하는 것이다. 가능한 모든 표현형의 공간, 즉 생명체가 취할 수 있는 형태의 공간을 상상해보자. 개체는 이 공간의 한 지점이고 종은 어느 정도 모여 있는 무리와 같다. 종들은 진화함에 따라 이동할 것이다. 이 은유에서 자연선택의 작용은 국소적 매혹자Local attractor의 중개에 의해 수행된다. 어떤 종이 매혹자 근처에 있으면 끌리고 정해진 방향으로 진화한다. 이것이 소진화이다. 이렇게 매혹자 위에 있게 되면 종은 평형을 이루고 움직일 가능성이 거의 없다. 그러나 종을 나타내는 무리가 이웃 매혹자의 견인력 범위에 도달했을 때, 이 새로운 매혹자가 더 강력하다면 종은 그를 향해 이동할 수 있고 쪼개질 수도 있다. 이러한 사건은 대진화를 나타낸다. 이 경우 이동 방향은 예측할 수 없다. 모든 이웃 매혹자 중에서 어느 것이 문제의 종의 운명을 이끌 우연인지 미리 말할 수는 없다.

이 매혹자 이미지는 언어가 제공하는 이점을 상대화하는 데 유용하다. 침팬지가 언어로 대표되는 매혹자로부터 멀리 떨어져 있다고 충분히 생각할 수 있다. 따라서 이 종이 우리와 유사한 의사소통 방식을 채택하기 시작할 이유가 없다. 우리보다 앞선 모든 종에 대해 동일한 추론이 가능하다. 호모 에렉투스에 비해 우리는 아마도 더 강력한 매혹자에 빠졌지만 표현형의 공간이 너무 넓어서 다른 많은 매혹자에 접근할 수 있었다. 호모 사피엔스를 향한 호모 에렉투스의 진화는 필요하지 않다. 진화라는 영화를 재현할 수 있다면 같은 시나리오를 따를 가능성은 거의 없다.

분화 또는 종의 변화

우리는 〈표 6.1〉을 참조하여 왜 안정적인 평형에서 벗어나는 것과 관련된 대진화는 말의 조상에 관해 앞의 5장에서 언급한 것과 같은 종의 중요한 분기를 허용하는 반면, 소진화는 종분화에 덜 도움이 되는지 자문할 수 있다. 주된 이유는 균형에서 벗어나게 하는 눈에 띄는 변화와 관련이 있다. 이러한 변화가 충분히 크다면, 다양한 개체가 새로운 생태 지위에서 움직여서, 더이상 보수적인 부모와 경쟁하지 않을 수 있다. 따라서 이러한 상황은 종분화에 도움이 된다. 반대로, 소진화의 과도기적 단계에서 선택된 빠른 개선은 분화를 일으킬 경우가 거의 없다. 평형을 벗어나면, 두 개의 양립할 수 없고 동일한 가치를 갖는 혁신이 동시에 발생할 가능성은 거의 없으며, 하나가 다른 하나를 지배하지 않는 독립적인 두 계통이 존재할 수 없다. 열린 경쟁의 상황에서는 최고만이 존재할 수 있다.

자연에서 종의 변화는 그 자리에서 거의 일어나지 않는다. 평형에서 벗어나는 것이 작은 아집단의 분리를 통해 발생하고 유전적 이동이 뒤따르면 종분화가 가능해진다. 이것은 대진화적 변화를 설명하기 위해 굴드가 선호하는 방식이다(Gould 1980). 다른 생태학적 맥락에서 격리된 새로운 개체군은 두 아종이 뚜렷한 생태 지위를 차지하고 진정한 종이 될 때까지 모 개체군과 거리를 두는 방향으로 진화한다. 한편, 이러한 집단의 분열이 급속한 열린 경쟁의 국면에서 일어난다면, 종분화가 일어날 것이라는 것을 배제할 수는 없지만, 가능성은 여전히 낮다.

앞의 고려 사항을 통해 우리는 언어의 출현을 위치시킬 배경을 설정할 수 있다. 인간 계통의 진화, 특히 언어 능력의 기원에 대해서 어떤 것이 대진화 현상과 관련되었으며 어떤 것이 소진화 최적화와 관련된 것인지 아는 것이 중요하다.

6.3 언어 등장에서의 대진화와 소진화

경제적 은유

대진화와 소진화를 구분할 수 있다면, 진화 현상의 이해는 훨씬 수월할 것이다. 진화 방향이라는 개념은 근본적으로 이 구분에 달려 있다고 하겠다. 진화 방향을 결정하는 선택압이 존재하는 소진화의 상황에서는 옳은 방향으로 가는 변화가 늘 일어나고 좋은 국소적 최적에 도달할 때까지 빠르게 진화한다. 특성화된 대진화의 또다른 극단에서는, 종은 지속적인 평형상태에 있다. 선택압이 없으므로 미리 정의된 진화 방향도 없다. 자연선택의 역할은 종을 평형상태로 유지하는 것으로 제한된다. 종은 국소적 최적에 잘 정착해 있다가 예측불가능한 방향으로 중요한 분기가 일어났을 때만 거기에서 빠져나온다. 이 두 극단적인 경우 사이에 중간 상황을 상상하기 쉽다. 선택압은 존재하지만 올바른 방향으로 가는 혁신은 부재하는 상황. 이렇게 종은 불안정한 평형상태에 있게 된다.

한 종이 처한 여러 상황을 특징짓기 위해 경제학에서 은유를 빌려올 수 있다. 대진화는 안정된 경제상황에 해당한다. 모든 수요가 충족되고 그 결과 기업들은 균형을 유지한다. 새로운 수요가 창출되었을 때 새로운 기업들이 생겨서 이를 충족시킨다. 이는 소진화의 상황이다. 세번째 상황은 지속적으로 불안정한 불균형 상태에 해당된다. 이 은유는 언어 출현에 대한 다수의 설명을 특징짓거나 경우에 따라서는 배제하는 데에 유용할 것이다.

진화 속도에서 얻을 수 있는 세 가지 교훈

종의 진화는, 우리의 경제적 은유에서 수요와 공급이 균형을 이루는 긴 기간 속에서, 산재된 빠른 진화의 단계들로 급작스럽게 진행된다는 사실에서 몇 가지 교훈을 이끌어낼 수 있다.

굴드가 강조하는 첫번째 교훈은 대진화의 규모에서는 충족되지 않은 수요가 없다는 것이다. 특히 모든 영장류 집합의 진화를 포괄하는 차원에서는 더 많이, 더 효과적으로 의사소통해야 할 필요성 같은 것은 없다. 이 차원에서는 영장류는 균형을 이루고, 생태학적 지위에 적응하며, 어떤 단순한 변화로도 개체가 더 많은 후손을 남길 수는 없다. 우리는 수상 유인원이든 여우원숭이이든 다른 영장류 계통으로 거슬러올라가는 이 방향성의 궁극의 지향점을 **호모류** 안에서 보는 모든 '이야기'를 거부해야 한다. 따라서 지능의 꾸준한 증가 또는 종내 의사소통의 효율성이 점진적으로 증가한다는 개념에서 **탈출**(*exit*)해야 한다. 굴드가 보여주듯이(5장 참고), 진보에 대한 환상은 종의 진화나무를 기술하는 편견에서 비롯된다.

두번째로 얻을 교훈은 소진화의 속도에 관한 것이다. 이족보행의 발달, 도구의 제어 또는 발성 조음의 제어에 필요한 기간이 아주 길다는 생각에서 **탈출**해야 한다. 이때 진화는, 선택압이 있는 한, 지질학적 시간의 차원에서 극도로 빠를 수 있다. 소진화는 제한된 수의 세대에서 작동할 수 있다. 결과적으로, 진화론자가 예상하는 곳에서 변화가 일어나지 않는다면, 그것은 그에 **상응하는 선택압이 존재하지 않는다는 뜻이다.** 간단히 말해서, 이것은 개체가 진화론자가 상상하는 방향으로 변화를 겪을 경우 번식 측면에서 얻을 수 있는 것이 아무것도 없음을 의미한다. 특히, 네안데르탈인이 우리와 같은 모음 소리를 발음할 수 없었다고 생각하는(Lieberman 1984) 사람은 이 종의 개체가 국소적으로 이 능력을 획득하는 데 진화적 관심이 없었다는 사실을 받아들일 수밖에 없다.

세번째 교훈은 유리한 형태의 진화에 대해 예상되는 장애물에 관한 것이다. 언어의 출현에 관한 많은 설명은 어떻게 새로운 기능의 발생이 음성 의사소통의 출현으로 이어지는 과정의 '차단을 해제'했는지 보여주는 것으로 귀결된다. 그러한 설명은 대진화와 소진화 사이의 중간 차원에서만 이해할 수 있다. 선택압이 존재하지만 이에 응답할 '공급'이 지속적으로 부재한 경우이다. 그러나 그러한 상황이 발생할 수 있는 조건은 매우 제한적이다. 진화 과정을 재시작하는 원인이 되는 사건은 (1) 불확실하게 보여야 하고, (2) 과정을 다시 시작하는 데 인과적 영향을 끼쳐야 한다. 또한 (3) 같은 역할을 할 수 있는 더 유력한 선택지가 없고 (4) 뒤따른 진화는 빨라야 한다. 언어의 경우, 이 속에 대해 제시된 어떠한 설명도 이 네 가지 검증을 통과하지 못한다. 몇 가지 예를 들어보자.

진화는 절대 '느려지지' 않는다

우리는 언어가 '차단된' 소진화의 한 사례라는 생각, 즉 후두의 하강, 이족보행 또는 특정 지적 능력의 출현 등의 다소 우발적인 진화적 사건과 같이 충족되지 않은 수요라는 생각을 옹호할 수 있는가? 배발생의 제약은 상상할 수 있는 모든 변형이 다 생겨날 수 있게 허용하지 않는다. 따라서 곤충이 다섯 개 또는 일곱 개의 다리를 가지고 태어나는 것은 거의 불가능하다. 이 사실은 때때로 지향적 진화의 개념을 옹호하는 데 사용되지만, 올바른 방향으로 가는 공급의 부족으로 제지된다. 이 생각은 언어의 경우에 많이 사용되었다. 이러한 유형의 가설을 좀더 자세히 살펴보면, 도출된 시나리오는 개연성이 부족하다.

일부 학자는 음성을 생성하고 따라서 언어 자체의 출현을 가능케 하는 메커니즘을 후두의 하강에서 찾는다(Savage-Rumbaugh & Lewin 1994). 그러나 이러한 변형이 어떤 방식으로 불가능했는지, 즉 어떻게 진화적으로 접근하기 어려웠는지 확인하는 것은 알기 어렵다. 후두 크기의 증대를 허용하는 변화는 점진적이며, 이 방향으로 선택압이 조금이라도 있었다면 이전 유인원이나 원숭이의 후두가 커지는 쪽으로 빨리 진화하지 않은 이유는 무엇인가? 반대로 이러한 크기의 증가가 발생하지 않았다는 사실은 음성을 생성하는 방향으로 선택압이 있었는지 심각한 의문을 제기한다. 따라서 우리가 후두 크기의 증가로 인해 언어를 사용한다는 주장은 사실이 아니라고 본다. 현실은 확실히 그 반대이다. 우리는 언어의 출현이 음성의 생성에 유리한 선택압을 어떻게 만들 수 있었는지 이해할 수 있지만, 음성을 생성하는 능력이 왜 자발적으로 나타날 수 있었는지, 그리고 그것이 어떻게 부화할 날만 기다리던 언어 출현의 물꼬를 텄는지는 알 수 없다. 소위 진화가 느리다는 논거를 든다고 해서 문제에서 벗어날 수 있는 것은 아니다.

> "…… 살펴보았듯이, 언어 습득을 위한 결정적 변화—후두의 하강—는 최소 이십만 년 전의 우리 조상으로 거슬러올라갈 것이다. 그러나 이는 이브의 후손이 하루아침에 갑자기 카루소나 칼라스가 되었다는 뜻은 아니다. 발성 기관이 현재의 형태에 도달하는 데, 특히 말을 관장하는 뇌의 중추가 적절하게 준비되는 데는 16만 년이 그리 긴 기간은 아니다. 이 순간부터야 비로소 진정한 언어가 발달하여 인간에게 문화를 창조하고 문명을 건설할 수단을 제공할 수 있다."(de Duve 1995, p. 403)

진화는 이러한 방식으로 작동하지 않는다. 선택압이 있다면, 후두의 하강과 같은 양적 변화가 일어나기 위해 약 8천 세대에 해당하는 16만 년은 필요하지 않다. 선택에 의한 최적화 과정은 훨씬 빠르다. 언어의 출현에 대한 원인 요소로서 후두의 하강이라는 논거는 정당화하기 힘들다. 다시 한번, 개체들에게 유용하다고 판단되는 언어가 등장하기 위해서 그만큼 기다려야 하는가? 내려간 후두가 강력한 발성과 조절을 쉽게 하지만 이 능력은 언어 발전에 필요하지도 충분하지도 않다. 디지털 의사체계를 선호하는 선택압이 이미 존재했다면, 음악적 속성의 음성이 없는 상태에서 다른 많은 몸짓이나 소리 방식 등이 충족될 수 있었을 것이다.[29]

비슷한 이유로, 언어로 이어지는 진화 과정의 촉발을 설명하기 위해 다른 학자들이 언급한 많은 요인들은 그 자체로 받아들여지지 않는다. 이족보행의 영향(Aiello 1996, p. 279), 발성 능력의 출현(Savage-Rumbaugh & Lewin 1994, p. 249), 도구 조작 능력의 출현(Leroy-Gourhan 1965), 인간 신생아의 미성숙(Aiello 1996, p. 280), 모방 능력의 출현(Donald 1998. p. 64), 지능 증가(Darwin 1871), 사회 지능 증가(Worden 1998) 또는 집단 크기 증가(Dunbar 1996) 등을 살펴보자.

예를 들어, 이족보행은 후두 하강의 원인이 될 수 있으며, 이는 그 자체로 언어의 출현을 야기했을 것이다(Aiello 1996). 보다 효과적인 의사 소통을 선호하는 선택압이 계속 만족스럽지 않은 상태로 유지되어 우연히 확장된 후두가 기능적인 성대를 만들기를 기다릴 수 있다고 믿어야 할까? 또한 이족보행은 손을 자유롭게 하여 인류에게 도구를 조작하고 개념을 형성하고 최종적으로는 의사소통할 수 있는 기회를 주었다고도 한다(Leroy-Gourhan 1965, Aiello 1996). 이 연쇄의 각 고리가 최소한의 유용성을 지니고 있었다면, 왜 그 이전 고리가 생성되길

---

29 음성은 음악적 소리처럼 주기적이다.

기다려야 했을까? 현실은 전혀 달랐던 것 같다. 이족보행이 큰 관련이 없다는 것을 알려면, 대형 유인원류의 섬세한 손 동작을 관찰하는 것(Matsuzawa 1994)으로 충분하다. 네 손 중에서 두 개를 발로 바꾼다고 해서 도구를 조작하는 능력은 물론 동료 인간에게 흥미로운 것을 말할 수 있는 능력이 만들어지지도, 수월해지지도 않았다. 유인원이 개념을 형성하고 전달하는 방법을 찾는 데 충분한 능력을 개발할 시간이 없었다고 주장하는 것은 잘못이다. 왜냐하면 선택압하에서의 진화 과정은 빠르게 일어나기 때문이다.

레슬리 아이엘로Leslie Aiello는 신생아의 미성숙 역시, 그녀에 따르면, 골반이 축소된 결과를 이끄는 이족보행으로 인한 것이라고 주장한다. 역학적인 이유로 미성숙한 단계에서 태어난 아이는 복잡한 환경에 처해 있으면서도 뇌가 계속 성장했을 것이며, 이는 "뇌의 진화를 위한 매우 중요한 선택압을 구성했을 것이다(Aiello 1996, p. 280)." 하지만, 이미 아이엘로가 언급한 선택압을 태동시킨 진화 역학이 무엇인지 판가름하기 어렵다. 그녀에 의하면, 그들의 두뇌가 매우 일찍 풍성한 정보에 노출된 환경 때문에 훨씬 큰 두뇌를 가진 호미닌들은 아이를 더 많이 남겼을 것이라고 한다. 불행히도, 아이엘로는 이 인과관계를 이해시킬 만한 어떤 지표도 우리에게 제공하지 않는다. 오히려 아이엘로의 주장을 뒤집어서, 큰 두뇌를 가진 신생아는 이족보행에 걸림돌이 될 수도 있다고 생각할 수 있다. 큰 두뇌를 향한 선택압이 있었다면, 그것은 그리 이족보행 탓이 아니어야 한다.

인간이 동료 인간의 행동을 모방할 수 있는 비범한 능력인 미메시스에 의한 언어의 설명은(Donald 1998) 동일한 어려움에 직면한다. 상대방의 행동을 재현하는 기술이 그렇게 유익했다면 왜 더 일찍 발달하지 않았을까! 의사소통 자체가 이롭다면 모방 능력의 발달을 기다렸어야 하는 이유는 무엇일까? 최초의 언어 행위가 앵무새 원숭이에 의해 만들어졌다는 가설은 언어 출현의 진정한 이유를 거의 밝혀주지 않는다.

앞의 5장에서, 언어가 지능의 자동적인 결과라는 다윈이 제안한 주장에 대해 논의했다. 이 설명은 언어 출현의 신비를 지성 발현의 신비로 미룰 뿐이라는 점 외에도 여러 난관에 봉착한다. 가장 중요한 것은 개체의 지능이 정보 교환에 대한 관심 여부에 영향을 미치지 않는다는 것이다. 주체들이 매우 지능적인 체계 속에 있더라도 유용한 정보를 제공하는 주체가 다른 사람의 정보를 이용하는 것에 만족하는 주체에 비해 불리한 경우에는 언어 능력이 발현될 수 없다. 우리는 사실을 직시해야 한다. 다윈이 언급한 일반 지능만으로는 언어 출현을 작동시킬 수 없다. 사회적 지능은 어떠한가?

로버트 워든에게 사회적 지능은 경제적으로 언어의 발현을 가능하게 한 전적응前適應 중 하나이다. 사회적 지능은 개체가 집단에서 상호 작용하는 동안 다른 개체의 의도, 심지어 계략을 이해할 수 있게 해준다. 고등 영장류는 다른 개체를 예측하고 자신들의 상호 작용을 계획하는 데 꽤 능숙하다고 알려져 있다(de Waal 1982). 워든에게 있어, 사회적 역할 관계 속에서 언어 문장의 구성 요소 관계의 모든 풍부함을 발견할 수 있다(Worden 1998). 이 입장은 이미 5. 4절에서 비판을 받았다. 기껏해야 그러한 전적응은 다른 형태의 의사소통과는 다른, 우리가 알고 있는 언어의 발생을 더 그럴듯하게 만들 수 있지만 개체들이 소통하는 이유를 설명하지는 않는다. 사회적 관계를 올바르게 인식하는 것과 그것이 본질적으로 사회적이든 아니든 정보를 전달하는 것은 서로 다른 문제이다.

언어를 탐구하기 위한 전적응의 연구는, 후두의 하강이든 모방능력이든 도구를 만드는 능력이든 일반 지성이나 사회적 지능이든 언어의 발현을 촉발한 사안을 찾는 것이 주된 목적이다. 그런데, 주장된 전적응 중 어느 것도 언어에 이로운 선택 과정을 활성화한 명확한 원인이 아니다. 단순히 말해서, 우리가 말할 게 없거나 말하지 않는 것이 이로울 때 말하기 시작하는 것이 완벽한 후두를 가지고 있어서가 아니라는 것이다. 반대로, 우리가 아직 살펴보지 않은 이유로, 호미닌들이 소통하는 것에 대해 진화적 관심을 가진 순간부터, 모든 잠재적 전적응은 진화 과정의 방향을 전환하는 것 외에 다른 역할을 하지 않는다. 특히, 우리가 인용한 대다수의 학자들의 생각과는 달리 이것들은 진화 절차를 개시할 힘이 없다.

전적응을 말하는 이들은 모두 동일한 가설에서 항상 출발한다. 인간 의사소통 유형에서 선험적으로 유용하지만 도달하기 힘든 어떤 것을 보는 것이다. 달리 말하면, 대진화와 소진화 사이의 중간 위치에 있도록 노력하는데, 거기에는 언어에 유리한 선택압이 있지만 일련의 형태학적 변화를 만족시킬 수 없을 것이다. 이러한 유형의 가설은 가능성이 매우 낮다. 열린 디지털 의사소통 코드에 대한 접근은, 그것이 무엇이든 정확한 사실 정보를 전달해야 하는 선택압이 있을 때라면 큰 문제가 없다. 실제로 자연은 이러한 유형의 여러 시스템, 예를 들어 특정 새의 노래, 면역 시스템 또는 유전 지원의 전달과 같은 여러 시스템을 만들었다. 진짜 문제는 세계와 관련된 다양한 사실을 전달하기 위한 선택압이 어떻게 수립되는지 아는 것이다. 즉, 전에는 그렇지 않았던 언어가 개체들에게 유리하게 된 이유를 찾는 것이 문제이다.

6.4 왜 소통하는가?

언어 출현을 설명하려는 대부분의 시도는 잘못된 질문에 매달리고 있다. 원인류가 어떻게 소통하게 되었는지를 아는 것이 아니라 왜 우리의 조상들이 의사소통을 하면서 그렇게 많은 후손을 남겼는가 하는 것이 쟁점이다. 물론, 인간의 새로운 기능의 습득과 언어의 관계를 볼 수 있다. 이족보행은 후두의 하강을 불러올 수 있었고 낮은 후두는 음성 능력을 변화시키고 지성은 의미 표현 능력과 관련이 된다는 것 등이다. 우리가 보지 못하는 것은, 이 진화적 사건과 언어로 이끌 수밖에 없는 소진화 절차의 발동 사이의 관계이다. 언어의 등장이 유익한 것이었다면 왜 그런 사건들이 생기기를 기다렸어야 했는가를 이해하지 못하는 것이다. 이는 모든 잠재적인 선택압이 저절로 자연 속에서 충족된다는 뜻이 아니다. 단지, 언어의 경우에, 이제 막 부화하기를 기다리고 있던 의사소통 능력의 출현을 정당화하기 위해 이족보행의 출현, 도구의 조작 또는 후두의 하강을 핑계로 시나리오를 취하는 것은 이 의사소통 능력이 다른 방식으로 실현되지 못한 이유를 설명해주지 않는다.

이런 유형의 시나리오에서 다루지 않은 근본적인 질문에서 남은 것은 이토록 강하게 인류를 소통으로 이끄는 선택압의 유형을 정의하는 것이다. 이 진화 과정을 지연시키고 그다음에 다시 시작하게 된 조건을 찾는 것은, 동족에게 정보를 전달하는 개체들에게 이점이 있는 이유를 이해하지 못하는 한, 부차적이며 심지어 무의미한 일이다. 문제는 그러므로 무엇보다도 대진화적 성질이다. 우리의 경제 은유로 보자면, 어떻게 새로운 수요가 나타나고, 그 수요가 무엇인지를 이해하며, 그것을 만족시키기 위해 등장한 공급을 늦출 수 있었던 가능한 역사적 사건을 찾는 것이다. 그러나 언어 출현의 이유들은, 언어와 도구 조작, 언어와 사회적 지능의 유사함과 같은 몇몇 요약적인 가설에 매달릴 수 없을 정도로, 매우 난해하다. 그런 유추가 나중에 관련이 있는 것으로 판명되더라도, 우리 계통에서 우리가 몇 시간 동안 매일 탐닉하는 이 정교한 의사소통 행위의 출현에 대한 수수께끼를 이 유추만으로는 풀 수 없다.

다른 영장류들에서는 그 역할을 할 수 없었지만 인간 조상에게 언어가 담당한 새로운 역할을 규정하기 위해서 가장 좋은 방법은 아마도 언어의 구조에서 출발하는 것일 것이다. 언어는 생명체의 대부분의 특성들처럼 소진화의 열매이다. 그러므로 언어는 국소적 최적의 측면을 지닌다. 이 최적성은 생물학적 기능과 관련된다. 언어 구조의 연구는 그 기능에 대한 정보를 줄 수 있다. 2부에서는 매번 언어 구조의 요소들이 분명한 생물학적 기능을 수행하기에 적합한지 탐구하면서 그 언어 구조의 여러 측면들을 고찰할 것이다.

2부

말의 기능적 해부학

의학 영역에서는 기능에 관한 문제들이 언제나 구조에 관한 문제들을 동반했다. 심지어는 때때로 그에 선행하기도 했다. 19세기 초에 프란츠 요제프 갈Franz Joseph Gall은 큰 어려움 없이 대뇌 피질의 각 영역마다 하나의 기능을 할당했다. 철학의 전통도 이와 마찬가지이다. 데카르트는 송과선松果腺의 기능에 대하여 나름의 견해를 가지고 있었다. 놀랍게도 인간 언어의 경우는 예외이다. 인간 언어는 체계로 고려되어 한 세기 전부터 그 구조가 심화된 기술의 대상이었다. 그런데 언어학자들에 의해 기술되는 이러한 명확한 실체의 기능적 역할에 대한 문제는 흔히 부차적 차원에 머물러 있었다. 예를 들어 음절의 강세나 격의 표시는 상세한 기술의 대상이 된다. 그런데 의사소통의 매개체로서 고려되는 개별 언어의 기능에 있어서 강세와 격이 맡은 역할을 연구하는 학자들은 드물다.

우리가 진화의 관점에서 인간 언어의 존재 이유를 이해하기 원한다면 인간 언어의 생물학적 기능을 명확히 밝혀야 한다. 이를 위해 가장 좋은 것은 분명히 개별 언어의 구조적 요소들을 그 기능에 상세하게 연결시켜보는 것이다. 기능을 결정하는 것이 언제나 쉬운 것은 아니다. 심지어 그것은 흔히 위험천만한 연습이다. 그렇기 때문에 우리는 구조를 기능에 적용시키는 것이 반드시 필요하다는 것을 강조하면서도 때때로 기능의 문제를 단순히 제기하는 것에 그칠 것이다. 2부에서는 음운론, 통사론, 의미론의 몇몇 측면들을 언어어 살펴볼 것이다. 이는 인간 언어의 많은 특성들이 우연히 생긴 것이 아님을 확인하기 위한 것이다. 이렇게 논의를 진행하는 동안에 우리는 인간 언어에서 인간들 사이의 단순한 정보 교환 수단만을 보는 전통적 견해의 빈약함을 점점 더 강하게 느낄 것이다.

7장
소리의 조합

우리는 누구나 자신의 언어를 말하는 데 사용하는 소리들을 어느 정도 인식하고 있다. 어떤 사회에서는 소리글자를 사용함으로써 이를 더욱 잘 인식하고 있다. 아이나 외국인이 발음 실수를 저지르면 우리는 그것을 반사적으로 알아챌 뿐만 아니라 실수를 분석하고 교정할 수도 있다. 예를 들자면 어떤 독일 친구가 petit enfant에서 연음을 통해 t가 들리게 해야 하는 것을 빼뜨린다면 또는 그 친구가 badge를 batch처럼 발음한다면 우리는 그 실수를 알아차린다. 실수를 연음의 누락으로, 또는 badge와 같은 단어의 환경에서 프랑스어 je 소리([ʒ])를 발음하기 어려움으로 개념화할 수 있다. 또한 우리는 때로는 매우 미세한 차이를 통해 사투리도 알아챌 수 있다. 각각의 개별 언어와 각각의 사투리는 엄격한 규칙에 지배되는 음운 체계를 소유하고 있다. 이 규칙에서 조금이라도 벗어나면 외부인이라는 것이 드러난다. 즉 어렸을 때 해당 지역의 언어 환경에 속해 있지 않았던 사람이라는 것이 드러난다. 이러한 음운 규칙의 본질은 무엇인가? 진정으로 규칙에 해당한다면 생물학적 기능을 가지고 있는가?

7.1 인간 언어의 조음 동작

철학신생 ····· 이세 문사에는 두 가시가 있다고 말씀을 드려야겠네요. 모음과 자음이 있지요. 모음은 음을 나타내기 때문에 모음이라고 부르지요. 자음은 모음이 있어야 소리가 나며 다양한 음을 나타내기에 자음이라고 부릅니다. 모음, 즉 음에는 다섯 개가 있어요. '아', '에', '이', '오', '우'.

쥬르댕 모두 이해됩니다.

철학선생 '아'는 입을 크게 벌려 소리 내세요. '아'.

쥬르댕 '아', '아'. 그러네요.

철학선생 '에'는 거기에서 위턱과 아래턱을 가깝게 하면 돼요. '아', '에'.

쥬르댕 '아', '에', '아', '에'. 이런, 잘 되네요.

철학선생 그리고 '이'는 양턱을 더욱 가깝게 만들고 입의 양끝을 귀 쪽으로 당기세요. '아', '에', '이'.

쥬르댕 '아', '에', '이', '이', '이', '이'. 진짜 되는군요. 학문 만세!

철학선생 '오'는 양턱을 다시 벌려 입술의 양끝과 위아래를 모으세요. '오'.

쥬르댕 '오', '오'. 아주 정확하게 됩니다. '아', '에', '이', '오', '이',

	'오'. 이렇게 배우는 것이 참 멋지군요.
철학선생	입을 벌린 것이 꼭 O 모양처럼 둥글게 됩니다.
쥬르댕	'오'. '오'. '오'. 그러네요. 아! 무엇인가를 배우는 것이 이 토록 좋을 수가.
철학선생	'우'는 이렇게 해보세요. 윗입술과 아랫입술을 서로 닿기 직전까지 밖으로 쭉 내밀어 윗니와 아랫니도 서로 닿기 직전까지 가까워지도록 하세요.
쥬르댕	'우'. '우'. 정말 정확하게 되는군요. '우'.
철학선생	입술이 마치 뾰로통해졌을 때처럼 되지요. 그러니까 나리께서 누군가를 우롱하거나 놀리기를 원하시면 그 사람한테 '우'를 하시기만 하면 됩니다.
쥬르댕	'우'. '우'. 진짜 그렇군요. 왜 진작 공부를 하지 않았을 까? 이 모든 것을 배울 수 있는데.

_몰리에르, 「서민귀족」(1670)

이 유명한 음운론 수업은 인간 언어의 근본적 구성 요소들에 대한 문제를 제기한다. 인간 언어를 모음과 자음을 통해 분석해야 하는가? 아니면 조음 동작과 같은 더 근본적인 요소들을 고려해야 하는가? 만약 조음 동작이 자음과 모음을 정의하는 데 쓰인다면 개별 언어의 기초가 되는 소리인 자음과 모음이 인간 언어를 짓는 주춧돌이 된다고 고려할 수 없는가? 이 질문이 참으로 중요하다. 인간 언어의 근본적인 속성 가운데 하나가 생산적인 디지털 체계라는 것이며, 이 체계는 조합의 작동원리에 근거한다(1장 참고). 이 작동원리가 무엇으로 구성되어 있는지 이해하기를 원한다면, 그리고 우리 인간 종의 역사에 이 원리가 나타나도록 무엇이 유도할 수 있었는지 이해하기를 원한다면 어떤 유형의 실체에 대하여 이 작동원리가 작동하는지 아는 것이 기본이다. 그런데 이것은 조음 동작들을 결합하거나 소리들을 결합하는 것과 같지 않다.

음소에서 인간 언어의 원자를 보는 전통적 견해에 대한 반작용으로 어떤 학자들은 조음 동작의 우월성을 밝히려는 의도로 몇몇 사실을 내세운다. 인간의 조음 기관은 일종의 다성 악기가 될 때까지 진화했다. 우리는 사용할 수 있는 다양한 발성 통로를 작농시킴으로써 이것을 연주할 수 있다(Lindblom 1998). 진화는 예를 들어 영장류의 유연하지 않은 곧은 발성 통로를 독립적으로 작용할 수 있는 여러 부분을 포함하는 굽은 통로로 변형시켰다. 특히 혀의 근육이 세분화하였다. 즉 근육의 움직임이 상대적으로 얼마만큼 독립적인가에 따라 자유로움의 정도가 세 단계로 나누어진 혀를 갖게 되었다. 목구멍 속에 위치하는 혀의 뒤쪽 부분, 입천장과 마주하고 있는 혀의 몸통 부분, 치아와 닿게 될 수 있는 혀의 끝부분으로 나누어진다. 초당 10개에서 15개의 음소를 발음할 수 있는 것으로 보면 대화에서 분당 대략 150개의 단어를 발음할 수 있다. 이는 우리가 발성 기관의 통로 전체를 독립적으로 동시에 통제할 수 있기 때문이다. 어떤 학자들은 조음 동작을 통해서 기술하는 것이 음소의 구성 성분을 통해서 기술하는 것보다 더 경제적이라고 여긴다. 예컨대 아이들의 옹알이는 철저히 음성학적으로만 관찰하면 꽤 당황스럽다. 반면에 동작을 통해서 관찰하면 옹알이가 그 자체로 충분한 의미를 갖는다. 예를 들자면 생후 15개월 어린아이가 pen이라는 단어를 흉내낼 때 mant-e, mbo, bah, buan과 같이 음성학적으로 다양한 단어를 만들어낼 수 있다. 그런데 이렇게 만들어진 것들은 서로 관계가 없어 보이며 또한 표본인 pen과도 관계가 없어 보인다. 그렇지만 이 어린아이가 실행한 조음 동작들을 분석하면 그것들이 pen의 발음을 위하여 요구되는 동작들과 가깝다는 것을 알게 된다. 즉, 두 입술을 닫고, 성대문을 열며, 혀의 끝을 올리고, 치조를 닫은 다음에 물렁 입천장을 내린다(Studdert-Kennedy 1998). 어린아이는 저 동작들을 그처럼 복잡하게 단계별로 시행하지 않는다. 예를 들어 어린아이가 성대문을 열고서 물렁입천장을 올린 채 두 입술을 닫고 pen의 첫 소리인 [ph]를 실현시키려고 하면 mbu에서 보이는 유성화된 소리 mb를 얻게 된다.

마이클 스튜더트-케네디Michael Studdert-Kennedy의 관점에서 보자면 이와 같은 발음의 오류는 음성학적 기술을 통해 설명되는 것이 아니라 묘사되는 것이다. 어린아이가 따라 하려고 하는 것은 소리가 아니라 기초 조음 동작들의 정확한 조합이다. 음성적 수행에 대한 전통적 개념을 이렇게 다른 관점으로 변화시키는 것을 정당화하기 위하여 여러 학자들이 다음과 같은 의견을 제시한다. 우리가 자신의 언어의 소리에 대하여 갖고 있는 표상은 음운적 표상이 아니다. 그 표상은 소리들을 생산하는 데 관여하는 주요 구성 성분들의 총체로 구성되어 있다. 우리는 만나는 사람들의 신체 자세를 잘 이해한다. 자신의 근육을 지휘하여 즉시 그것을 흉내낼 정도이다. 이와 마찬가지로 우리는 다른 사람들의 조음 동작을 스스로 재현할 수 있는 듯하다. 그러므로 두 입술을 닫는 것 또는 혀 끝으로 입천장을 건드리는 행위와 같은 기초적인 조음 동작들이 언어의 진정한 원자일 수도 있다. 따라서 우리의 조상들은 음소를 스스로 재현하고 따라 하기 위해서 진화한 것이 아니라 조음의 구성을 재현하고 따라 하도록 진화했을 것이다. 그렇지만 우리는 이 관점이 상대적이라고 여기게 될 것이다.

7.2 인간 언어가 음성 언어이기 전에는 몸짓 언어였는가?

인간 언어를 조음 동작들의 조합으로 이해함으로써 몇몇 학자들이 진화적 관점에서 발성 기관의 역량과 동작을 모방하는 능력의 중요성을 강조할 수 있게 된다. 그리하여 인간 언어의 출현을 설명하기 위해 조음 동작들을 연결하는 능력과 예컨대 도구 제작에 관여하는 몸짓들을 연결하는 능력을 비교해 볼 수 있다. 우리는 르루아-구랑이 가치 있게 여긴 단어와 도구 사이의 관계를 이렇게 다시 보게 된다. 마찬가지로 우리는 분절되는 인간 언어가 몸짓 언어의 파생물이라고 제시해볼 수도 있다. 두 손으로 표현되는 몸짓 언어가 분절 언어보다 먼저 존재했을 것이다. 인간 언어가 기본 동작들을 조합하는 것과 관련된 능력이라면 그 동작들이 손의 움직임이든 발성 기관의 움직임이든 중요하지 않다. 이처럼 손의 동작을 통한 언어에 이어서 조음 동작을 통한 언어가 등장했다는 주장을 뒷받침할 만한 몇몇 사실들이 즉시 떠오른다. 오른손을 지휘하는 두뇌 구역과 브로카 영역이 가깝게 있는 것, 말과 함께 언제나 자연적으로 나오는 몸동작, 청각 장애인들에 의한 수화 언어의 완벽한 구사, 구두 의사소통이 불가능할 때 몸동작을 통해 의사소통을 할 수 있는 우리의 자연발생적 능력, 몸짓을 흉내내는 우리의 능력 등이 있다. 언어 능력의 기반이 기초적인 움직임의 요소들을 조합하는 기술에 있다면 위와 같은 능력들은 전혀 놀랄 만한 것도 아니며 우연히 생긴 것도 아니다.

몸짓 의사소통을 구두 의사소통의 전조로 고려하는 데 명백하게 결정적인 역할을 하는 주장은 손의 동작들이 당연히 가지게 되는 도상적 속성, 즉 형상적 속성에서 온다. 소리와 같은 추상적 기호가 구체적 개념과 단번에 연결되기는 원래 어렵다. 그러므로 인간 언어가 초기 단계에는 몸짓의 형태이었다는 가정이 매력적이다. 이 가정에 따르면 시니피에에서 시니피앙으로 넘어가는 이 과정이 더 쉬워지는 것 같기 때문이다(Corballis 1991, p. 229). 그러니까 당연히 가리키기나 흉내내기를 통하여 몸짓들이 구체적 실체를 지시했을 것이고, 그다음에 더 추상적 의미를 전달하는 데 말이 점차적으로 뒤를 이었을 것이다. 게다가 수화 언어를 사용하는 청각 장애인들에게서 언어와 관련하여 보이는 문제들에 대한 연구는 언어 능력이 구두 의사소통과 몸짓 의사소통이라는 언어의 사용 양태와는 관련이 없다는 견해를 지지하는 듯하다(Hickok et al. 1998). 이로부터 다음과 같이 생각하는 것이 가능하다. 몸짓에서 단어로 전이가 있었다면 첫번째 단계에서 획득한 것이 보존된 채, 즉 몸짓들을 조합하는 능력이 보존된 채 그 이행이 이루어질 수 있었을 것이다. 그런데 좀더 자세하게 살펴본다면 이 시나리오는 여러 문제점을 제기하며 또한 표면적 유사성에 근거한다는 것을 확인할 수 있다.

우선 말과 함께 자연스럽게 나오는 몸동작과 청각 장애인들이 실제로 사용할 수 있는 상태의 수화 언어를 구별해야 한다. 이것은 서로 다른 두 개의 행동이다. 말하면서 나오는 행동은 무의식적이고, 필연적이며, 자의적이지 않다. 그러한 행동은 구두 언어와 함께 나오는 경우에만 존재한다. 반면에 청각 장애인들이 사용하는 수화 동작은 자발적이고, 의식적이며, 대부분 자의적이다. 그러므로 우리가 구두 언어의 전조를 찾는다면 유일하게 적합한 후보는 청각 장애인들이 사용하는 이와 같이 코드화된 자족적인 몸짓 의사소통의 형식이다. 그렇지만 이와 같은 유래에 반대되는 주장도 많다. 피터 맥닐리지Peter MacNeilage는 그 가운데 몇몇을 언급한다(MacNeilage 1998). 무엇보다도 우선, 만약에 몸짓을 통한 의사소통이 일종의 행동적 화석에 해당한다면 우리의 행동에 그 흔적이 남아 있어야 할 것이다. 그런데 그렇지 않다. 몸짓을 통한 의사소통은 매우 특별한 조건에서만 나타난다. 청각 장애 아동들이 함께 모여서 양육되는 경우를 예로 들 수 있다. 다른 청각 장애 아동들과 떨어져 있는 청각 장애 아동들은 주위 사람들에게 자기가 표현하고자 하는 것을 이해시키기 위하여 몸짓을 통한 의사소통을 자발적으로 개발하지는 않는다. 또한 건청인들은 자기들끼리 의사소통하기 위하여[1] 또는 청각 장애 아동들과 의사소통하기 위하여 몸짓을 통한 의사소통을 자발적으로 사용하지는 않는다. 몸짓 코드의 사용이 가능하기는 하지만 일반적인 건청인의 생활에서는 절대 자발적으로 만들어지지 않는다. 이 사실은 우리의 조상들이 가까운 과거 또는 먼 과거에 오로지 몸짓으로만 이루어진 의사소통 코드를 사용했기를 바라는 가정에 대해서 의심이 피어나도록 한다. 몸짓 코드가 인간 언어의 첫번째 형태라고 가정한다면 모든 몸짓 코드가 완전히 사라진 것은 신비스러운 일일 것이다. 맥닐리지가 고려하는 또다른 문제는 몸짓 언어의 능력이 조음 언어의 능력으로 전이될 가능성에 대한 것이다.

---

1 흥정을 하거나 주식을 주문하는 데 사용되는 동작으로 이루어진 코드의 경우를 예로 들 수 있다. 그러나 이러한 코드는 의미적 영향이 매우 제한되어 있다. 즉 우리가 언어적 표현 방식에서 기대하는 것과 거리가 멀다. 오히려 이러한 코드의 빈약함(잠수부들의 코드를 생각해보라)은 의사소통에 특별히 관계된 동작 관련 능력이 존재한다는 사실에 반대되는 주장이다.

"운동 신경의 어떤 **추상적** 능력을 두뇌의 한 장소에서 다른 장소로 전이시킬 수 있었을 선택압의 본질을 상상하기 어렵다. 그러한 추상적 능력의 보기로는 현재 정렬되어 있는 상태와 무관한 시간적 정렬 능력을 들 수 있다."(MacNeilage 1998, p. 232)

맥닐리지는 손을 통한 방식과 입을 통한 방식 사이에서 동작이 동작으로 직접 해석될 수 없다는 것을 지적하며 설명을 이어 나간다. 그에 따르면 자음을 발음할 수 있도록 움직이게 하는 명령들 중에서 또는 혀와 양 입술의 위치에 관련된 조음 동작들 중에서 손의 방향, 모양, 움직임과 대응된다고 여겨지는 것들을 찾을 수 없다. 도상적 속성으로 보자면 위와 같은 두 개의 방식은 서로 다른 세계의 실체에 대응된다. 몸짓은 무엇보다도 주로 형태를 형상화하며 목소리는 어느 것보다도 소리를 흉내낸다. 그러므로 손을 통한 방식에서 입을 통한 방식으로 옮겨가는 것은 도상의 형식으로 전달되는 의미 전체에 대한 근본적 변화를 수반할 것이다. 맥닐리지는 또한 다음과 같은 사실을 관찰한다. 수화 언어에 노출된 아주 어린 나이의 청각 장애 아이들이 비장애 아이들에 비해 손으로 하는 몸짓을 더 많이 하는 성향을 보이지는 않는다. 단지 반복적이고 규칙적인 연결 동작을 더 길게 만들어내는 경향이 있을 뿐이다. 우리는 여기에서 비장애 아이들의 옹알이와 유사한 점을 찾고 싶어할 수도 있다. 이는 언어 능력이 표현 방식과는 독립적으로 발전된다는 생각을 강화해주는 듯하다. 그런데 구강이 반복적으로 열리고 닫히는 것이 목소리의 조음을 조절하는 데 있어서 기본적인 역할을 많이 할수록 몸짓을 통한 방식에서 주기적인 현상이 점점 없어진다. 그러므로 옹알이가 언어 습득에서 어떤 역할을 한다면 입을 통한 방식에만 관계된다. 여기에서도 또한 마찬가지로 두 가지 방식 사이에 동등함이 존재하지 않는다. 이 모든 사실들은 손과 눈이 연결되는 통로의 우월성에 대한 반대되는 논거가 된다. 인간 언어는 처음부터 입과 귀가 연결되는 통로에 주로 의존하여 발전된 것으로 보는 편이 타당하겠다. 몸짓을 통한 방식은 단지 보충적으로 개입했을 것이다. 그렇다고 하여 의사소통에 있어서 몸짓의 중요성을 의심하는 것이 아니다. 오히려 그와 반대이다. 언어에 수반되는 자연발생적인 몸짓은 우리 인간들의 의사소통 방식에서 독자적인 구성 요소이다(McNeill 1992, p. 19). 몸짓은 행동에 남아 있는 화석이 아니다. 즉 지나가버린 예전의 의사소통 체계의 유물이 아니다.

7.3 언어의 원자 : 몸짓인가 아니면 음소인가?

언어의 조합 기제가 보이는 특성, 즉 한정된 방법으로 무한한 쓰임을 만드는 특성은 일반적으로 독일 언어학자 빌헬름 폰 훔볼트Wilhelm von Humboldt의 창안으로 여겨진다. 화학이나 생물학에도 있는 이러한 일반적 원칙은 디지털 조합의 원칙이며 불변의 입자들이 존재한다는 것을 상정한다. 이러한 입자들은 물질의 원자들처럼 끊임없이 재배열되어 우리를 감싸고 있는 세계의 무한한 다양성을 내놓는다. 인간 언어의 이러한 조합 특성이 실재라면 언어라는 화학에서 원자들은 보편적 존재를 가져야 하며 이 원자들의 정체는 오해의 여지 없이 결정될 수 있으리라 기대된다. 인간 언어의 원자들은 무엇인가? 우리는 조음 동작들이 원자일 수 있다는 생각을 내놓았다. 물론 고전적이고 꽤 직관적인 관점은 원자의 역할을 하는 것이 차라리 음소라고 보는 것을 알고 있다. 그런 데 이 두 가지 경우 모두 원자를 언급하는 것은 문제가 있다. 각 개별 언어의 소리들이나 마찬가지로 조음 동작들도 불변하지 않는다. 엄밀하 게 보자면 하나의 문장을 똑같이 두 번 발음해내기는 매우 어렵다. 화 자가 달라서 생기는 차이는 말할 것도 없다. 조음 행위와 그것으로 생 긴 소리는 연속선상에서 변화한다. 조음 관련 기초 동작이든 음소이 든 불변의 요소들을 분리해내는 것은 언어학자의 필요성 때문에 도입 된 막연한 이상이라고 볼 수 있다. 우리는 이것이 사실과 다르다는 것 을 보이고자 한다. 인간 언어는 고유의 훔볼트 체계라는 것을, 즉 진정 한 원자들을 조합하는 음운적 화학이라는 것을 보이려고 한다.

각 개별 언어에 대한 전통적 분석은 청자의 관점에서 출발한다. 어 떤 단어를 다른 단어로 바뀌게 하는 또는 단어가 되지 않게 만드는 최 소 표지인 변별 속성을 찾는 분석을 한다. 특히 음소가 이런 방식으로 정의된다. 각 개별 언어의 구성 요소들이 갖는 불연속적 속성, 즉 점진 적이지 않은 속성은 구성 요소 자체에 본래 부여되어 있다. 영어 단어 peer와 beer 사이에 또는 프랑스어 단어 pierre와 bière 사이에 음성적 점증이 없다는 것은 언어학자가 결정하지 않는다(Martinet 1967, p. 22 ; Mehler & Dupoux 1990, p. 232). 모국어 화자에게 들리는 것은 각각 두 단어 가운데 하나이다. 두 단어의 혼합이나 또는 두 단어의 중간에 있 는 어떤 것이 들릴 수는 없다. 우리는 이로부터 인간 언어에게 불연속 적이고 조합적인 속성이 있다는 것을 인정할 수밖에 없다. 화자의 핵심 능력은 소리 나는 유연한 물질로 모양을 잡는 것이 아니라 여러 결합 체를 구현하는 것이다. 화자는 조각가가 아니라 건축가이다.[2] 건축가가 건설에 사용하는 기초 벽돌들의 가변성은 그 벽돌들이 정확하게 인식되기만 하면 불편하지 않다. 만약 인간 언어가 조합의 특성을 갖고 있지 않다면 발음에 대한 모든 변이는 의미의 변화를 가져올 것이다. 이와 반대로 인간 언어는 조합의 특성을 갖고 있기 때문에 기본 요소들이 어느 정도 변이될 수 있어서 왜곡에 맞서며 변조가 가능하다. 예컨대 재미삼아 beer를 열 번 발음하는데, 주장, 절망, 외침과 같은 느낌을 나타내기 위해 매번 음소들의 길이나 상도를 변화시키면서 또는 조음 방법을 변화시키면서 발음해볼 수 있다. 이렇게 해도 열 번 모두 동일한 단어일 것이다. 반면에 b가 p로 변형되도록 미세하게 변화만 주어도 우리는 다른 단어를 얻는다. 이는 디지털 조합 체계의 특성을 보여준다. 즉 억제된 가변성과 돌연한 전이를 보여준다(1장 참고).

그렇다면 문제는 이 조합 체계가 음소에 대한 것인지, 표준적 조음 동작에 대한 것인지, 아니면 또다른 어떤 기초적 차원에 대한 것인지 아는 것이다. 조음 동작은 음소의 차원보다 더 섬세한 차원에서 작동한다. 각 모음이나 자음은 조음 동작의 총체로 분석될 수 있다. 예를 들어 음소 p는 양 입술의 순간적 폐쇄와 성대문의 닫힘을 필요로 한다. 성대문이 닫힘으로써 성대가 떨리지 않게 된다. 그러나 조음 동작을 통한 분석은 흔히 너무 세부적이다. 모음들을 발음해봄으로써 이를 금방 확인할 수 있다. 예를 들어 연필을 가로 방향으로 이빨로 문 채 모음 a를 발음해보자. 사용된 움직임들이 평상시와 다름에도 불구하고 그렇게 생겨난 발음을 완벽히 알아들을 수 있다. 이 간단한 실험은 조음 동작들이 하

---

2 물론 이 말이 음운론의 모든 측면에서 사실인 것은 아니다. 예를 들어 억양은 점진적으로 변할 수 있다.

나의 목표에 도달하기 위한 여러 방식들의 총체를 구성하지만 그 목표
는 본질적으로 조음 동작들과는 다르다는 것을 보여준다. 비욘 린드블
럼Björn Lindblom은 우리의 발성 기관을 다성 악기와 비교한다(Lindblom
1998). 이 은유를 이어가보자. 기타, 류트, 밴조와 같은 악기에서 주어진
어떤 음을 만드는 데 여러 다른 운지법들이 있을 수 있다. 어떤 곡들은
음표가 있는 악보 형식으로 관례에 따라 적히지만 또 어떤 곡들은 운
지법을 직접 가리키는 운지법 도표의 형식으로 적힌다. 우리가 사용하
는 언어 능력의 표상이 악보에 가까운지 운지법 도표에 가까운지 이러
한 유사성에 따라 따져보자. 운지법 도표로는 음에 대한 작업을 실행할
수 없다. 운지법 도표에서는 밴조와 기타가 동일한 악절을 연주하는지
쉽게 알 수 없으며, 예컨대 조를 올림으로써[3] 할 수 있는 조옮김을 쉽
게 할 수 없다. 이러한 것들은 음악이 관례적인 악보 형식으로 기보되
어 있으면 훨씬 더 명확하게 알 수 있는 것들이다. 발음에 있어서 우리
의 언어 능력이 오로지 조음을 통해서만 표출된다면, 우리의 비유로는
운지법 도표를 통해서만 표현된다면, 소리들 사이의 어떤 관계는 그 자
체만으로도 복잡해질 것이다.

언뜻 보면 언어 체계가 조음 작용을 통해 정의되는지 아니면 소리
를 통해 정의되는지 딱 잘라 결정하기가 어려운 듯하다. 보기를 몇 개
들어보자. 영어 단어 train과 rain에서 r에 대응되는 소리는 동일하지
않다. 즉 동일한 조음 동작을 통해 얻어지지 않는다. 그렇지만 구별되
는 다른 음소가 아니다. 이것을 동일한 음소의 '이음'이라고 한다. 정의

---

3 조옮김은 '비어 있는' 음들 때문에 운지법의 변화를 필요로 한다.

에 따르면 두 개의 음소는 해당 개별 언어에서 음소만으로 두 개의 단어를 구별시켜줄 수 있다. 그런데 위의 경우는 이에 해당하지 않는다. 영어 단어의 어떤 쌍도 음소 r의 발음에 대한 위의 차이만으로 구별되지 않기 때문이다. 이음을 고려하지 않은 채 음소를 통해 기술을 할 경우에 생기는 한계를 이렇게 볼 수 있다. 역사적으로 봤을 때 프랑스어에서 혀를 굴려 발음하는 r이 목구멍에서 발음하는 r로 대체된 사실도 마찬가지로 순진히 음소를 통해 기술되는 것에서 벗어난다. 이제 다음과 같이 몇몇 음소들의 연쇄를 금지하는 '규칙'을 살펴보자. 프랑스어에서는 b 다음에 s가 올 수 없고, t 다음에 z가 올 수 없으며, g 다음에 s가 오지 못하고, z 다음에 p가 올 수 없다. 이 규칙에 따르자면, 프랑스어 화자는 opserver, tsar, gzavier, strazbourg라고 발음하거나, 아니면 obzerver, dzar, ksavier, straspourg라고 발음할 수밖에 없다. 이 규칙은 음성학의 입장에서 보자면 단순하지 않다. 예를 들어 pz, ds, kz, vt처럼 금지되는 자음의 연쇄를 모두 열거해야 하기 때문이다. 반면에 조음 현상에 더 가까운 기술은 더 경제적이다. 유성 자음(b, d, z, g, f)과 그렇지 않은 자음(p, t, s, k, f)이 연이어 나오는 경우에 그것을 금지시키는 것으로 충분하다.[4] 더욱이 이러한 금지는 보편적인 듯하다. 그리고 이 금지는 기계적 제약(성대문이 천천히 열림)과 연관되어 있는 듯하므로 엄밀한 의미의 음운 규칙을 훨씬 넘어 우리의 조음 기관에 내재되어 있는 제약이라고 생각할 수 있다. 어쨌든 이 제약은 유성과 비유성의 대립이라는 조음과 관련된 특성을 통해 잘 설명된다. 많은 수의 음운

---

4 이 제약을 고려하면 영어에서 복수형의 구성을 단순하게 설명할 수 있다. 예를 들면 cat / cat[s], judge / judg[iz], slave / slave[z]가 있다.

현상이 이와 마찬가지이다. 그래서 대부분의 음운 규칙은 조음 동작을 연상시키는 자질을 통해 설명된다. 예를 들어 노엄 촘스키와 모리스 할레Morris Halle는 자신들의 음운 이론에서 30여 개의 변별 자질을 철저히 조음 방식만으로 다음과 같이 정의한다.

"모음의 특성을 가진 음들은 '구강'에서 생산된다. 이때 구강 안에서 일어나는 협착이 고모음 [i]와 [u]에서 나타나는 것보다 더 좁아질 수는 없다. 또, 성대는 자발적인 발성이 일어나도록 하는 곳에 위치한다. …… 설단상승음들은 설단이 중립적 위치보다 높은 곳에 위치함으로써 생산된다."(Chomsky & Halle 1968, p. 302)

그러므로 음운 현상을 기술하는 데 조음 동작만을 고려하는 것이 유용해 보인다. 그런데 이것은 사실과 다르다. 우선 언어학자들이 포착한 몇몇 자질은 조음의 관점에서 보면 기본적이 아니라는 사실을 짚고 넘어가자. 예를 들어 앞에서 제시한 유성음의 정의는 구강의 형태와 성대를 모두 개입시킨다. 이어서 더 근본적인 것을 말하자면 몇몇 차이는 명백하게 입보다 귀와 관련이 있다는 것이다. 모음을 예로 들어 보자. 〈표 7.1〉은 다양한 개별 언어에서 사용되는 모음의 수가 3개에서 15개까지 상당히 다양하다는 것을 보여준다. (비음화나 길이와 같은 음운적 변이는 제외하고 모음이라는 특성만 고려한 것이다.) 크로더스Crothers의 연구는 209개의 개별 언어를 다루며 매디슨Maddieson의 연구는 317개의 개별 언어를 대상으로 삼는다. 많은 수의 개별 언어가 5개의 기본 모음을 보유하고 있지만 무시하지 못할 수의 개별 언어가 3개만을 보유하고 있다. 북해 근처에서 사용되는 카바르드어, 아마존 지역에서 사용되는 무라어, 북아메리카 인디언 언어인 알라바마어를 예로 들 수 있다. 이러한 최소 모음 체계에서 쓰이는 모음은 [a], [i], [u]이다. 이들 모음은 각각 매디슨이 연구한 개별 언어의 88%, 92%, 84%에서 보인다. 4개에서 6개의 모음을 갖고 있는 개별 언어들은 추가로 [ɛ]와 [ɔ]를 가지고 있으며 또한 [u]와 [i]의 중간인 중설 모음 i [ɨ]를 가지고 있다. 모음 [e]와 [o]는 최소 7개의 모음을 갖고 있는 체계에만 들어 있다. 모음 체계의 이러한 상대적 보편성은 엄격하게 조음의 관점에서만 보면 완선하게 설명될 수 없다. 반면에 청각 자료를 고려하면 명쾌하게 설명된다.

모음의 개수	연구 대상 개별 언어의 백분율	
	(Crothers 1978)	(Maddieson 1984)
3	11%	5%
4	11%	9%
5	29%	31%
6	17%	19%
7	12%	15%
8		5%
9	3%	8%
10		5%
11 또는 그 이상		3%

〈표 7.1〉 모음 목록의 크기에 따른 개별 언어들의 분포

〈그림 7.1〉은 방금 살펴본 모음들이 제1형성음과 제2형성음일 때 어떻게 분포되는지 보여준다. 모음은 진동하는 소리이므로 형성음은 첫번째 공명진동수이고, 귀는 공명진동수로 형성음을 구별한다. 이 그림에서 모음 [a], [i], [u]가 서로 가장 멀리 떨어져 있음을 확인할 수 있다. 이 모음들은 우리의 발성 기관이 단순하게 낼 수 있는 가장 잘 구

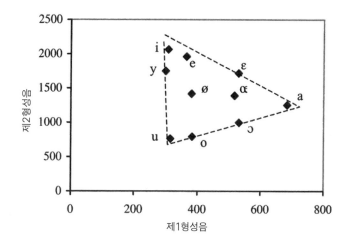

〈그림 7.1〉 남성 목소리의 제1형성음과 제2형성음에 따른 주요 모음들의 분포

별되는 모음이다. 또한 모음 [ɛ], [ɔ], [ɨ]도 그림에서 다른 모음들과 확실히 구별되도록 위치해 있음을 확인할 수 있다. 개별 언어들이 이렇게 잘 구별되는 모음들을 선호하는 현상은 경험에 의하면 확실해 보인다. 그런데 순전히 조음 관련 사항들만 본다면 어떤 것도 그리 확실하지 않을 것이다. 예를 들어 [ɨ](또는 [o])를 발음할 때 위턱과 아래턱을 벌려도 음향 차이가 매우 약하게 생길 뿐이다. 언어 체계들은 매우 잘 구별되는 모음들의 총체로 안정화되었다. 조음 체계는 습득 덕분에 이들 제약에 맞춰져야 했다. 다른 말로 하자면 각 개별 언어의 모음들은 조음 관련 제약만으로는 도출될 수 없는 고유한 실재이다. 우리의 비유에 따르면 모음의 대립은 운지법 도표에서보다 악보에서 더 자연스럽게 표현된다.

모음에 대한 위의 보기는 언뜻 보기에는 난처한 현상을 드러낸다. 인간 언어가 기초적인 소리 또는 기초적인 동작의 조합에 근거한다면 이러한 소리 또는 동작에 있어서 어느 정도 보편성을 기대할 수 있어야 한다. 그런데 어떤 모음들은 다른 개별 언어를 말하는 화자들이 전혀 알지 못하는 것이다. 몇몇 영어 화자들이 프랑스어의 u([y])를 발음할 때 겪는 어려움을 예로 들 수 있다. 그러므로 다양한 음성 체계의 기본 원자들을 부분적으로는 습득의 결과로 볼 수도 있다. 다시 말하면 언어의 조합 체계만 습득되는 것이 아니라 기본 음소이든 기본 소음 동작이든 조합되는 요소들도 습득되는 것이다. 그렇다면 인간 언어의 음운 관련 규칙들은 우리가 낼 수 있는 소리의 범위를 제한하는 조음과 관련된 모호한 제약들과는 다른 생물학적 토대를 가지고 있다는 말인가? 만일 그렇다면 음운 조합이 발생하는 데 있어서 자연선택이 할 수 있었던 역할이 무엇인지 의문을 갖는 것은 소용없는 일이다. 실제로는 문화적 출현에 속하는 것과 사람들의 생득적 능력에 속하는 것을 구분 지을 수 있으면 생물학적인 부분이 더욱 명확하게 보일 것이다.

7.4 각 개별 언어의 음운 구조

음운 체계를 규정하는 데 있어서 생물학적인 부분의 문제를 제기할 수밖에 없는 것은 음운 체계의 가변성 때문이다. 음소 그리고 음소들의 연결을 지배하는 규칙이 개별 언어에 따라서 크게 다르다. 또한 그뿐만 아니라 [a], [i], [u]로 된 모음 체계의 우위와 같은 어느 정도 보편성을 갖는 음운 관련 측면들은 청각과 관련된 일반적 제약을 통해 설명되는 듯하다. 예를 들어 청각과 관련된 차이가 있을 수밖에 없다는 사실과 조음은 보다 쉽게 하려고 한다는 사실을 고려하면 〈그림 7.1〉에 가까운 모음 배열이 나타날 수 있다고 몇몇 학자들이 보여준다(Carré 1996 ; Lindblom 1998). 이 학자들은 모음이 매우 적은 개별 언어들은 만들기 쉬운 모음들을 주로 사용한다는 것을 증명한다. 이들은 단순한 모형의 조음 기관을 가지고 비용의 개념을 조음에 적용함으로써[a](중얼거림 소리 a)나 [ɔ](목갈이 소리 o)와 같이 청각적으로 뛰어난 대비를 보이지만 조음의 측면에서 보다 복잡한 모음들이 규모가 작은 모음 목록에는 포함되지 않는 이유를 설명한다. 린드블럼은 개별 언어는 모든 것이 서로 연관되어 있는 체계라는 원칙에서 출발한다. 특히 어떤 음소를 만들기 위해 사용된 몇몇 조음 기제가 또다른 음소를 만들기 위해서 최소한의 비용으로 다시 사용될 수 있다. 예를 들어 프랑스어 비음 [ɛ̃](vin), [ã](vent), [ɔ̃](bon), [œ̃](brun)은 모음 [ɛ], [a], [ɔ], [œ]로부터 모두 동일한 동작을 통해 얻어진다.[5] 린드블럼이 이러한 조음 관계를 고려하는 것은 음소 하나하나의 비용을 추산하기 위한 것이 아니라 음소 체계의 비용 전체를 추산하기 위한 것이다. 르네 카레René Carré도 또한 단순한 모음 체계의 필수적 특성을 밝힌다. 그는 소리 생산의 용이성에 대한 이론적 측면(그는 후두를 변형 가능한 단순한 관으로 모형화한다)과 신호들 사이의 물리적 대비만을 근거로 삼는다. 즉 소리의 생산 기관과 인지 기관의 생리적인 측면은 실제로 고려하지 않는다. 이런 종류의 연구로부터 다음과 같은 사실을 끌어낼 수 있다. 여러 개별 언어의 모음 체계는 총체적으로 조음의 경제성과 구별의 용이성 사이에서 합의를

---

5 이 현상이 un에 있어서는 지역에 따라 나타나지 않기도 한다. 특히 파리 지역에서는 다르게 발음된다.

실현하는 데 국소적으로 최적화되어 있다. 문제는 이러한 최적화를 실현시키는 기제가 무엇인지 아는 것이다.[6]

언뜻 보기에 이러한 최적화는 완전히 문화적 진화 때문인 듯하다. 차용, 파생, 또는 심지어 유행 현상과 연결된 역사적 우연에 의해 개별 언어들이 음운의 차원에서 서로 갈라지는 경향이 있다. 그런데 이러한 원심력과는 별도로 사람들이 서로 이해해야 하는 필요성, 또 마찬가지로 아이들이 자신들의 언어의 음성 체계를 쉽게 배워야 하는 필연성 때문에 음성 체계는 국소적 최적 상태가 되도록 압력을 받는다. 너무 복잡한 조음이나 거의 구별이 되지 않는 발음 차이는 어휘적 혼동을 심하게 만들지 않는 경우에 점점 단순해진다. 예를 들어 표준 프랑스어에서 patte의 [a]와 pâte의 [ɑ]의 대비는 줄어드는 경향이 있다. 반대로 대비를 부각시키기 위해 작은 소리의 차이가 도입되기도 한다. 프랑스어에서 camping의 [ŋ] 또는 gin의 [ʤ]가 유입되어 계속 사용되는 것이 아마 그러한 역할을 하는 것 같다. 이러한 변화를 통하여 개별 언어들은 끊임없이 갱신되는 합의를 실현시킨다고 볼 수 있다. 이 합의는 체계상의 원심력과 응집력 사이에서 이루어지는 일종의 역동적 균형이다. 각 경우에서 생긴 결과가 국소적 최적 상태일 수 있다. 그리고 이것은 사람들 사이의 상호 이해의 필요성과 생산 관련 제약으로부터 나타난 결과이다. 생물학은 이러한 개별 언어들의 적응 현상에서 이렇듯 어떤 명백한 역할도 하지 않는 듯하다.

---

6 국소적 최적성의 개념은 종들의 진화와 관련하여 앞의 여러 장에서 말한 개념과 같은 의미로 사용되었다. 지금의 논의는 알란 프린스Alan Prince와 폴 스몰렌스키Paul Smolensky의 최적성 이론과는 먼 관계가 있을 뿐이다. 이들의 이론은 음소들의 연결이 제약 규칙에 관하여 최적의 상태이어야 한다고 명시하고 있다(Prince & Smolensky 1993).

각 개별 언어에 있어서 내적 규칙에 의해 완전히 지배되는 닫힌 체계 이외에는 아무 것도 고려하지 않는 것이 좋아 보이는 경우가 많다. 이러한 접근 방식이 구조주의 언어학의 틀에서 번성하였다. 각 개별 언어들이 자신의 음성 체계를 국소적으로 최적화된 체계로 만들기 위하여 그 체계를 진화시키고 적응시키는 방법에서도 마찬가지로 조절에 관계된 내적 규칙의 효과를 볼 수 있다. 그런데 이 체계를 외부로부터 바라보면 그 체계가 존재하도록 만드는 것이 무엇인지 설명해야 한다. 언어의 체계는 생물학적 기반에 토대를 두고 있다. 그리고 언어가 인류의 선사시대에 출현한 이유를 이해하고 싶으면 그 생물학적 기반을 명확히 하는 것이 바람직하다. 효과적인 의사소통을 가능하게 해주는 소리들이 개개인에 의해 생산되는 것은 다음 세 가지의 각기 다른 적응 기제에 근거한다. 자연선택에 의한 생물학적 진화, 문화적 진화, 개인적 습득이 그 기제들이다. 체계적 접근은 흔히 이 기제들이 각기 독립적이라고 생각하게 된다. 그런데 사실은 그렇지 않다. 자연선택은 직접 영향과 간접 영향을 동시에 갖는다. 한 개인이 확연히 구별되는 소리들을 발음할 가능성을 갖는 것은 조상들의 발성 기관이 유인원들의 발성 기관과 다르다는 점에서 그렇게 발음할 수 있도록 직접 선택되었기 때문이다. 또한 자연선택은 개인들에게 언어적 소리들을 익히는 능력과 그 소리들을 일정한 방식으로 연결시킬 수 있는 능력을 부여하였다. 그런데 이 능력은 언어의 통시적 변화에 대해 간접적으로 틀을 잡고 방향을 정한다. 언어는 아이들에 의해 발음될 수 없거나 습득될 수 없는 요소들을 절대 포함할 수 없을 것이라는 것은 명백하다. 이보다는 덜 명백하지만 그만큼 중요한 사실이 또 있다. 언어가 아무런 음운 구조에나 근거를 둘 수 있는 것은 아니다. 앞으로 다룰 내용은 우리가 음절과 같은 어떤 음운 구조들을 선천적으로 다룰 수 있다는 것을 제안한다. 이러한 유형의 논지를 따르자면 우리 인간 종의 생물학은 우리가 지금 말하고 있는 언어를 규정하는 것이 아니라 언어란 무엇일 수 있는지를 거의 모두 규정한다.

7.5 소리 연결에 기반한 정신 구조

화자들은 정도의 차이는 있지만 누구나 자신의 모국어에 규칙성이 있다는 것을 인식한다. 예를 들어 표준 영어 화자는 아래와 같은 대응을 알 수 있다(Durand 1990, p. 114).

divine	divinity
crucify	crucifixion
satire	satiric
sane	sanity
abstain	abstention
volcano	volcanic

왼쪽 열의 단어에서 밑줄 친 모음은 이중 모음이다. 즉 두 개의 모음 음소처럼 발음된다. 위 세 줄은 [aj]로 나머지 세 줄은 [ej]로 발음된다. 접미사가 첨가되면 이중 모음은 자동으로 사라진다. 다른 모음에 대해서도 이러한 교체를 볼 수 있다. 예를 들어 cone – conic에서는 모음이 [ow]에서 [ɔ]로 바뀌며, profound – profundity에서는 [aw]가 [ʌ]

로 되며, 또한 assume - assumption에서는 [ju]가 [ʌ]로 변한다. 이중 모음과 기본 모음의 대립은 이처럼 체계적인 측면을 갖는다. 강세를 받는 장모음이 어떤 조건에서 이중 모음으로 변하고, 또한 반대의 경우도 있는 것은 언어에서 보이는 음운적 규칙성에 속한다. 이는 언어학자들에 대한 진정한 도전에 해당한다. 언어학자들은 대부분 다음과 같은 가정을 한다. 즉, 이러한 규칙성은 단순한 통계적 호기심이 아니며, 화자들은 암기한 형식을 기억해 내는 것이 아닌 다른 것을 한다. 화자는 말을 하면서 무의식적으로 어떤 기제들을 적용한다. 많은 언어학자들이 이 기제들을 밝히고 그것들을 규칙의 형태로 나타내려고 애쓴다. 다른 예를 살펴보자. 프랑스 남부 지방에서 자란 화자는 중설 모음 [e], [ø], [o]를 포함하는 단어의 음운 현상에 다음과 같은 체계적 규칙을 적용시킨다. 이들은 특정 조건에서 해당 모음들을 그에 대응되는 좀더 열린 모음인 [ɛ], [œ], [ɔ]로 각각 대체한다. 그래서 fait - faites, heureux - heureuse, faux - fausse의 앞 단어에서 밑줄 친 모음은 폐모음으로 발음되는 반면에 두번째 단어의 모음은 개모음으로 발음된다. 표준 프랑스어에서도 같은 유형의 단어 쌍을 찾을 수 있다. 예를 들면 sot - sotte, différé - diffère, entier - entière, bêtise - bête가 있다. 그리고 이 현상이 때로는 poétesse - poète에서처럼 철자에 드러난다. 그렇지만 이를 일반적인 현상으로 보기는 매우 어렵다. 반면에 이 현상이 프랑스 남부 지방의 말투에서는 체계적인 것이다. 이러한 체계적 특성은 심지어 모르는 단어에까지 확장된다. 예컨대 rastole의 o는 개모음이 되어야 할 것이며 반면에 rastolin의 o는 폐모음이 되어야 할 것이다. 이러한 규칙성을 어떻게 설명할 것인가? 개모음 뒤에 오는 음절에 슈와라는 이름의 [ə]가 존재하는 것에 주목하는 것이 좋은 생각일 수 있다. 예를 들면 남프랑스 지방의 말투에서 sotte([sɔtə])의 o는 그 뒤에 오는 [ə] 때문에 개모음으로 발음된다고 볼 수 있다. 그 뒤에 오는 음절이 일반적인 모음을 포함하거나 뒤에 음절이 오지 않을 경우에는 폐모음으로 발음된다. 그런 식으로 sot와 sottise는 프랑스 남부에서 말할 때 폐모음 o를 가져야 한다. 안타깝지만 방금 제시된 규칙이 모든 경우를 설명하는 것은 아니다. 예컨대 resté - reste, posté - poste에서 음절 té 앞에 있는 모음은 규칙에 따르면 폐모음이 되어야 하지만 밑줄 친 모음은 모두 개모음으로 발음된다. 규칙성을 발견하고 요약하는 것이 항상 쉬운 것만은 아니라는 것을 이렇게 알 수 있다. 때때로 이 작업은 예외로 얼룩진 복잡한 규칙들을 만들어내며, 예외의 수가 많아서 해당 현상이 실제로는 설명되지 않은 셈이 된다. 그렇지만 지금 살펴보고 있는 경우에 대해서는 만족스러운 규칙을 도출하는 것이 가능하다(Durand 1990, p. 223). 이를 위해서는 개모음이 되는 모음을 포함하는 음절을 살펴봐야 한다. 그러한 모음이 음절의 끝이 아니면 개모음이 되며 음절의 끝에서는 변하지 않고 폐모음인 채로 있다. 예를 들어 faux([fo])의 모음은 음절의 끝에 있으므로 폐모음으로 발음된다. 반면에 단음절로 고려되는 단어 fausse([fos] 또는 [fosə])[7]에서 모음은 음절의 끝이 아니다. 따라서 개모음으로 발음되어야 한다. 이 위치에서 o가 폐모음으로 발음되면 프랑스 남부 지방에서는 올바르지 않은 발음으로 인식될 것이다. 이 규칙은 해당 현상의 체계적 규칙

---

7 어떤 학자들은 이 단어에 두 개의 음절이 있다고 여기는 편을 택한다. 이 두 음절은 시의 운율법에서 그러하듯 함께 하나의 '음보pied'를 형성한다. 중설 모음은 음보의 끝에 올 경우에 그리고 그 경우에만 폐모음이 된다.

성을 잘 설명한다. 이 규칙이 없다면 당황스럽게 여겨질 다음 몇몇 사실도 설명된다. 예를 들어 밑줄 친 모음이 pre̩stidigitateur에서는 개모음으로 발음되며 pré̩stimulation에서는 폐모음으로 발음된다. 앞 단어에서는 음절이 pres 다음에 분할되며 둘째 단어에서는 접두사 pré 다음에 분할되기 때문이다.

우리가 방금 상세히 기술한 것과 같은 체계적 현상을 관찰함으로써 우리가 말을 할 때 작동시키는 정신 기제의 두 가지 근본적인 속성을 보일 수 있다. 그러한 정신 기제들이 존재한다고 생각할 충분한 근거가 있다는 것이 첫째 속성이며, 둘째 속성은 그 정신 기제들이 구조와 관련이 있다는 것이다. 중설 모음이 개모음으로 발음되는 보기를 통해 세울 수 있는 가장 간단한 가정은 음절이 존재한다는 것과 그 음절의 구조에 민감한 기제가 존재한다는 것이다. 하나의 음절은 '핵noyau'을 이루는 하나 또는 여러 개의 모음을 중심으로 구성되어 있다고 표상하는 것이 일반적이다. 핵의 앞에는 '음절 초attaque'가 있으며 뒤에는 '음절 말coda'이 있다. 핵과 음절 말이 함께 모여 다음 그림과 같이 '운rime'을 형성한다.

다음 그림은 개모음으로 발음되는 중설 모음 규칙에서 음절 말이 하는 역할을 잘 보여준다.

즉 프랑스 남부 지방 화자의 입장에서 보자면 음절 말이 비어 있지 않은 경우에는 핵의 중설 모음이 fausse에서처럼 개모음으로 발음되어야 한다. 이렇게 수형도 형태로 음절을 표상하는 것은 여러 개별 언어에서 보이는 많은 현상들을 설명하기에 알맞아 보인다. 프랑스어에서는 연음의 몇몇 측면을 이러한 수형도가 설명할 수 있다. 예를 들어 les-watts 또는 les-westerns는 연음을 용인하지 않는 반면에 les-z-oies는 연음을 하여 발음한다. 단어 oie와 watt가 음성학의 관점에서 거의 동일함에도 불구하고 이런 현상이 나타난다. 이에 대한 설명은 다음과 같은 음절 구조를 통해 제시된다.

여기에서 단어 oie는 음절 초가 비어 있는 구조를 나타내기 때문에 연음을 받아들 수 있지만 watt의 경우는 그렇지 않다(Kaye & Lowenstamm 1984, p. 139). 프랑스어의 음절 축약(모음 융합)에 대한 규칙의 예외도 이와 마찬가지로 설명된다. 어간 loue, rie, rue에 접미사가 붙어서 파생된 louer, rieur, ruelle은 음절 하나로 발음될 수 있다. 즉 louer는 [u]가 반모음 [w]로 대체되어 [lwe]로 읽힐 수 있다. 이렇게 하여 모음 충돌을 피한다. 이 원칙은 꽤 일반적이다. 두 개의 모음을 포함하고 있는 음절에서는 pierre, lueur, mouette, fier에서 볼 수 있듯이 모음 가운데 하나가 흔히 반모음으로 바뀐다. 그런데 이러한 음절 축약 규칙에는 체계적 예외가 있다. 즉 louer, tuer, lier는 [lwe], [tye], [lje]와 같이 하나의 음절로 발음될 수 있는 반면에[8] trouer, (in)-fluer, plier 는 두 개의 진정한 모음을 통하여 반드시 두 개의 음절로 발음되어야 한다. 음절의 맨 앞에 있는 자음과 유음[9]에 의해 음절 축약이 차단된다는 것을 가능한 이유 가운데 하나로 제시할 수 있겠다. 이는 prouesse, prière, brouette, bleuet로 입증된다. 그렇다면 croire, trois, pluie, groin은 자음과 유음으로 시작됨에도 불구하고 어째서 하나의 음절로 발음될 수 있는가? 이 단어들은 음절 축약을 필요로 하지 않는다는 데서 답이 나온다. 예를 들어 croire의 어간은 이미 두 개의 모음을 갖고 있기 때문이다. 반면에 prouesse, prière 등은 파생어이다. 적어도 어원의 측면에서 보면 그렇다.[10] 이러한 파생어들에 대해서는 음절 축약이 거부된다. 조나단 케이Jonathan Kaye와 장 로벤슈탐Jean Lowenstamm은 음절 축약이 차단되는 위의 두 가지 경우에 대해 음절 수형도를 다음과 같이 비교하며 해석한다(Kaye & Lowenstamm 1984, p. 146).

음절 축약 현상은 모음이 반자음 형태가 되어 음절 초에서 합쳐지게

---

8 퀘벡의 몇몇 지역 말투에서는 그렇지 않다. 해당 지역에서는 어근이 두 개 이상의 음절을 포함하고 있는 경우에만 그럴 가능성이 있다. 그리하여 lier는 반드시 [lije]로 발음되어야 하며 confier는 반드시 [kõfje]로 발음되어야 한다(Kaye & Lowenstamm 1984, p. 139).
9 프랑스어에서 유음은 l과 r이다. 유음은 반모음과 동일한 음소 부류에 속한다.
10 prouesse는 preux에서 파생되었으며, brouette는 beroue(bi-roue, 바퀴 두 개)의 지소사이다.

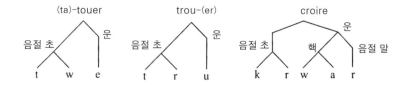

하는 현상이다. 음절 초가 자음과 유음으로 구성되어 있으면 음절 축약의 가능성이 차단된다. 예컨대 trouer라는 단어는 형태적으로 두 개의 음절 trou-er가 붙어서 생긴 것이므로 -touer의 경우와는 달리 하나의 음절로 합쳐질 수 없다. 방금 앞에서 설명한 금지 때문이다. 단어 trouer는 croire와 같은 구조를 가질 수도 없다. 단어 croire의 구조는 음절 축약으로부터 생긴 것이 아니기 때문이다.

화자들은 이러한 기제를 어떻게 실행하는가? 이러한 보기들은 우리가 단순히 어떤 규칙성을 상대하는 것이 아니라 규칙들을 대상으로 삼고 있으며 이 규칙들은 구조에 적용된다는 것을 보여준다. 이러한 규칙과 구조가 조음 기능에 대한 제약보다 그 이상의 것이라면 규칙과 구조는 정신적 대상이며 우리는 그 기능을 이해해야 한다.

7.6 인간 언어의 규칙의 본질

유성 자음과 무성 자음이 연이어 오는 것을 금지하는 것과 같이 보편적인 것처럼 보이는 규칙은 조음과 관련된 우리 해부학적 구조의 소산일 수 있다. 사실 [p]와 [z] 또는 [b]와 [s]를 연이어 발음하는 것은 생리학적으로 어렵기 때문이다. 신체 구조적 문제 같은 것에 대하여 추상적 규칙을 만드는 것이 위험해 보이는 것은 그러한 규칙이 정신적 기능을 통해 설정되기보다는 혀의 근육에 근거하여 설정되기 때문이다. 그렇기는 해도 조음과 관련하여 이번 장에서 지금까지 중요성을 확인할 수 있었던 제약들만이 각 개별 언어의 음운 구조를 지배한다고 말할 수는 없겠다. 예를 들어 우리가 troua를 두 개의 음절로 말하는 것은 근육과 관련된 제약 때문이 아니다. 왜냐하면 우리가 trois는 완벽하게 한 음절로 발음하기 때문이다. 또한 단어의 형태론 때문만도 아니다. 예를 들면, troua가 동사의 어간에서 나온 것은 맞지만 그것은 roua의 경우도 마찬가지이며, 그런데 roua는 하나의 음절로 축약될 수 있다. 케이와 로벤슈탐의 해석을 받아들이자면 프랑스어 화자들은 음절이라고 하는 구조와 연관된 여러 제약을 잘 알고 있다. 프랑스 남부 지방의 말투에서 중설 모음이 개모음으로 발음되는 작용을 바로 이 구조 덕분에 이해할 수 있었다. 또한 프랑스어의 [w] 발음 앞에서 연음이 어떤 모습을 보이는지, 그리고 hibou나 onze와 같은 단어 앞에서 연음이 왜 일어나지 않는지 설명하는 것도 음절이다(Encrevé 1988, p. 197). 몇몇 음운 조작은 음절보다 큰 구조에서 일어난다. 연음이 바로 문장의 통사 구성 성분에 대한 정확한 계산의 결과이다. 어떤 연음은 les amis처럼 의무적이며 어떤 연음은 선택적이거나 금지되어 있다. 이는 연결된 단어들 사이의 문법 관계에 따른 것이다. 예를 들어 주어와 동사 사이에는 연음을 하지 않으며 동사와 보어 사이에서는 연음이 선택적이다. 이러한 조작은 조음 관련 현상과는 거리가 먼 것이며 확실하게 정신적 절차라고 간주될 만하다.

언어학자들이 형식화할 수 있는 규칙들의 이론적 유효성에 대한 논의가 있는 것은 물론이며, 한편으로는 화자들이 실행하는 조작들이 복잡한 측면들을 포함하고 있다는 사실을 부인하기도 어렵다. 화자가 실행하는 이러한 조작들은 암기된 특정한 형식들을 복구하는 것보다는 어떤 프로그램을 실행하는 것과 더 닮아 있다. 프랑스어 화자들은 어릴 때 연음이 용인되는 모든 단어 쌍을 배우는 것이 아니다. 단어들이 알맞게 연음되도록 허락하는 몇몇 체계적 원칙을 발견하는 것이다. 여기에는 자신이 거의 사용하지 않는 단어들도 포함된다. 프랑스어 화자는 Les idiolectes ataxiques outrent tout académicien acriminieux 라는 문장에서 최소한 두 번의 연음 또는 최대한 세 번의 연음을 할 것이다. 분명히 말하지만 발음 절차의 복잡성은 눈에 보일 뿐이고 개인들은 간단하게 처리를 하게 된다. 그런데 개인들이 만나는 특정 단어들이나 소리들보다 더 추상적인 형식을 근거로 처리한다. 중설 모음이 개모음으로 발음되는 규칙은 해당하는 모든 단어를 사전에서 찾아서 각단어에 규칙이 적용되는 방식을 외워야 한다면 복잡한 것이 될 것이다. 이 규칙이 음절에서 오직 운의 형태에 따라 적용된다는 것을 이해하기만 하면 굉장히 간단하다. 그런데 이렇게 간단하게 보는 것이 착각일수 있다. 어떤 남프랑스 화자가 이 규칙을 적용한다는 것은 그 사람이 음절을 분할할 수 있고 음절의 내적 구조를 분석할 수 있다는 것을 가정한다. 그런데 이는 pres-tidigitateur / pré-stimulation에서 볼 수있듯이 그렇게 자명한 것이 아니다. 달리 말하면 이러한 복잡성이 발음절차 자체에 관계되어 있기보다는 때로는 조작해야 하는 구조를 알아보는 것에 더 관계되어 있는 경우도 있다.

화자가 복잡한 조작들을 실행해야 한다고 해서 이 조작들이 인간 언어 특유의 절차로부터 나온 것이라는 뜻은 아니다. 그 조작들이 유사성과 같이 매우 보편적인 기제와 관계된 것일 수도 있다. 예를 들어 어떤 프랑스어 화자가 Quentin의 여성형으로서 형성할 법한 이름을 어떻게 발음할지 생각할 때 marin – marine의 쌍에서 보이는 유사성을 이용할 수 있겠다. 그로부터 Quentine의 발음 [kãtin]을 도출한다. 즉 [n]가 등장하면서 둘째 모음의 비음성이 없어진다. 그런데 유사성과 같은 어떤 한 기제의 단순성과 보편성은 그 적용의 복잡성을 감춘다. 유사성은 적절한 구조들을 대응시킬 경우에만 기능할 수 있다. 이는 해당 화자가 이 구조들을 잘 알고 있다는 것을 뜻한다. 다른 말로 하면 유사성의 복잡함은 복제 기제에 있는 것이 아니라 구조적 짝짓기에 있는 것이다. 그런데 구조들을 짝짓는 것이 까다로울 수도 있다. 컴퓨터를 통해 그러한 짝을 지으려고 하면 알 수 있다(Yvon 1996 ; Pirelli & Yvon 1999). 철자와 관계 없이 Quentin의 –in은 marin의 –in과 짝을 이루며 atteint의 –eint이나 hautain의 –ain과는 비록 모두 같은 소리이더라도 짝을 이루지 않는다는 것이 우리에게는 명백해 보인다. 왜냐하면 atteint과 hautain은 marin과 다른 방식으로 여성형을 형성하기 때문이다. 유사성이라는 기제가 언어에 고유한 것은 아니지만 발음 계산에 개입한다는 것을 부인할 수 없다. 그런데 이러한 개입이 가능한 것은 무엇보다도 유사성이 음절이라는 구조 또는 형태적 구성 성분이라는 구조에 대해서 작용하기 때문이라고 볼 수 있으며, 이 구조들은 우리가 인간 언어에 관련된 특유의 능력 덕분에 파악하는 것이다. 한 가지 더 말하자면 유사성은 체계적 절차가 아니다. 우리는 유사성이 적용될 것인지, 그리고 올바르게 적용될 것인지 절대로 확신할 수 없다. 우리가 앞에서 다룬 의무적인 행동들, 즉 한정사–명사의 연음, 중설 모음이 개모음으로 발음되는 것, 음절 축약의 제약들이 유사성만으로는 만들어질 수 없을 것이다.

자신의 모국어를 말하는 화자들이 문장에서 흔히 체계적으로 보여주는 행동들은 오로지 단순하고 보편적인 기제에만 근거한 것이 아니다. 특히 단순한 암기에서 나오는 것이 아니다. 적어도 그러한 행동은 복잡한 절차에 근거하거나 또는 기초적이지 않은 구조에 적용된 단순한 절차에 근거한다. 그렇다면 이 절차들과 이 구조들이 인간에 대한 생물학적 결정과 맺고 있는 관계가 무엇인지 아는 것이 관건이다. 이 절차들은 개별 언어에 따라 다르기 때문에 절차들이 드러내는 특정한 형식을 통해 결정될 수 없다. 중설 모음이 체계에 따라서 개모음으로 발음되는 것이 프랑스 남부 주민들의 DNA에 기입되어 있는 것이 아니다! 하지만 우리가 실행할 수 있는 언어 처리의 유형과 우리가 조작할 수 있는 언어 구조의 유형을 인간의 유전 형질이 제한하지 않는다고 주장하는 것은 유지하기 어려운 태도일 것이다. 우리가 3장에서 살펴봤던 논거들은 언어 능력 고유의 생물학적 근거가 있다는 것을 매우 강하게 뒷받침한다. 이러한 생물학적 근거는 우리를 동물과 구별하는 데 기여한다. 그런데 이렇게 타고난 생물학적 능력은 어떤 방식으로든 확실하게 표출되어야 한다. 우리가 처리할 몇몇 부류들을 몇몇 언어 구조 부류에 적용하는 능력은 최소한 가지고 있다고 상정할 수 있다. 예를 들어 우리는 음절에 대한 여러 조작을 실행할 수 있는 생물학적 능력을 타고났다고 볼 수 있다. 문화적 진화와 학습을 통해 어떤 특정 개별 언어에서는 어떤 유형의 음절만이 고려될 수 있다. 야웰마니어(캘리포니아 중부의 인디언 언어)에 있는 음절 초와 음절 말만으로 이루어진 음절을 예로 들 수 있다(Kaye & Lowenstamm 1984, p. 128). 음절에 대하여 여러 제약을 선택하는 것도 바로 문화적 환경이라고 볼 수 있다. 우리가 앞에서 음절 축약에 대하여 말할 때 살펴봤던 것으로서 음절

초 자리에 **자음-유음-반모음**의 연쇄가 오는 것을 금지하는 효과를 갖는 제약을 예로 들 수 있다(235쪽 참고). 우리가 이러한 여러 구조와 여러 제약을 배울 수 있는 것은 그럴 수 있도록 해주는 두뇌 장치를 소유하고 있기 때문이다. 이제는 그러한 장치가 생물학적 기능을 완수한다는 것을 보임으로써 그 존재를 정당화할 수 있어야 한다.

7.7 음운 관련 능력의 생물학적 기능

어떤 연쇄는 허용되고 어떤 연쇄는 금지되는지 예측할 수 있도록 하는 간결한 특성을 각 개별 언어에서 제공하는 것이 언어학자가 하는 작업의 주된 목표이다. 언어학자들은 이렇게 함으로써 화자의 언어 능력에 대한 모델을 구축한다. 이들의 작업이 완결된 것으로 여겨지기는 매우 힘들겠지만 음운과 관련된 인간의 능력이 무엇일지 생각할 수 있도록 하는 가정들은 우리가 이미 가지고 있다. 그렇다면 이러한 능력이 왜 존재하고 그 능력은 왜 우리가 제공한 형식을 취하는지 아는 것이 관건이다. 6장의 목표 가운데 하나가 각 종들은 국소적으로 최적화되어 있다는 것을 밝히는 것이었다. 우리 인간 종이 음운 체계를 사용하는 능력을 타고났다면 그 능력은 생물학적으로 합당한 어떤 기능에 대해 국소적으로 최적화되어 있어야 한다. 그 기능이 무엇인가?

음성 처리는 정보 전달의 속도와 그 전달의 신뢰성 사이에서 타협을 성사시키는 코드화 작업이라고 말하는 것으로 첫번째 대답을 할 수 있다. 이 생각이 매력적인 것은 사실이다. 공학적 관점에서 보자면 최대의 대비를 제공한다는 것은 우리가 모음 체계에서 확인한 대비의 경우처럼 정보를 디지털 방식으로 전달하는 체계에서 완전한 의미를 갖는다. 청음의 관점에서 [a], [i], [u]와 같은 모음이 최대로 구별된다는 사실 덕분에 청자는 신호가 간섭을 받거나 왜곡될 때 모음들을 서로 착각하지 않을 수 있다. 또한 이 사실을 통해 화자는 말이 잘 전달된다는 보장을 받는다. 청음의 차원에서 이 모음들이 서로 가깝다고 가정할 때보다 더 많은 양의 정보가 전달되기 때문이다.

그런데 언어의 음성적 측면을 최적화된 전달 코드로 고려하게 하는 이러한 종류의 추론은 있는 그대로 받아들여서는 안 된다. 전형적인 화자는 초당 10개에서 15개의 음소를 만든다. 왜 더이상은 아닐까? 그만큼이 조음 차원의 한계를 나타내는 것이라고 답하거나 청자의 코드 해독의 한계가 그만큼이라고 답하는 것은 알맞지 않다. 우리는 자연선택이 만들어낸 장치에 대해서 말하고 있다. 더 많은 정보를 전달하는 것이 관심 사항이라 가정한다면 자연선택은 초당 50여 비트를 전달하는 체계보다 더 나은 것을 만들 수 있지 않았을까? 우리가 예컨대 초당 1킬로비트를 주고받기 위한 전달 체계를 갖추지 못한 이유가 무엇일까? 국소적 최적성의 원칙을 인정하면 답은 주어진다. 우리의 발성 기관은 전체가 초당 대략 50비트 정도로 작동하게 선택되었다. 이 수치 자체가 국소적으로 최적화된 합의이다. 그러므로 우리의 발성 기관과 우리의 음성 코드 해독 절차는 이 정보량에 도달하기에 충분한 어느 정도의 대비를 이용하도록 진화하였다. 우리가 다루고 있는 것은 용인할 만큼의 오류율을 인정한 채 정보량을 최대화하는 것이 관건인 전통적인 공학의 상황이 아니다. 우리의 발성 체계는 일정 정보량에 대해서 맞춰져 있다. 발성 체계가 무엇인가를 위하여 최적화된다면 그것은 근육의 에너지 소비나 처리 비용과 같은 다른 요인을 위한 것일 수밖에 없다. 그런데 이러한 확증은 언어의 기능에 대한 문제를 다시 제기할 뿐이다. 어째서 50비트 정도의 정보량을 국소적으로 최적화된 것으로 봐야 하는가?

청음의 관점에서 최적화된 대비를 보이는 음성 체계가 우연히 생긴 것은 아니다. 지금까지 살펴본 바에 따르면 말의 음성학적 정보량은 유용한 정보의 전달을 보장하기 위하여 조절된다고 할 수 있다. 이 정보를 어떻게 측정하는가? 언어의 역할과 관련된 질문의 핵심이 여기에 있다. 대화 당사자들 사이에서 교환된 정보를 측정하기 위해서는 음소, 단어, 문장, 문장을 통해 제기된 생각을 고려해야 하는가? 우리는 이처럼 다양한 관점을 앞으로 여러 장에서 다룰 것이다. 일단 지금으로서는 음성 의사소통의 실제 정보량을 전달된 정보의 양으로 보면 방금 언급했듯이 50비트 이하에 해당한다고 결론을 내려보자. 이것은 음소 연쇄에 존재하는 정보 과잉에 기인한다.[11] 프랑스어에서는 예컨대 [s]와 같은 몇몇 음소가 [g]와 같은 다른 음소보다 빈번히 등장하며 자음이 길게 이어지는 경우는 거의 없다.[12] 그래서 어떤 음소는 상대적으로 더 많이 감지된다. 그러므로 이 음소들은 완전히 예측불가일 때보다 적은 정보를 가져오게 된다. 각 개별 언어들이 용인하는 음소 연쇄에 이와 같은 중복 현상이 도입되는 것은 우리의 조음 기관이 갖는 해부학적 한계와 음성 규칙 때문이다. 이러한 중복 현상은 무엇에 쓰이는가? 이번에도 한번 더 공학적 관점에서 대답이 나올 수 있다. 디지

---

11 기술적인 표현을 쓰자면 음성학 차원의 말은 최대의 엔트로피를 가지지 않는다.
12 알렉스 테일러Alex Taylor는 독일어 단어 Impfpflicht(예방접종의무)를 인용하는데 이 단어의 연이은 자음 6개 모두가 발음된다.

털 방식의 전달(말은 근본적으로 디지털 방식의 의사소통이라는 것을 잊지 말자)에서 중복 현상은 오류에 맞서 싸우도록 해준다. 전산 자료의 전달에 있어서 이진법 상징 기호들은 '단어'로 분류된다. 수신자는 자신이 받은 단어들의 유효성을 검사한다. 이를 통해 수신자는 전달의 몇몇 오류를 수정할 수 있다. 말에서 사용되는 체계가 바로 이것과 똑같다. 아이들은 어떤 새로운 단어를 처음 들었을 때 그것이 자기의 언어에 있는 단어인지 확인할 수 있다. 또한 단어의 구성을 분석할 수 있다. 예컨대 그 단어의 음절 구성 성분을 분석할 수 있다. 그럼으로써 오류가 있는 단어는 기억하지 않게 된다. 이때 아이들은 자기 언어의 음운 규칙을 활용한다. 아이들의 다음과 같은 오류가 이러한 측면에서 흥미롭다. 예를 들면 frosty 대신에 frotsy, purple 대신에 perkle, filthy 대신에 thilthy, mushrooms 대신에 mashrooms, hospital 대신에 hostipal, hallowed be thy name 대신에 Harold be thy name, air conditioning 대신에 hair conditioning으로 말을 한다. 아이들이 날마다 십여 개에 달하는 새로운 단어들을 배우는 것을 감안하면 이러한 오류는 상대적으로 드문 것이라고 장담할 수 있다.[13] 게다가 음운론의 관점에서 보면 사사로운 오류들이다. 이는 음운론적 코드 해독이 놀랄 만한 효율성을 가진 체계라는 생각에 힘을 실어준다. 이 오류들은 음소의 연쇄에 대하여 여러 제약을 도입하며 중복 현상으로 해석된다. 음운 규칙들이 효율성을 가지는 주된 이유가 이로부터 설명될 수 있다. 아이들은 처음 보는 단어의 음절을 인식할 수 있는데 각 개별 언어의

---

13 이른 나이의 청소년들이 수천 일밖에 살지 않은 나이에 수만여 개의 단어를 알고 있다.

음절들은 음소를 아무렇게나 배열한 것이 아니기 때문이다.

음운 규칙은 또한 알고 있는 단어를 이해하는 데도 관여한다. 아이들이든 어른들이든 음운 코드를 해독하는 것의 본질은 단어들을 인식하는 데 있다. 프랑스어 화자는 [tɥaɑ̃ʒəmənɑ̃]이라는 연쇄를 들으면 여러 음소가 빠져 있더라도 Tu vas manger maintenant?이라는 의문문을 인식한다. 그렇게 할 수 있는 것은 저 의문문의 단어들을 인식하기 때문만이 아니라 해당 언어의 단어들이 음운론의 차원에서 서로 구별되기 때문이다. 우리의 음성 체계가 조음에 있어서 다양한 가능성과 연결되어 음향의 대비를 만들어 낼 수 있는 것과 마찬가지로 음운 규칙은 음절 사이의 대비와 단어 사이의 대비를 낳는다. 예를 들자면 중설 모음을 개모음으로 발음하는 것과 같은 규칙은 음절의 분할이 쉽도록 하는 효과를 가져온다. 예컨대 프랑스어의 Elle saute à la corde(그녀는 줄넘기를 한다)와 Elle sauta la corde(그녀는 그 줄을 뛰어 넘었다)가 프랑스 남부에서는 같은 방식으로 발음되지 않는다. 두 개의 발음 [sɔt-a]와 [so-ta]는 음절을 다르게 자른다. 즉 단어를 다르게 자른다. 연음에 있어서도 마찬가지이다. 예를 들어 Le petit arbitre la rencontre라는 문장에서 연음을 하면 arbitre라는 단어가 명사로 인식되어 이 문장이 '어린 심판이 그녀를 만난다'를 뜻하게 되지만 연음을 하지 않으면 동사 arbitrer로 인식되어 '어린이가 그 시합의 심판을 본다'라는 뜻이 된다.

여기에서 모든 음운 규칙이 중의성을 없애는 기능을 갖는다고 말하려는 것은 아니다. 그보다는 음운 구조를 파악하고 체계적 절차를 적용할 수 있는 인간의 능력의 중요성을 헤아리는 것이 목표이다. 그러한 능력이 없다면 우리는 단어들을 구별하는 어떤 수단도 가질 수 없을 것이다. 어휘를 구성하는 단어들은 아무렇게나 놓인 음소의 연쇄가 아니다. 단어는 내적 구조를 소유하고 있다. 무엇보다 중요한 것은 단어가 음절로 만들어졌으며, 음절은 그들 자신의 내적 구조를 소유하고 있다는 것이다. 음소로 이루어진 모든 연쇄들 가운데 각 개별 언어에서 음운론적으로 가능한 단어들이 구별되는 것은 위와 같은 내적 구조들, 그리고 각 개별 언어에서 그 구조에 적용되는 규칙들이 있기 때문이다. 그리하여 단어들을 굉장히 쉽게 인식할 수 있는 것이다.

음운 구조를 파악하고 그 구조에 체계적 제약을 적용하는 생물학적 과정의 장점을 우리는 이러한 맥락에서 이해한다. 큰 규모의 어휘를 다루는 것이 이로운 상황에서는 그러한 능력이 반드시 필요하다. 자연선택이 우리에게 이러한 능력을 부여했다는 사실은 디지털 방식의 전송과 관련하여 공학에서 나온 별도의 고찰로 정당화된다. 공학자들은 망에서 순환하는 이진법으로 된 데이터를 단어, 패킷, 메시지, 세션으로 구조화한다. 각 구조는 명령들을 지니고 있다. 유용한 정보와 비교하여 정보 과잉인 이 명령들은 전달 또는 전송의 오류에 맞서게 해준다. 인간 언어에서도 이와 동일한 원칙을 찾을 수 있다. 즉 청자는 자신의 언어의 음소로 이루어진 청각 신호에서 알맞게 형성된 음절, 알고 있는 단어, 단어들의 유효한 연쇄를 인식할 것이라고 기대한다. 여기에서도 또 한번 전송망 공학의 문제와 언어 능력 사이의 커다란 차이를 강조해도 지나치지 않다. 공학자들은 항상 더 높은 전송량을 얻으려 한다. 인간 언어는 국소적으로 최적화되어 있다고 상정된 일정한 정보 전송량에 맞춰져 있다. 자연선택이 부여해준 음운 기제를 통해 우리는 수만여 개의 표제어가 있는 어휘로부터 선택된 150여 개의 단어를 1분 동안 주고받을 수 있다. 어째서 우리는 분당 1000개의 단어를 주고받지 않는가? 그리고 어째서 음운 규칙들은 그 정도의 속도로 전송되도록 짧은 단어 백만 개 또는 천만 개가 식별될 수 있도록 하지 않는가? 자연선택이 그러한 초-음운론을 우리에게 부여할 줄 몰랐거나 부여할 시간이 없었다는 것은 절대로 그 이유일 수 없다. 인간이 그만큼 많은 단어를 주고받는 것에 어떠한 생물학적 이득도 없다는 것이 그 대답일 수밖에 없다. 그런데 이 대답은 같은 질문을 반복할 뿐이다. 만족스러운 대답을 얻기 위해서는 인간 언어의 기능을 이해하는 데서 더 앞으로 나가야 한다.

8장
원시 언어

원시 언어의 개념은 미국의 언어학자 데릭 비커튼Derek Bickerton이 도입하였다. 비커튼은 피진어pidgin와 크리올어créole에 대한 자신의 연구와 이 두 언어 형식 사이의 차이에 대한 이해로부터 우리 인간 계보의 조상들은 덜 복잡한 형식의 언어를 소유했다는 가설을 세웠다. 그것이 원시 언어이다. 그러한 의사소통 형식이 우리의 행동 양식에 흔적으로 남아 있다. 그 원시 언어로 어떤 유형의 의사소통이 가능했는가? 그리고 그것을 말한 이들의 지능은 어떠했는가?

8.1 단순히 단어만으로 의사소통하기

우리가 확실히 구별되는 많은 수의 단어를 만들 수 있는 것은 음운 체계 덕분이다. 말을 하기 위해서는 무엇이 더 필요한가? 의사소통을 통해 이런 식으로 전달할 수 있는 의미들의 세계가 이미 거대하게 존재한다. 단지 단어들만으로, 즉 통사 규칙 없이 말할 수 있다는 것은 이미 상당한 재능에 해당한다. 물론 우리가 풍부한 문법 구조를 보유하고 있지 않다면 복잡한 관계를 나타내는 데 더 많은 어려움이 있을 것은 사실이다. 의사소통이 보다 느리다는 어려움이 있겠고, 또 대화 상대자들이 전혀 모르는 상황이나 추상적 사고를 기술하는 것이 어려울 것이다. 그렇지만 단어들을 나란히 놓는 것만으로도 인간들의 의사소통이 가능할 수 있다. 원시 언어의 개념을 도입함으로써 데릭 비커튼은 통사 규칙 없이 의사소통할 수 있는 그와 같은 가능성에 이름을 부여한 것 이상의 일을 했다. 그는 이러한 형식의 의사소통이 인간 언어와 동등한 지위의 기능 체계를 구성한다고 적는다. 게다가 현재 살아가고 있는 사람들이 어떤 상황에서는 의사소통을 위하여 원시 언어를 활용한다고 기술한다. 이로부터 원시 언어는 우리보다 앞서 살았던 종인 **호모 에렉투스**의 의사소통 형식이었다는 가정을 세운다(Bickerton 1990).

비커튼은 하와이 피진어를 연구했으며, 그것을 다른 피진어, 그리고 피진어와 흔히 연관되어 있는 크리올어와 비교하였다. 이를 통해 원시 언어의 개념에 이르게 되었다. 피진어는 언어 표현의 단순화된 방식이며, 자신의 언어는 따로 갖고 있는 성인들이 말하는 것이 전형적이다. 이미 확고하게 형성되어 있는 어떤 개별 언어를 사용하지 않고서 의사소통을 해야만 하는 상황은 여러 가지가 있다. 가장 잘 알려진 것이 노예 제도이다. 언어가 서로 다른 여러 곳에서 온 사람들이 이 때문에 같이 지내게 되었다. 예를 들어 앤틸리스제도에는 다른 부족 출신 아프리카인 수천 명이 잡혀왔다. 강제 노역이라는 조건에서 노예로 온 이들은 자신의 언어를 말하는 사람들과 모든 접촉이 끊겼다. 지금과 좀더 가까운 시기를 보자면 하와이가 경제와 상업적 이유로 아시아 태평양 지역의 여러 곳(일본, 한국, 필리핀 등)의 사람들을 끌어들였다. 이러한 처지의 성인들은 의사소통을 해야 하기 때문에 또는 모든 인간들로 하여금 옆에 있는 사람들에게 말을 하도록 부추기는 그저 본능적인 욕구에 이끌려서 하나의 의사소통 코드를 매우 빨리 만들어 낸다. 이 코드는 서로에게 공통인 언어 자원만을 기초로 한다. 하와이에서는 그러한 자원이 영어와 하와이어일 것이다. 정상적 이민 환경에서는 외국인들이 해당 지역의 언어에 대한 얼마만큼의 능력을 금방 획득하게 된다. 그런데 동시에 이주해 온 사람들의 수가 어떤 한계를 넘어서면 이들은 해당 지역의 언어의 표준 형식을 거의 접할 수 없으며 그 표준 형식은 모범의 역할을 수행하지 못한다. 그럴 경우에 피진어가 금방 등장한다. 언뜻 보기에는 통사 규칙이 없는 언어로서 타잔이라는 인물의 말을 생각나게 한다. 프랑스어-베트남어를 기반으로 하는 피진어 타이 보이의 몇 문장(제시된 문장들은 서로 관련이 없는 문장들이다)을 예로 들면 다음과 같다(Bickerton 1995, p. 163).

Moi faim. Moi tasse. Lui aver permission repos. Demain moi retour campagne. Vous pas argent moi stop travail. Monsieur content aller danser. Lui la frapper. Bon pas aller. Pas travail. Assez, pas connaître. Moi compris tu parler. (Me hungry. Me cup. Him have permission rest. Tomorrow me return country. You no money me stop work. Sir happy go dance. Him hit her. Good not go. Not work. Enough not know. Me understand you speak.)

아래 예문은 하와이 피진어로 된 대화의 일부이다. 둘째 줄은 예문의 각 단어에 대응되는 영어 단어이고, 다음 줄은 영어 해석이다 (Bickerton 1990, p. 120).

Aena tu macha churen, samawl churen, haus mani pei.
And too much children, small children, house money pay.
And I had too many children, very young ones, and I had to pay the rent.

이런 유형의 간략한 말은 식민지 상황에만 한정되어 나타나는 것이 아니다. 비커튼은 러시아노르웨이어를 인용한다. 이것은 러시아 선원들과 스칸디나비아 선원들 사이에서 거의 상업적인 필요를 위해서만 사용되는 상업 언어이다. 다음 대화 번역을 예로 들어보자(Bickerton 1990, p. 121).

R : What say? Me no understand.

N : Expensive, Russian – goodbye.

R : Nothing. Four half.

N : Give four, nothing good.

R : No brother. How me sell cheap? Big expensive flour on Russia this year.

N : You no true say.

R : Yes. Big true, me no lie, expensive flour.

이 대화는 밀가루와 생선의 물물교환에 관한 논의이다. 이 문장들의 구조는 문법적 요소가 빈약하다는 점에서 앞에서 본 두 개의 피진어 예문의 문장 구조와 거의 유사하다. 주목할 만한 사실은 그러한 방식으로 표현하는 사람들이 모두 자신들의 언어로는 문제없이 표현할 수 있다는 것이다. 비커튼은 이러한 유형의 언어를 지니의 언어와 비교한다. 캘리포니아의 이 소녀는 생후 18개월부터 아버지에 의해 갇혀 지내다가 13세인 1970년에 발견되었다. 지니는 말을 하지 못했다. 그러한 지니의 상태는 빅토르를 떠올리게 한다. 빅토르는 1798년에 프랑스의 아베롱에서 발견된 늑대소년으로서 프랑수아 트뤼포François Truffaut의 영화로 널리 알려졌다. 지니는 가정교사들이 펼친 온갖 노력에도 불구하고 정상적으로 표현하는 것을 영영 배우지 못했다. 지니의 표현 수준은 Father take piece wood. Hit. Cry.와 같이 피진어와 거의 흡사했다(Bickerton 1990, p. 116). 비커튼은 또한 이러한 유형의 언어를 두 살 정도의 아이들이 사용하는 언어와 비교하기도 한다. 아이들이 몇 개의 단어로 된 표현을 하기 시작하는 순간을 누구나 관찰할 수 있다. 예를 들면 '우리가 대니를 기다리고 있어'를 나타내려고 Dany wait라고 말한다. 심지어 비커튼은 이러한 형식의 표현들을 훈련된 침팬지들에게서 얻은 성과와 비교하기도 한다(3장 참고).

비커튼에 따르면 원시 언어는 피진어, 매우 어린 아이들의 언어, 지니의 언어와 연관이 있다. 그렇지만 원시 언어가 정상적인 인간 언어의 낙후된 형태는 아니라는 것이 그의 설득력 있는 견해이다. 비커튼은 원시 언어가 기능적 의사소통 체계라는 것을 다음과 같이 기술하고 있다.

"지니는 과거 시제의 의미를 알고 있다. 과거 시제를 적절히 사용할 수 있는 상황을 알고 있다. 심지어 과거 시제를 영어로 표시하는 방법을 적어도 한 가지는 알고 있다. 그런데 지니는 이 지식을 자신의 일상 언어에 집어넣을 줄 모른다. …… 이는 지니가 그저 인간 언어의 모든 측면에서 전체를 습득하는 데 실패한 것이 아니라 **진정한 언어와 다른 무언가를 습득했다**는 것을 시사한다. 그것은 인간 언어의 어떤 측면들은 포함하는 반면에 다른 측면들은 완전히 배제하는 또다른 의사소통 방식이다."(Bickerton 1990, p. 117)

비커튼에 따르면 원시 언어는 화석이다. 즉 우리 모두에게 주어져 있는 행동상의 유물이다. 우리는 자신의 언어를 구성하는 어휘를 이용하여 어려움 없이 즉각 피진어의 형식으로 말할 수 있다. 깊이 생각할 필요가 없으며 단어들이 대충 알맞은 순서로 자연스럽게 나온다. 관사, 전치사, 관계대명사, 시제나 상의 표지 등 문법적 역할을 하는 단어를 무의식적으로 생략할 수 있다. 비커튼의 견해로는 우리가 이렇게 구현하는 것들이 우리가 가진 화석화된 능력의 존재를 보여준다. 그러한 타고난 기술은 우리 인간 종의 어머니인 **호모 에렉투스**의 정상적인 의사소통 형식이었다. 그 표현 형식이 유물로서 우리에게 내재되어 있는 것이다. 우리가 일반적인 방식으로 말을 할 수 없는 경우에 그러한 표현 형식에 도움을 청한다.

8.2 학습되지 않는 언어

니카라과의 청각 장애 아동들의 예시(3장 참고)는 원시 언어를 사용할 수 있는 능력의 존재에 대한 비커튼의 일반화를 훌륭하게 설명해 줄 수 있다. 청각 장애 청소년들이 학교에 다닌 이후로 얻게 된 의사소통 형식은 피진어의 형식이다. 연쇄된 수화 동작들은 정도 차이는 있지만 서로 별개이며 연쇄의 길이가 짧다. 피진어로 하는 말이 4개나 5개의 단어를 넘지 않는 것과 유사하다. 피진어의 경우와 마찬가지로 수화 동작으로 된 이 원시 언어도 청소년들에 의해 자발적이고 신속하게 개발되었다. 또한 이미 너무 나이가 많은 이 청소년들은 피진어의 경우처럼 자신들의 원시 언어를 통사 규칙을 포함한 언어로 발전시킬 수 없었던 듯하다.

이 청각 장애 아이들은 지니처럼 유아기에 보편적인 언어 환경에서 벗어나서 살았다. 언어와 관련된 이들의 문제점은 언어 습득이 일생에서 정확하게 정해진 시기, 즉 여덟 살 또는 아홉 살 이전의 어떤 시기에 이루어져야 한다는 것을 보여준다. 언어에 대한 노출이 이 시기에 이루어지지 않으면 어떤 형식의 의사소통을 습득할 수 있을지는 몰라도 인간들의 언어가 갖는 전형적인 통사 규칙은 절대로 숙달하지 못하는 듯하다. 비커튼에 따르면 이들은 원시 언어를 배운다. 원시 언어의 습득에는 정상적인 언어 학습과 반대로 결정적인 시기의 제한이 존재하지 않는 듯하다. 이렇듯 원시 언어 능력은 우리 내부에 깊이 자리잡고 있을 뿐만 아니라 어떤 의미로는 사용될 준비가 되어 있다고 볼 수 있다. 즉 이 능력은 언어 환경에 대한 지속적인 노출을 매개로 조정될 필요가 없다. 당연히 어휘 습득이 문제로 남아 있다. 그러나 원시 문장을 구성하기 위해 단어들을 연결하고 이어서 담화를 만들기 위해 원시 문장들을 잇는 것은 우리 누구나 타고나서 배울 필요가 없는 능력인 듯하다.

우리에게 피진어의 형식으로 드러나 보이는 원시 언어가 **호모 에렉투**

스가 보유하고 있었던 언어의 유형을 충실히 반영한 것이라는 생각은 분명히 하나의 추측이다. 우리가 관찰할 수 있는 사람들은 **호모 사피엔스**이다. 이들은 의미를 재구성할 수 있는 언어 능력과 지능을 보유하고 있으며 이 능력과 지능은 **호모 에렉투스**와 비교할 수 없을 만큼 뛰어나다. 현생 인류는 온전한 인간 언어를 자발적으로 개발하는 능력을 가지고 있다. 이들은 우리가 앞에서 제시한 매우 특별한 상황에서만 원시 언어를 개발하는 것이다. 충분한 인원이 되는 여섯 살 미만의 아이늘이 자발적으로 상호작용할 수 있는 상황에 놓이면 세계의 어떤 개별 언어라도 가질 법한 통사 규칙이 있는 하나의 언어를 개발한다. 피진어 화자들의 아이들이 함께 자랄 때 한 세대 만에 새로운 언어를 펼치는 것이 그러한 경우이다. 이것이 부모들의 피진어 어휘를 가지고 구성한 크리올어이다. 니카라과에서 훨씬 어린 청각 장애 아이들이 함께 모여서 자라는 경우에 진정한 통사 규칙을 가진 수화 동작 언어를 자발적으로 개발한 것도 마찬가지이다. 이러한 언어는 충분히 크리올어와 비견할 만하다. 크리올어는 선행하는 피진어가 단순히 확장된 것이 아니다. 크리올어는 모든 개별 언어들의 전형적인 통사 규칙을 모두 가진 엄밀한 의미의 언어이다. 특히 피진어의 일종인 원시 언어에는 없는 문법적 기능의 단어와 삽입구를 가지고 있다.[14] 그러므로 일종의 원시 언어를 사용할 수밖에 없는 사람들을 **호모 에렉투스**와 비교하는 것은 쉽지 않다. 비커튼에 따르면 이들은 통사 구조를 다룰 능력도 통사 구조의 의미를

---

14 비커튼은 피진어라는 명칭을 성인들에 의해 사용되는 유사 언어에 한정한다. 뉴기니처럼 피진어가 제2언어로 쓰이는 경우나 또래의 아이들로 된 공동체가 존재하는 것을 사회 구조가 허용하지 않는 경우와 같은 어떤 상황에서는 피진어가 조금 더 복잡한 형태로 진화할 수 있다. 그렇지만 진정한 크리올어에 다다르지는 못한다.

이해할 능력도 없었기 때문이다.

그렇지만 비커튼의 가정이 보여주는 매력은 거부할 수 없다. 그는 호모 에렉투스에게 원시 언어 능력을 제공함으로써 언어 능력이 없는 종들과 우리 사이의 간극을 줄인다. 언어 능력이 없는 종에서 원시 언어 능력을 가진 종으로, 그다음에 원시 언어 능력이 있는 종에서 인간 언어 능력을 가진 종으로 두 단계에 걸쳐 진화가 진행되었다면 우리는 하나가 아니라 두 단계를 설명해야 한다. 하지만 그럴 경우에 각 단계에서 기적의 역할은 조금 덜 할 것이다. 게다가 선조들의 의사소통 방식이 우리 안에 유물로 잔존해 있다는 생각은 비커튼이 관찰했듯이 현생 인류에게 독자적인 원시 언어 능력이 존재한다는 것을 훌륭하게 설명한다. 원시 언어 능력은 인간의 언어 능력과 동시에 존재하며 그렇기 때문에 필요 이상으로 보인다. 그러므로 우리의 능력 가운데 원시 언어 능력이 있다는 사실은 언뜻 보기에는 기이하다. 하지만 그러한 사실은 원시 언어 능력이 현생 인류를 낳은 선조들의 정상적 의사소통 방식의 유물이며 일종의 화석이라면 잘 이해된다.

이러한 추론은 설득력이 있다. 그런데 이 추론은 원시 언어를 진정한 하나의 능력으로 규정하기 때문에 가능하다. 비커튼이 원시 언어라고 부른 것이 단지 정상적인 언어에 대한 낙후된 형태라면, 다시 말해 그저 통사 규칙이 느슨한 말하기에 불과하다면 이 추론은 어떻게 되는가? 만약에 그렇다면 원시 언어는 우리의 언어를 상정하지 않고서는 존재하지 못하며 우리의 선조들이 가졌다고 여길 만한 어떤 능력도 될 수 없을 것이다. 그러므로 우리가 원시 언어에 대한 가정을 고수하고 싶다면 우리 스스로가 원시 언어의 부정적 특성들, 즉 정상 언어와 비교하여 원시 언어에는 결여되어 있는 여러 특성에 매몰되지 않는 것이 중요하다. 피진어에 해당하는 언어들이 보이는 형식은 두 가지 본질적인 속성을 가지고 있다. 기능적이며 자발적인 속성이다. 그런데 이 두 가지 속성은 인간 언어에 대하여 우리가 관찰하거나 상상할 수 있는 낙후된 형식에는 결여되어 있다. 원시 언어를 통해서 청자는 화자가 생각한 것과 관련된 의미를 만들어낼 수 있다. 물론 상황이 충분히 한정되어 있어야 한다. 예를 들어 And too much children, small children, house money pay라는 원시 문장은 화사가 무엇을 불평하는지 우리가 파악하기에 충분하다. 우리가 정상적인 통사 규칙을 단순화하면 이만큼 훌륭한 결과를 얻지 못할 것이다. 예컨대 단어를 두 개에 하나씩 생략한다거나 모든 명사를 생략하면 문제가 생길 수도 있다. 예를 들어 The girl whose money was stolen has gone이라는 문장은 Girl money steal go가 되며 이것은 그 소녀가 돈을 훔쳤다는 뜻이다. 원시 언어로 말한다면 단어 money와 girl을 붙여놓을 것이고 아마도 Steal money girl. Girl go라고 두 문장을 만들 것이다. 이 표현에도 여전히 중의성이 존재하지만 잘못된 해석만 유발되지는 않는다. 원시 언어는 우리의 언어를 대강 단순하게 만든 결과물이 아니다. 의미를 전달하기 위한 도구로서 자신의 고유한 구조를 소유하고 있다.

원시 언어의 또다른 본질적 속성은 자발성이다. 어떤 조건에서는 피진어 형식의 원시 언어가 반드시 등장한다는 것을 이미 살펴보았다. 덜 낯선 상황을 보자면, 외국어 환경 속에 있지만 교육은 받지 않는 채 제2언어를 배우는 경우에 사람들은 피진어를 통하여 자신을 표현하는 단계를 거친다. 예를 들면 Quentin, me, jouing이 있다. 여섯 살짜리 프랑스어 화자가 어른 영어 화자에게 건네는 문장으로 동생과 놀고 있는 중이라는 것을 나타내기 위한 문장이다. 이와 반대로 서로 말이 잘 안 통하는 경우에는 외국인에게 자신의 언어를 You cold, I get blanket처럼 원시 언어가 될 만큼 특별한 방식으로 말한다. 반면에 동사가 없는 언어 형식은 절대로 채택하지 않는다. 예를 들면 이론적으로는 However, the adoption by no one of a verbless type of language, despite the perfect theoretical possibility of such speech라고 말하는 것이 완벽히 가능하지만 그렇게 하지 않는다(Carstairs-McCarthy 1998). 원시 언어는 일종의 제2의 천성이다. 동사 없이 말하는 것은 사용된 단어에 집중할 것을 요구하지만 '타잔 방식의' 언어를 채택하면 형식의 세부 사항을 고민할 필요가 없다. 음절을 뒤집는 은어를 배울 수 있듯이 많은 연습을 하면 어쩌면 동사가 없는 언어의 형식을 완벽히 습득할 수도 있겠다. 그렇지만 원시 언어는 어떤 학습도 필요로 하지 않는다. 원시 언어는 기능적이고 자발적이기 때문에 당연히 진정한 능력으로 고려될 수 있다. 그래서 비커튼의 추론은 다음과 같이 거의 자동으로 이어진다. 그러한 능력은 우리의 언어 능력과 나란히 있기에 오직 화석으로 이해될 뿐이다. 그러므로 원시 언어는 우리의 선조가 되는 종들 가운데 하나가 사용한 표현 형식이었다. 그 종이 **호모 에렉투스**인 것은 거의 확실하다.

우리가 이 결론을 받아들인다면, 즉 원시 언어가 원시 인류 가운데 하나의 종이 가졌던 특징적 행동이라면 원시 언어는 국소적 최적화(6장 참고)가 되어 있었다는 것을 증명해야 한다. 달리 말하면 이 능력에 대한 어떤 부차적 변화도 그 생물학적 기능이 더 훌륭하게 완수되도록 만들지 않았다는 것을 보여야 한다. 이 국소적 최적화를 평가하기 어려운 것은 우리가 아직 원시 언어의 기능을 명확히 하지 않았기 때문이다. 원시 언어의 구조를 자세히 살펴보면 원시 언어의 주요 특성은 이해에 필수적인 모든 의미적 요소를, 그리고 그러한 요소들만을 제공하는 것이라는 사실을 알게 된다. 이로부터 우리의 언어보다 훨씬 불분명하지만 그렇다고 효율성이 없지는 않은 경제적인 체계가 생겨난다. 단어들의 어순을 자세히 살펴보면 명확한 통사 규칙이 없더라도 어순이 완전히 자유로운 것은 아니라는 것을 알게 된다. 이에 대한 보기로서 Girl money steal과 Steal money girl을 앞에서 보았다. 다음과 같은 견해가 자연스럽게 생겨난다. 즉 원시 언어는 어떤 특정 유형의 의미를 전달하기 위하여 국소적으로 최적화되었으며 단어 어순은 청자가 쉽게 의미를 구성할 수 있도록 결정된다. 예를 들어 나타내고 싶은 의미가 누군가가 소녀의 돈을 훔쳐간 것이라면 Steal money girl이 선호될 것이다. 돈과 소녀가 같은 의미 구성성분에 속하여 그 둘이 가까이 있어야 하기 때문이다.

단어들을 의미 구성성분으로 묶어서 발화할 것이라는 원시 언어의 규범을 상정할 수 있겠다. 이러한 관점에서 보자면 정상적인 언어에 입혀 있는 문법 요소(관계대명사, 접속사, 굴절 표지)는 고유한 의미 기능을 가지고 있지 않으므로 원시 언어를 복잡하게 만들지 않는다. 정상적인 언어에서 문법 요소들이 하는 기능을 원시 언어에서는 할 수 없을 것이기 때문이다. 지시 형용사, 의문사, 몇몇 전치사가 피진어에 존재하기는 하지만 드물다. 이렇게 드문 것은 즉각적인 이해를 위해 더해지는 이 요소들의 가치가 약하다는 사실로 설명된다(Bickerton 1990, p. 126). 그러므로 원시 언어는 의미에 대한 접근이 쉽도록 최적화된 언어 체계라는 견해를 받아들여야 한다. 그런데 이는 원시 언어의 중의성이 우리의 언어가 허용하는 것보다 엄청나게 크다는 것을 뜻하기도 한다. 그렇다면 **호모 에렉투스**는 우리의 언어까지 도달하게 되는 '행운'을 갖지 못했다는 말인가? 그리고 **호모 에렉투스**의 의사소통 체계는 통사 규칙이 보여 주는 혁신이 없는 상태에서만 최적화되어 있었다는 말인가? 우리가 자리할 대진화의 관점에서 보자면(흔히 받아들여지고 있는 정의에 따른 **호모 에렉투스**는 2백만 년 이상 존재했다) 통사 규칙을 사용하는 능력을 원시 인류가 수많은 시행착오 이후에 마침내 혜택을 입은 일종의 기적으로 여기는 것은 바람직하지 않다. 소진화 관점에서 본 최적화와 새로운 종의 형성에 대한 우연을 혼동하는 이러한 설명을 경계해야 한다는 것을 6장의 논의에서 보았다. 결론적으로 말하면 원시 언어는 자신의 기능에 알맞게 잘 조정된 체계라고 보는 것이 더 타당하며, 이 체계 안에서는 통사 규칙이 우리가 익히 알고 있는 역할을 할 수 없을 것이라고 보면 되겠다.

8.3 원시 의미론

이러한 관점이 어느 정도 일관성을 얻으려면 의미를 끄집어내기 위하여 원시 언어가 무엇을 감추고 있는지 그리고 이러한 의미는 무엇으로 구성되어 있는지 알아야 한다. 앞으로 제안할 견해는 원시 언어가 원시 의미론의 영역, 즉 **호모 에렉투스**에게 접근할 수 있었던 의미 공간에 있는 것을 표현하기에 적합하다는 내용으로 구성되어 있다. 그러한 원시 의미론은 무엇으로 구성되어 있는가? 6장에서 도출한 원칙을 따르자면 원시 의미론은 **호모 사피엔스**의 의미 표상 능력을 단순히 약하게 한 것이 아니다. 그것은 반드시 기능적 인지 구조이며 국소적으로 최적화된 구조여야 한다. 그러므로 구상적 실체로 한정하거나 직접 볼 수 있는 사물로 한정하는 것과 같은 임의적 경계 설정은 모두 부적절하다. 원시 언어가 하나의 종 고유의 의사소통 방식으로 존재했다면 우리는 그것이 원시 의미론과 연결되어 있었다는 것을 받아들여야 한다. 그 종의 개체들은 무엇인가에 대하여 의사소통을 하였으며 우리는 그 무엇인가를 재구성하는 데 전념해야 한다. 그렇지만 이러한 시도의 위험을 알아두자. 우리는 **호모 에렉투스**의 사고를 재구성하려는 계획을 세우는 중이다. 시험하려는 가설의 대상을 우리가 보유하고 있지 않다는 것을 감안하면, 이러한 시도의 위험은 작가의 상상력 부족만이 유일한 한계인 세계에서, 그리고 근거 없는 추측으로 이루어진 무한한 세계에서 제약 없이 모험을 하는 것이다. 내가 제안하는 절차는 보다 신중하다. 우리가 풀려는 문제는 원시 언어에 대한 원시 의미론을 정의하는 것이다. 그런데 이 문제는 다음과 같이 상대적으로 제약이 많다. 첫째, 원시 의미론은 기능적 의미 공간이어야 한다. 둘째, 원시 의미론은 주어진 생물학적 기능을 위하여 국소적으로 최적화되어 있어야 한다. 셋째, 원시 의미론은 화석화된 능력의 상태로든 또는 우리의 의미론적 능력의 기능적 부분집합으로든 현생 인류에 잔존해야 한다. 넷째, 우리가 피진어를 관찰하며 이해한 바에 따르면 원시 언어는 원시 의미론의 영역에 있는 것을 표현하기 위하여 국소적으로 최적화되어야 한다. 근거 없는 억측이라는 위험은 이러한 제약을 생각하면 이미 현저하게 줄어드는 것이 확실하다. 게다가 목표가 대단히 크지는 않다. 즉 제안된 가정들이 이후에 비판도 받고 수정되기도 하겠지만 원시 언어가 존재한다는 주장이 일관성을 갖도록 만드는 몇몇 최소한의 가정을 제안하는 것이 목표이다.

원시 언어의 단어 결합은 경험한 구체적 장면들 또는 만들어낸 구상적 장면들을 불러내는 수단이라는 것이 기본 개념이다. 단어 cat은 전형적인 고양이 또는 자신에게 친숙한 고양이의 영상을 불러낸다. 마찬가지로 door-mat이라는 단어는 어떤 사물의 이미지를 쉽게 불러낸다. 대화 상대자들도 공유하는 어떤 특정한 상황에서는 이 두 단어가 어떤 특정 고양이, 예를 들어 자신의 집에 사는 고양이의 영상이나 어떤 특정 사물, 예를 들어 자신의 집 현관에 있는 발판의 영상에 대응될 수도 있다. 이제 이 두 단어를 나란히 놓으면 cat mat라는 표현은 우리에게 그 두 영상을 결합하라고 요구한다. 우리는 거의 임의적이지 않은 방식으로 영상들을 결합하는 능력을 소유하고 있다. 이 보기에서 고양이는 발판 위에 자리잡고 있을 것이며 그렇게 합쳐진 둘은 출입문 앞에 위치하겠다. 물론 다른 가능성도 무수히 많다. 고양이가 발판 아래 또는 옆에 내려앉았을 수도 있다. 발판이 고양이 밑에 있기는 하지만 둘이 침실에 있는 것일 수도 있다. 고양이와 발판이 부엌의 허공을 떠다니고 있을 수도 있다. 고양이가 발판을 향해 가고 있을 수도 또는 발판을 떠나는 중일 수도 있다. 또는 심지어 고양이가 그저 발판의 색깔이나 형태를 갖고 있었을 수도 있다. 그렇지만 대부분의 사람들은 상황이 적합한 경우에 자연적으로 첫번째 영상, 즉 고양이가 출입문 앞의 발판 위에서 자고 있는 영상을 갖게 된다. 이처럼 누구에게나 예측 가능한 어떤 일정한 방식으로 영상들을 결합하는 인간의 능력은 굉장히 신비롭다. 이 능력은 우리가 경험한 상황들의 이용에 기반하는 것이 분명하다. 이 상황들은 다소 전형적일 수 있다. 예를 들어 앞의 보기에 있는 고양이는 출입문 앞에 있는 발판 위에서 자는 습관을 가지고 있다. 그러나 우리는 한 번도 만나본 적이 없는 장면들을 어려움 없이 만들어낸다. 우리는 발판 밑에 있는 고양이 또는 자신의 주둥이 끝에 발판을 올려놓고 균형잡는 고양이까지도 그려낼 만큼 영상들을 결합할 수 있다. 이러한 놀라운 능력은 기억되어 있는 시각적 요소들을 불러내는 연상 능력을 사용한다. 그리고 이 능력은 각 실체 고유의 제약(중량, 사물들의 상대적 크기, 자립적 움직임 등)과 각 실체의 전형적 행동(움직이지 않는 고양이는 엎드려서 자고 있는 것이 전형적이다)으로부터 해당 장면을 예측한다. 그렇지만 정신적 영상을 통합하는 이 절차는 아직 대부분 설명되지 않았다는 것을 알아야 한다. 심리학의 발전 그리고 가상현실 체계 기술의 발전이 앞으로 이 점을 명확히 밝혀줄 것이다.

정신적 영상들을 결합하여 장면들을 구성하는 이 능력을 기정사실로 여겨보자. 거기에 더하여 **호모 에렉투스**가 이 동일한 능력을 가지고 있었다고 가정해보자. 우리는 이제 원시 언어와 영상 합성 사이의 관계가 어떻게 이루어질 수 있는지 이해하게 된다. 주어진 상황에서 단어들은 영상들을 불러낸다. 더 일반적으로 말하자면 지각해 기억된 원형들을 불러낸다. 단어들의 이러한 결합을 통해 청자는 하나의 장면을 구축하게 된다. 이 결합은 의미적 구성성분들이 겹쳐 점점 자라난다. 예를 들어 Girl steal money go는 의미상으로 구성성분을 통해 아마도 왼쪽에서 오른쪽으로 ((((Girl) steal) money) go)와 같이 분석될 수 있다. 아니면 money를 steal과 먼저 묶어서 (((Girl) ((steal) money)) go)와 같이 분석될 수도 있다. 여기에서 (girl)은 예컨대 화자의 딸로서 청자가 잘 알고 있는 소녀의 영상에 대응된다고 할 수 있다. 한편 ((Girl) steal)은 도둑질을 하고 있는 누군가의 전형적인 영상에 해당하며, 그 누군가가 여기에서는 소녀이다. 물론 우리는 이 모든 영상이 없이도 이 문장을 다룰 수 있다. 그런데 지금은 전적으로 영상 결합에 기반을 둔 원시 의미론에 대해 말하고 있다. 앞의 또다른 해석에서는 청자가 ((steal) money)에 대응되는 영상을 형성하고 나서 그 영상을 소녀의 영상과 결합시켰다. 다음에 go라는 단어가 등장하여 문제가 생긴다. 전형적인 예를 들자면 옷장을 뒤져 돈을 훔치면서 동시에 달아나는 누군가에 대한 정지 영상을 만들어내는 것은 어렵다. 해결책은 역동적 장면의 구성에서 나올 수 있다. 즉 등장인물이 도둑질을 하고, 그리고 나서 달아나는 일종의 짧은 동영상을 구성할 수 있다. 우리는 모두 이러한 종류의 장면을 만들어낼 능력이 있다.

영상 결합은 매우 불확실한 절차임이 분명하다. 이는 두 가지 이유에서 그렇다. 청자가 완전히 예상치 못한 방식으로 영상들을 결합할 위험이 있다. 또는 청자가 영상 결합에 실패할 위험이 있다. 그러므로 청자의 작업이 쉽도록 장면을 기술할 책임이 화자에게 있다. 화자의 적극적 협조가 없다면 이러한 유형의 의사소통은 기능을 할 수 없다. 앞의 보기에서 소녀가 가지고 있던 돈을 누군가가 훔친 것이라면 화자는 Steal money girl. Girl go.를 선호할 것이다. 화자는 money와 girl을 가깝게 놓음으로써 돈이 소녀의 것이라는 영상을 만들려고 할 것이다. 또한 steal과 girl을 떼어놓음으로써 도둑질을 하는 소녀라는 영상이 청자에 의해 구성될 가능성은 거의 없도록 만들 것이다. 그리고 마지막으로 화자는 go 앞에 girl을 반복함으로써 청자로 하여금 소녀가 떠나가 버리는 영상을 만들도록 유도할 것이다.

우리가 방금 살펴본 원시 의미론은 앞에서 주어진 네 개의 제약을 준수하고 있는가? 첫번째 제약과 세번째 제약에 대해서는 대답은 분명히 긍정적이다. 즉 우리의 조상들이 영상과 장면의 결합 기제를 보유하고 있었다고 인정한다면 그것은 바로 현생 인류에게까지 남아 있는 기능 체계인 것이다. 이러한 원시 의미론 영역의 표상을 불러내기 위해서는 원시 언어가 국소적으로 최적화되어야 한다는 것이 네번째 제약이다. 이 점은 확인하기 쉽지 않으나 우리는 옳은 의미로 이끄는 두 가지 증거를 보유하고 있다. 비커튼이 밝혔듯이 피진어의 형식을 통해 관찰한 원시 언어의 단어들은 모두 의미 내용을 담고 있는 단어이다. 전치사, 접속사, 관계대명사와 같이 고유의 의미가 없거나 희미한 단어들을 사용할 수 있는 현생 인류도 원시 언어로 표현을 할 때는 이 단어들을 생략한다. 두번째 증거는 단어들의 어순을 통해 제공된다. 원시 언어는 통사 규칙이 없다고 여겨지지만 그 어순이 완전히 임의적인 것은 아니다. 올바른 해석이 생성되려면 단어들을 의미 구성성분으로 묶는 것이 가장 중요하다. 이 제약이 정상적인 언어에서는 크게 완화된다는 것에 주목하자. 예를 들어 I sent, on the day before she came, John's book which was on the table to Mary라는 문장에서 두 단어 sent와 Mary 사이에 의미를 담고 있는 단어만 세면 다섯 개의 단어가 들어가 있다. 원시 언어에서는 불가능한 일이다. 원시 언어의 구조는 원시 의미론의 요구 사항들을 받아적고 있는 듯하다. 이는 원시 언어가 네번째 제약에 의거하여 자신의 기능에 아주 알맞게 조정된 언어 체계라는 것을 극명하게 보여주고 있다.

원시 의미론의 특성 가운데 조정을 받은 것과 관련된 두번째 제약은 확인이 훨씬 더 까다롭다. 우리는 사실상 아직 이 원시 의미론의 기능을 검토하지 않았다. 원시 언어의 단어를 이용하여 자신들의 무리에게 구상적 영상이나 장면을 전달하는 것이 개체들에게 어떤 이득이 될 수 있을까? 비커튼은 원시 언어의 사용에서 개체들의 생존을 위한 명확한 이익을 발견한다. 그러나 4장에서 살펴본 논거들은 이러한 증거가 허상임을 보여준다. 원시 의미론의 최적화 관련 특성을 평가하기 위해서는 원시 언어가 불러내는 장면들의 속성과 청자가 이 장면들로부터 만들어 내는 사용을 비교해야 한다. 첫번째로 인정해야 할 것은 단어들이 불러내는 장면들이 매우 모호하다는 것이다. 발판 위에 있는 고양이가 '보인다'. 그 고양이가 줄무늬 고양이인가 아니면 샴 고양이인가? 발판의 색깔은 보이는가? 땅은 젖어 있는가? 여름인가 아니면 겨울인가? 고양이 뒤에는 무엇이 보이는가? 이 질문들 모두 그리고 또다른 많은 질문들은 아마 답이 주어지지 않은 채로 있을 것이다. 우리가 구체적 단어를 들을 때 결합하는 영상들은 실제 지각한 것과 비교하면 매우 빈약하다. 그렇기는 해도 영상은 영상이다. 즉 우리는 고양이가 발판 위에 있고, 예컨대 집밖에 있고, 엎드려 있고, 우리를 마주보고 있다는 것을 말할 수 있다. 원시 언어 문장들이 최대로 불러낼 수 있는 것이 이 정도로 간략한데 해당 장면들이 충분히 정확하게 파악될 수 있을까? 이 장면들의 기능이 될 수 있을 만한 것이 무엇인지 결론을 짓지는 않았지만 이러한 장면들을 기억되어 있는 장면들과 충분히 비교할 수 있다고 해두자. 원시 언어의 문장은 기억되어 있는 장면들과 잘 비교될 수 있는 간략한 장면을 만들어낼 수 있으면 자신의 목표를 이룬 것이다. 원시 인류에게 있었던 의사소통 기능에 대한 이와 같은 부분적 기술로 우리의 논의를 한정한다면 원시 의미론과 그것을 사용하는 원시 언어는 위와 같은 기능에 적합해 보인다.

이 체계는 구성 자체가 시각을 통한 영상, 또는 더 일반적으로 말하자면 오감을 통한 영상의 구상적 측면에만 한정되어 있다는 사실을 문제로 제기할 수도 있다. 이는 부정할 수 없다. 영상이 가지는 이러한 구상적 측면과 극도의 간략함 때문에 데릭 비커튼조차도 영상에 대하여 모든 의미적 지위를 다음과 같이 거부하게 된다.

"영상을 통해 사고한다고 생각하는 편에 당신이 속해 있다고 하자. 발판 위에 있는 고양이의 영상이 당신의 눈에 들어오면 분명히 당신은 '고양이가 발판 위에 있었어'라고 말하며 그 영상을 즉시 소개할 수 있다. …… 그런데 이러한 시험은 너무 쉽다. 그보다는 '당신에 대한 나의 신뢰는 당신의 충실함이 부족하여 영원히 무너져버렸습니다'와 같은 것을 들어보자. 이제 이 문장이 대응되는 정신 영상을 떠올려보자."(Bickerton 1995, p. 22)

이 주장은 분명 설득력이 있다. 충실함이나 신뢰가 어떤 이들에게는 하나의 영상을 떠올리게 할 수 있다. 반면에 비커튼이 예로 든 문장 전체와 대충이라도 동등하다고 인정될 수 있을 만한 영상은 우리 대부분에게 있어서 존재하지 않는다. 이로부터 비커튼은 우리가 오로지 단어를 통해서만 사고한다는 결론을 이끌어낸다. 이러한 견해가 옳다면 영상으로 이루어져 있는 원시 의미론이 현생 인류에게서도 여전히 작동한다는 생각은 접어야 한다. 그런데 우리는 신기하게도 비커튼의 방법 그 자체를 사용하여 이 주장에 반대할 수 있다. 비커튼은 통사 규칙이 없는 언어는 존재하지 않는다고 말하는 사람들에게 피진어를 보여주며 반박한다. 비커튼이 우리에게 단어를 벗어나서는 사고가 존재하지 않는다고 말할 때 모든 인간들이 소유하고 있는 다음과 같은 능력을 내세우자. 즉 구상적 단어들이 불러내는 영상들을 결합하는 능력을 내세울 수 있다. 물론 어떤 추상적 개념들은 오감을 이용한 방식으로 표상될 수 없다. 이것은 그저 원시 의미론은 의미론이 아니라는 것을 뜻할 뿐이다. 비커튼은 인간 언어의 언술을 이해하는 데 있어서 영상들의 언술이 하는 역할을 부인하려고 한다. 그렇지만 이러한 능력이 없으면 많은 발언이 계속 이해되지 못한 채 남을 수 있다. 오르탕스 블루Hortense Vlou의 이 멋진 문장부터 그러하다.

"그 사막에서 그는 너무도 외로워 때로는 뒷걸음질로 걸었다. 자기 앞에 찍힌 발자국을 보려고."[15]

원시 언어가 우리의 언어 능력의 구성 요소로서 존재한다고 주장하는 비커튼은 장면을 구성하는 이러한 능력이 우리의 표상 능력의 구성 성분으로서 존재한다고 동일한 방식으로 인정해야 할 것이다.

원시 의미론의 대상을 구상 실체로 한정하는 것이 정말로 용납될 수 없는 것인가? 비커튼은 그렇게 주장하는 듯하다. 이에 대한 답을 하는 데 현대의 인간들의 능력을 토대로 삼아서는 안 된다. 구상적 원시 의미론이 추상화를 하지 않은 원시 인류의 필요에는 충분할 수 있다. 비커튼이 보기에서 사용한 '충실함'이나 '신뢰'와 같은 추상화는 구상적 단어들이 어느 정도의 체계성을 가지고 불러낼 수 있는 영상들과 질적으로 다르다. 내가 '고양이'라고 말하는 경우에는 당신이 떠올릴 전형적인 영상을 매우 그럴 법하게 추측할 수 있다. 고양이 한 마리가 방금 우리 앞을 지나간 경우처럼 상황이 정확할수록 더욱 확실하게 추측할 수 있다. 내가 '충실함'이라고 말하는 경우에는 당신이 하나의 영상을 만들더라도 어떤 영상인지 알 수 있는 방법이 전혀 없다. 첫번째 경우에는 의사소통이 가능하다. 청자에 의해 구성된 시니피에가 화자에

---

15 파리 지하철 공사-텔레라마 공동 주최 시 콩쿠르 1등작.

의해 예측될 수 있기 때문이다. 두번째 경우에 의사소통이 어떤 영상의 생성에만 근거를 두어야 한다면 의사소통은 존재할 수 없다. 이 점에 있어서는 비커튼이 옳다. 그러므로 원시 인류는 이 두 가지 가운데 첫번째 방식으로 작동을 해야 했다. 즉 그들은 거의 결정주의적 방식으로 장면들을 불러내는 데 적절한 구상적 단어들만 사용하여 의사소통을 하였다. 원시 인류의 의사소통에 대하여 이런 기술을 받아들인다면 다음과 같이 생각하는 것이 합리적이다. 즉 그들은 추상적 표상을 할 수 있는 능력을 보유하고 있지 않았으며 바로 이것이 원시 인류가 사용했던 원시 의미론과 현대의 인간들에 의해 사용되는 의미론 사이의 근본적 차이이다.

8.4 선-언어, 문장 없는 언어

데릭 비커튼은 원시 언어의 개념을 전개하면서 그것을 호모 에렉투스에게 부여하기로 선택했다. 동시에 호모 에렉투스에게 우리가 지금 사용하고 있는 언어를 부여하지 않았다. 그것은 분별 있는 선택으로 보인다. 호모 에렉투스의 지능이 우리의 수준과는 차이가 컸던 듯하며, 그들의 도구는 틀에 박힌 정도였고, 우리가 아는 한에 있어서는 상징을 통한 문화의 흔적을 남기지 않았다. 우리가 일반적으로 일종의 야만인의 모습으로 상상하는 그러한 피조물이 우리의 표현 방식만큼 풍부한 표현 방식을 보유할 수 있었다는 것을 받아들이기는 어려워 보인다. 한편 인간을 닮은 이러한 존재는 우리와 동물계 사이에서 성벽과 비슷한 역할을 한다. 우리는 호모 에렉투스의 자손이며 그들을 너무 무시해서는 안 된다. 어쨌든 호모 에렉투스는 불을 이용할 수 있었고 매우 변화무쌍한 생존 조건에 적응하며 그 옛날 세계를 모두 지배할 수 있었다. 질적으로 다르기는 해도 우리의 의사소통 방식과 약간은 비슷한 의사소통 방식을 그들에게 부여해도 좋다는 생각이 든다. 원시 언어가 이 역할을 완벽히 수행할 수 있다. 반대되는 증거가 없으면 비커튼의 선택에 동의할 수밖에 없다. 그런데 호모 에렉투스보다 앞선 종들의 경우는 어떠한가? 호모 하빌리스 또는 심지어 오스트랄로피테쿠스는 어떤 유형의 의사소통을 하고 있었을까? 자크 모노Jacques Monod의 견해에 따르면(4장 참고) 언어, 또는 적어도 인간 언어와 비슷한 의사소통 형식은 우리 인간 계보의 미래를 결정한 초기의 '선택'이었다. 그렇다면 오스트랄로피테쿠스는 원시 언어를 보유하고 있었는가?라는 질문으로 헛된 공론에 빠지기가 쉬울 것이다. 그렇지만 우리의 조상들에게 언어 능력을 부여하는 문제에 대하여 논의할 상대적으로 합리적인 방식이 존재한다.

6장에서 보았듯이 새로운 종들의 생성을 일으키는 대진화를 통한 이행은 질적 변화에 대응된다. 거꾸로 보자면 종들의 진화에 있어서 질적 변화로 알려진 유일한 원인은 신종 형성 현상이다. 고생물학자들은 일반적으로 인간 계보에서 네 개의 주요 이행을 구별한다. 이 이행은 각각 오스트랄로피테쿠스, 호모 하빌리스, 호모 에렉투스, 호모 사피엔스의 출현에 대응한다. 호모 에렉투스의 경우는 복잡하다. 이 용어는 700cm^3의 두뇌 용적을 가진 옛날 개체들과 두뇌 용적이 1,200cm^3를 넘는 좀더 가까운 시기의 개체들을 동일한 종으로 상정하기 때문이다. 이것이 균질한 종인지 전혀 확실치 않다. 또한 다음과 같은 생각도 충분히 가능하다. 첫째, 우리 인간 계보는 질적 이행으로 인정된 이행들 이외에도 신종 형성을 통해서 여러 질적 이행을 겪을 수 있었다. 둘째, 두개골에 대한 화석 기록이 너무 단편적이어서 두뇌 용적의 일정한 양적 증가와 이러한 이행을 구별할 수 없다. 이러한 형태적 이행을 마주하고 우리는 다음과 같은 가정을 세울 수 있다. 우리 조상들의 언어 능력에서도 꽤 많은 수의 질적 변화들이 발생했다. 우리가 6장에서 살펴봤던 대진화의 원칙들을 따르자면 언어의 이행은 종의 이행에 대응되어야 할 것이다. 이를 거꾸로 생각하면 다음과 같다. 모노와 마찬가지로 우리 인간 계보의 진화에 있어서 언어가 가장 중요한 역할을 했다고 여긴다면 우리의 선조들에게서 발생했던 일련의 신종 형성은 언어 능력에 있어서 질적인 도약에 대응하는 것이라고 생각할 수 있다. 이러한 대응 관계가 인정된다면 우리보다 앞서 있던 종들은 각각 하나의 고유한 언어 능력을 부여받았어야 한다. 우리가 이 원칙을 덜 엄격한 방식으로 적용한다고 해도 이 원칙은 우리 선조들의 의사소통 능력을 재구성하는 데 소중한 안내자의 역할을 한다. 우리가 종을 혼동하여 어떤 종에 있을 언어 능력을 다른 종에 부여할 위험이 당연히 있다. 화석화된 종들에 대해서 연이어지는 점진적 절차를 통해 능력이 재구성되었다고 상정한다면, 즉 가설과 반박이 계속 이어지는 절차를 상정한다면 그러한 위험은 용인할 만하다.

호모 에렉투스가 원시 언어를 통해 자신을 표현했다면 호모 하빌리스의 의사소통 형식은 어떠했었을지 의문을 가지는 것은 그러므로 당연하다. 언어의 이행에 관련된 가능성을 고려해보자. 레이 재켄도프Ray Jackendoff는 단어를 한 개만 사용하는 단계를 우리 조상들의 의사소통이 기능하기 시작한 상태로 고려한다(Jackendoff 1999). 인간들의 단어가 가지고 있는 본질적인 속성은 단어들이 어떤 특정 상황에 연결되어 있지 않다는 것이라고들 한다. 동물들이 지르는 소리는 어떤 특정한 하나의 상황을 의미한다. 예를 들어 먹이의 존재를 알리기 위해 침팬지가 지르는 소리가 무리들에게 그 먹이를 찾으라고 시키기 위해서는 사용되지 않을 것이다. 반면에 매우 어린 아이도 '고양이'라는 단어나 그와 동등한 것을 다음과 같은 여러 상황에서 두루 사용할 수 있다. 즉 고양이가 있다는 사실에 주의를 끌기 위하여, 고양이가 있는 곳을 물어보기 위하여, 고양이를 부르기 위하여, 무엇인가 고양이와 비슷하다는 것을 보라고 시키기 위하여 사용할 수 있다(Jackendoff 1999). 시니피앙-시니피에 연결의 느슨함은 중의성과 의미론을 동시에 만들어낸다. 이러한 사실 때문에 재켄도프나 디컨과 같은 몇몇 학자들은 그와 같은 느슨함이 언어 진화 역사의 결정적 단계를 이룬다고 여기는 듯하다. 의미는 더이상 반사적 연상이 아니다. 의미는 이제 계산되어야 한다. 그러므로 각 발언이 단 한 개의 단어로 구성되어 있고 각 단어가 본질적으로 중의적인 의사소통 체계는 하나의 의미론을 필요로 하는 가장 단순한 체계를 구성한다. 그러한 체계를 선先-언어라고 부르자. 선-언어가 생물학적으로 유효한 능력, 그리고 원시 인류에게 부여될 수 있는 능력이기 위해서는 6장의 원칙에 의거하여 기능적이어야 하고 자신의 기능에 대하여 국소적으로 최적화되어야 한다.

단어들이 하나씩 따로 표현될 때는 무엇에 소용될 수 있는가? 원시 언어에서 그런 것처럼 장면들을 불러내는 데 쓰일 수 있다. 이를 위해서는 해당 단어와 해당 장면 사이의 관계가 청자에게 알려져 있어야 한다. 그러한 체계가 단어와 상황 사이의 경직된 결합을 기초로 한다면 유연성이 완전히 부족해 보일 수 있다. 그렇지만 상황이 결정적 역할을 할 수 있다. 하나의 단어가 여러 다른 상황에서 동일한 장면을 불러내지 않는다. 방금 고양이 한 마리가 실제로 들어왔을 때는 '고양이'라는 단어는 그 단어를 말한 아이가 고양이가 들어온 것에 대해 사람들의 관심을 끌려고 하는 것을 의미한다. 반쯤 먹은 고기가 있는 경우에는 동일한 단어가 식탁 위에 놓인 고기를 뜯어 먹고 있는 중인 그 집 고양이의 영상을 불러낼 수 있다. 그런데 선-언어의 기능에 대한 그와 같은 해석은 문제를 제기한다. 만일 이 기능이 원시 언어의 기능과 동일하다면 선-언어가 어떻게 국소적으로 최적화될 수 있을지 잘 모르겠다. 믿을만한 방식으로 장면들을 불러내기 위해서는 원시 언어의 단어 결합이 하나씩 따로 있는 단어들보다 훨씬 더 효율적이라는 것을 인정하지 않을 수 없기 때문이다. 예를 들어 Cat eat roast는 단어 하나로 된 언술인 Cat보다 청자에게 조작의 여지를 덜 남겨준다. 단어 하나로 된 언술은 해석 작업의 본질을 상황에 대한 분석으로 떠넘긴다. 선-언어가 어떻게 이러한 상태에서 어떤 종의 고유한 능력으로서 존재할 수 있었는지 의문을 가질 수 있다. 여러 단어가 함께 쓰이는 것이 단어 하나보다 효율적이라면 하나씩 따로 있는 단어가 유일하게 가능한 의사소통 행위였던 상태에 계속 머무른 종은 왜 그러했을지 이해하기 어렵다.

그 대답은 청자가 의미의 관점에서 코드를 해독할 수 있는 능력으로부터 얻을 수 있다. 여러 단어들이 병렬되어 있을 때 청자가 그 단어들에 의해 떠올려진 영상들을 하나의 장면으로 결합할 수 없으면 원시 언어는 사용될 수 없다. 선-언어도 이런 식으로 '선先-의미론'과 길을 같이했을 것이다. 선-의미론은 원시 의미론처럼 단어에 의해 영상을 불러내는 능력을 보유하고 있었을 것이지만 영상들을 결합하여 장면을 구성할 수는 없었던 듯하다. 영상 결합 기제를 살펴보았을 때 도출되는 결론은 그러한 종류의 정신적 과정에 대해 우리가 가질 수 있는 지식을 고려하면 영상 결합 기제가 많은 부분에서 불가사의하다는 것이었다. 우리 인간 계보 가운데 하나의 종에게 등장했을 그러한 기제를 동물들은 보유하고 있지 않은 것으로 상정할 수 있다. 선-언어가 기능적 의사소통의 형식을 구성할 수 있었다고 생각하면 영상 결합 기제는 어쨌든 반드시 필요한 것이다.

칸지와 같은 침팬지와 수행한 실험들은 몇몇 동물들이 선-의미론을 가지고 있음을 시사한다. 칸지는 상황을 고려함으로써, 예컨대 공이 어디에 있는지 찾음으로써 '공'이라는 단어를 해석할 수 있다. 더욱 난감한 것은 칸지가 open orange처럼 단어의 결합을 이해하며 심지어 생산할 수 있다고 단언하는 것이다. 이는 칸지가 open orange를 아래와 같이 각각의 의미론을 갖고 있는 서로 다른 두 단어로 분석한다는 것을 뜻하는 듯하다. 단어 orange는 오렌지 영상에 대응되며, 단어 open은 오렌지와 관련된 어떤 상황과도 관계없이 하나의 행위를 불러낸다. 자료 영상에서 수 새비지-럼바우가 칸지에게 열쇠를 냉장고 안에 넣으라고 말하면 칸지가 그 말을 따르는 것을 볼 수 있다. 이 독창적 행위의 기이한 모습은 행위 이전에 해석이 있었어야 생길 수 있다. 그와 같은 사전 해석은 영상을 통한 결합으로서 원시 의미론의 전형적 결합이다. 이렇게 보면 칸지의 그 행위는 매우 인상적이다. 칸지는 열쇠의 영상과 냉장고의 영상을 결합하여 냉장고 안에 열쇠가 있는 한 개의 영상을 만들어냈다고 볼 수 있겠다. 우리가 그에게 기대하는 것이 이를 통해 실현된다고 생각할 수 있을 것이다. 사실이 그렇다면 선-의미론과 결합되어 있는 선-언어가 있다는 생각은 헛된 것이 되어버린다. 그런데 칸지가 이와는 다르게 '추론'했을 가능성도 있다. 칸지는 훈련을 많이 받았기 때문에 자신이 어떤 하나의 행동을 실행해야 한다고 스스로 생각하고 있다. 그는 '열쇠'를 듣고 열쇠를 짚는 행동을 실행한다. 열쇠에 대해서는 항상 그것을 짚는 것을 했기 때문이다. 다음으로 '냉장고'를 듣고는 손에 가지고 있는 것을 냉장고 안에 넣는다. 냉장고가 등장하면 자기가 할 수 있는 몇몇 행동 가운데 하나가 그것이기 때문이다. 다시 말하면 칸지는 영상 결합을 실행한 것이 아니라 행동을 결합한 것이다. 이 차이는 엄청나다. 행동의 결합은 두 가지를 요구한다. 첫째, 각 활동에는 활동 대상이 주어져야 한다. 둘째, 활동들이 시간 속에서 연속될 수 있어야 한다. 한 활동의 결과가 다음 활동을 위한 선행 조건이 된다. 이것은 영상 결합 기제와 전혀 다르다. 예컨대 cat mat를 듣고 고양이가 발판 위에 있을 것이라고 결정하는 일은 행동들의 시간적 연속이 제시하는 기제와는 다른 기제를 요구한다. 그러므로 칸지가 인간의 지시를 해석할 때 선-의미론적인 능력만을 사용하는 것이 가능하다. 이 사실 때문에 칸지의 업적이 조금도 줄어들지는 않는다. 원시 언어 이전에 선-언어가 있었다는 가정은 우리 선조들에게 있었던 의사소통이 칸지가 이 예시에서 보이는 능력과는 다른 능력을 기반으로 했다는 것을 상정할 뿐이다.

칸지가 보여준 성과는 동물들의 표상 능력과 원시 의미론 사이의 차이를 잘 보여준다. 선-언어와 원시 언어의 중요한 특성은 지금까지 기술한 바에 따르면 **지시적**이라는 것이다. 단어는 감각 세계에 있는 사물을 가리킨다. 동물은 일반적으로 자신의 감정 상태를 전달한다. 1장에서 기술했던 버빗 원숭이의 사례는 몇몇 동물들에 의한 지시적 신호의 사용을 우리가 배제할 수 없다는 것을 보여준다. 그런데 버빗 원숭이가 사용한 신호들의 의미론적 요소는 대부분 타고난 것이었다. 인간들의 의사소통은 학습된 의미론적 요소를 가지고 있으며 동시에 지시적이다. 아마 인류 이전의 존재들의 의사소통도 그러했을 것이다. 물론 인류 이전의 존재들은 자신의 감정 상태를 표출하기 위해 단순한 신호로서 단어들을 사용할 수 있었을 것이다. 그렇지만 아마 그들의 가장 큰 독창성은 구상적 사물이나 구체적 사건을 가리키기 위해 단어들을 자발적으로 사용했다는 것이다. 이는 수 새비지-럼바우가 오스틴과 셔먼을 데리고 재현할 수 있었던 것이다(3장 참고). 그런데 강도 높은 훈련을 통해서야 재현이 된 것이기는 하다. 침팬지와 같은 동물들이 갖고 있는 영상을 통한 표상 능력은 아마 꽤 발전된 능력일 것이다. 그러나 영상들을 결합하여 상상의 장면을 구성하는 능력, 즉 우리가 갖고 있고 **호모 에렉투스**가 가지고 있었을 법한 능력은 없을 것이다. 이 책에서 원시 의미론이라는 용어로 나타낸 이러한 능력은 우리 인간 계보의 진화 가운데 어느 한 지점에서 등장했다. 아마도 지시적 의사소통이 그보다 앞서 있었고 이는 기억된 장면을 불러내는 단순한 능력에 기반을 두고 있었다. 이 단순한 능력이 선-의미론에 해당한다.

오스트랄로피테쿠스 또는 **호모 하빌리스**가 말은 했지만 원시 의미론은 보유하고 있지 않았다면 국소적으로 최적화된 의사소통 수단을 선-언어가 구성했을 수 있다. 그 개체들은 하나씩 따로 있는 단어를 발화함으로써 상황이 허락한다면 청자의 정신 안으로 전달하려는 장면들을 떠올리게 할 수 있었다. 재켄도프는 이러한 방식의 의사소통이 우리의 몇몇 행동에 화석처럼 남은 것으로 보고자 했다. 감탄사 ouch!, dammit!, shh, wow, pst 등이나 여러 욕설은 문장의 역할을 하지만 문장 구조를 가지고 있지는 않다. 그런데 자발적이든 아니든 이러한 외침이 장면을 불러내는 능력을 발휘하기 위해 쓰이는 것인지는 의심스럽다. 비언어적인 단순 신호로 보는 것이 더 그럴 법하다. 재켄도프는 hello와 같이 홀로 쓰이는 단어들, 용기를 북돋는 yes, 단념을 유도하는 no도 언급하며 다음과 같이 기술한다.

> "나는 이 단어들을 언어 진화 중 1개 단어 단계의 '화석'으로 보고자
> 한다. 이것은 단어 하나만으로 된 발언으로 어떤 이유로든 포괄적 결
> 합 체계에 통합되지 못한 것이다."(Jackendoff 1999)

지금 실고 있는 인간들의 언어에서 선-언어의 화석을 찾으려는 생각
은 훌륭하다. 그런데 그 화석이 드러날 수 있을지는 확실치 않다. 우리
가 때때로 사용하는 Out, Done, Hit, Missed, Sunk, Land와 같은 표
현도 하나의 단어로 되어 있다. 사용될 때 이처럼 해석을 유발하는 단
어들은 장면을 불러내는 능력이 있다고 볼 수 있다. 이러한 경우를 제
외하고는 원시 언어 가운데 하나의 단어만으로 이루어진 문장들의 집
합과 선-언어를 구별하는 것이 불가능하다. 그러므로 선-언어를 인간
언어의 진화 가운데 있을 수 있는 하나의 단계라고 여기는 것은 그저
가설로 만족해야겠다. 이 가설이 지금으로서는 논리적으로 일관성이
있으며 흥미롭다고 생각된다.

8.5 원시 언어의 어휘

음운론

어휘는 구별되기 쉽고 합리적인 길이를 가진 매우 많은 단어들로 구
성되어 있다. 어휘가 이렇게 구성될 수 있는 것은 인간이 부여받은 음
운 결합 체계 덕분이다. 음운 연쇄에 대해서 우리가 자발적으로 도입하

는 제약들은 가능한 모든 음성 형식들 가운데에서 언어적 형식을 잘 구별해내는 효과를 보인다. 그러한 체계는 어휘의 규모가 커야 한다는 요구가 있었기에 진화를 통해 생겨났을 것이다. 선-언어 또는 원시 언어의 단어들은 음운 형식과 의미 사이에 다리를 놓는다. 그러므로 음운 체계가 직면해야 했던 것은 엄청나게 많은 의미가 있어야 한다는 요구이다. 선-언어는 단어들을 서로 결합하는 기제를 보유하고 있지 않았으므로 시니피앙와 시니피에를 대응시키기 위해서는 아마도 큰 규모의 어휘가 필요했을 것이다. 이는 중의성이 문맥을 통해서 해석될 한계 안에 머무르기 위한 것이었다. 사실이 그렇다면 음운론은 선-언어와 함께 생겨났다고 생각하는 것이 합리적이다. 그런데 이 추론은 확실치 않은 전제를 근거로 하고 있다. 즉 우리는 초기 원시 인류가 몇 개의 의미를 전달하길 원했는지 전혀 알지 못한다. 만약에 10여 개가 알맞은 정도였다면 음운 체계는 과분했을 것이다.

선-의미론에 관한 우리의 가정은 그들이 구체적 상황에 대해서 의사소통을 했다고 상정한다. 이러한 의사소통은 단순히 그 상황을 기술하기 위한 것만이 아니었을 것이다. 지금 살고 있는 인간들의 의사소통이 보이는 몇몇 측면(3부에서 분석할 것이다)을 기초로 하면 초기 원시 인류는 '두드러진' 상황의 출현을 알리고자 했다고 생각할 수 있다. 일반적으로 이웃의 집이 여전히 있다고 말하기 위해서 또는 숲의 존재를 알리기 위해서 말을 시작하지는 않는다. 두드러진 상황은 예기치 않은 측면을 가지는 것이 본질이다. 1년 동안 사라졌던 동료가 느닷없이 돌아온 것, 메뚜기떼가 다가오는 것, 새하얀 알비노 동물이 눈앞에 있는 것을 예로 들 수 있다. 보유하고 있는 어휘가 너무 한정적이면 이러한 상황들을 알리는 것이 불가능하다. 물론 두드러진 상황이 생겨나는 것을 매우 적은 수로 제한하고 1년에 한 번만 그러한 상황에 대해 말을 한다고 가정하면 사정이 다를 수는 있다. 원시 인류는 단어와 거기에 결합되어 있는 표상을 결합하는 능력을 보유하고 있지 않았다. 따라서 그들은 청자가 구체적 상황의 두드러진 측면을 파악할 수 있을 만큼 충분히 정확하게 해당 상황을 불러내기 위하여 무시하지 못할 만한 규모의 어휘에 의지했다고 여기는 것이 더 타당하다. 이 어휘에 있는 단어들이 구조 없이 서로 구별되기 힘든 으르렁거리는 소리였을 수는 없다. 그러므로 음운론이 선-언어와 함께 생겨났다는 것을 받아들이는 것이 타당하다.

문법 범주

원시 언어의 단어들은 모두 동등했을까? 아니면 우리의 조상들이 동사, 형용사, 명사와 같은 문법적 구분을 했을까? 우리는 이러한 구분 중에 어떤 것들은 상대적이라는 것을 알고 있다. 예를 들어 중세 말까지 문법학자들은 형용사를 명사와 구별되는 범주로 취급하지 않았다. 반면에 동사변화가 되어 있는 동사와 그 동사의 과거분사는 명확하게 구분을 하였다(Matthews 1974, p. 44). 북아메리카 인디카 수sioux족의 언어인 라코타어는 형용사를 위한 별도의 범주를 갖고 있지 않은 듯하다. 예컨대 big이나 red와 같은 종류의 단어들이 동사와 같은 모습을 보이며 때때로 자신이 수식하는 명사와 결합된다. 그런데 이렇게 명사와 결합하는 것은 동사도 마찬가지이다(van Valin & LaPolla 1997, p. 28). 그렇지만 이 세상의 모든 언어들이 명사와 동사는 구분을 하는 것 같다. 이러한 구분이 선-언어와 원시 언어에서 어떤 하나의 역할을 했을까?

우리가 원시 언어의 기능을 이해하도록 해준 가설은 그 기능이 구체적 상황을 지시하는 데 있다고 제시한다. 청자는 정신 영상들을 구축하거나 또는 예전에 지각한 것을 재구성하여 결합한다. 원시 언어의 실효성은 이러한 정신적 구축이 화자가 머리에 갖고 있었던 것과 관계를 맺는다는 사실로 평가된다. 여기에서 가장 중요한 일은 의사소통으로 전달된 상황의 두드러진 특성을 청자가 정확하게 파악해야 한다는 것이다. 이러한 체계가 명사, 동사, 부사, 형용사의 구분을 필요로 하는가? 지금 살고 있는 사람들이 사용하는 피진어에 이러한 구분이 있다고 하여 인류 이전의 존재들도 그렇게 구분을 할 수 있었다고 증명되는 것은 아니다. 명사의 경우는 자명해 보인다. 원시 의사소통은 구체적이며 지시적이었다고 상정되기 때문에 지각된 세계의 실체들을 지시하기 위한 명사의 사용은 불가피하다고 여길 수 있다. 우리의 선조들은 동사 없이 지낼 수 있었을까? 동사 to come이나 그와 동등한 것을 보유하고 있지 않다면 John is coming이라는 사실을 어떻게 알릴 수 있을까? 또한 a very tall man running quickly가 눈앞에 있는 것을 알리기 위해서는 형용사와 부사의 사용도 반드시 필요해 보인다. 그런데 이 추론은 언어에 대하여 지금의 인류가 세운 개념에서 나왔기 때문에 위험을 안고 있다. 선-언어에 대해서 말하자면, 그것이 존재했다고 상정할 때, 우리로 하여금 그 화자들이 동사, 부사, 형용사를 활용했다고 여길 만한 것은 아무것도 없다. 선-언어의 청자는 여러 영상들을 결합하여 하나의 장면을 구축할 수 없다고 상정되므로 선-언어의 화자는 두드러진 상황을 알리는 데 단어를 오로지 하나만 사용해야 한다. 그 단어는 명사일 수밖에 없을 것 같다. 그런데 명사가 선先-어휘에서 존재할 수 있는 유일한 형식이라면 진정으로 어휘 범주에 대해서 말할 수가 없다.

모든 것이 명사인 언어에는 명사가 존재하지 않는 셈이다. 반면에 원시 언어의 화자들은 더욱 분화된 어휘를 갖고 있었다고 생각하는 것이 타당하다. 이들은 단어들의 의미를 결합하는 능력을 보유하고 있었다고 가정할 수 있기 때문이다. 그렇더라도 우리의 추론이 확정되지는 않는다. 어떤 사람이 키가 크다는 사실을 표현하기 위하여 man height에 해당하는 것을 말할 수 있고 존이 무언가 먹고 있는 것을 말하기 위하여 John food와 같은 것을 말할 수 있다. 명사, 동사, 형용사 사이의 구분은 의미적인 동시에 문법적인 것이다. 문법이 없는 구상적 원시 언어에서 이러한 구분이 반드시 필요할까?

　의미론의 관점에서 고려하면 많은 개별 언어에서 문법 범주들의 구분이 모호해진다. 어떤 단어들은 구별 없이 동사의 역할을 하기도 하고 명사나 형용사의 역할도 한다. 영어 동사 verb는 a verb phrase라는 표현에서 품질 형용사의 역할을 한다. 잘 알려진 표현인 you can verb any noun이 뜻하듯이 영어에서는 어떤 명사도 동사로 쓰일 수 있다. 예를 들어 '물을 주다'는 그저 to water라고 말하면 되고, to house는 '집에 묵도록 하다'를 의미한다. 또, orange라는 단어는 색깔 형용사, 색깔의 이름, 과일의 이름일 수 있으며, 의미론의 관점에서 앞의 두 개가 서로 더 가깝다. 이는 의미 파악에 있어서 문법 범주는 결정적이지 않다는 것을 시사한다. 의미적 유형의 구분(색깔, 생명체, 성, 야채, 둥근 사물, 음식물)에 대하여 추상적 구분(특성, 실체, 행위, 방법)을 체계적으로 추가할 특별한 이유가 없다. 여기에서 추상적 구분이 형용사, 명사, 동사, 부사에 대하여 우리가 갖고 있는 개념에 해당한다고 볼 수 있다. 우리가 형용사, 명사, 동사, 부사로 나누는 구분은 무엇보다도 문법적인 것이다. 이러한 구분을 순전히 의미적인 관점에서 고려한다면 우리의 선조들이 관심 가졌을 법한 다른 많은 범주에 비해 형용사, 명사, 동사, 부사의 구분이 원시 언어의 어휘 범주에 있을 특별한 이유는 전혀 없다.

형태론

우리의 선조들이 유효한 수의 단어를 필요로 했다면 그것들을 어떻게 만들었을까 의문을 가질 수 있다. 음운 관련 제약을 준수하는 새로운 형태를 만드는 것은 대개 쉬운 일이다. 그런데 그것이 처음으로 사용될 때는 이해되지 못할 위험이 크다. 인류의 모든 개별 언어에서 흔히 사용하는 절차는 존재하는 단어들로부터 새로운 단어들을 만드는 것이다. 어떤 개별 언어에서 현재 사용되는 어휘를 관찰하면 단어가 언제나 의미의 원자는 아니라는 것을 확인할 수 있다. 영어 단어 reasonable은 형태론적 구조를 가지고 있다. 더 단순한 시니피앙인 reason이라는 단어를 포함하고 있기 때문이다. **파생 형태론**이라고 불리는 이러한 형태론을 통해 어근에 접사를 더함으로써 새로운 단어들을 만들 수 있다. 프랑스어를 예로 들면 형용사에 접미사 -té, -esse, -eur를 더해 beauté, tristesse, noirceur와 같은 실사로 만들 수 있다. 반대로 어떤 명사들은 -el이나 -ien과 같은 접미사에 의해 accidentel, parisien과 같이 형용사로 변할 수 있다. 파생은 do에서 undo가 만들어지고 tie에서 untie가 만들어지듯이 접두사를 통해 이루어질 수도 있다. 삽입사에 의한 파생은 드물게 일어난다(Matthews 1974, p. 131). 삽입사에 의한 절차는 결합을 통해 이루어진다. 예컨대 redeployment라는 단어는 어근 -ploy-에 두 개의 접두사와 한 개의 접미사가 첨가되어 구성된 것으로 분석할 수 있다. 사람들이 새로운 단어를 만들기 위해 보유하고 있는 기제가 바로 이것이다. 이는 하나의 기제를 넘어서 진정한 능력으로 여겨진다. 아이들이 단어를 만드는 것을 관찰하면 이러한 능력을 자발적으로 한껏 사용한다는 것을 확인하게 된다. 어쩌면 어른들보다 더 많이 사용한다는 것을 알 수 있다. 즉 어른들의 지식으로는 해당 언어의 어휘에 속하지 않는 새로운 단어들을 아이들은 만들어낸다. 당연히 이 단어들이 용인될 수 있다고 판단되기는 한다. 프랑스어와 영어에서 아이들이 자발적으로 만들어낸 단어의 형태를 보기로 들면 다음과 같다. '잠옷을 벗다'는 뜻의 se dépyjamiser, '지니다'라는 뜻으로 tenir 대신에 만들어낸 treindre, '설명'이라는 뜻으로 explications 대신에 만들어낸 explicages, '냄새'라는 뜻으로 odeur 대신에 만들어낸 senture, '멀리 떼어놓다'는 뜻으로 éloigner 대신에 만들어낸 déprocher, '피난처'라는 뜻으로 abri 대신에 만들어낸 abritement, '제안'이라는 뜻으로 proposition 대신에 만들어낸 proposement, '장식'이라는 뜻으로 décorations 대신에 만들어낸 décorages, My mum's a good cooker에서 a good cook 대신에 만들어낸 a good cooker, '후버 진공 청소기를 사용하다'는 뜻의 hooving, '밴드 활동하는 연주자'라는 뜻의 bander, 자동차 와이퍼라는 뜻으로 windscreen wipers 대신에 만들어낸 windscreepers 등이 있다.

우리가 이 단어들을 한 번도 만난 적이 없지만 대부분의 의미가 즉각 이해된다는 것이 흥미롭다. 형태의 유사성을 만들어내는 일반적인 능력이 파생을 통한 어휘의 혁신에서 결정적 역할을 하는 것은 분명하다. 그렇지만 그 능력만이 유일하게 파생을 유발하는 것은 아니다. 프랑스어 단어의 1.7% 가까이가 con-이라는 음절로 시작한다. 이는 굉장히 높은 비율이다. 이 음절이 단어 처음에 있는 경우에는 with를 뜻하는 라틴어의 형태적 표지 cum-에서 온 것이 거의 대부분이다. 예를 들어 몰리에르 작품에서 철학 선생이 한 말을 떠올리면 *consonne*(자음)는 "parce qu'ils sonnent avec les voyelles(그것은 모음과 함께 울리기 때문에)" 그렇게 불린다. 프랑스어에서 라틴어를 통한 이와 같은 형태적 생성이 지금은 대부분 사라졌다. 아이들도 그 사실을 아는 듯하다. 즉 어떤 아이들도 jouer ensemble(함께 놀다)이라는 뜻으로 conjouer라는 단어를 만들어내지 않을 것이다. 형태적 생성이 유사성만을 바탕으로 삼는 일반적인 능력일 뿐이라고 가정한다면 conjouer라는 단어를 만들 수도 있을 것이다.

무슨 뜻인지 이해될 만한 단어들을 파생을 통해 만들어내는 이 능력은 의사소통의 열린 코드로서 매우 흥미로운 특성이다. 이 능력은 원시 언어의 능력과 구별되는 어휘적인 능력이다. 원시 언어의 능력은 단어들을 병렬시켜 여태까지 없던 의미를 만들어내는 능력이기 때문이다. 우리의 언어와 마찬가지로 원시 언어의 문장들은 화자에 의해 자유롭게 만들어진 다음에 청자에 의해 의미가 파악되고 나면 잊히게 된다. 반면에 접사를 통해 얻어진 단어들은 어휘 안에서 자신들의 자리를 가져야 한다. 그리하여 어휘 안에서 영속성을 획득하게 된다. 예를 들어 décorage라는 단어는 완벽하게 용인될 수 있는 프랑스어 단어가 될 수도 있지만 아마도 décoration이라는 단어와 경쟁 관계에 있기 때문에 어려움을 겪으며 현재 쓰이고 있는 어휘에 속하지 못하는 것이다. 그러므로 능력으로 고려되는 파생은 열린 어휘를 사용하는 존재들에게는 필수불가결한 도구인 듯하다. 그렇다면 우리 선조들 가운데 지시적인 의사소통 코드를 처음으로 사용한 이들은 아이들이 파생어를 만들어내듯이 단어를 만들어낼 수 있었다고 결론내야 할까? 현재 사용되고 있는 여러 개별 언어에서 관찰한 바에 따르면 파생 절차는 두 가지 결과를 가져온다. 첫째, 일반적으로 원래 단어의 문법 범주를 변화시킨다. 둘째, 의미 변화를 유발한다. 예를 들어 형용사 full에 접미사가 첨가되어 명사 fullness가 나온다. 여기에서 형용사 full은 주어진 실체에 대하여 어떤 속성을 기술하는 데 쓰이고 명사 fullness는 그 속성을 기리키는 깃이다. 이 두 가지 결과 중에서 단어의 의미적 측면에 대한 영향만이 원시 언어에 해당할 수 있다. 왜냐하면 우리는 원시 언어가 문법 범주를 구분하는 특성을 가진다고 여기지 않기로 했기 때문이다.

현재 사용되고 있는 여러 개별 언어에서 단어들의 형태론적 구조가 때로는 그 의미론적 범주를 보여준다. 기존의 단어로부터 새로운 단어를 형성하는 파생 관련 형태론뿐만 아니라 단어가 나타내는 실체의 의미론적 범주를 표시하는 **굴절** 관련 형태론도 관련된다. 예를 들어 프랑스어에서 성의 구별은 명사와 형용사의 문법성을 통해 표시된다. 많은 개별 언어들이 분류를 나타내는 형태소를 사용한다. 2장에서는 중국어의 경우를 인용했다. 스티븐 핑커가 언급한 반투어의 일종인 분조어는 의미 부류를 16개 가지고 있다(Pinker 1994). 만약 이와 같은 의미 구분이 지금 우리의 언어에서서처럼 원시 언어에서도 중요한 위치를 차지하고 있었다면 굴절 관련 형태론이 우리의 조상들에 의해서 사용되었을까 의문을 가질 수 있다. 이러한 가설에 반대하는 논거들이 있다. 분류를 나타내는 형태소는 일치라는 중요한 문법 기능을 가지고 있다. 프랑스어에서 주어-동사의 일치와 형용사-명사의 일치는 의무적이다. 모든 문법 기능의 개념을 지운다면 굴절 형태론이 의미 부류들을 구분하는 기능을 가질 것으로 보인다. 의미 부류는 남자-여자의 구분과 같은 구체적 부류일 수도 있고 특질-실체의 구분과 같은 추상적 부류일 수도 있다. 그런데 이러한 분류는 본질적으로 범주와 관련되어 있으며 원시 의미론의 차원에 이러한 분류가 존재한다고 여길 만한 근거가 하나도 없다. 대부분의 동물들은 유성 단세포 동물을 포함하여 수컷 개체와 암컷 개체를 구별할 줄 안다. 그렇다고 해서 이들이 남성과 여성의 범주를 다룬다고 말할 수는 없다. 원시 의미론은 정신 영상 형태의 표상 능력을 가정한다. 그런데 원시 의미론이 범주 구별 능력을 포함하고 있지는 않다. 원시 의미론과 의미론의 이러한 근본적 차이를 앞으로 다시 살펴볼 것이다. 또한 10장에서는 굴절 관련 형태론의 존재 이유가 통사론의 영역에 속한다는 것을 이해하게 될 것이다. 마찬가지로 굴절 관련 형태론을 통해 단어들 사이에서 생기게 되는 의미적 구분은 목표가 아닌 하나의 수단을 이룬다는 것을 알게 될 것이다. 그러므로 원시 의미론에 범주 표상이 없다는 사실과 원시 언어에 통사론이 없다는 사실은 원시 언어에 형태론이 존재할 것인가에 대해 의구심을 갖도록 한다.

8.6 원시 대화

지금까지 살펴본 바에 따라서 우리는 **호모 에렉투스**의 의사소통 방식에 대해 몽타주를 그려볼 수 있겠다. 어떤 몽타주라도 그렇듯이 유사성에 대한 보장은 전혀 없다. 우리는 다음과 같은 몇몇 단서들을 보유하고 있을 뿐이다. 피진어의 구조, 지금 살고 있는 인간들이 가지고 있는 언어 능력의 다양한 기능적 구성 성분, 특히 무엇보다도 모든 형식의 언어와 그 언어를 통해 표현될 수 있는 의미 체계 사이에 국소적으로 최적화가 적용된다는 것을 단서로 갖고 있다. 수배자의 몽타주를 그릴 때와 마찬가지로 하나의 의지가 우리를 부추긴다. 우리 선조들의 의사소통 형식을 찾아내려는 의지가 그것이다. 호모 에렉투스나 그 이전의 모든 선조들이 말을 전혀 하지 않았다고 가정하지 않는 한 다음과 같은 시도를 해봐야 하겠다. 즉 우리 사신들의 언어 능력에 대하여 그 기능적 하위 부류들을 설정하고, 그 하위 부류들을 우리 선조들 가운데 몇몇 종에게 부여해봐야 하겠다. 언어 활동은 화석을 남기지 않으므로 이러한 연구가 헛될 것으로 생각하는 이들에게는 비커튼의 작업을 그에 대한 대답으로서 제시할 수 있다. 비커튼이 증명한 것을 제시하는 것이 아니라 그를 통해 제기될 수 있었던 새로운 질문들을 제시하는 것이다. 원시 언어의 개념은 정의되고 나면 거추장스러운 것이 된다. 지금의 인류가 제2의 의사소통 코드를 사용하지는 않으면서 그것을 소유하고 있다면 이상한 일이다. 문법 기능의 단어들과 통사 구조가 없다는 것을 특징으로 삼는 이 제2의 코드는 단어들을 의미 구성성분으로 묶음으로써 짧은 문장들을 구성한다. 비커튼의 주장을 따르면 이 코드는 화석이다. 물론 우리가 양손으로 돌려볼 수 있는 뼛조각과는 본질이 다른 화석이다. 그것은 행동과 관련된 화석이다. 기능적 특성을 고려하면 현재의 유용성이든 과거의 유용성이든 그러한 제2의 코드의 유용성의 문제를 제기하게 된다. 고생물학자들은 이빨 한 개 또는 넓적다리뼈의 조각 하나를 관찰함으로써 우리의 먼 선조들의 키 또는 식습관을 재구성하려 한다. 우리도 이와 마찬가지다. 행동과 관련된 유산에서 보이는 원시 언어 능력의 잔해로부터 먼 선조들의 의사소통 방식을 완전히 임시방편으로 몽타주로 그려보려는 것이다. 그러므로 앞으로 살펴볼 내용은 그저 재구성하려는 시도라고 봐야겠다. 이러한 시도의 주요한 공로는 어느 정도 분량의 관찰 사실들을 재분류하여 일관된 각본을 만들려고 하는 것이다.

호모 에렉투스는 지시적 의사소통을 하고 있었다. 의사소통을 통해 일반적으로 감정 상태나 호르몬 상태 등을 전달하는 동물들과는 반대로 **호모 에렉투스**는 오감으로 지각되는 세계의 구체적 상태들을 지시할 수 있었다. 이들의 원시 언어의 주요한 독창성이 바로 거기에 있다. 그러한 의사소통을 위해 이들은 단어들을 결합하였다. 이렇게 떠올려진 정신 영상들을 청자가 결합할 수 있다고 기대하며 단어들을 결합한다. 이러한 방식으로 그들은 자신의 머리에 있던 장면의 복사본을 매우 불완전하지만 청자의 정신에 만들게 되었다. 피진어를 관찰하여 재구성한 바에 따르면 원시 언어는 이러한 구상적 지시 기능에 완벽하게 들어맞은 듯하다. 즉 원시 언어 화자는 의미를 가진 단어들만 사용하여 그것들을 의미 구성성분에 따라 묶음으로써 청자의 해석 작업이 쉽도록 만들어준다.

원시 언어의 구조는 그 언어가 지시적 의사소통을 제공하는 경우에만 이해가 된다. 우리 선조들이 표출하기를 원할 수 있었던 몇몇 감정 상태들을 유용하게 전달하는 데는 문장이 필요하지 않았다. 반면에 오감으로 지각되는 세계의 사물이나 사건을 지시하기 위해서 **호모 에렉투스**는 각기 다른 엄청난 수의 실체를 지시할 수 있는 충분히 풍부한 어휘를 필요로 했다. 그것은 열린 어휘로서 음운 규칙을 통한 생성의 가능성을 이용한다. 이 어휘는 정신 영상을 만들어낼 수 있는 구상적 실체들을 지시하는 데 한정되어 있었기 때문에 행위, 실체, 특성, 방법과 같은 추상적 구분을 아마도 포함하지 않았을 것이다. 이 구분은 의미의 측면에서 우리가 쓰는 동사, 명사, 형용사, 부사에 각각 대응된다. 이 어휘에 있던 단어들은 그와 동일한 이유로 형태 구조를 갖고 있지 않았을 가능성이 많다. 형태 관련 요소들은 우리가 알고 있는 바에 따르면 특히 단어의 의미 부류를 표시하거나 변화시키는 데 쓰인다. 그런데 우리가 호모 에렉투스에게 속하는 것으로 여기는 구상적 원시 의미론은 의미 부류 사이의 이와 같은 추상적 구분을 제공하지 않는다. 우리의 선조들은 단어를 사용하여 구상적 영상과 장면을 불러내는 능력을 가지고 있었다. 그런데 그러한 영상과 장면에 영향을 미칠 수 있는 처리를 수행하는 데는 한계가 있었다. 이들은 모든 정신 표상과 마찬가지로 영상을 결합에 의해 장면으로 만들 수 있었지만 영상과 장면을 추상적으로 범주화할 방도는 가지고 있지 않았다.

우리와 마찬가지로 호모 에렉투스는 아무 상황에 대하여나 의사소통을 한 것은 아니다. 즉 호모 에렉투스도 자신의 관심을 끌도록 만든 상황의 두드러진 특성을 대화 상대자가 인식하도록 유도하고자 했다. 어떤 상황의 두드러진 특성을 평가하는 것, 예컨대 예기치 않은 측면을 평가하는 것이 호모 에렉투스가 수행할 수 있었던 주요한 처리 가운데 하나였을 것이다. 이것은 바로 우리가 어렵지 않게 즉각 하는 일이다. 아래 대화 발췌를 살펴보자. 8살과 10살의 아이 두 명이 하는 대화이다.

M : 오늘 아침에 열기구가 더 많은 거 봤어?

Q : 응, 알아.

M : 조용히 해. 너한테 말하는 거 아냐. 다른 사람들한테 말하는 거

야. (아빠를 향해) 오늘 아침에 열기구 있는 거 봤어?

대화에서 M에 의한 열기구의 언급은 두드러진 상황이 대화 상대자들의 정신 속에 분명하게 나타나도록 한다. 10여 개의 열기구가 하늘을 나는 광경에서 대화 상대자들과 마찬가지로 M도 일상적이지 않은 장면을 인식한다. 1장과 3장에서 거론했듯이 그러한 장면을 앞에 있는 사람들에게 알리는 것은 목격자로서 거의 반사적인 행동이다. 그런데 위 대화에서 Q의 태도와 M의 반응은 두드러진 상황을 청중들에게 알리는 행위가 별 중요치 않은 행동은 절대 아니라는 것도 보여준다. 즉 열기구의 존재를 알리는 것이 M에게 있어서는 하나의 이야깃거리를 제공하는 것이다. 그런데 이것이 Q의 반응에 의해 사라져버릴 위험이 있다. 원시 언어의 화자들에게, 심지어 그 이전에 선-언어의 화자들에게도 이와 동일한 이야깃거리가 존재했을 것이다.

우리가 지금까지는 단독으로 이루어진 발언들만을 살펴보았다. 그런데 인간 언어가 가장 일상적이고 가장 자발적으로 쓰이는 경우는 무엇보다도 대화이다. 그러므로 우리 선조들의 원시 대화가 어떤 모습이었을까 당연히 의문을 가질 수 있다. 앞에서 언급한 몽타주와 일관성이 있으려면 이들은 어떤 형태로든 추론을 하지 않았다고 해야 한다. 추론은 인과관계, 부정, 논리적 양립성과 같은 추상적 관계를 상정한다. 이러한 것은 어떤 것도 원시 의미론에서 전제되지 않는다. 그렇다고 해서 우리 선조들의 언어가 서로 단절되어 있는 발언들로 이루어진 것은 아니었을 것이다. 위 대화의 "응, 알아." 또는 원시 언어에서 그와 동등한 것이 저 상황에서 가능한 여러 대답 가운데 하나이다. 화자가 알린 상황의 두드러진 특성을 인식했다고 확언하는 감탄과 같은 긍정적인 응답도 당연히 가능한 대답이다. 이 두 가지 형식의 대답은 화자가 가져온 정보의 질에 대한 대중의 평가를 만들어낸다.

우리가 3부에서 분석할 여러 근거에 따르면 우리 인간 계보에 속하는 종들은 지금 살고 있는 화자들이나 마찬가지로 진정으로 새로운 소식을 가져옴으로써 무리들을 놀라게 하려고 했다. 즉 그 소식들이 만들어진 두드러진 상황을 무리에서 처음으로 알리고자 하였다. 그러므로 앞의 보기에서 M의 첫번째 발언은 우리 선조들 사이에서 대화를 유발했을 무엇인가와 유사하다. 그것은 우리 모두가 하루에도 몇 번씩 하는 행동 유형이다. 그것은 또한 우리가 **호모 에렉투스**나 아마도 그 이전의 조상들과 공유하고 있는 행동 중에 하나이다. 원시 언어는 두드러진 상황을 알리는 이와 같은 행동에 사용되기 위하여 진화되었다는 것이 이번 8장에서 펼쳐온 주장이다. 이는 원시 언어가 그러한 역할에 있어서 국소적으로 최적화되어 있다는 것을 전적으로 함의한다. 우리가 원시 언어에 대하여 재구성할 수 있는 바로 그 형식이 이러한 생각과 잘 들어맞는다. 이러한 시나리오는 방금 제시된 원시 언어의 모습을 더하여 우리 선조들의 의사소통 행위가 어떠했을지 일관된 견해를 우리에게 제공한다. 그런데 이러한 차원에서 우리가 얻은 것은 한층 더 큰 의혹으로 해석되어야 할 듯하다. 원시 언어가 자신의 기능에 완벽하게 들어맞는다면 실제 인간 언어를 발생시킨 사건들은 무엇일까?

9장
통사 기제론

가장 도드라지고 아마도 가장 놀라운 인간 언어의 속성은 그 통사이다. 단어의 정확한 배열과 일치의 표지는 화자가 실시간으로 수행하고 청자가 정확한 의미를 이해하는 데 사용하는 복잡한 계산의 결과이다, 세상의 모든 언어에는 문법이 있다. 이 보편성은 의심할 여지 없이 우연이 아니다. 노엄 촘스키는 20세기에 이러한 보편성의 원천이 될, 생물학에 기반을 둔 언어 능력의 존재를 강력히 주장한 사람이다. 이 생각을 따른다면, 어떠한 생물학적 이유로, 우리 조상들이 그들의 소통 코드 안에서 문법의 생성과 사용을 섭렵하도록 선택되었는지 질문하는 것이 당연하다. 통사는 원시 언어의 일반적이고 예상되는 확장이 아니다. 오히려 그것은 새로운 표현 능력의 출현에 의해 촉발된 인간 이전의 의사소통의 예상치 못한 특별한 발전이다.

9.1 통사 현상

쥬르댕	놀라운 사실인데, 나는 40년간 그것이 산문인 줄도 모르고 사용해왔으니…… 고맙소. 좋은 것을 가르쳐주어 정말 고맙소. "아름다운 후작 부인이여! 그대의 아리따운 눈동자가 내 마음을 애태웁니다"라는 뜻으로 *쓰고 싶은데*, 어떻게 *쓰면* 멋지게 표현이 될까요?
철학선생	그대의 눈은 불이 되어 나의 마음을 재가 되게 한다든지, 밤마다 꿈속에서 당신의 무정한……
쥬르댕	그만, 그만. 그런 말은 필요 없어요. 그저 아까 말한 대로 "아름다운 후작부인이여! 당신의 아리따운 눈동자가 내 마음을 애태웁니다"만으로 충분해요.
철학선생	그렇지만 문장이 좀더 길어야 합니다.
쥬르댕	필요 없어. 연문(戀文) 속에 그 말만 하면 돼. 다만 유행하는 표현을 빌려서 구성에 결함만 없도록 하면 돼요. 그것을 어떻게 하면 좋을지 말해보세요.
철학선생	첫째로 나리가 지금 말한 대로 할 수 있습니다. "아리따운 후작부인이여! 당신의 아리따운 눈동자가 내 마음을 애태웁니다." 또는 "사랑으로 못 견디게 만드는 아름다운 후작부인! 그대의 어여쁜 눈이……" 또는 "그 아리따운 사랑의 눈이……" 또는 "나는 당신의 아리따운 눈빛에 몸이 탑니다. 아리따운 후작부인이여! 사랑을……"
쥬르댕	그 여러 가지 가운데 어느 것이 제일 좋지요?

철학선생	나리가 말한 "아름다운 후작부인이여! 그대의 아리따운 눈동자가 내 마음을 애태웁니다"가 제일 좋습니다.
쥬르댕	그럼, 나는 별로 학문을 하지 않고도 그 일을 해냈군요. 정말 감사합니다. 그럼 내일은 일찍 와주세요.

_몰리에르, 「서민귀족」(1670)

말하기는 우리 모두에게 자연스러운 것이다. 특별한 노력없이, 각 문장마다 독창적인 작업을 실현한다. 쥬르댕처럼 이에 대해 우리는 놀라 마땅하다. 우리는 자발적으로 우리의 생각을 표현하기 위해 올바른 단어 배열을 찾는다. 반면에 많은 다른 배열이 가능하지만 프랑스어와 같은 언어에서는 대부분이 올바르지 않다. 쥬르댕이 후작부인에게 말하고자 하는 문장의 아홉 단어를 배치하는 방식은 362,880개가 있지만 이중 아주 적은 수만 문법적으로 용인된다. 교육을 받지 않았다고 불평하는 그는 어떻게 가능한 최고의 방식으로 문장 속 단어들을 배열할 줄 알았을까? 분명히, 이 인물은 그의 어린 시절부터 다른 사람들과 마찬가지로 수백만 개의 올바르게 구성된 문장을 듣는 언어적 환경에 젖어 있었을 것이다. 그러나 그는 지금 그가 후작부인을 위해 만들고자 하는 것을 들어본 적이 없다. 마찬가지로 다음 문장이 작성되었을 가능성은 거의 없다.

Il lui avoue que la voiture de la sœur de Jean a été abîmée par sa faute.(He confesses to other person that Jean's sister's car was damaged by his/her fault.)(그는 그(또는 그녀)에게 장의 누이의 차가 그(또는 그녀)의 잘못으로 망가졌다고 고백한다.)

프랑스어 화자에게는 위 문장이 매우 평범하지만, 표준 프랑스어로 된 맞는 문장임을 쉽게 알 수 있다. 그런데 문장구조를 분석해보면, 우리의 언어 능력에 대한 어느 정도의 정보를 얻을 수 있다. 첫째, 이 문장은 구句 구성의 뒤섞인 구조를 포함한다. 어떤 구는 동일한 성질의 다른 구 안에 포함되어 있기조차 하다. 예를 들어, de Jean이라는 전치사구는 de la sœur de Jean이라는 전치사구에 포함되어 있고, 마찬가지로 que가 이끄는 절은 전체 문장으로 구성된 더 큰 절로 둘러싸여 있다. 이런 중첩은 보편적이며 세계의 모든 언어가 그것을 실현할 수 있다. 원시 언어의 경우는 그렇지 않았다(8장 참고). 우리는 또한 이 문장에서 특정수의 굴절이나 일치 및 격의 영향을 받은 단어가 겪는 필수적인 변화들을 확인할 수 있다. 이처럼 동사 avoue는 현재와 3인칭 단수의 표지를 지니고 있고 분사 abîmée는 voiture와 일치가 이루어졌으며 대명사 lui는 각각 주격과 대격을 나타내는 elle(elle écoute)와 la(il la supplie)와 달리 라틴어의 여격을 떠올리게 하는 격 표지를 갖는다.

이 예문은 다른 현상을 드러내기도 한다. 우리의 본능은 고백하는 이가 장이 아니며 이 고백이 장이나 그의 누이에게 향하는 것이 아님을 알려준다. 이 본능의 근거는 무엇인가? 확실히, 문장의 구조와 이 구조 안에서 '그'와 장의 상대적 위치가 우리의 판단을 이끌어준다. 덧붙여, '그'가 차에 흠집을 낸 사람임을 짐작할 수 있다. 이 두번째 추론은 (프랑스어에서는) 훨씬 덜 확실한 편이다. 예를 들어 차에 흠집을 낸 사람은 장의 여동생이었고 '그'는 이 사실을 숨겼다고 여길 수도 있다. 우리의 느낌은 '고백하다'라는 동사의 의미에서 비롯된다. 동사는 그 문법적 주어가 비난받을 만한 장본인이 되기를 바란다. Il과 Jean 사이의 비동일성에 관한 우리의 추론은 다른 성격을 갖는다는 것을 주목하는 것이 중요하다. 이것은 순전히 통사론적이라고 할 수 있는 추론이다. 왜냐하면 이것은 각 단어의 의미가 아니라 문장의 구조에만 의존하기 때문이다.

마지막으로, 동사 avouer는 직접 및 간접 목적보어를 모두 지니고 있지만, 이렇지 않을 수도 있다. 대명사 lui는 큰 손실을 끼치지 않고 생략될 수 있다. 명시되지 않은 누군가에게 고백을 했다고 이해할 수 있다. 반면, 고백의 내용은 생략될 수 없다. Il lui avoue라고 말하고 이에 만족하기는 어렵다. 어떤 학자들에게는 avouer 동사가 두 목적보어를 취급할 때 보이는 이 차이가 통사적 성질의 것이다. 의미론적 관점에서는, Il lui avoue가 '그'가 lui로 표상되는 사람에게 명시되지 않은 무엇인가를 고백한다는 뜻일 수 있다. 그렇다고 이 해석이 Il lui avoue라는 문장을 허용가능하게 만들지 않는다. avouer의 두번째 목적보어의 명시적 존재가 요구된다.

이 단순한 문장으로 밝혀진 현상은 삽입된 구의 구조화, 굴절, 대명사 지칭의 제약, 몇몇 보어의 필수적 출현 등이 언어의 보편적 속성이라는 것이다. 그러나 이중 어느 것도 원시 언어에서는 찾아볼 수 없다(Bickerton 1990). 예문에서 대명사, 전치사, 조동사와 한정사 같이 고유의 의미 역할이 약한 문법적 단어들도 포함되어 있음을 부언할 수도 있겠다. 이 작은 단어들이 문장 구조의 이해에 있어 핵심 역할을 담당한다. 이들 역시 원시 언어에는 부재한다. 끝으로 예문의 문장이 추상적인 주제, 즉 잘못의 고백을 다룬다는 점도 지적하고자 한다. 8장에서 수립된 가설에 따르면, 원시 언어를 뒷받침하는 원시 의미론은 이러한 생각의 표현을 허용하지 않는다. 그러므로 한편으로는, 통사적 성질의 속성다발 전체가 언어와 함께 나타남을 관찰할 수 있고 다른 한편으로는, 특히 추상성과 크게 줄어든 모호성에 대한 접근성으로 표현 능력이 확실히 증대되었음을 확인할 수 있다. 우리는 원시 언어와 그 원시 의미가 수십만 년 동안 존재했던 세계에서 인간 언어에서 관찰되는 통사와 의미가 함께 나타났다고 쉽게 상상할 수 있다. 통사와 의미라는 이 두 가지 혁신은 정말로 함께 가는 것일까? 통사의 발명이 더 복잡한 표현을 허용함으로써 추상적인 사고의 문을 열었다고 추론할 수 있을까? 아니면, 그 반대일까? 즉, 지각 세계에서 분리된 새로운 의미 공간의 구축이 추상적인 개념 관계를 소통할 수 있기 위한 더욱 복잡한 규칙의 필요를 만들어낸 것일까? 전자의 경우에는, livre de Jean(장의 책)이라고 말할 수 있는 가능성이 전치사 de와 그것이 가져오는 livre와 Jean 사이의 비대칭성을 통해서 두 개체 간의 추상적 관계, 즉 여기서는 소유의 개념에 접근할 수 있도록 한 것이다. 후자의 경우는, 이러한 추상적인 관계를 가짐으로써 문법적 수단의 등장이 촉발되었고 그 때문에 la sœur du père(아버지의 누이)와 le père de la sœur(누이의 아버지)를 적절히 표현하고 구분하게 된 것이다. 이 두 선택지 사이에서 결정하기에 앞서, 우리는 통사 기제가 표현할 수 있는 의미로부터 얼마나 독립적인지 추정해보아야 한다.

9.2 단어들 간의 관계의 중요성

원시 언어의 문장과 언어의 문장 간에 가장 근본적인 차이는 단어들 사이의 관계에서 온다. 원시 언어에서는, 단어들은 그 의미에 의해서만 연결된다. 한 원시 문장에서 chien(개)과 chat(고양이)를 연결하는 것은 청자가 발화의 상황에서 '개'와 '고양이'로 환기된 이미지를 조합하여 하나의 장면을 구성할 수 있을 때에만 적절하다. 언어에서 단어의 연결은 다른 법칙들을 따른다. 단어들은 주어, 동사 또는 보어와 같은 문법적 기능에 따라 나뉘고 이 기능의 연결은 제약이 있다. 어떤 문맥에서 의미를 가질지라도 프랑스어로 chat coussin gentil(고양이 쿠션 친절한)이라고 말할 수 없다. 왜 이 문법 기능과 그 결합 규칙들이 존재하는 것일까? 원시 의미의 지시 기능을 위해 원시 언어가 국소적으로 최적이라면, 언어에 의해 도입된 정교함은 새로운 기능을 제공한다고 가정해야 한다. 예를 들어, 모든 언어에 존재하는 주어와 동사의 구분은 무엇에 소용되는가? 전형적으로 동사는 행위를 표상하고, 동사의 주어는 이 행위를 실현하는 주체를 표상한다. 이렇듯 단어 chat는 Le chat mange(고양이가 먹는다)가 묘사하는 장면에서 동작주acteur를 가리킨다. 의미론은 원시 의미론과 달리, 동작주(행위를 하는 이), 피동작주patient(행위를 당하는 이), 주제thème(행위 도중에 이동된 실체) 또는 목적지destination(이동의 종착지)와 같은 역할을 채택한다(11장 참고). Jacques renverse Paul(자크가 폴을 넘어뜨렸다)에서, 폴은 피동작주의 역할을 하는 반면, Paul renverse de l'eau sur Jacques(폴이 자크에게 물을 엎질렀다)에서 Jacques는 목적지의 역할을 '물'은 주제의 역할을 한다. 이 이후에 이 의미 역할의 존재이유에 대해 분석할 것이다(12장 참고).

언어를 원시 언어와 비교하면, 놀라운 사실을 알게 된다. 문법 기능과 의미 역할 사이에 체계적이지는 않으나 전형적인 관계가 존재한다는 사실이다. 예를 들어, 주어는 전형적으로 동작주이고 목적보어는 주제 또는 피동작주이며, 동사는 행위를 나타낸다. 이 연결은 놀라운데,

언어에서 단어 그 자체뿐 아니라 문장 속에서 맺는 문법적 관계들 역시 의미를 담고 있기 때문이다. 그러나 이 연결이 체계적이지 않음을 확인하는 것은 쉽다. Jacques est assommé par Paul(자크는 폴에게 두들겨 맞았다)에서 문법적 주어는 이번에는 그 상황의 동작주가 아니라 피동작주이다. 이 사실은 문법과 의미 사이 관계에 자의성을 일부 도입한다. 어휘와 의미를 연결하는 자의성의 관계가 음운론과 어휘가 독자적 체계로 존재하게끔 해주는 것과 마찬가지로 문법과 의미 간의 관계에서 어느 정도의 자의성은 통사론에 자립성을 부여한다. 어떤 학자들은 문장에서 단어의 배열을 의미 제약의 어느 정도 직접적인 결과로 간주한다. 따라서, 예를 들어 목적보어를 동사 앞에 두는 일본어처럼 해당 언어의 일부 일반적인 속성을 고려하는 한, 문장에서 필수적인 의미 역할의 분포는 굴절이나 단어 출현의 순서를 충분히 설명해준다 (Van Valin & LaPolla 1997). 이 가설이 근거가 있다면, 통사론은 자립성이 없으며 진화 과정에서 무엇이 그 출현에 선행했는지 묻는 것은 무의미하다. 그리고 발언의 의미만이 중요할 것이다. 발언의 의미는 단어의 의미를 결합하여 얻을 수 있다. 따라서 단어의 선형 연쇄로 구성된 문장은 본질적으로 의미에 대해서만 계산된 음성 영상에 불과하다. 반대로, 통사론이 자립적이라는 관점도 발견하게 된다. 그것은 단어의 순서가 적용되는 자체 제약을 갖고 있을 것이다. 의미에서 단어 연쇄로 가거나 그 반대의 변화는 각각 코드화와 탈코드화의 작업이다. 이 관점은 단어의 의미가 종종 순서에 거의 영향을 미치지 않는다고 주장하는 많은 통사론자들에 의해 옹호된다. 예를 들어, 독일어에서 동사는 주절에서 체계적으로 두번째 자리를 차지하며 이는 동사가 어떤 것이든지 관계없이 그러하다. 반대로, 단어들로 이루어진 배열은 전혀 다른 의미들에 대응될 수 있다. 'X de Y'(Y의 X)와 같은 구성은 많은 의미 관계를 표현할 수 있으며 그중 일부는 〈표 9.1〉에 정리되어 있다.[16]

X de Y	Y의 의미 역할
voiture de Paul (폴의 자동차)	소유주
poupée de chiffons (헝겊 인형)	재료, 구성
chute de Jean (장의 추락)	주제
crime de Jacques (자크의 범죄)	동작주
accident de Jean (장의 사고)	피동작주
rêve de Jean (장의 꿈)	느끼는 주체
vacances de rêve (꿈같은 휴가)	품질
route de Paris (파리로 가는 길)	목적지
lac de Genève (제네바 호수)	위치
trait de scie (톱의 홈)	기구
기타 등등	

〈표 9.1〉 전치사 de의 용례와 그 의미 역할

의미론과 통사론의 관계는 용어 대 용어의 단순한 대응이 아니다. 통사론의 자립성을 옹호하는 가장 강력한 논거는 문법성에 대한 판단에서 기인한다. 비프랑스어권 화자가 Il prétend à ses amis d'être un peintre(그는 친구들에게 화가라고 주장한다)라고 말하면, 프랑스어 화자들은 이 문장이 문법적으로 잘못 구성되었다는 것을 알아도 무슨 말을 하는지 알아들을 것이다. 반대로, 동일한 청자라도 Le jardin de la porte défait la lampe(그 문의 마당이 등불을 해체했다)라는 문장이 즉각적으로 문법상 올바르다는 것을 알아채더라도 그 의미를 파악하기

---

16 이 표의 의미론적 다양성은, 일부에만 해당되지만, 전치사 de가 다의적이라는 사실로 설명할 수 있다.

는 어려울 것이다. 이 문장이 의미를 획득할 만한 문맥을 구성하기 전에 이를 La lampe est défaite par le jardin de la porte(등불이 그 문의 마당에 의해 해체되었다)라고 수동태로 만들 수도 있을 것이다. 이 예시에서 문법성은 단어의 의미보다는 통사 범주에서 더 살펴보아야 한다. 우리는 통사론에 고유한 몇몇 기제들을 관찰하고, 통사론이 의미론적 현상의 반영이 아니라 그 요소들이 의미의 표현을 위해서 고유한 논리를 갖는 역학이라는 이미지를 부여할 것이다.[17]

9.3 몇몇 통사적 사실들

구 구성

통사론의 주목할 만한 속성 중 하나는 확실하게 명사, 동사, 형용사 등의 통사범주를 둘러싸고 구축된 구 구성 간의 구조적 유사성일 것이다. 동사구와 명사구 사이의 구조적 유사성을 확인하는 것은 쉬운 일이다.

Jean réussit dans la compétition. (장은 경쟁에서 이겼다)
La réussite de Jean dans la compétition. (경쟁에서의 장의 승리)

Jean hait son oncle. (장은 그의 삼촌을 증오한다)

---

17 이후에 다루는 통사 현상은 많은 연구서에서 자세히 설명되었다(Cowper 1992 ; Haegeman 1991 ; Radford 1997). 폴로크Jean-Yves Pollock의 분석은 이런 현상이 프랑스어에 어떻게 적용되는지 보여준다(Pollock 1997).

La haine de Jean pour son oncle (그의 삼촌을 향한 장의 증오)

이 예들은 동사와 같이 명사도 보어를 가질 수 있음을 보여준다. 즉, 여기에 '경쟁에서'와 '삼촌을 향한'은 각각 '성공'과 '증오'에 연결되어 있다. 또한 이 4개의 예문에서 Jean은 주어임을 알 수 있다. 주어와 명사 보어의 구분은 영어에 더 잘 드러난다. John's success in the contest와 John's hatred of his uncle에서 주어의 기능은 소유격으로 표지되었다. 명사와 그에 의존하는 요소로 이루어진 집합이 명사구이다. 명사구도 명사처럼 작용하는데, 즉, 명사와 그의 보어로 된 '주어'는 통사적 관점에서 임의적이다. 이렇듯 réussite와 réussite de Jean dans la compétition은 통사적으로 동일한 작용을 한다. réussite가 구의 머리를 구성한다고 말한다. 그리고 머리와 주어 및 보어로 이루어진 명사구는 동사와 주어 및 그 보어들로 이루어진 동사구와 닮았다. 동일한 유사성이 전치사구에서도 발견된다. Le ver est dans le fruit(벌레가 과일 속에 있다)라는 문장에서 le fruit는 전치사 dans의 보어 역할을 하고 le ver는 조동사 être를 중개로 한 전치사 dans의 주어로 볼 수 있다. 마찬가지로 Il est fier de sa fille(그는 자기 딸이 자랑스럽다)에서 sa fille는 머리가 fier인 형용사구의 보어이다. 그리고 Il은 주어의 역할을 한다. 이 두 예에서 동사 être는 계사라고 불리는데, 누군가의 죽음을 의미하기 위해 말하는 문장, Il n'est plus(그는 더이상 없다)에서처럼 의미적 존재감이 있는 뜻을 지니지 않는다. 비슷한 조동사의 용법을 Il est parti(그는 떠났다)에서 볼 수 있는데, 동사 partir의 주어가 Il이다.

이 구조의 유사성이 의미의 유사성을 반영한다고 해석할 여지도 있을 것이다. 위의 예문은 매번 두 항에 적용되는 속성으로 기술되었다.

자랑스럽다는 사실이 아버지에게 그리고 그 대상으로서의 딸에 대해 적용되었고, 안에 있다는 사실이 벌레에게, 그리고 과일에 대하여 적용되었으며, 성공했다는 사실이 장에게, 경쟁에 대해 적용되었다. 그러나 구의 구조가 이러한 속성을 표현할 수 있다해도 기능과 연결되지 않는다. Mets le cahier de ton frère dans la bibliothèque(형의 공책을 책꽂이에 두어라)에는 동사구 1개, 명사구 3개, 전치사구 2개가 있는데 그중 일부는 보어가 있지만 이 문장에 넝시적으로 표현된 속성은 없다.

통사론은 기본 조각이 구 구성인 블록 놀이에 비유할 수 있다. 이 블록이 서로 잘 맞도록 배열할 때 의미가 있는 구성을 얻을 수 있다. 그러나 우리가 플라스틱 조각을 결합하여 때로는 집을, 때로는 정체불명의 형태를 만들 수 있는 것처럼, 우리는 구 구성으로부터 의미 있는 문장들을 만들 수 있는 것은 물론이고 통사적으로는 정확하지만 의미론적으로 모호한 조합도 쌓아 올릴 수도 있다.

구의 조합

인간은 자신의 모어로 복잡한 통사적 조작을 행할 수 있다. 이를 위해 그는 의식하지 않은 채 작동원리들을 활용한다. 한편으로, 그는 언어를 배우면서 이 원리를 습득했다. 그리고 다른 한편으로는 노엄 촘스키를 따른다면, 그 지식이 타고난 것이라서 건강한 모든 사람이 갖고 있으며 그렇기에 보편적이다. 이 도식에 따라, 한 언어의 문법을 배우는 것은 생득적 기제에 의해 허용되는 모든 가능한 조합 중에서 특정 구성을 암기하는 것으로 구성된다. 이러한 기제 중에 통사 역학을 탁월하게 보여주는 구 구성의 움직임이 있다. 아래의 문장으로부터,

Vous imaginez qu'il a parlé à Pierre?   (1)

(당신은 그가 피에르에게 말했다고 추측하십니까?)

다음의 의문문을 도출할 수 있다.

Vous imaginez qu'il a parlé à qui?

(당신은 그가 누구에게 말했다고 추측하십니까?)

구어체에서 이 질문은 억양으로 표시된다. 대부분의 언어는 의문 표지를 위해 통사적 수단을 사용한다. 프랑스어가 그러한데, 구 à qui(누구에게)를 문두에 위치시키는 것이다. 그래서 아래와 같은 문장이 주어진다.

Imaginez-vous à qui il a parlé?

(당신은 그가 누구에게 말했다고 추측하십니까?)

À qui imaginez-vous qu'il a parlé?   (1')

(당신은 그가 누구에게 말했다고 추측하십니까?)

다른 문장으로 예를 들어보자.

Vous imaginez ce qu'il a dit à Pierre?   (2)

(당신은 그가 피에르에게 말한 것을 추측합니까?)

잘못 알아들은 사람은 그 답변으로 다음과 같이 대응할 수 있다.

Vous imaginez ce qu'il a dit à qui?

(당신은 그가 누구한테 말한 것을 추측한다고요?)

질문을 다시 던지려고 할 때, 프랑스어권 화자는 'À qui⋯⋯'라고 하며 주저할 것이다. 아마도 (질문의 의미가 좀 변하더라도) 다음과 같은 문장을 말하려고 한 것일 것이다.

À qui a-t-il dit ce que vous avez imaginez?

(당신이 추측한 것을 그가 누구에게 말했습니까?)

그리고 아래와 같은 질문은 아무도 하지 않을 것이다.

À qui imaginez-vous ce qu'il a dit?　　　　　(2')

(그가 말한 것을 누구에게 당신은 추측하십니까?)

이 문장은 통사적으로 틀린 문장이다. 그럼에도 (1')에서와 같이, À qui 구를 문두에 배치하는 조작이 일어났다. 이 조작 원리가 왜 (1')에서는 옳고 (2')에서는 틀리는가? 우리는 이를 어떻게 알며, 왜 (2')를 사용할 생각조차 하지 않는가? (2)에서의 ce의 존재에서 힌트를 얻을 수 있다. 전통 문법의 용어로 (1)에서의 que는 종속접속사이고 영어의 that과 독일어의 daß로 번역된다. 반면 (2)의 que는 관계대명사이며 위의 두 언어로는 각각 what과 was로 번역될 것이다. 그런데 이는 여전히 왜 (1)에서는 à qui가 가능하고 (2)에서는 불가능한지 설명해주지 않는다. (1)과 (2)의 구조는 아래와 같은 방식으로 도식화할 수 있다.[18]

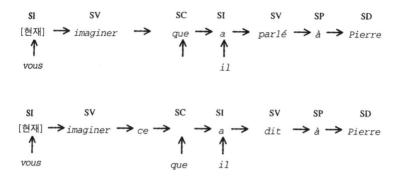

이 도식에서 SV는 동사구, SP는 전치사구, SD는 한정사나 여기에서 처럼 고유명사로 구성된 한정사구를 나타낸다. SC는 보통 종속절로 구성된 보어구이다. 여기서 유일하게 약간 독특한 구는 SI인데, 시제표지를 지닌 굴절구로서, 이 예문에서는 현재이고 어떤 경우는 조동사로 실현되기도 한다. 이러한 구의 존재를 상정함으로써 몇몇 현상들을 설명할 수 있을 것이다. 각 구는 주어가 보내는 상승 화살표를 최대한 한 개 받을 수 있다. 또한 보어를 향해 하나의 화살표를 내보낼 수 있다.

질문을 형성하는 데 개입하는 이동은 이런 유형의 도식에서 단순하고 우아하게 묘사될 수 있다. 질문한다는 것은 구조의 맨 앞에 보어구를 삽입하는 것으로 표현된다.

18 이 도식은 촘스키 학파의 핵계층 이론에서 선택한 것과 비슷하다. 여기서 구들은 그 핵어로 표상되는데, 지정어들은 핵어를, 핵어는 보충어를 향하게 된다.

촘스키에 따르면(Chomsky 1995, p. 290), 보어의 존재는 프랑스어와 같은 언어에서는 동사와 질문하는 요소를 끌어들이게 될 것이다. 그 중 간단계에서 도식화하면 아래와 같다.

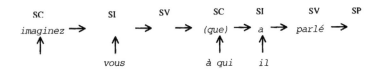

종속절의 que는 대명사 qui 앞에서 사라진다(어떤 표현에서는 남아 있기도 하다 : vous savez à qui qu'il a parlé?(그가 누구에게 말했는지 알고 계십니까?)). 전치사구 à qui는 첫번째 SC의 주어까지 그 이동을 이어갈 수 있다.

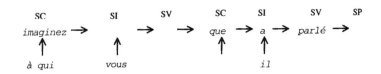

(2)의 경우, 두 번에 걸친 à qui의 이동은 오른쪽 SC의 주어 위치에 대명사 que가 존재함에 따라 처음부터 막히게 된다. 그래서 질문의 형성이 불가능하게 된다. 화자는 원문을 약간 배신하여 Il a dit à Pierre ce que vous imaginez (그가 피에르에게 당신이 상상하는 것을 말했다)라는 의미적으로 비슷한 문장으로 대치하면서 거기에서 빠져나온다.

구 이동에 대한 생각은 아마도 인지적 현실과는 거리가 먼, 편리한 이미지일 것이며, 예문을 설명하는 데 사용되는 구 분할은 세세하게 비판될 수 있다. 그럼에도 불구하고 (2')의 비문법성에 대한 구조적 차원의 설명은 문장 (2)의 의미에 의존하는 설명 시도보다 더 설득력이 있어 보인다. 순전히 의미론적 방법으로 à qui의 상승에 대한 차단 현상을 설명하는 것은 어려울 것이다. (2')의 비문법성은 서로에 대한 구의 올바른 분기를 부과하는 통사 역학의 표현이다. 프랑스어로 의문문의 형성은 이와 관련하여 상당히 시사하는 바가 있다. 예문 (1')와 (2')는 주어-동사의 도치를 보여준다. 의문문 표지를 위한 일종의 무료 발명품인가 혹은 또다시 구 이동의 결과인가? 다음 질문을 보자.

Isabelle a-t-elle mangé?　　　　(3)

(이자벨은 (밥을) 먹었니?)

이 경우는 도치 대신에 이자벨을 연상시키는 대명사 elle을 삽입해서 의문문의 효과를 얻은 것으로 보인다. 통사구조를 구의 형태로 표현하면 이러한 다양한 형태의 질문을 통합할 수 있다. 질문 (3)은 다음과 같이 나타낼 수 있다.

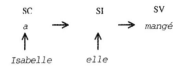

이 형태는 기본 형식으로부터 조동사와 문법적 주어의 동시 이동으로 도출될 수 있다.

프랑스어와 가까운 많은 언어에서, 의문문은 동사 하나의 이동만으로 이루어진다(프랑스어의 경우에는 조동사). 이는 A Isabelle mangé?와 같은 형태가 될 것이다.

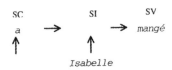

프랑스어로는 부정확한 이 문장은 예를 들어 독일어에서는 바른 문장이다. Hat Isabelle gegessen? 이번에는 문법적 주어 Isabelle을 보어구 SC의 주어 위치에 두는 두번째 이동 도식은 Isabelle a mangé 라는 (억양이 없다면) 긍정문과 구분할 수 없는 문장을 만들어낸다. 이동, 즉 의문문을 표지할 수 있으려면, 프랑스어 문법에서는, 이동의 출발점에서 Isabelle이 남긴 자취가 그의 선행사와 일치하는 대명사로 명시적으로 표시되어야 한다. 이에 따라, 질문 (3)에서 취한 형식이 나온 것이다. 이러한 관점에서 의문문 형성을 위해 이중의 이동과 함께 프랑스어가 채택한 전략은 절대 간단하지 않다. 방금 고려한 것과 같은 구조적 관점의 설명은 (1')의 동사-주어 도치도 설명한다. 이때, SC의 주어 위치는 동사 뒤에 남아 있는 vous의 상승을 막는 à qui가 차지한다. 하지만 프랑스어는 이런 차단을 피해 갈 수 있다.

Qui Isabelle a-t-elle aidé?　　　(4)

(이자벨은 누구를 도왔는가?)

여기에서는 차단이 일어나지 않았고 구의 조합을 지배하는 구조적 원칙을 노골적으로 위반하면서 Qui와 Isabelle이 같은 위치를 차지하는 것으로 보인다. 이 원칙을 준수하고자 한다면, Isabelle a-t-elle aidé qui?로부터 (4)를 형성하는 이중 의문 현상을 가정하는 것이 필요하며, 이는 (4)에 대해 다음의 구조를 제공한다.

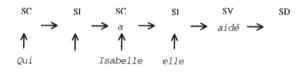

너무 복잡할 수도 있겠다. 그러나 이 동일한 구조가 프랑스어의 놀라운 Qui est-ce que 표현을 우아하게 설명한다 : Qui est-ce qu'Isabelle a aidé?(이자벨은 누구를 도왔는가?)

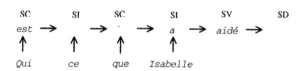

이 도식을 통해서 우리는 왜 Qui est-ce qu'Isabelle a-t-elle aidé? 와 같은 질문이 틀렸는지 알 수 있는데, 동사의 이동을 허용하는 위치에 que가 이미 있기 때문이다. 구 조합의 형태로 구조화된 도식들을

재검토하고 개선할 수 있다 해도(이 표상 도식은 언어학사에서 수많은 수정을 거쳤다), 이 수준에서 구의 이동과 같은 현상이 설명될 수 있음은 부인할 수 없다.

구 구조와 그 조합 방식이 수행하는 역할은 이제 우리가 보게 될 대명사와 그 선행사 간의 연결을 연구함으로써 다소 확실한 방식으로 확인할 수 있다.

공지시의 작용 원리

우리는 이미 특정 예에서 대명사와 명사가 동일한 개체를 지정하는 것, 즉 공지시coreference가 특정 통사 구성에서 불가능할 수 있다는 사실을 관찰했다(109쪽 참고). 따라서 문장의 배치 상,

Il pense que le frère de Jean est sourd.　　　　(5)
(그는 장의 남동생이 잘 못 듣는다고 생각한다.)

Il과 Jean이 동일인물을 지시한다고 생각하는 것은 불가능하다(인격분열 증세를 상상하지 않는 한). 그렇지만, Jean pense que son frère est sourd(장은 자기 동생이 잘 못 듣는다고 생각한다)라는 문장에서는 Jean과 son(그의)이 자연스럽게 동일 인물을 지칭하므로 차단은 없다. 이러한 공지시 차단의 유형은 의미적 원인이 아니라 구조적 원인에 기인한 것이다. 현상의 해석은 구로 구조화된 도식상에서 쉽게 읽힌다.

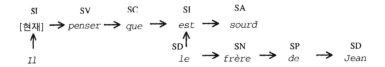

Il이 Jean을 지시할 수 없는 구조적 이유는 이 대명사가 Jean을 성분 통어하기 때문이다. 문장 구조에서 Il의 바로 '상위에' 있는 구는 Jean의 '상위에' 있다. 여기서 '상위에'란 화살표 방향에 대해 앞에 있다는 뜻이 거나 화살표가 수직으로 있을 때는 위쪽에 있다는 뜻이다. **성분통어란** 표현은 구들로 이루어진 문장의 '구성성분들의 방향으로 제어한다'는 뜻이다. 이 현상은 앞에서(8.6절의 예) 본 것처럼 (5)에서 Il과 Jean 사이 의 거리가 얼마나 먼지는 상관없다. 반면, Jean pense que son frère est sourd에서, 소유격 son은 Jean을 성분통어하지 않으므로 공지 시가 가능하다. 문장에서 단순히 대명사가 그 선행사 앞에 온다는 사 실 때문에 차단이 생겼다고 생각하지는 말아야 한다. Le fait qu'il soit malade ennuie Jean(그가 아프다는 사실이 장을 힘겹게 한다)에서 대명 사 il은 Jean 앞에 있으나 공지시가 가능한데 il이 Jean을 성분통어하 지 않기 때문이다.

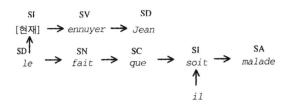

문장의 단어 순으로는, Il이 Jean 앞에 위치하지만, 이 구조에서 Il의

'상위에' 있는 SI는 Jean의 '상위에' 있지는 않으므로, 물론 강제적이지는 않지만, 공지시가 가능해진다. 이 현상을 설명하는 데에 통사 구조의 역할은 매우 중요하다. 확실히, 공지시는 그 자체로는 순전히 의미론적 현상이다. 어떤 대명사와 명사가 동일한 실체를 지시할 수 있는지를 아는 것이 문제이다. 그럼에도 공지시는 넓게 보면 통사 구조의 통제 하에 있다. Jean처럼, 지각된 세계의 개체를 고정된 방식으로 지시하는 지시적 표현은 동일한 개체를 지시하는 대명사에 의해 성분통어되면 안 된다. 이 규칙은 프랑스어의 통사규칙일 뿐만 아니라, 모든 언어에서 발견되는 것 같다. 이런 보편성과 학습의 결과로만 얻을 수 있다고 상상하기 어려워서 촘스키는 이 규칙이 언어 능력의 일부라고 단언한 것이다. 그런데 이 규칙은 의미론이 아니라 통사론적 성질을 갖는다.

언어 능력의 고유한 통사적 측면을 잘 보여주는 다른 현상은 구의 이동이 남기는 흔적에 대한 것이다.

숨겨진 흔적의 존재

예문 Isabelle a-t-elle mangé?에서 대명사 elle의 존재는, 의문을 표시하는 보어구의 주어 위치로 대명사가 이동했을 때, Isabelle이 남긴 가시적 흔적으로 해석된다. Qui Isabelle a-t-elle aidé? 라는 질문에서, Qui는 예정된 이동 이전에 있던 곳, 즉 aider 동사의 보어 위치에 흔적을 남겼다고 상정할 수도 있다. 비가시적 흔적의 존재는 때때로 간접적으로 드러난다. 다음의 문장에서는 필연적으로 두 사람(혹은 적어도 이중인격의 일종)이 존재한다.

L'homme qu'il a surpris   (6)

(그가 놀래킨 남자)

문장의 구조를 보면, 흔적의 존재가 그 현상을 설명해준다.

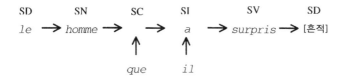

대명사 il이 흔적을 성분통어한다는 사실을 확인할 수 있다. 흔적이 지시표현처럼 행동한다면, il이 동일한 개체를 지칭했을 때 이 대명사 il로 성분통어될 수 없을 것이다. 이 상황은 이동의 출발점에 que에 의해 남겨진 흔적의 존재를 상정한다는 조건 하에서 문장 (5)와 정확하게 똑같다.

보이지 않는 단어들의 존재를 가정하는 것은 조심스러운 주제일 수 있다. 그러나 과학에서 이러한 절차는 일반적이다. 예를 들어 물리학자들은 그 존재에 대한 직접적인 증거 없이 종종 소립자의 존재를 가정해왔다. 이 경우에는, 흔적의 존재는 프랑스어의 일치 현상으로 드러날 수 있다. 문장 (6)을 약간 수정하면 흔적이 어느 정도 보일 수밖에 없다.

La femme qu'il a surprise   (6')

(그가 놀래킨 여자)

surpris의 여성형은 매우 자연스럽게 그 단어의 오른쪽에 선행사가 la femme인 흔적의 존재를 증명해준다. 구 이동의 경우에서 과거분사의 일치는 이 움직임이 남긴 자취의 존재로 분석된다. 프랑스어 문법은 Les idées que j'ai entendu exprimer(내가 표현하는 것을 들은 생각들) 그리고 Les feuilles que j'ai vues s'envoler(내가 날아가는 것을 본 나뭇잎들)라고 쓰도록 규정한다. que가 그 이동 속에서 남긴 흔적의 위치가 이러한 일치 유무의 이유들을 알려준다. Les enfants que j'ai vu(s) changer(변하는 것을 내가 본 아이들/바뀌는 것을 내가 본 아이들)와 같은 문장의 철자가, 아이들이 변하는 것인지 또는 아이들을 변화시키는 것인지, 의미에 따라서 달라지는 것을 보는 것은 흥미롭다. 그러나 의미의 영향력은 직접적이지 않고 문장 구조의 변형을 통해 이루어진다. 이 변형은 흔적이라는 보이지 않는 요소와 관련되지만 그렇다고 실제가 아닌 것은 아니다.

지금껏 살펴본 통사적 현상들, 즉 구의 존재, 그 조합 방식, 지시에 대한 제약과 흔적의 숨겨진 존재 등은 건강한 인간이라면 제어할 수 있는 순전히 통사적인 작용원리의 존재를 드러낸다. 이 작용원리의 상대적인 복잡성은 이를 운영하는 우리의 능력이 우리에게 우연히 주어진 것이 아니라는 점을 시사한다. 이 원리가 언어 능력의 통사 구성 요소의 존재를 드러낸다면, 이 구성 요소는 특정 기능에 대해 국소적으로 최적이어야 한다(6장 참고). 따라서 인간 계통에 언어가 출현한 이유를 이해하려면 해당 언어의 국소적 필요성을 헤아리기 위해 통사 작용원리의 기능을 파악해야 한다.

10장
의미 구성에서의 통사의 역할

특정한 방식으로 단어를 배열하는 우리의 이 능력은 의사소통 외에 다른 기능을 가질 수 없다. 예를 들어, 시는 여러 효과를 창출하고자 통사를 가지고 놀 수 있지만, 통사의 기능은 시구를 만드는 데 있지 않다. 진화가 인간 언어의 문법을 배울 수 있는 능력을 우리에게 가져다 주었다면, 이는 의미 소통을 용이하게 만들기 위한 것이다. 앞 장에서 통사 원리의 몇몇 측면을 살펴보고 얼마나 고유한 논리를 가지고 있는지 따져보았다. 통사 원리의 존재 이유가 의미의 소통이라면 의미 구성에서의 그 역할을 이해해야 할 것이다.

10.1 원시 언어에서 언어로

구와 구의 결합 방식, 주어진 문장의 통사 구조에서의 이동가능성 등의 이점을 평가하려면, 이러한 기제가 생성해내는 의미가 무엇으로 이루어졌는지 상세히 살펴보아야 한다. 8장에서는 원시 언어가 순전히 지시적이라고 소개했다. 원시 언어의 한 단어는 하나의 구체적 실체를 지칭하고, 단어들의 병치는 이미지 구성 원리 덕분에 혼합된 장면을 지시할 수 있다. pain table(빵 식탁)라고 표현하는 것을 들으면 상대방은 문맥에 의거해서 아침에 산 바게트가 식탁 위에 놓여있음을 시각화한다. 원시 언어는 pain과 table 사이의 관세, 여기서는 그 상대적 위치를 표현하지 않는다. 이 관계는 원시 의미적 해석에 따라 구성된 이미지 속에서 암묵적으로 남아 있다. 언어의 확연한 특징은 관계와 속성을 표현한다는 것이다. le pain sur la table(식탁 위의 빵)은 두 실체 간의 공간적 관계를 표현하고 Le coureur gagne(그 주자가 이긴다)는 gagner(이기다)의 속성이 coureur(주자)에 적용됨을 표현한다. 일반적으로 관계와 속성을 술어로 나타내고, 관련된 실체들은 술어의 **논항**들로 나타낸다. 이번 장에서 임시로 채택할 이 표상 방식에 따르면, Sur(Pain, Table)와 Gagner(Coureur)는 위 두 예의 의미론을 표상한다.[19]

원시 언어는 술어를 표현하는 데 있어 완전히 부족한 언어는 아니다. Gagner(Coureur)를 표현하기 위해서 coureur gagner라고 큰 무리 없이 말할 수 있다. 관계나 속성을 명명하고 일관된 방식으로 그 논항들을 표현하기만 하면 된다. 이러한 방식으로, 8장에서 여러 예로 살펴본, 인간에 의해 발화된 원시 언어 형식인 피진어에 이르게 된다. 원시 언

---

19 술어라는 용어는 논리학 어휘에서 빌려왔다. P(x, y...)와 같은 유형의 쓰기 방식은 속성 P가 **논항** x, y 등에 의해 지칭된 실체들에 적용됨을 표현한다. 술어는 개인이 암기하는 고정된 지식이나 보편적인 지식으로 간주하면 안 된다. 11장과 12장에서 술어는 동적 과정인 '주제 세분화'의 결과로 나타난다.

어의 이 같은 표현력은, 비커튼이 주장하는 바와 달리, 술어의 의미가 통사 없이도 나타날 수 있다고 추측하게끔 한다. 비커튼에게 있어 단어 배열의 새로운 방식, 즉 의미를 표현하는 새로운 방식에 접근할 수 있게 한 것은 통사의 다소 우연한 출현이었다.[20] 이 장의 나머지 부분은 일어나는 사실이 그 반대일 수 있음을 보여주는 것을 목표로 한다. 언어의 통사는 단어를 사용하여 술어를 표현하는 경우에만 설명되는 많은 특성을 보인다. 원시 언어는 의미론적 술어를 표현할 수 있지만 이 새로운 기능에 완벽하게 적응하지는 못했다. 다음에서 우리는 우리 종이 사용하는 언어를 평가하여 술어 표현에 잘 맞는지 확인하려고 한다. 이를 위해서는 원시 언어가 술어를 표현하는 것보다 통사론이 어떤 점에서 더 효율적인 방식인지 결정할 필요가 있다. 그러나 대답은 즉각적으로 나오지 않는다.

술어기능을 책임지는 구는 당연히 동사구이다. 문법적 주어와 가능한 보어들을 갖춘 동사는 술어를 표현하기 위한 전형적인 형태를 구성한다. 동사-명사 구분을 원시 언어에 도입하면 술어 관계의 적절한 번역에 도달할 수 있을 것 같다. 명사는 실체를 표현하고 동사는 이러한 실체와 관련된 술어를 표현하게 될 것이다. 비커튼이 기술한 피진어는 명사와 동사구로 운영된다. 그래서 지니는 이렇게 표현하는 것이다. Father take piece wood(아버지 조각 나무 집는다). 언뜻 보면 명사와 동사 이외의 구에 부가된 가치가 명확하지 않다. 예를 들어 형용사구 또는 전치사구의 의미 기능을 검토하면 그들도 술어를 실현한다는

---

20 비커튼은 이 관점을 재정리하였다(Bickerton 1998).

것을 알 수 있다. Le pain est sur la table(빵이 식탁 위에 있다)에서 술어는 전치사 sur로 표현된다. Pierre est malheureux(피에르는 불행하다)에서는 술어가 형용사의 형태로 표현된다. 그런데 이 두 구는 그 역할이 술어기능에 그친다면 불필요할 것이다. 왜냐하면 술어기능은 동사로 충분히 실현되기 때문이다. 그럼에도 전치사나 형용사가 전형적인 문장에서 담당하는 술어기능은 동사의 그것과 동일한 기능을 하지 않는다고 느낀다. Paul achète le petit livre de Jean(폴은 장에게서 조그만 책을 산다)에서 구매와 관련된 주된 술어기능은 단언에 알맞다. 반면, 이러한 문장은 일반적으로 책의 크기가 작다거나 그 책이 장의 소유라는 것을 단언하는 것이 목적이 아니다. 이차적인 술어기능은 지시에 소용된다. 책이 작다는 속성을 확인하는 것을 명시함으로써 화자는 구매한 책을 쉽게 규정하도록 한다. 이것이 Jean의 것이라는 것을 명시하는 것도 마찬가지이다. 이 경우, 전치사 de는 소유의 술어를 나타내면서 논항의 한정에 도움을 준다. 동사구들 역시 Le livre qui dépasse(그 이상을 넘어선 책)에서처럼 보어구에 도입된다는 조건 하에 이 역할을 할 수 있다. 이러한 조건에서 다양한 유형의 구가 담화의 대상을 결정하는 데 유용할 수 있다고 생각한다.

원시 의미론과 의미론의 차이를 만들어 내는 지점이 술어기능이다. 원시 의미론이 단지 지시적이라면, 의미론은 술어적이다. 언어의 단어들은, 정확한 실체에 대응되는 고유명사를 제외하고는, 술어를 나타낸다. 단어 livre(책)도 지각된 환경의 명확한 실체를 표상하는 것이 아니라 우리 환경의 실체들이 가질 수 있는 속성을 표상하는 것이다. 언어의 단어들이 술어를 표현하는 것이라면, 이와 동시에 원시 언어의 단어들은 고유명사처럼 작동한다고 말할 수 있다. 어떤 때에는 Jean이라는 이름이 여러 명을 지칭할 수 있다고 하면서 상황이 모호해질 수도 있다. 반대로, livre와 같은 단어는 고유명사의 가치를 가지게 될 수도 있는데, 예를 들어, le livre라는 표현으로 성경을 지칭할 때이다. 일상어에서 사용되는 대부분의 단어는 그럼에도 고유명사의 함의를 갖지 않고 술어로 해석된다.

술어기능을 활용함으로써 지시는 한정의 작용으로 대체된다. Jean과 같은 고유명사는 직접적으로 주어진 문맥 안에서 명시적인 실체, 여기서는 한 사람을 지시할 수 있다. 그러나 형용사, 전치사, 종속절, 심지어 보통명사는 직접적인 지시를 하지 않는다. 이들이 표현하는 술어로 청자에게 문제가 되는 개체를 그 자신이 결정하도록 수단을 제공한다. 청자는 이를 해결하기 위해 일종의 방정식을 푼다. 통사구 le livre vert(초록색 책)는 지각된 환경에서 책이면서 초록색인 실체 x, 다시 말해서 'Livre(x) & Vert(x) = 참'의 해답을 찾도록 만든다. 이 방식으로 술어기능은 간접적으로 지시를 실현하도록 사용된다.

이 같은 작용원리는 필수적으로 되풀이되는 체계로 가게 된다. 전형적인 문장은 술어기능, 예를 들어 폴에 의한 책의 구매라는 단언을 표현하지만, 이 술어기능은 대화 상대방이 결정해야 하는 폴과 책이라는 논항을 포함한다. 그런데 이 결정이 간접적일 경우 그 자체로 술어기능을 활용한다. 이 새로운 술어화는 다시 그의 논항들의 결정을 필요로 하며, 이것이 계속 이어진다. 아래의 문장에서,

Le frère de Paul achète le livre que Jean a obtenu de la sœur de Jacques. (1)

(폴의 형은 자크의 누이로부터 장이 얻은 책을 샀다)

적어도 세 차원의 술어기능을 볼 수 있다.

Acheter(x, y)

Frère(x, Paul) ; Livre(y) ; Obtenir(Jean, y, z)

Sœur(z, Jacques)

첫번째 층위민 딘언을 구성한다. 다른 층위들은 되풀이되면서 그 이전 층위의 논항들을 결정하기 위해 사용되었다. 의미적 되풀이는 러시아 인형과 비슷한 체계이다. 인형이 다른 인형을 품고 있는 한, 그것을 열어야 한다. 논항을 결정하기 쉽게 하는 요소들을 포함하고 있기 때문이다. 그러나 인형들은 서로 닮아 있다. 각 술어는 논항을 포함하고, 각 논항은 이를 결정하는 데 기여하는 새 술어 안에 들어갈 수 있으며 이것이 계속 이어진다. 이 관점은 그것이 확대되더라도 모든 수준에서 동일하게 유지되는, 눈 결정과 같이 약간은 프랙탈 같은 이미지를 의미론에 제공해준다.

이 반복성은 단어들 속에서 어떻게 표현되는가? 술어는 하나의 단어로 표현될 수 있다. 이처럼 형용사 fier(자랑스러운)는 자랑스러움의 술어를 표현한다. 이 술어에는 논항들이 필요하다. 원시 언어도 이를 제공할 수 있다. Pierre fier Marie(피에르 자랑스러운 마리)는 피에르가 마리를 자랑스러워한다고 해석될 수 있다. 화자가 Pierre fier de sa fille(그의 딸이 자랑스러운 피에르)에서처럼 fier의 논항들을 한정하고자 한다면 술어를 사용해야 할 필요성을 느끼게 되고 원시 언어로는 충분하지 않다. 우리가 알고 있는 언어가 선택한 해결책은 9장에서 보았듯이 구에 구를 연결시키는 것이다. 이것도 역시 되풀이 체계이다. 구에 일어나는 통사적 반복이 어떤 점에서 술어 논항의 반복적 한정을 허용하는 데에 유용한지, 더 나아가 국소적 최적인지 이해해야 한다.

10.2 의미 회귀와 통사 회귀

통사 역할의 핵심은 담화의 단어들이 선형 연쇄를 형성한다는 다소 진부한 결론에 있다. 하지만 억지로 말을 잇달아 해야 하는 것도 문제가 없는 것은 아니다. 특정 수의 술어를 표현할 필요가 있을 뿐만 아니라, 이들이 공통의 논항을 갖고 있다는 사실도 지적해야 한다. 공통 논항을 지칭하기 위해 몇몇의 변수를 활용하는 것이 가능한 해결책일 것이다.

> x a acheté y ; x est le frère de Paul ; y est un livre ;
>
> Jean a obtenu y de x ; z est la sœur de Jacques.　　　　　(1')
>
> (x는 y를 샀다 ; x는 폴의 남자형제이다 ; y는 책이다 ;
>
> 장은 x로부터 y를 얻었다 ; z는 자크의 여자형제이다)

모호하지 않은 변수를 사용하여 술어의 논항을 지정하고 변수가 동일한 개체를 지칭할 때 동일한 이름을 부여하는 데 동의하면, 이 프로세스는 작동한다.[21] 변수의 체계적인 사용은 단어의 선형 연쇄에 의한

---

[21] 이 표현 형식은 의미가 컴퓨터에 전달되는 방식, 예를 들어 프로그램 언어 Prolog 방식과 닮았다.

의미 소통의 문제를 해결한다. 술어기능의 되풀이성은 변수의 이름에 코드화되어 있어서 획득한 표현은 '평평'하다. 즉, 눈에 띄는 분화가 없다. 그러므로 순서에 관계없이 술어를 차례로 표현하는 것으로 충분하다. 예를 들어, (1')의 다섯 개의 술어기능은 다른 순서로도 발화될 수 있는데[22], 변수의 이름으로 의존관계를 찾을 수 있기 때문이다.

z est la sœur de Jacques ; x a acheté y ; Jean a obtenu y de z ;
x est le frère de Paul ; y est un livre.   (1'')
(z는 자크의 여자형제이다, x는 y를 샀다, 장은 z로부터 y를 얻었다,
x는 폴의 남자형제이다, y는 책이다)

특히 위 환언문의 x, y와 같은 의미 역할을 담당하는 대명사(lui(그/그(녀)에게), qui(~인(관계대명사)), celui-ci(이것/이 사람)나 소유형용사(son(그(녀)의), 부정대명사(quelque chose(어떤 것)) 등으로 인해서, 언어는 변수의 체계를 구성한다. 예를 들어, (1)을 풀어쓴 아래 문장은 4개의 명시적인 변수, quelque chose, que, quelqu'un과 qui를 포함한다.

Le frère de Paul achète quelque chose que Jean a obtenu de quelqu'un qui est la sœur de Jacques et ce quelque chose est un livre.   (1''')
(폴의 형은 자크의 여동생인 사람으로부터 장이 얻은 그것을 샀으며, 그것은

---

[22] 아는 이들은 Prolog 언어의 독창성을 만드는 이른바 선언성의 속성을 알아본다.

책이다)

반면, 이 대명사의 체계는, (1')에서 볼 수 있는 것과 같이, 한 문장의 변수 전체를 표현할 수 있는 것과는 거리가 멀다. 대명사의 지시는 여러 선행사가 가능해지면 모호해지며, 이 체계의 한계를 드러낸다. 게다가 (1''') 문장에서와 같은 대명사의 축적은 표현이 무겁다는 느낌을 주면서 금세 참을 수 없게 되고, 이는 언어에서 변수가 부차적 역할만을 담당한다는 점을 확인해준다.

진화를 통해서 우리는 (1')에서처럼 술어들 간의 관계를 표현할 수 있는 효율적인 변수 체계를 다루는 능력을 부여받았을 수 있다. 그러나 인간은 자발적으로 이 방식으로 표현하지 않는다. 그들은 구의 결합이 바탕이 되는 통사론을 활용한다. (1'') 또는 (1''')을 문장 (1)과 비교할 때, 의미론적 관계를 표현하기 위해 진화에 의해 선택된 해결책은 최악으로 보이지 않는다. 변수 체계의 단점은 이러한 변수의 지루한 반복이다. 구 분화를 사용하여 의미 관계를 표현하면 이 문제를 피할 수 있다.

술어들간의 의존관계를 표현하기 위해 통사론에서 작동되는 첫째 기술은 공통의 논항을 갖는 술어들을 가까이 놓는 것이다. 따라서 (1)에 의해 표현된 술어는 그것의 구술 표현의 구조와 유사한 구조에 따라 정렬될 수 있다.

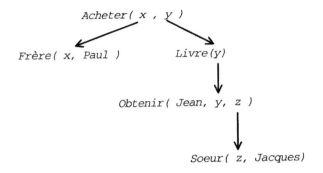

여기서 4가지 층위의 술어기능을 볼 수 있는데, 이 도식에서의 Acheter와 동시에 Livre에 개입한 변수 y처럼 술어 Obtenir도 Acheter에 연결될 수 있었는데, 그렇다면 도식은 3개 층위뿐이었을 것이다. 어떤 경우에는 논항이 그 자체로 술어이다.

Pierre croit que Jean est malade.   (2)
(피에르는 장이 아프다고 생각한다)

이때 도식은 더욱더 직접적으로 되풀이된다.

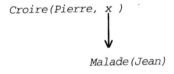

수형도 또는 그래프 형태의 이러한 유형의 도식은 (1″) 또는 (1‴) 형식에서 묵시적으로 남아 있던 의미론적 표현의 회귀적 측면을 드러낸

다. 그런데 수형도는 자연적으로 선형 계열의 형태로 놓이는 데 적합하지 않다. 수형도는 특정 순서로 탐색해야 한다. 문장 (1)의 통사는 우리에게 자연스럽게 보이는 방식으로 이 수형도의 특정 경로를 실행한다. 그럼에도 불구하고 다음과 같은 다양한 경로가 가능하다.

Jacques a une sœur de qui Jean a obtenu un livre que
le frère de Paul achète.
(자크는 누이가 있는데, 그녀로부터 폴의 형이 구매한 책을 장은 획득했다)

의미적 도식이 통사적 도식으로 이동하는 것은 전자가 수형도나 그 래프 형태로 되어있다 하더라도 직접적이지 않다. 통사는 두 가지를 수행해야 한다. 논항이 갖춰진 각각의 술어를 표현해야 하고 술어들 간의 의존관계를 표현해야 한다. 이 의존관계의 반복성을 표현하기 위해 그 자체로 되풀이되는 통사 체계를 갖고 있어야 하는 점은 놀라운 일이 아니다. 그런데, 통사의 되풀이성이 의미적 되풀이성보다 훨씬 더 풍부하다는 것은 놀랄만한 일일 수 있다. 이 풍부함은 Le père du frère du voisin du cousin de Pierre(피에르의 사촌의 이웃의 남동생의 아버지)와 같은 되풀이 구에서 보인다기보다는 Le frère de Pierre est fier de sa fille adoptive(피에르의 남동생은 그의 입양한 딸이 자랑스럽다)에서처럼 정확한 통사에 따라 다양한 구가 연쇄되는 문장에서 더욱 분명하다. 구를 조합하는 기술은 술어의 논항을 반복적으로 결정해야 하는 의미론적 필요에 대한 특히 정교한 응답이다. 가지각색의 서로 다른 구와 다양한 제약으로 인해 그들의 연쇄에 부과되는 이 기술이 왜 그렇게 정교한지 궁금할 수 있다. 결국 의미론은 그렇게 많은 정교함을 요구하지 않을 수도 있다! 의미론적 관점에서 되풀이는 일반적으로 일정한 패턴에 따라 진행되는데, 두 술어가 논항을 공유하도록 하면서 두 술어를 연결하는 방식이다. 통사론의 존재 이유와 그 특징을 이해하기 위해서는 술어 간의 의존성을 표현하도록 해주는 수단을 파악해야 한다.

10.3 의미 연결 원리

술어를 표현하기 위해 통사는 구를 제공한다. 전형적인 구는 핵어와 주어, 보충어complément를 갖는다.[23] 9장에서 마주쳤던 통사 구조의 예가 이 원리에 부합한다. 이 구조의 기능 중 하나는 술어와 그 논항들 간의 관계를 표현하는 것이며, 술어는 핵어에 의해서, 논항은 주어와 구의 보충어를 통해서 표현된다. 그 결과, 술어 Aimer(Pierre, Marie)는 자연스럽게 Pierre aime Marie(폴은 마리를 사랑한다)라는 구로 번역되며, 이때 Pierre는 술어 Aimer에서 논항이 될 수 있는 주어의 위치를 점한다. 마찬가지로 보충어 위치에 있는 Marie는 Aimer의 보충적 논항으로 해석된다. 술어가 이같이 구로 표현될 수 있다면, 술어 간 의존관계가 어떻게 해석되는지 아는 문제만 남았다. 주어와 보충어라는 두 위치 덕분에 구는 술어를 해석하게 하는 내적 구조뿐만 아니라, 서로 서로에게 연결되는 속성도 갖고 있다. 이 후자의 속성이 되풀이 형태의

---

23 촘스키에 의해 발전된 '핵계층 이론'에 따르면, 모든 구가 이 구조를 갖는데, 이론의 몇몇 버전들에서 보충어들을 축적할 가능성은 있다.

술어들 간의 연결을 표현하는 데 사용된다.

의미론적 관점에서, 술어들은 보통 논항에 연결되어 있다. 그래서 Frère(x, Paul)과 Acheter(x, y)는 논항 위치에 있는 변수를 공유한다는 사실로 연결되어 있다. 여기서는 폴의 남자형제이면서 구매의 주체라는 속성을 동시에 지닌, x로 지칭된 실체가 존재한다. 구 사이의 연결은 또 다른 성질의 것이다. 하나의 구가 다른 구의 주어 또는 보충어의 위치에 연결된 것이다. 예를 들어 Le frère de Paul achète…(폴의 형이 …을 산다)에서 Le가 핵어인 구가 주어 위치에 있다.[24] 이는 구들이 주어를 향한 연결, 보충어를 향한 연결 등으로 서로서로 구조적 연결에 의해 관련되어 있음을 의미한다. 이 체계는 근본적으로 논항의 공유와 다르다. 이 구조적 연결은 어떻게 의미적 연결을 표현할 수 있는 것인가?

우리는 구에 관한 한, 그 형태와 의미를 연결하는 바에 대해 암묵적인 지식을 갖고 있다. 구에 의해 전달되는 술어기능은 핵어의 술어와 논항을 공유한다. Donne-moi le petit livre sur la pile(책 무더기 위에 있는 작은 책을 나에게 줘)라는 문장에서 명사구는 Livre(x) & Petit(x) & Sur(x, y) & Pile(y)라는 표현을 해석한 것이다. 명사구의 주어 위치에 있는 형용사는 술어 Petit(x)를 나타내고, 이 술어는 핵어 Livre(x)의 술어와 논항을 공유한다. 마찬가지로, 명사구의 보충어 위치를 점하는 술어 Sur(x, y)도 핵어의 술어와 논항을 공유한다. 술어들 간의 논항 공유 규칙을 다음과 같이 명명하겠다.

---

24 여기서 채택된 분석에서, 명사구 frère de Paul은 Le가 핵어인 한정사구(SD)의 보어 위치를 차지하며, 바로 이 SD가 굴절구 SI의 주어 위치를 차지하고 있다. 동일한 도식이 9장의 예들에서 채택되었다.

의미 연결 원리: 구의 핵어로 표현된 술어는 주어 위치와 보충어 위치에 있는 술어들과 의미적으로 연결되어 있다.

이 연결은 보통은 논항의 공유로 해석된다. (2)의 문장에서(326쪽 참고) 연결은 논항의 교환이 아니라 보충어에서 사용된 술어가 그 자체로 핵어 술어의 논항으로 활용된다. 의미 연결 원리가 공유되어야 할 논항이 어떤 것인지 말해주지 않으므로 흥미로운 모호성을 야기한다는 점을 주목하자. Le dépassement de la voiture(자동차의 추월)에서 자동차가 추월하는지 또는 추월당하는지에 따라 그 해석이 Dépasser(x, y) & Voiture(x)가 되는지 또는 Dépasser(x, y) & Voiture(y)가 되는지 알 수 있다. 이 해석은 모두 의미 연결 원리, 즉 모호성의 원리를 지킨다. 다른 경우에, 모호성은 공유할 변수의 선택에서 비롯되는 것이 아니라 이러한 공유를 수행하는 술어의 선택에서 비롯된다. Jean reçoit la médaille de Jacques(장은 자크로부터/자크의 메달을 받는다)에서 전치사 구문 de Jacques가 reçoit(받는다)에 붙는지 médaille(메달)에 붙는지에 따라 해석이 달라져야 한다.

Recevoir(Jean, x, Jacques) & Médaille(x)

이 통사적 표상은 메달을 주는 사람이 자크라는 해석을 요구한다.

구 de Jacques가 동사에 걸리지 않고[25] 메달에 걸릴 때는 의미 연결 원리에 따라 연결된 술어가 Médaille(x)와 논항을 공유하게 된다. 전치사 de는 그러므로 소유의 술어로 해석된다.

$$\begin{array}{ccccccc}
\text{SI} & & \text{Sv} & \text{SD} & \text{SN} & \text{SP} & \text{SD} \\
\text{[현재]} & \to & recevoir \to & la \to & médaille \to & de \to & Jacques \\
\uparrow & & & & & & \\
Jean & & & & & &
\end{array}$$

Recevoir(Jean, x, y) & Médaille(x) & Appartenir(x, Jacques)

의미 연결 원리에 의해서, 통사론은 변수 체계에 의존할 필요 없이 술어들 간의 의존관계를 수립할 수 있다. 이를 위해 동일한 구 내에 연결되어야 하는 두 술어를 이어주기만 하면 된다. 여기서 우리는 통사론이 의미론을 위해 작동하는 자율적인 장치인지 검증할 보충 기회가 있다. 통사론은 연결되어야 하는 술어들을 같은 구조 안에 모으는 도구로 구를 사용한다. 마치 두 분자를 같은 자리로 끌어당겨 연결을 유발하는 생물학적 효소의 방식과 비슷하다. 의미 구조는, 분화된 형태라 할지라도, 선형적인 단어 연쇄 그 자체로 소통될 수 없다. 가능한 해

---

25 최근에 노엄 촘스키 같은 일부 학자들은 어느 경우에는 동사가 보어 무리 '상위에' 자리할 수 있다고 주장한다(Larson 1988 ; Radford 1997 p. 201 ; Chomsky 1995 p. 62). 우리의 예에서는 Jean reçoit la médaille des mains de Jacques et les fleurs des mains de sa fille(장은 자크의 손에서 메달을, 그리고 그의 딸의 손에서 꽃들을 받았다)로 말할 수 있다. 이는 두 개의 보어 la médaille와 des mains de Jacques가 동사가 없는 구에서 합쳐지는 것을 보여준다. 이 뚜렷한 점은 예시의 분석을 바꾸지 않는다.

결책은 명목 변수를 사용하여 술어를 그 논항으로 연결할 수 있는 변수 시스템으로 의미를 나타내는 것이다(324쪽 참고). 그 결과, 술어 사이의 연결은 변수의 명목에 암묵적으로 표시되는 '평평한' 의미 구조가 된다. 이러한 표상은 말의 흐름에서 연속적인 통로를 통해 쉽게 전달될 수 있다. 그럼에도, 진화가 우리에게 제공한 해결책은 전적으로 다르다. 의미 구조는, 동일한 구 안에 술어들을 연결하면서 술어 간 관계를 표현하는, 역시나 분화된 다른 구조를 통해서 해석된다. 의미 연결 원리 및 다른 몇몇 원칙들은 청자가 술어 간 공유된 변수들이 무엇인지 이해하면서 의미를 재구성하도록 만들어준다. 통사 구조는 연쇄 발화를 초래한다. 구는 언어마다 다른 상대적으로 제약이 있는 상태에서 발화된다. 프랑스어에서 구의 주어는 핵어 앞에, 핵어는 보충어 앞에 오는 것을 선호한다. 예를 들어 일본어에서는 핵어가 보충어 뒤에 있다. 그러나 모든 언어에서 구는 '깊은 곳부터 먼저' 읽는다. 만약 구의 주어가 다른 구로 이루어져 있으면, 후자는 그를 포함하는 구의 나머지 부분보다 먼저 발화된다. 이런 방식으로 구들은 러시아 인형처럼 다른 구들에 포함되지만, 절대 부분적으로 겹치지는 않는다.

구의 체계는 술어와 그 의존관계를 표현하는 기능을 수행한다. 이에 도달하기 위해 구 체계는 의미 연결 원리를 활용한다. 또한, 이 체계는 의미의 표현에 소용되기도 하지만, 그 기능이 의미 구조에 대한 통사의 자립성을 보여주는 다른 작동원리들도 이용한다.

10.4 통사 기제의 자립성

통사는 의미 표현에 사용되는 도구이다. 도구로서, 비록 구조와 규칙의 존재 이유가 사용되는 기능에 의해 설명되기는 하지만, 고유한 구조와 기능적 규칙을 갖고 있다. 예를 들어, 구의 이동에 대해 생각해보자. Paul achète Jean a obtenu le livre라고 말할 수 없는데, 연결 원리가 Achète와 Livre가 그들의 논항을 공유하는 것은 허용하지 않기 때문이다. 그러므로 구 le livre는 술어 Acheter의 범위 안에 들어갈 때까지 구조 안에서 '거슬러올라간다'. Paul achète le livre que Jean a obtenu(폴은 장이 얻은 책을 산다)에서는, 보어구의 삽입으로 인해서, que로 표현된 술어 Obtenir의 두번째 논항이 술어 Livre와 공유될 수 있는 논항의 위치로 접근할 수 있었음을 알 수 있다. 단어 que는 의미 도식에서 Livre와 Obtenir가 공유하는 변수 y를 표현한다. 이 경우, 논항이 술어 외부에서 끌어올려져서 상위 술어에서부터 가시화되도록 하는 것이 바로 이동-흔적 체계이다.

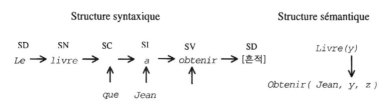

"Le livre que Jean a obtenu"

변수 que는 동사 구 안의 출발 지점에서 술어 Obtenir의 논항이다. 이동을 통해서 이 변수는, 의미 연결 원리가 livre가 핵어인 명사구에 바로 적용될 수 있는 위치에 올 수 있었다. 변수 que는 이렇듯 술어 Livre와 SC의 핵어 자리에 있는 보이지 않는 술어 간에 공유될 수 있는데, 술어가 보이지 않는 이유는 SC 구가 명사구의 보충어 위치에 있기 때문이다. 통사는 여기서 한 논항이 두 술어에 공유됨을 표시하기 위하여, 의미 표상에 맞서지 않으면서, 독창적인 수단을 제공한다. SC의 핵어에 보이지 않는 비명시적인 술어(또는 텅빈 술어)를 둔다는 사실은 연결 원리의 형식적 득성과 의미론과의 녹립성을 강화한다.

의미 표상에서 논항들은 술어 안에서 동등하다. 그러나 구 가운데에서의 상황은 대칭적이지 않다. 앞의 예에서 논항을 보어 위치에 가두는 것이 이동을 필수적인 것으로 만들게 된다. 공유할 논항이 주어의 위치에 있을 때 공유는 때로는 훨씬 수월하다. 이는 주어가 구의 외부에 위치하는 반면, 보충어는 내부에 위치하기 때문이다. Paul achète un livre et vole un parapluie(폴은 책을 사고 우산을 훔친다)에서 Paul은 인칭변화된 두 동사의 문법적 주어이지만 한 번만 발화되었다. 우리가 채택한 의미 도식에서 Paul은 첫번째 논항에 자리하며, 다음과 같다. Acheter(Paul, x) & Voler(Paul, y). 용어로 표현하면, Paul의 '인수분해'가 가능한 이유는 문법적 주어가 동사의 '상위에' 있기 때문이다. 우리가 만난 통사 구조의 예들에서 문법적 주어는 SI의 주어 위치, 즉 SV의 외부에 있었다. 이는 보충어보다 문법적 주어가 동사로부터 훨씬 '멀리' 있다는 결론을 내리게 한다. 이렇게 Paul achète et Jean vole un livre(폴은 책을 사고 장은 훔친다)에서처럼, 동일한 인수분해가 왜 보충어의 경우 더 받아들이기 힘든지 이해할 수 있다. 생략 현상도 일종의 인수분해를 실현한다. Paul achète un livre et Jacques aussi(폴은 책을 사고 자크도 마찬가지다)라는 이번 문장에서는 문법적 주어의 중심에서 벗어난 위치가 두번째 절에서 aussi(마찬가지)라는 간단한 메아리로 표지된 동사-보충어 전체를 공유할 수 있도록 한다. 이 표현은 Acheter(Paul, x) & Livre(x) & Acheter(Jacques, x) & Livre(x)를 똑같이 해석한 것이다.

구의 기능은 의미 표상과 통사적 표상의 근본적인 대립을 야기한다. 이 차이의 가장 명백한 표출은 되풀이 형식에서 관찰된다. 의미적 되풀이는 암묵적이다. 논항을 갖춘 각 술어는 하나의 전체를 형성한다. 예를 들어 x와 y가 한정된 실체, 즉 우리가 아는 한 사람과 우리가 본 어떤 대상을 가리키는 Acheter(x, y)를 생각해보자. 그리고 우리의 대화 상대방을 위해 술어 Frère(x, Paul)를 사용해서 x를 정의해본다고 하자. 그다음에 다른 술어로 y를 정의해야 하는 식으로 계속된다. 술어들이 정의를 위해서 다른 술어들을 필요로 한다는 사실에 의거해 되풀이가 일어난다. 이는 '대수학적' 되풀이인데, 절차적 전개를 통해서만 이루어질 수 있기 때문이다. 단어들 연쇄에서 나타나는 통사적 되풀이는 전혀 다른 성질의 것이다. 이는 '구조적'이다. 구의 발화체는 그가 포함하는 모든 구들 그 자체의 발화가 이루어져야만 완결된다. 그 결과 술어의 통사적 표현은 단 하나의 부속물로만 이루어지지 않는다. (1)에서의 발화체 Acheter(x, y)는 Frère(x, Paul)나 Obtenir(Jean, y, x)라는 다른 술어의 발화로 중간중간 잘려 있다. 발화할 때 이 술어들의 뒤얽힘은 아마도 다음 문장에서 더욱 분명히 드러날 것이다. Il donne le livre que Jean a obtenu de la sœur de Jacques à son frère(그는 자크의 누이로부터 장이 얻은 그 책을 자기 형에게 준다). 이 문장에서 Donner의 세번째 논항은 Obtenir(Jean, x, z)의 완전한 발화 이후에만 결정된다. 이 구조적 뒤얽힘은 변수를 공유하는 술어들을 연결시키는 통사가 치러야 할 값이다. 일일이 명명된 변수를 바탕으로 한 표상은(324쪽 참고) 구조적으로 '평평'하므로 이 불편함을 피하기는 하지만 변수의 정확한 작동과 무수한 반복을 요구한다.

진화는 의미의 구조적인 되풀이 표현이라는 길 위로 우리를 데려다 놓았다. 통사의 근본적인 측면은 가능한 한 모호함은 최소한으로 가져 오면서 의미를 표현하려는 필요성에 의해서 존재하게 된 것이다. 여기서 실펴본 구의 분화나 ㄱ 이동이 이에 따른 것이다. 6장의 원칙들에 따르 면, 통사는 그 기능에 대해서 국소적 최적이라고 생각해야 한다. 이 조 건에서 왜 구의 분화 체계가 똑같은 기능을 하는 것처럼 보이는 (앞으로 우리가 살펴볼) 두번째 체계와 공존하는지 자문해볼 필요가 있다.

10.5 또다른 통사

프랑스어 같은 언어의 의미 표현은 단어들의 위치에 크게 좌우된다. 주어진 문장에서 단어의 순서의 변경은 종종 잘못된 문장이나 의미의 변화를 초래한다. 이 엄격한 순서는 문장의 구성 요소를 조합한 결과 로, 단어에서 시작하여 점차적으로 모든 것이 함께 유지되는 건축물을 만든다. 통사가 근본적으로 다른 언어들과 마주치는 것은 혼란스럽다. 오스트레일리아 원주민 언어인 지르발어로 표현된 다음 문장을 보면 단어의 순서에 민감한 것 같지 않다.

Ba-la-n   ɖugumbil-Ø   ba-ŋgu-ɬ   yaɽa-ŋgu   buɽa-n
La‑ABS‑II Femme‑ABS   le‑ERG‑I homme‑ERG voir‑PASSE

"L'homme voit la femme"

(남자가 여자를 본다)

이 문장의 다섯 단어는 어떤 순서로도 발화할 수 있으며 의미 변화도 없고 문장이 비문이 되지도 않는다(Van Valin & LaPolla 1997, p. 23, Dixon 1972 재인용). 이 같은 유연성은 라틴어 같은 언어에서도 작동된다. Petrus Paulum ferit, Paulum Petrus ferit 또는 Paulum ferit Petrus은 피에르가 폴을 때린다고 말하는 세 가지 유효한 방식이다. 단어 순서에 대한 이 자유가 우리가 구의 분화 규칙과 의미 표현에 대한 그 중요성에 대해 본 모든 것에 의문을 제기하지 않는지 궁금할 수 있다. 단어의 위치를 무시한다면, 통사에서 남은 것은 무엇인가? 단어의 순서에 대해 지르발어에 부여된 완전한 자유는 의심할 여지 없이 상대적이어야 한다. 이 언어는 약 40명의 사람들이 사용하는 언어이다. 따라서 그 문법성에 대한 명확한 판단을 내리는 것은 쉽지 않다. 프랑스어 구어체에서 La voiture, la femme, hier, elle l'a vue(자동차, 여자, 어제, 그녀가 그것을 보았다)는 문법적 문장이라 볼 수 있다. 더욱이, 이 문장의 네 어절은 임의의 순서로 기술될 수 있다. 예를 들어 Elle l'a vue, hier, la femme, la voiture(그녀가 그것을 보았다, 어제, 그 여자, 자동차)라고 할 수 있다. 반면에 더 복잡한 문장의 경우 선택의 자유가 떨어진다. 만약에 Elle l'a vue, la femme, devant le magasin, la voiture, hier(그녀가 그것을 보았다, 그 여자(가), 가게 앞에서, 자동차(를), 어제)에서처럼 devant le magasin(가게 앞에서)을 첨언하면, 몰리에르의 그 멋진 후작부인처럼 보이기 시작한다. 지르발어에서도 마찬가지일 것이다. 일부 언어에서는 단어의 위치에 대한 제약이 다른 언어보다 더 느슨하여 구 차원의 분석이 쓸모없다는 사실은 그대로 남아 있다.

프랑스어의 예에서 elle이 la femme를, l'이 la voiture를 가리킨다는 것을 알려주는 것은 의미 제약들이다. 지르발어나 라틴어는 격 표지가 이 역할을 담당한다. 지르발어의 예에서 절대격absolutif(ABS)과 능격ergatif(ERG)은 각각 행위의 피동작주와 동작주를 표시한다. 또한 일치를 통해 각 한정사가 어떤 명사와 관련되는지 알 수 있다. 보다 일반적으로, 격 표시 체계는 술어 산의 논항 공유 문제를 그것만으로 해결하는 것으로 보인다. 이 예에서 단어 yaraŋgu는 술어 Homme(x)를 번역한 것이다. 이 단어는 yaraŋgu가 능격의 표지를 가지고 있고, 이 표지가 Voir의 행위자를 식별해낸다는 간단한 이유 때문에 동사 buran으로 표현되는 술어 Voir(x, y)와 논항을 공유한다. 따라서 표지 체계는 술어 간의 논항 공유를 표현하기 위한 구 분화 체계에 대안을 제공하는 것으로 보인다. 레이 재켄도프는 두 시스템의 독립성과 경쟁을 주장한다.

"이 두 문법체계는 원시 언어 체계를 뛰어넘어 독립적으로 세워졌으며 각각 고유의 표현 기술에 의해 의사소통을 다듬어갔다. 나는 진화 과정에서 하나가 다른 것보다 시간적으로 우선한다는 직접적인 논거를 보지 못한다."(Jackendoff 1999)

표지 체계는 상당히 높은 복잡성에 도달할 수 있고 이는 굴절의 풍부함으로 해석된다. 스티븐 핑커는 탄자니아 차가의 한 방언인 분조어의 예를 든다(Pinker 1994, p. 127).

단어 Näïkìmlyììä는 "그는 그녀를 위해 그것을 먹는다"의 뜻을 가지며, 8개 부분으로 이루어져 있다.

N- : 초점화 표지

-ä- : 주어와의 부류 일치(16개의 부류가 존재한다 : 단수의 사람, 복수의 사람, 작은 물건, 긴 물건, 뭉치로 된 물건, 쌍으로 된 물건, 쌍, 덩어리, 도구, 동물, 신체부위, 작은 것과 애정을 나타내는 지소사, 추상적 특성, 정확한 위치, 모호한 위치). 여기서는 단수의 사람에 해당.

-ï- : 현재 시제 (시제 : 오늘, 오늘 일찍, 어제, 어제보다 빠르지 않은, 어제 또는 그 이전, 오래전 과거, 습관적인, 지속 중인, 연속적으로, 가정의, 미래, 미정의 시간, 아직, 가끔)

-kì- : 대상과의 일치, 동물 부류. (10번 부류)

-m̀- : 행위 수혜자가 1번 부류라는 것을 알리는 표지.

-lyì- : '먹다' 동사

-ï- : 수혜자 역할의 존재를 알리는 동사 변화

-ä- : 직설법

동사에 관계하는 이처럼 풍부한 형태론은 프랑스어에는 훨씬 더 적게 존재한다. Je partirais(나는 떠나고 싶다)에서는 1인칭 단수 주어와 조건법의 표지를 동사 어근에 붙인 결과이다. 분조어는 동사를 그 논항의 의미론적 특성으로 표시하는 언어로, 이를 통해 문장에서 동사를 식별할 수 있다. 일치 규칙으로 보완된 이 표지 체계는 문장의 술어를 결합하는 연결들을 쉽게 식별할 수 있도록 한다. 실제로, 표지와 구의 분화라는 두 개의 독립적인 통사 체계를 우리는 다루고 있는 것인가?

대부분의 언어에서 이 두 체계는 공존하며 상호 의존적이다. 독일어 같은 언어는 의미 기능이 무엇이든 간에 주격이 문법적 주어에 할당된다. 그래서 Der Sohn ißt den Apfel(아들은 사과를 먹는다)에서 주어 Der Sohn(아들)은 주격으로 되어 있으며, 마찬가지로, 수동태일 경우에는 Der Apfel(사과)이 주격이 된다. Der Apfel wird von dem Shon gegessen(사과가 아들에 의해 먹혔다). 하지만 의미적 관점에서 주어는 동작주의 역할(먹는 자)을 하고 다른 문장에서는 피동작주의 역할(먹히는 것)을 한다. 그러므로 격은 통사적 기능에 달려 있다. 표지와 구의 조합 간의 밀접한 관계는 일치를 통해 나타난다. 독일어에서 전치사 zu(~에, ~를 향해)의 보어는 언제나 여격이다. 마찬가지로 형용사도 그가 한정하는 명사의 격을 따른다. 이들의 상호의존성을 확인하면, 적법하게 이 두 통사 체계가 이중적 용법이 아닌지 자문하게 된다.

우선, 구 분화 체계와 형태론적 표지 사이에는 분명한 차이가 있다. 후자는 술어의 논항을 확인시켜주지만 술어기능에 참여하지 않는다. 몇몇 언어에서 성, 격, 또는 부류 표지와 같은 형태론적 표지는 술어적이지 않다.[26] 독일어에서 여격은 기껏해야 수혜자 역할을 전형적으로 수행한다. Ich gebe den Kindern einen Apfen(나는 아이들에게 사과를 준다)에서 den Kindern(아이들)은 여격으로 되어 있는데, 술어기능이 더해지는 것은 없으나 이 구로 표현된 술어를 술어 '주다'에 연결해준다. 하지만 여기서 표지의 배타적 사용이 문제는 아니다. 프랑스어는 특히 두 술어 간의 연결을 단순히 명시하기 위해 비술어적 전치사를 사용한다. 그래서 Donner à Pierre(피에르에게 주다)는 Donner(x, y, Pierre)로 번역되고 전치사 à는 독일어의 여격처럼 술어를 여기서 나타내는 것이 아니라 전체 구의 술어에 논항을 소개하는 것이다. la médaille de Jacques(자크의 메달)에서 전치사 de(~의)는 술어적이며 소유를 나타낸다. Il la reçoit de Jacques(그는 그것을 자크로부터 받는다)에서 전치사 de는 이번에는 Recevoir(받다)의 논항을 지칭하기 위해 있는 것이다. 이런 비술어적 전치사는 연결 원리가 적용될 때 투명하다. 그럼에도 공유 논항의 선택에 제약을 가한다. 그래서 donner à Pierre에서 à의 존재는 피에르를 주는 행위의 수신자로 보게끔 강제한다. 다시 말해서 Donner 도식의 세번째 논항이지 주는 행위의 대상이 아님을 규정한다. 많은 언어에서 이 기능은 형태론적 표지에 의해 채워진다.

표지가 비술어적이라도, 의미론에 깊이 관련되어 있다. 분조어의 부류 표지나 독일어의 격에 관련된 전형적인 역할들로 알 수 있는데, 예를 들어 대격을 위한 주제 역할이나 주격을 위한 행위자, 속격을 위한 소유자, 여격을 위한 수혜자의 역할 등이 이에 해당한다. 표지와 의미론 간의 관계는 성性에 관련해서도 관찰된다. 프랑스어나 독일어에서 단어의 성은 사람의 성을 표지하기 위해 사용될 수 있다. 그런데 성의 예는 표지가 의미적 함의를 넘어서기도 한다는 것을 보여준다. 단어에 성을 부과하는 것은 거의 대부분 우연히 생긴 관례이다. 단어 table(탁자)는 프랑스어에서는 여성이고 독일어(der Tisch)에서는 남성이다. 단어의 성과 관련된 의미적 함의 사이에 재미있는 모순이 생기기도 한다. Le mannequin a epousé la sentinelle, il (elle?) a accouché d'un beau bébé(여자 모델(남성명사)은 파수병(여성명사)과 결혼했고 그(그녀)는

---

26 sembler(~인 것 같다), causer(야기하다) 또는 vouloir(원하다)와 같이 접사로 표현될 수 있는 짧은 술어 목록이 존재한다는 것을 언급하고자 한다.

멋진 아기를 출산했다).[27] 표지 체계의 기능이 담화에서 언급된 실체의 의미론적 범주화를 용이하게 하는 것이라고 믿는다면 이러한 불일치에 놀랄 수밖에 없다. 실제에서 표지는 의미론적 해석에 직접적으로 기여하지 않고, 반대로 통사론적 목적을 위해 의미 범주화를 이용한다. 이와 관련하여 분조어의 예는 의미가 있다. 16개의 의미 부류에 따른 동사와 문장의 단어 사이의 일치는, 틀릴 가능성이 전혀 없이, 문제의 단어를 동사에 표지된 논항과 연관시키는 것을 가능하게 한다. 프랑스어 성의 경우처럼, 최악의 경우, 분류의 관습이 의미론적 현실에서 벗어난다 해도 크게 중요하지 않다. 이것은 표지 체계가 술어의 연결을 용이하게 하는 방식으로 단어들을 효과적으로 구별하게 하는 것을 방해하지 않는다. 어떤 경우에는 체계가 큰 효용이 없는 구분들을 계속 만들어냄으로써 '빈' 상태로 실행되고 있다는 비난을 받을 수 있다. 프랑스어에서의 명사의 성이 아마도 이 현상의 대표적 예일 것이다.

형태론적 표지 없이 또는 다른 한편으로 구 없이 통하는 언어가 존재하기는 하는가? 영어는 프랑스어보다도 훨씬 더 매우 제약적인 굴절 형태론을 따른다. 이 두 언어의 경우, 대명사 elle(그녀, 그녀는)이 동사가 그에게 부과하는 격에 따라 la(그녀를) 또는 lui(그녀에게)로 변할 수 있는 경우를 제외하고는, 격 표지가 거의 없다. 그럼에도 어떤 언어학 이론들은 Pierre semble aller mieux(피에르가 나아진 것 같다)라는 문장을 설명하기 위해서 무표지 격의 존재를 가정한다. 통사구 Pierre는 Il semble Pierre aller mieux(피에르가 나아진 것 같다)에서 aller의 위치

---

27 이 예문은 내 동료인 프랑수아 이봉이 감사하게도 만든 것이다.

로부터 비인칭 주어 Il이 차지하고 있는 비어있는 위치를 차지하기 위해서 이동한 것이다. 그것은 aller 동사와 같이 동사원형의 형태는 그의 주어에 격을 부여할 수 없기 때문이다. 그래서 Pierre는 sembler 동사의 주어 위치에서 격을 받기 위해 이동을 할 수밖에 없다. 이런 류의 해석을 받아들이면 격 체계는 비록 형태적 실제가 없더라도 보편적인 현상이 된다. 반대로, 구가 없는 언어를 상상할 수 있는가? 지르발어는 좋은 후보 같다. 그러나 Balan yabu baŋgul ŋumaŋgu gigan banagaygu와 같은 문장은, 단어 대 단어로 해석하면 '어머니, 아버지, 말하다, 돌아오다'(아버지가 엄마에게 돌아오라고 말한다)인데, Balan yabu(어머니) 전체가 gigan(말하다)과 banagaygu(돌아오다)에 동시에 문법적 주어가 되고 반면 baŋgul ŋumaŋgu(아버지)는 술어 '말하다'의 행위자로서 gigan의 보어이다[28](Van Valin & LaPolla 1997, p. 542, Dixon 1972 재인용). 이 주어와 보어의 기능이 다른 여느 언어에서와 같이 구와 관련이 있음을 가정하도록 만든다. 게다가 이 문장은 삽입구가 있다. banagaygu로 구성된 절과 그의 암묵적인 주어는 동사 gigan 주위에 구축된 주절에 포함되어 있다. 지르발어 문장들의 구조는 구의 조합, 특히 동사구와 절구에 일부 기인한다. 기본 구조에서 시작해서 단어 순서의 다양성은 풍부한 형태론적 표지로 허용된 것이고 수사학적 목적에서 몇몇 요소들에 가치를 부여하기 위해 사용될 수 있다.

　언어에서 보이는 구의 분화와 형태론적 표지 간의 상호 의존성은 이두 체계를 사용하는 능력을 현재 인간이 보유한다는 사실 때문일 수

---

28 지르발어는 '능격'의 언어로서 문법적 주어는 전형적으로 피동작주가 담당하고 동사의 보어는 행위자 역할이 대응된다.

있다. 문제는 혹시 통사가 이중 하나에만 근거를 둘 수 있을 것인가이다. 이러한 시각에서는 이 두 체계가 동등하지 않다. 형태론적 표지는 구의 분화와 달리 되풀이되는 체계가 아니다. 예를 들어 독일어로 표현된 아래 문장을 보자.

Der Vater des Schülers schämt sich.
(그 학생의 아버지는 창피했다)

Der Vater schämt sich des Schülers.
(아버지는 그 학생이 창피했다)

첫번째 경우에, des Schülers(학생)가 Vater(아버지)의 보어이고 두번째 경우에, 동사 sich schämen(부끄러워하다)의 보어라고 정해주는 것은 구의 위치이다. 속격의 표지는 술어 Schüler(y)를 다른 술어로 연결하는 효과를 가져온다. 그런데, 이같이 연결될 수 있는 술어는 두 개다. Vater(x, y)와 schämen(x, y)인데, 여기서 구의 위치가 제기하는 잠재적인 모호성이 있을 수 있다. 단지 두 층위의 술어를 포함하는 단순한 문장에서는 이런 류의 모호성은 불가능하다. 그런데 층위의 수가 증가할 때 모호성의 위험은 급격히 상승한다. 성, 격 또는 부류 표지 등의 가능한 일련의 표지를 증가시키면서 모호성의 가능성을 표지 체계가 완화시킬 수 있다. 더 확실한 체계는 동일 단어에 표지를 조합하는 회귀적인 표지 체계일 것이다. 그래서 첫째 문장 안의 단어 Schüler는 주격과 속격이라는 두 격이 겹쳐져야 할 것이다. J'ai honte du fils de l'ami du professeur(나는 선생님의 친구의 아들이 창피하다)라는 문장에서는 한 단어가 세 개의 속격 표지를 가질 수도 있다. 그런데, 이러한 인간 언어 체계는 존재하지 않는 듯하다.

형태 표지의 되풀이성이 부재하는 것을 중대한 결함인 것처럼 이해하면 안 된다. 인간이 갖고 있는 이 두 통사 체계는 각각 장단점이 있다. 이들은 똑같이 술어를 표현하는 기능과 논항을 공유하는 술어가 무엇인지를 알려주는 기능을 갖고 있다. 구 분화 체계는 되풀이되고 이 덕분에 문제없이 여러 층위의 술어기능을 표현할 수 있다. 반면, 표지의 부재는 단어가 엄격하게 순서를 따르도록 강제한다. 단어의 순서는 강조나 수사적 효과라는 변수에 있어서는 더이상 유효하지 않기에 단점이 된다. 게다가 의미 연결 원리는 모호성을 남겨두는데, 공유 논항이 어떤 것인지 명시하지 않기 때문이다(le dépassement de la voiture(자동차의 추월)을 참고). 이로 인해 보어의 의미 역할을 명시하는 몇몇 전치사와 같은 비非술어성 구를 활용할 수밖에 없다. 동작주를 나타내기 위한 par(Il est acheté par Jean(그것은 장에 의해 구입되었다)), 수신자를 도입하기 위한 à(donner à Jean(장에게 주다)) 등이 그것이다. 비술어성 구는 구조를 더욱 무겁게 만들 여지가 있다. 표지 체계는 이러한 불편함을 피할 수 있지만 내재적인 한계가 있다. 되풀이되지 않으므로 그 자체로는 술어기능의 여러 층위를 표현할 수가 없다.

인간은 현재 언어에 공존하는, 그러나 서로 독립적인 두 개의 통사 체계를 갖추고 있다. 이들이 술어 간 관계 표현이라는 동일한 기능을 담당하는 것을 알면서 서로 독자적으로 나타났는지 아닌지 궁금해하는 것이 적절하다.

10.6 통사의 기원

두 통사 체계 각각에 정당성이 있다면 현재 언어에 공존하는 것을 이해할 수 있다. 한 체계 또는 다른 체계가 우리 종의 과거에 단독으로 존재할 수 있는지 알기 위해서는 두 가지 질문에 답해야 한다. 이러한 각 체계가 따로 격리되어 있는 것이 기능적인가? 그리고 국부적 최저인가? 우리가 방금 보았듯이 첫번째 질문에 대한 대답은 긍정적이다. 두번째 질문과 관련하여 9장과 이 장의 전체에 걸쳐 설명된 통사적 기제는 이 두 체계가 각각 술어를 논항과 관련시키는 데 국부적으로 최적임을 시사한다. 거기에서부터 세 가지 시나리오가 가능하다. (1) 형태론적 표지만 있다가 그다음 구가 출현하는 경우, (2) 구가 먼저 나타난 다음 표지가 등장하는 경우, (3) 술어 의미론의 출현이 두 체계의 동시 출현을 야기하는 경우. 재켄도프가 말하듯이, 우리 지식의 현 상태로는 이 세 가지 시나리오 중에 해결하는 것은 어려운 일이다. 직관적으로, 처음에 기초적인 표지 체계는 술어 의미론이 존재한다면 복잡한 혁신이 아니기 때문에, 이는 시나리오 (2)를 제외시킨다. 현재 언어에서 관찰된 통사와 표지 사이의 상호 의존성은 (3)과 같이 동시 출현을 뒷받침하지만, 구 분화를 특징짓는 복잡성은 특히 되풀이성 및 이동과 함께 시나리오 (1)을 더욱 그럴듯하게 만든다.

이번 10장은 원시 언어와 비교해 언어의 독창성이 되는 통사론이 상대적으로 복잡한 역학이지만, 과거에서 상상했던 것과 달리 (Chomsky 1975, Piatelli-Palmarini 1989) 우연히 있게 된 것이 아니며 잘 조직된 기제라는 것을 보이는 것이 목표이다. 통사는, 단어를 형태론적으로 표지하는 능력과 구를 함께 연결하는 능력이 두 가지 필수 요소인 특정 생물학적 능력에 의존한다. 이 통사적 능력은 진화의 관점에서 그 존재를 정당화하는 기본 기능을 가지고 있다. 즉, 단어의 연쇄 경로에서 술어 간의 관계를 표현할 수 있도록 하는 것이다. 6장에서 자세히 살펴본 진화 기제와 양립하려면, 통사 능력은 국부적 최적 원리를 지켜야 한다. 기능 조직의 시각에서 우리가 조작할 수 있게끔 하는 통사 능력 절차는 국부적 최적으로 보이는데, 이를 깊이 변경하지 않고는 발전시키기 어렵다. 그럼에도 이 지점은 논의의 대상이다. 몇몇 언어학자는 구 체계가 최적이지 않다는 것을 보이려 한다(Lightfoot, 2000). 그렇지만, 예를 들어 이동으로 종속절의 보어를 추출하는 어려움과 같이 통사의 특정 측면이 불완전해 보인다는 사실이 여러 모순적 요구 간의 절충을 가정하는 국부적 최적성에 반드시 의문을 제기하는 것은 아니다. 즉, 메시지의 간결성, 특히 단어의 순서와 관련하여 표현의 유연성, 술어 간의 연결의 모호성 감소, 메시지를 산출하고 해석하기 위한 이성적인 인지 부하, 어린이들이 노출된 예에서 자신의 언어의 특정 통사를 익히는 능력 등이다. 이러한 모든 제약 조건을 준수하는 근본적으로 다른 체계를 합리적인 후보로 상상하는 것이 가능하다. 명명된 변수가 있는 Prolog에서 영감을 받은 체계가 그러한 후보가 될 수 있다(323쪽 참고). 반면에 위에 언급된 모든 기준에 대해 더 나은 성과를 달성할 수 있도록 하는 형태론적 표지 또는 구 체계의 변경을 제안한 학자는 없다.

물론 이 관찰은 특정 언어의 통사가 아니라 통사 체계를 다루는 인간의 능력에 관한 것이다. 언어들 사이의 통사적 다양성은, 한편으로는, 각 언어가 표지나 구 체계 중에 실천되는 사용 정도로 설명된다. 다른 편의 다양성은, 각 체계 내부에 있다. 구 안에서의 주어, 핵어, 보어

간의 순서나 구 안에 어휘 삽입, 표지소나 표지되는 요소의 선정, 형태론, 일치 규칙 등이다. 어떤 학자들에게는 언어의 이 일반 원리가 한 특정 언어에서 실현될 때 최적에 이르지 못하는 일탈을 보이기도 한다(Carstairs-McCarthy 1998). 그렇다고 이것이 통사 능력 그 자체의 적응적 성질을 의심하는 것은 아니다.

통사가 기능적 총체를 이룬다는 사실은 술어를 바탕으로 한 의미론이 미리 전제되어야 한다는 점에 완전히 의거한다. 통사 구성의 세부사항은 구조적 관점에서 독립적으로 기술될 수 있으나 우리가 살펴본 것처럼 그 기능적 역할을 이해하기 위해서는 의미적 술어 간의 연결을 표현하는 능력을 증명해야 한다. 언어의 출현으로 이어진 이유에 대한 탐구를 계속하기 위해, 우리는 인류가 그들의 원시 의미론을 통해서만 지각하던 세계에 술어 의미론이 나타난 이유를 이해해야 한다. 의미론적 능력의 생성이 아마도 이 문제의 핵심일 것이다. 여하튼 언어에서 통사의 존재는 그 능력 덕에 생긴 것이다.

11장
의미의 구조

소리와 단어, 통사를 갖춘 언어로 개인들이 대화 상대방의 마음에 자신과 관련된 생각을 만들어낼 수 없다면 사람들 사이에 소통도 언어나 음운 체계도, 단어나 통사도 없었을 것이다. 언어에 의해 촉발되는 의미는 무엇이며 이는 동물이 이해할 수 있는 것과 유사한가, 그렇지 않다면 왜 우리 조상의 뇌는 이러한 독특한 유형의 의미를 처리하도록 진화한 것인가? 이 질문들은 인간 의사소통 체계의 출현에 대해 알고 싶다면 핵심적인 것이다. 이해의 작업이 없다면, 언어는 비생산적인 소리 또는 기껏해야 매우 제한적인 의미 기호일 뿐이다. 그런데 의미의 문제는 언어의 등장을 둘러싸고 있는 가장 본질적인 미스터리를 그 안에 품고 있다. 문장이 '의미하는' 것을 우리는 직감하지만 외부에서 이 의미가 무엇인지 설명하는 것은 쉽지 않다. 주어진 문장을 이해할 능력이 있는 존재와 그렇지 않은 존재 간의 차이를 명확히 파악하는 것은 더 더욱 어렵다. 이 장에서 우리는 이 질문을 해결할 수 있다고 자청하지는 않겠으나 그에 착수해 기능적 관점에서 의미론의 본질적 측면을 설명할 수 있을 것이라 생각한다. 의미의 기능적 해부학을 매우 간략하게나마 그려낼 수 있다면, 그 출현에 대한 이유에 대해서도 질문할 수 있을 것이다.

이미 우리는 언어 해석의 두 가지 양식을 만나보았다. 8장에서 전개된 원시 언어의 개념은 이미지와 구체적인 장면들을 바탕으로 한 원시 의미론적 능력을 가정했다. 다른 한편으로, 10장에서 통사적 역할을 설명하기 위해 활용된 술어를 바탕으로 한 의미론은 전혀 다른 성질의 것이다. 이번 11장은[29] 이 두 의미론의 특징과 관계를 밝히는 것을 첫번째 목표로 하되 그다음에 언어 능력의 진화에서 각각의 역할을 고려해보고자 한다.

11.1 개념, 이미지 그리고 정의

쥬르댕	튀르키에 왕자가 나를 귀족이라고 했나요?
꼬비엘	네, 그래서 제가 당신과 특히 친한 사이라 당신의 딸을 본 적이 있다고 하니까 왕자가 말하기를 "마라바바 사헴" 즉 "나는 그녀를 사랑한다"고 말하더군요.
쥬르댕	아, 마라바바 사헴이란 "나는 그녀를 사랑한다"는 말입니까?

---

29 이번 11장 및 다음 장에 소개된 생각들은 랄레 가닥푸르와의 협업하에 발전시킨 것이다.

꼬비엘	네.
쥬르댕	아니, 당신은 좋은 것을 가르쳐주었군요. 마라바바 사헴이 "나는 그녀를 사랑한다"는 뜻이 된다고는 꿈에도 생각할 수 없지. 튀르키예어는 멋진 언어군. 〔…〕
쥬르댕	튀르키예 전하는 나에게 지나친 영광을 베풉니다. 나는 전하의 모든 번영을 기도합니다.
꼬비엘	오사 비나멘 사도크 바바리 오라카프 우람.
끄레앙뜨	베르멘.
꼬비엘	전하는 당신이 급히 전하와 동행하여 의식 준비를 하고, 그 후에 아가씨를 만나 결혼식을 올리겠다고 합니다.
쥬르댕	그 많은 뜻이 단 한 마디로……
꼬비엘	네, 튀르키예어는 그렇지요. 많은 뜻을 몇 마디로 나타냅니다. 자, 같이 갑시다.

_몰리에르, 「서민귀족」(1670)

성인 개인은 일반적으로 수천 단어를 유창하게 사용하고 수만 개를 이해한다. 이는 10장의 논리에 따르면, 그가 수십만 개의 술어에 접근할 수 있다는 뜻과 같다. 한 사람이 단어를 듣고 이해할 때 그는 이 단어가 표현하는 술어를 인식할 수 있다. 이러한 인식이 그가 듣는 단어들에 의미를 부여할 수 있도록 해주며, 이는 또한 통사와 문장들 덕분이다. 쥬르댕은 직관적으로 '베르멘Bel-men'이 그에게 들은 번역과 등가가 되기 힘들다는 것을 깨닫는다. 어휘를 이루는 단어들은 술어에 의해서 표상되는 의미를 가리킨다고 10장에서 보았다. 그래서 끄레앙뜨의 '베르멘'을 들었을 때 쥬르댕은 하나 혹은 두 개의 술어로 표상되는 의미를 기대한다. 그런데, '급히', '전하와 함께', '의식 준비를 하다', '아가 씨를 만나다' 그리고 '결혼식을 올리다'라는 적어도 다섯 개의 독립적인 생각을 환기하는 것이다. 10장의 논리에 따르면 문장의 의미를 표상하는 데에 거의 그만큼의 술어가 필요하다. 이렇게 어마어마한 수가 갖춰진 술어는 어디에서 오는 것일까? 이에 대한 응답 요소로 술어들이 맺는 관계들에 의해 제공된다고 볼 수 있다.

술어들은 서로 간에 끊겨 있는 정신적 표상이 아니다. 이들 중 대다수는 다른 술어들의 도움으로 분석된다. 그래서 Tuer(x, y)(죽이다(x, y))는 Causer(x, z) & z=Mourir(y)(야기하다(x, z) & z=죽다(y))와 거의 동격이다. 마찬가지로, 어떤 문맥에서 Étalon(x)(종마(x))는 Cheval(x) & Mâle(x) & non Stérilisé(x)(말(x)&수컷(x)&거세되지 않은(x))와 거의 비슷한 뜻을 나타낸다. 철학자 제리 포더Jerry Fodor는 이러한 분할이 언술을 이해하는 데 개입할 수 있다는 생각을 강하게 반대한다. 그는 우리가 Le palefrenier a tué l'étalon(마부가 종마를 죽였다)이라는 문장을 들었을 때 의미를 재구성하기 위해 각각의 술어를 하나씩 분할하기 시작하는 것이 아니라고 한다. 이 같은 문장의 이해는, 사용된 술어가 다른 술어들에 따라 분석될 수 있다는 사실에 의존하지조차 않는다. 만약에 그렇다면, Le palefrenier a tué le cheval(마부가 말을 죽였다)이라는 문장은 체계적으로 노력이 덜 들 텐데, 그렇지 않다(Fodor et al. 1980). 하지만, 이 점에 대해 포더의 시각을 따른다면, 꽤 바람직하지 않은 결론에 이르게 된다. 특히 술어들이 정의의 형태로 분석되지 않고 의미의 원자를 이룬다면, 이들을 정의하는 지식은 어디서 오는지 이해하기 힘들다. 그런데, 이 지식은 이러한 술어와 관련된 단어를 사용하는 개인들에게 이미 알려져 있다. 성인에게 종마가 무엇인지 질문하면, 그가 정의할 수 있다는 사실을 우리는 안다. 물론 언어의 대부분의 단어가 그러하듯이 이 단어는 다의적이고(예를 들어, référence(기준, 참조, 견본, 추천서, 지시 등)나 étalon d'or(귀한 종마, 금 본위제)와 같이), 의미를 여럿 가지고 있어서 서로 다른 술어를 표상할 수 있다. 그럼에도 거의 모든 사람들이 '말(x) & 수컷(x) & 거세되지 않은(x)'의 의미를 알고 이를 명시할 수 있다.

포더의 관점에서 정의의 문제는 모든 술어들이 étalon처럼 정의하기 쉽지 않다는 사실 때문에 복잡해진다. 실제 예나 적어도 사진 또는 그림과 같은 이미지 표상을 보여주지 않고 어린아이에게 말이 무엇인지 설명할 수 있는가? 아이는 '에쿠스 속이라는 포유류'의 정의를 이해하지 못할 것이다. 이 경우, 말은 '이것'과 같다 식의 지각 가능한 표상이 필수적이다. 그러나 '말'과 같은 구체적인 술어는 어떤 정의에도 낯설지 않다. 말이나 캥거루의 허파가 몇 개인지 묻는다면 이 동물에 대한 이미지는 두 개라고 답하는 데 별로 도움이 되지 않을 것이다.

술어는 단어나 지각 및 기타 다른 술어와 관계를 맺는다. 세 가지 관계 중 어떤 것이 술어를 정의하는가? 시니피앙, 즉 단어나 언어적 형태와 시니피에를 구별하는 것이 일반적이다. 지금까지 우리는 시니피에를 지칭하기 위해 술어라는 용어를 사용했다. 그런데 이 용어는 논리학 용어이다. 이는 술어들이 서로 함께 조합되어 정의를 형성하는 형식적인 사용에 잘 맞는다. 그러나 '말'의 경우처럼 단어의 의미와 이미지 사이에 존재하는 긴밀한 연결고리는 드러내지 않는다. 우리가 만약 말과 당나귀의 차이를 찾고 있다면 틀림없이 이미지가 가장 도움이 될 것이다. 단어의 의미를 지칭하기에는 개념이라는 용어가 술어보다 더 적절해 보일 수 있다. 분명히 개념이라는 용어가 더 많이 쓰인다. 지각적 측면과 의미에 부여된 논리적 측면 사이에서 어느 한쪽 편을 들지 않는다는 장점이 있다. 그러나 같은 이유로 모호하기도 하다. '말'이라는 개념은, 예를 들어서, 달리고 있는 말의 전형적인 이미지와 말은 두 개의 허파를 갖는다고 말할 수 있게 하는 논리적 정의에 동시에 적용 가능하다. 그렇기는 하지만 선택은 잘해야 한다. 한 모호한 용어에 이미지와 논리적 정의만큼 구별되는 두 가지 표상을 뒤쉬는 것은 의미가 없다. 그러나 우리가 하는 선택이 무엇이든지 간에 극복할 수 없는 어려움에 직면하는 것 같다. 개념이 정의일 뿐이라면 아이는 말이 무엇인지 배우지 못한다. 개념이 단지 이미지나 원형일 뿐이라면 캥거루가 두 개의 허파를 가졌는지 확신할 수 없다. 이미지와 정의 사이의 연결이 어떻게 설정되는지 아는 문제가 아직 해결되지 않은 상태이기 때문에 개념이 이미지이자 논리적으로 정의된 개체라고 간단히 말하면 이는 의심쩍은 말장난처럼 보인다.

경험주의적 전통에서 개념은 지각과 연관된다. 개념은 우리가 경험한 대상 부류에서 확인된다. 최근의 경험주의 이론은 전형성에 기초한다. 하나의 대상 부류는 이상화된 한 사례, 하나의 원형 주위로 조직되므로, 대상이 개념에 속하는 것은 점진적이다. 그래서 참새나 종달새가 거위나 타조보다 '더' 새라는 개념에 속하게 된다. 경험주의 이론들은 개념들 간의 논리적 관계의 존재를 고려하는 것을 거부하는 데 있어 일관성을 보인다. 모든 지식의 근원이 경험일 때, 개념들 간의 관계가 존재한다면, 이는 통계적이다. 그래서 캥거루가 두 개의 허파를 갖는 것은 캥거루를 닮은 동물들이 보통 두 개의 허파를 가졌기 때문이다. 캥거루가 하나의 심장을 갖는 것은 그와 유사한 동물들이 일반적으로 하나의 심장을 가졌기 때문이다. 그러나 인간의 지식이 모두 통계적인 것은 아니다. 심장과 허파는 혈액순환과 호흡에 필요불가결하며, 이 기관이 없다면 캥거루는 살 수 없을 것이다. 캥거루 몸에 이것이 존재하는 것은 이 경우 필수적인 것으로 간주된다. 전적으로 경험적인 이론은 이 개념 간의 필연적 관계를 설명하지 못한다. 통계적 관계들은 늘 우발적이고 예외를 배제하지 못하기 때문이다.

합리주의 전통은 정의에 대한 방안을 제시한다. 한 개념은 다른 개념들에 따라 정의된다. 합리주의 체계는 수학적 지식 조직을 체계화하는 원리들을 개념에 적용한다. 모든 새로운 수학 개념은 이미 알려진 개념들로 정의된다. 그러한 체계가 빙빙 돌고 돌지 않기 위해서는 정의할 필요가 없는 원초적인 개념의 존재를 가정해야 한다. 수학에서는 수의 개념이 오랫동안 원초적인 것으로 간주되었다. 20세기 초 원초 개념으로서 집합이 도입되면서 수를 정의할 수 있게 되었다. 같은 방법으로, 인간에게 사용된 어떤 개념들은 정의가 필요 없으며, 다른 모든 개념들을 정의하기 위해 사용되는 것은 이 기본 개념들이다. 합리주의 논리 속에서 기본 개념들은 생득적일 수밖에 없다. 개념체계를 인식하는 이러한 방식은 많은 반대에 부딪힌다. 가장 명백한 것은 이같이 정의된 개념들이 유용하다고 할 이유가 전혀 없어 보인다는 것이다. '말'이라는 개념은 우리가 말로 범주화하는 실체들이 일관된 측면과 행동을 보일 때 유용하다. 높이가 77센티미터가 되는 모든 대상을 포괄하는 개념이 있다면 이는 유용하다고 하지 않을 가능성이 높다. 개념이 경험에는 의존하지 않고 모두 정의에 의존한다면, 데카르트처럼 신성한 손이 우리 정신과 우주 사이의 조화를 보장한다고 생각하는 것 외에는 우리가 형성하는 개념이 조금이라도 유용하다고 할 선험적인 이유가 없다. 수학과 같이 개념체계가 조직되었다고 보는 것에 반하는 두번째 반대의견은 개념들의 이해가 그 개념들의 정의를 분석함으로써 이루어진다고 보지 않는 포더의 의견이다. '말'과 '당나귀'의 차이점 또는 책을 책상 위에 '놓다'와 '던지다'의 차이점을 우리가 찾고자 한다면, 그 답을 우리에게 제공하는 것은 논리적 정의보다는 이미지이다.

선택은 일종의 딜레마이다. 단어의 의미가 술어들로 분할될 수 없다고 해서 이미지나 원형으로 되어 있다고 할 수도 없다. 경험주의 이론에 대한 주된 반박은 바로 그 금지의 불가능성이다. 모든 개념들이 일종의 표준의 지각, 원형이라면 아무것도 불가능한 것은 없다. 기껏해야 비전형적인 것들만 있을 뿐이다. 경험주의자의 놀라움과 합리주의자의 놀라움은 결과적으로 같은 성질의 것이 아니다. 누군가 입이 없는 양 한 마리를 보았다고 주장한다면, 경험주의자는 그 새로움에 놀라겠지만, 수백 마리의 턱이 없는 양을 보면 놀라기를 멈출 것이다. 이런 양이 어떻게 먹을 수 있는지 이해하고 싶은 합리주의자에게는 다를 것이다. 이런 류의 놀라움은 통계적 측면에 민감하지 않다. 천만번째의 돌연변이 양을 보았다 하더라도 합리주의자는 설명을 계속해서 찾으려 할 것이다. 인간의 근본적 특성은 지속적인 방식으로 놀랄 뿐 아니라 그의 놀라움을 공유하기 위해 그 이유를 밝힐 수 있다는 데 있다. 앞으로 살펴보겠지만 이것이 언어 사용의 본질적 측면에 관계된다. 그러나 인간 오성에 대한 전적으로 경험주의적인 인식은 이를 설명해주지 않는다.

개념화 능력의 생물학적 기능을 고려하게 된다면, 경험주의자의 답과 합리주의자의 답은 매우 분명하게 달라진다. 개념이 지각적 표상이냐 논리적 표상이냐에 따라 그 기원에 대한 담론은 같지 않을 것이다.

한편에서는 개념들이 범주화 능력에서 나왔고 언어에서의 그 사용은 부차적이라고 말할 것이다. 이것이 아마도 경험주의적 담론일 것이다. 다른 편에서는 개념의 존재 이유가 무엇보다도 논리적이며, 언어와 함께 생겨났다고 할 것이다. 그래서 그 범주화 능력은 술어적 사용의 결과이다. 언어가 의미를 만든 것인가 혹은 세상을 분할하는 우리의 능력의 향상이 우리 조상의 소통 방식을 대폭 변화시킨 것인가?

아래에서 제시되는 딜레마에 대한 해결책은 개념에 대한 합리주의적 시각과 경험주의적 시각 사이의 모호한 타협으로 구성되지 않는다. 그것은 단순한 표상으로서의 개념을 포기하고 이중 표상을 선택하는 것으로 이루어진다. 이 이중 선택은 무거운 결과를 초래한다. 서로 조화를 이루는 방식으로 작동하는 두 개의 인지 장치의 존재를 정당화한 다음, 두 별개의 진화 역사를 재구성하기 위해서 두 개의 생물학적 기능을 고려해야 한다. 이것을 아래에서 시도할 것이다.

11.2 주제 분할

10장에서 발화체의 의미는 술어의 도움으로 표현되었다. 그래서 Jean va à Paris(장은 파리에 간다)라는 문장은 Aller(Jean, Paris)(가다(장, 파리)) 류의 술어로 표상되었다. 주제 분할 과정을 분석할 때 이 술어 개념은 편리한 쓰기 방식으로서만 등장할 것이다. 주제, 좌표, 또는 동작주와 같은 분석 요소들은 술어의 논항들을 대체할 것이다. 술어 자체의 경우에는 이 요소들을 연결하는 단순한 관계로 등장할 것이다.

주제, 경로, 좌표

우리가 정교화할 수 있는 의미의 다양성은 전부가 아니다. 의미론자들은 대상, 위치 또는 속성 간의 관계를 표현하는 방식에서 체계적인 유사성이 존재한다는 점에 주목했다. 다음 문장을 살펴보자.

(1) Jean va à Paris.(장은 파리에 간다)

(2) Le feu passe au rouge.(신호등 불이 빨간색으로 넘어간다)

(3) Jean apporte son soutien au maire.(장은 시장을 지지한다)

(4) Jean lègue la maison à sa sœur.(장은 그의 누이에게 집을 물려준다)

(5) Nous approchons de Noël.(크리스마스가 다가온다)

이 문장들에서 언급된 각각의 상황은, 더 추상적인 실체인 (3)번을 제외하고는, 물리적 대상의 이동으로 분석될 수 있다. 반면, 이동이 일어나는 공간은 예문마다 매우 다르다. (1)에서는 물리적 공간, (2)에서는 세 가지 색, 초록색, 주황색, 빨간색의 세 요소로 한정된 색채의 공간이며, (3)에서 이동 장소는 사람 집합이다. (4)에서는 집이 물리적으로 이동하는 것이 아니지만 (3)에서 한 사람에서 다른 사람으로 이동하듯 소유의 변화가 나타난다. (5)에서 이동은 시간상에서 일어난다. 이 점에서 제프리 그뤼버Jeffrey Gruber(Gruber 1965)를 따르는 레이 재켄도프는 이 예들의 유사성 속에서 주제 관계들을 범주화하는 방식의 표지를 본다(Jackendoff 1983, p. 188). 이동에서 주제는 이동을 하는 요소이다. 다른 요소들은 이동의 경로에 연결되어 있다. (3)과 (4)의 예에서 경로는 장과 시장 또는 장과 그의 누이라는 두 개체에 의해 명시적으로 정해져 있다. (1)의 예에서 출발점은 장의 현재 위치이다. (2)에서 신호등 불은 처음 불빛(우리는 특정 문맥에서 그것이 주황색 불임을 추론할 수 있다)에서 빨간불까지 '이동했음'을 알 수 있다. (5)에서 날짜 또는 크리스마스 시기가 경로의 끝 지점이다. 재켄도프, 그뤼버와 다른 이들에게 여러 언어 표현들은 이동과 위치라는 개념에 근거한다.

> "언어는 모든 추상적 관계를 공간이라는 면에서 해석하며 이 현상은 하나의 언어나 하나의 언어군에서만 발견되는 게 아니라 예외 없이 모든 언어에 해당한다."(Porzig 1950, Lorenz 1973, p. 177에서 인용)

구체적 혹은 추상적 상황을 지칭하는 모든 표현 속에서 우리는 주제(이동한 요소 또는 위치한 요소)와 좌표를 발견한다. 이동의 경우 경로가 좌표의 역할을 한다. 다음 예에서 좌표는 실체이거나 구체적 공간 지형이거나 추상적인 공간이다.

(6) Jean habite à Bordeaux.(장은 보르도에 산다)

(7) Jean habite entre Bordeaux et Périgord.(장은 보르도와 페리고르 사이에 산다)

(8) Jean habite près de Bordeaux.(장은 보르도 근처에 산다)

(9) La glace menace de craquer.(얼음이 붕괴될 위험이 있다)

(10) Jean empêche Jacques de parler.(장은 자크가 말하는 것을 방해한다)

(6)에서 좌표는 보르도시에 대응되는 지리적 구역이고 주제는 전형

적으로는 장의 집이다. (7)에서 좌표는 두 도시를 연결하는 선 또는 띠로 볼 수 있다. (8)에서 좌표는 도시를 중심으로 한 지역이다. 이 지역의 크기가 어떻게 한정되는지 살펴볼 것이다. 마지막 두 예문은 지리적 공간보다 더 추상적인 공간 속에서도 주제와 좌표의 개념이 적절하다는 것을 보이고자 한다. (9)가 두 사람이 얼어 있는 호수 위에 있는 상황에서 발화됐다고 가정해보자. 무엇을 이해할 수 있는가? 예를 들어 두 사람의 무게가 얼음이 깨지기 시작하는 값에 가깝다고 이해할 수도 있다. 물론 다른 해석도 가능하다. 예를 들어, 시간적 해석인데, 얼음이 녹아서 갈라지는 순간이 다가왔다고 할 수도 있다. 첫번째 해석에서 주제는 두 사람의 합친 무게이고 이 주제는 얼음이 깨지는 무게라는 좌표 위에 위치한다. 다른 '위험'에 대한 은유의 해석은 정반대이다. 위치가 바뀔 수도 있는 주제는 붕괴 지점이고 좌표는 이때 두 사람의 무게이다. 두 경우에 (9)는 (8)과 유사한데, 주제를 좌표의 가까이에 놓기 때문이다. 주제와 좌표로 해석하는 것이 (10)의 경우 과장되었는지 의문을 가질 수 있다. 그러나 (10)의 가장 충실한 환언문은 '장이 자크가 말parole에 접근하는 것을 방해한다'는 것이다. 이 경우 '자크'는 주제로 등장하고 '말'은 좌표이다. 이 역할 분배가 자연스럽게 보이는 반면, 이 예에서 주제 관계를 위치시킬 수 있는 공간은 덜 분명해 보인다. 이 예에서 어떤 사람은 말을 하고 다른 사람은 아니라는 것을 알 수 있다. 우리는 자연스레 내부-외부 관계, 즉 자크가 말을 하는 개인들의 집합 외부에 있다는 것을 알 수 있다. 더불어, 우리는 '방해하다'라는 단어로 주제로서의 자크가 외부에서 그 집합의 내부로 이동해야 하지만 장에 의해 행해진 행동이 그에 대립됨을 이해할 수 있다.

'주제 분할', 즉 어떤 공간 안에서 주제와 좌표를 구분하는 것은 예문 (6)-(10)의 독해가 촉발한 해석의 일부를 설명했다고 할 수 있다. "모든 해석은 지정학적 유형의 주제 분할을 필요로 한다"는 일반화가 가능하다. 주제는 계량적 공간(지리 공간이나 무게와 같은) 또는 지정학적 공간((10)번 예의 내부-외부 대립과 같은) 안에서 좌표에 대해 위치하거나 움직인다. 이동이나 위치를 점하는 것은 동작주에 의해 행해진 행위가 야기될 수 있다. 탈미Leonard Talmy는 이 행위를 단순화된 힘으로 서술했다(Talmy 1988). 이 같은 일반화와 언어 기원에 미치는 결과의 유효성을 평하기 이전에 어떻게 주제 관계가 작동하는지 더 세부적으로 살펴볼 필요가 있다. 이를 위해 구체적 공간과 다른 영역, 시간을 예로 들어보자.

시간의 주제 분할

언어적 언술의 대부분은 시간 속에 위치해 있다. 언술을 이해하기 위해서 청자는 종종 시간적 추론을 행해야 한다. 공간적 경우와는 반대로 정신적 표상과 지각 사이의 구분이 명확하기 때문에 이 상황은 매우 흥미롭다. 근접성이나 내부와 같은 공간적 관계의 개념화를 우리가 지각하는 것으로부터 구분하기란 쉽지 않다. 그러나 시간의 경우 지각과 개념화 간의 거리는 훨씬 크다. 이 둘은 그 유명한 '시간의 선'에 근거한다고 생각할 수 있다. 그런데 자연에서 우리가 빌린 시간, 무한대의 순간으로 구성된 이 선형적 시간은 언어와 추론에서 우리가 시간적 관계를 조작하는 방식과 꽤 거리가 있는 이상화이다. 물리학이나 논리학 또는 인공지능이 제공하는 객관적 시간이라는 사고는 무한과 연속성이라는 수학적 개념의 숙달을 전제하는 최근의 문화적 구성물이다(Lakoff & Núñez 2000). 따라서 시간 간격은 서로 무한히 가까운 순간의 무한한 병치로 구성된다. 그러한 개념화는 대부분의 문화에 존재하지 않으며 시간적 관계의 인지적 처리에 개입하지 않는다. 몇몇 예를 고찰해보자.

(11) La plante est morte pendant la sécheresse.

(가뭄 동안 식물이 죽었다)

(12) Paul était président bien avant la cinquième république.

(폴은 제5공화국 훨씬 이전에 회장이었다)

(13) L'an dernier, elle mangeait au café de la Sorbonne.

(작년에 그녀는 소르본느 카페에서 식사를 하곤 했다)

(14) En 1918, après que Jean est revenu du front, il a déjeuné avec un vieil ami qui lui a remis solennellement une lettre.

(1918년, 장은 전선에서 돌아온 후 공식적으로 편지를 건네준 오랜 친구와 점심을 먹었다)

(15) Quand les oiseaux passaient, l'alarme se déclenchait.

(새들이 지나갈 때, 알람이 켜졌다)

(11)번 예는 전통적인 주제 관계를 나타낸다. 주제를 구성하는 식물의 죽음은 가뭄이라는 좌표 안에 위치해 있다. (12)에서 폴의 회장직은 그 자체로 주제를 구성하고, 제5공화국이라는 좌표의 외부에 위치한다. (11)과 (12)의 주제 분할은 (7)과 (8)의 *그것*과 유사하다. 다른 예들은 시사하는 바가 크다. (13)의 해석은 반복적 사건을 창출하게 한다. 그 해 내내 식사 한 끼만 있었던 것이 아니다. 어떤 이유에서인가? 프랑스어에서 반과거를 사용하면 듣는 사람이 정신적으로 관련된 현상 안에 들

어가게 된다. Elle mangeait quand le téléphone a sonné(전화벨이 울렸을 때 그녀는 먹고 있었다)라는 문장에서 반과거의 사용은 식사 시간 중에 벨이 울리도록 만든다. (13)의 경우 이는 불가능한데, 식사 시간 이 '작년' 전체를 포함할 수는 없기 때문이다. 이 경우, 사람들은 사건 을 반복시키는 것으로 상황을 이해한다. 좌표는 더이상 유일한 식사가 아니라 반복된 식사이다. 주제인 '작년'은 이때 좌표 안으로 들어올 수 있고 이렇게 해야 시간적 제한을 표현할 수 있다. (13)에서 표출된 반복 은 공간에서도 발견되는 근본적 인지 작용이다. La table est couverte de mouches(탁자가 파리로 뒤덮였다)에서 식탁은 파리들의 반복적인 존재에 의해 규정된 지역 안에 위치하는 것이다. 재켄도프의 생각을 따 르자면 반복 작용은 시간이나 공간에 대해 확인한 그대로를 복수複數 에 대해서도 생각해볼 수 있다. 그러므로 un arbre(한 나무)에서 des arbres(나무들)로 넘어갈 때 (13)에서 반복으로 넘어가는 것과 동일한 정신 작용이 작동한다(Jackendoff 1990, p. 30).

(14)의 예는 또다른 정신 작용을 드러낸다. 편지의 전달이라는 사건 을 해석할 때 누군가가 편지를 전달하는 시간, 즉 몇 초 정도의 시간 척도 안에 있게 된다. 우리는 1918년에 위치시키는 척도에 더이상 있 지 않다. (14)의 해석은 현재에 대해서 1918년을 위치시키고, 1918년 한가운데에서 전선에서 귀환한 것을 위치시키고 그다음에 친구와의 점심식사를 위치시켜야 한다. 이렇게 우리는 주제를 네 번 바꾼다. 현 재, 1918년, 귀환, 그리고 점심식사. 이러한 연속적인 식별은 서로 다른 시간 척도에서 발생한다. 놀라운 사실은 우리가 주어진 척도에 있을 때 다른 척도의 사건을 개념화할 수 없다는 것이다. 따라서 우리가 편지 전달을 개념화할 때 현재, 1918년, 그리고 전선에서의 귀환은 더이상

직접 접근할 수 없다.

(15) 예문의 해석은 앞의 두 기제, 반복과 척도 변경의 작동을 필요로 한다. Quand les oiseaux passaient(새들이 지나갈 때)라는 첫째 절에 사용된 반과거는 청자를 '지나감'이라는 사건 내부에 데려다놓는다. 월 또는 년의 시간 척도에 우리가 있고 화자가 그의 옛집에 대해 말하는 것이라면 새들의 지나감은 일시적인 것이 된다. 내부에 위치하려면, 청자는 사건의 반복적 해석을 고려해야 한다(Quand les oiseaux passaient, tout à l'heure, j'étais dans le jardin pour les voir(조금 전에 새들이 지나갔을 때 그것을 보기 위해 나는 정원에 있었다)의 경우와는 다르다). 주절에서의 반과거 se déclenchait(켜졌다)는 청자가 새들의 반복적 지나감을 알람의 작동 내부에 위치시키도록 하므로 여기서도 역시 반복으로 해석되어야 한다. 이러한 반복으로의 해석은 Quand Paul venait nous voir, nous habitions à Bordeaux(폴이 우리를 보러왔을 때 우리는 보르도에 살고 있었다)에서는 필요하지 않다. 해당 척도에서 알람의 작동이 일시적 성질을 띠기 때문에 반복적 해석이 요청된다. 그러므로 새들이 반복적으로 지나가고 그 시기에 알람이 반복적으로 켜지는 것으로 이해할 수 있다. (15)의 청자는 거기에 머무르지 않는다. 새가 지나가는 것이 알람 작동의 원인이었다는 것을 일반적으로 결론내릴 수 있다. 이를 위해 그는 두 사건 중 한 건만 고려하도록 척도를 변경하고, 새의 통과가 알람의 체계적인 작동을 수반한다고 결정해야 한다.

시간적 속성의 발화를 해석하는 방식은 우리의 의미론적 능력의 여러 측면을 드러낸다. 우선, 시간에 대한 우리의 정신 과정이 전혀 직선적이지 않다고 할 것이다. 극히 짧은 찰라들로 이루어진 객관적인 시간의 선을 따르지 않는다. 우리 위치를 인식하기 위해 그러한 선을 이용하지도 않는다. 물리학에서 편리한 이 이상화는 정신 작용을 이론화하고자 할 때는 유용하지 않다. 다음과 같은 문장을 해석할 수 있을 만큼 충분히 조밀한 선에 사건을 저장하려면 거의 무한대의 저장장치가 필요하다. "150억 년 전, 우주의 처음 4 마이크로초 동안……" 이 같은 유형의 발화를 해석하기 위해 우리 정신이 사용하는 방법은 척도를 변경함으로써 식별하는 반복적 기제에 의거한다. 좌표와 출발 주제가 함께 나타날 수 있는 척도에서 시작하는데, 예를 들어 현재 순간과 우주의 태동이다. 이 첫번째 척도에서 접근할 수 없는 더 세밀한 구분을 작동시켜야 할 때 우리는 척도를 바꿔서 식별이 실현될 때까지 과정을 재시작한다. 공간적 식별을 위해 완전히 똑같은 되풀이 기술을 사용한다. 예를 들어, À Paris, près de l'église St. Eustache, dans la rue piétonne, juste à côté du marchand de vin(파리, 생퇴스타슈성당 근처, 보행자 거리의 와인 상인 바로 옆에)를 해석하기 위해서 똑같이 반복적 척도의 변경을 적용한다.

이 정신적 식별 기제의 존재 이유는 주어진 척도에서 우리가 구축하는 표상의 빈약함 때문이다. 우리가 보르도에서 파리로 간다고 말했을 때 포도주 상인도, 보행자 거리도 생퇴스타슈성당조차도 표상되지 않는다. 앙굴렘, 푸아티에 또는 투르도 우리가 구성하는 정신 지도 위에 등장할 가능성이 희박하다. 현재에 대한 우주의 탄생 시기를 위치시킬 때도 우리는 그 이후 전개된 모든 사건들을 영화처럼 보지 않는다. 여기서 단 한 가지의 표상만 본다는 것도 의심쩍다. 이런 조건에서, 정신 지도mental map의 존재를 가정하는 단어인 '척도'를 왜 말하는지 의문스러울 수 있다. 우리가 생각했던 반복적 변화는, 우리의 관심이 시간과 공간에 위치한 서로 다른 대상에 연속적으로 고정된다는 사실 때문에 일어나는 단순한 반복적인 초점의 변화가 아닐까? 대답은 아니오이다. 정신 지도는 그 빈곤함에도 불구하고 위상기하학 및 미터법의 속성을 가지고 있기 때문에 지도라는 이름이 합당하다. 사건을 다른 사건에 포함시키거나 다른 사건보다 먼저 해석하는 작업은 위상기하학적 작업이다. 우리가 머릿속에서 생퇴스타슈성당 근처 보행자 거리를 찾을 때, 우리는 미터법 연산도 수행한다. 이러한 작업은 좌표 및 주제를 나타내고 분리, 중첩, 포함, 근접 등의 상대적 위치를 결정하기에 충분한 정도의 최소한의 구조를 갖는 정신 지도상에서 수행된다. 주제가 바뀌면 그 식별은 곧 새로운 지도를 필요로 한다. 이전 지도는 이때 없어진다. 우리 정신은 동시에 서로 다른 두 척도에서 기능할 능력이 없다. 정신적 식별 체계는 그럼에도 아주 기능적이며, 시공간의 위치 속에서 꽤 높은 정확도에 도달하게 한다. 고정된 척도의 식별 체계에서는 이것이 허용되지 않는다.

식별과 주제 역할

시간적 속성의 언술 해석에서 우리가 앞서 살펴본 반복적 식별 체계는 시간이나 공간에서 사건의 위치 문제를 훨씬 뛰어넘는 흥미로운 점을 제시한다. 구체적 또는 추상적 장면에서 좌표와 주제를 포함하고 있는 지도를 만들어내는 단순한 사실은 의미 '역할'을 확인할 수 있도록 한다. 이렇듯 좌표에 대해 주제를 위치시키면서 우리는 그전에 존재하지 않았던 관계를 창조한다. 예를 들어 우리는 탁자 위에 전화기, 단말 장치, 책들, 지우개, 메모장, 여러 서류 등 다양한 물건을 볼 수 있다. 이 구체적인 장면을 지각하는 것과 지우개가 탁자 위에 있다는 것을 '깨닫는' 사실 사이에는 질적인 차이가 있다. 지우개가 탁자 위에 있음을 깨닫는 기제는 장면 위에 정신 지도를 만드는 행위를 통해서이다. 이 지도에서 지우개와 탁자는 다른 물체들을 배제하고 각각의 주제와 좌표로서 그 위치를 점한다. 그런 다음 지도는 술어 Sur(Table, Gomme)에 의해 번역될 수 있는 관계, 즉 위상학적 관계를 명확하게 해준다. 공간적 관계의 개념화를 가능하게 해주는 이 정신 작용은 지각과는 질적으로 다르다. 우리는 장면 전체, 즉 탁자와 그 위의 물건들을 본다. 이 지각은 빠르고, 거의 동시에 이 물체들을 인식한다. 대부분은 여기에서 그친다. 그런데 가끔 지우개가 탁자 위에 있다거나 전화기가 종이 밑에 있다는 등 어떤 주제 관계를 개념화한다. 이 개념화는 느리고 연속적이다. 이 예에서 개념화는 지각에 근거하지만 그 성질은 지각적인 것이 아니다. 시간적 관계의 예를 통해 지각은 개념화가 일어나기 위해 필연적인 것이 아님을 보았다. '폴은 제5공화국 훨씬 이전에 회장이었다'라는 문장을 이해할 때 우리는 아무것도 지각하지 않지만, 극히 간략한 정신 지도로 폴의 회장직을 과거 속에서 제5공화국에 대응되는 시기의 외부에 위치시킬 수 있다.

여기서 제시한 생각은 이 원리가 일반화될 수 있다는 것이다. 상황을 개념화할 때는 적은 수의 수단을 체계적으로 이용하는 것이 필요하다. 이 수단 중에, 공간적이든 시간적이든 또는 추상적이든 정신 지도가 있다. 이 지도 체계 뒤에, 분명 유일한 식별 기제가 있다. 그래서 Pierre est plus gentil que Monique mais moins que Caroline(피에르는 모니크보다 착하지만 카롤린보다는 덜 착하다)라는 사실을 개념화하는 것은 La saint Odette est après Pâques mais avant Pentecôte(오데트 성인 기념일은 부활절 다음이지만 오순절 이전에 있다)와 같은 언술의 이해와 다르지 않다. 각 경우에 우리는 하나의 주제와 두 개의 연속적 좌표를 매우 단순화된 지도 위에 위치시키는 것이다.

한 언술의 개념화가 작동하는 수단은 지도상의 적용과 주제 및 좌표의 분할에 한정되지 않는다. 예를 들어 행위자의 의미 역할은 주제에 작동하는 힘의 근원을 확인함으로써 얻을 수 있다(Talmy 1988). 우리는 (10)번 예문을 통해서 주제가 장의 행위로 인해 좌표 바깥에 보존되었음을 보았다. 게다가 언술의 개념화는 일반적으로 여러 주제 분할 작업을 요구한다. L'an dernier, il était plus petit que son père(작년에 그는 그의 아버지보다 더 키가 작았다)에서는, 시간과 키라는 공간에서 동시에 상황을 주제화해야 한다. 이러한 언급에 비추어볼 때, 술어를 생성하는 개념적 분할은 제한된 수의 기제를 체계적으로 적용한 결과라는 사실이 남아 있다.

주제 분할과 은유

앞의 일반화가 옳다면, 개념적 분할의 기제가 왜 그렇게 공간적 위치, 이동 또는 힘의 적용과 같은 구체적인 기능을 모방해서 이론화되었는지 의아해하는 것이 당연하다. 쉽게 떠오르는 생각은 이 분석이 유추일 뿐이며, 의미 영역 사이에 생성하기 쉬운 공간적이고 역동적인 은유라고 보는 것이다. 이 같은 관찰은 언어가 대략 은유의 사용에 기댄다고 생각해온 레이코프George Lakoff가 좋아할 것이다(Lakoff & Johnson 1980). 예를 들어 아래 문장에서 '기대다reposer'라는 동사는 은유적이며(언어는 무거운 물건이 아니다) 부사 '넓게는'도 마찬가지다. 은유는 어떤 의미장에서 다른 의미장으로 의미들을 옮기기 위한 강력한 도구이다. 지리적 지도나 역학의 관점에서 주제 분할을 분석하는 것이 은유에 다름이 아니라면, 의미 능력의 생물학적 근원에 대해 아무것도 알려주지 않을 것이다. 은유는 유추와의 대응성을 지킨다는 제약 이외에는 이미지를 선택하는 것이 상대적으로 자유롭다. 그래서 Le langage repose largement sur l'emploi de métaphores(언어는 넓게는 은유의 용례에 기대고 있다)라고 말하는 대신, Le langage fait largement appel aux métaphores(언어는 넓게는 은유에 도움을 청한다) 라고 말할 수도 있고 Le langage est truffé de métaphores(언어는 은유로 가득 채워져 있다)라고도 말할 수 있다. 이러한 조건에서, 주제 분할을 지도와 힘의 적용으로 귀결시키는 것은 서로 다른 의미 영역을 연결하는 우리의 능력 이상의 것을 보여주지 않는 것 같다. 공간적 은유는 우리로 하여금 지리적 지도를 고려하도록 이끌었지만, 또다른 유추로는 어떤 것을 얻을 수 있었을까? 사랑에 빠진 사람이라면 식물학, 천문학, 요리, 기상상태 혹은 전투사 등의 은유를 통해 자신의 사랑을 표현할 수 있다. 주제, 좌표 및 행위자의 역할을 이러한 은유를 사용하여 체계적으로 표현할 수 있을까? 재켄도프의 대답은 분명히 부정적이다.

> "…… 은유의 가장 특징적인 측면은 그 다양성과 실제로 어떤 의미장이라도 다른 아무 의미장의 은유를 위해 사용될 수 있는 가능성이다. 반대로 주제 관계는 항상 동일한 유추를 나타낸다. 즉, 시간은 위치이고 소유도 위치이며, 특성도 위치이고 사건도 위치이다. 다시 말하면 주제 관계 이론은 단순히 어떤 의미장이 다른 의미장을 따라서 구조화되었다고 말하는 것이 아니라 모든 의미장이 본질적으로 동일한 구조를 가졌다는 것이다."(Jackendoff 1983, p. 209)

위에서 자세히 살펴본 시간의 예는 이러한 점에서 명확히 설명해준다. 우리가 사건의 내부성, 외부성 또는 중첩에 따라, 즉 위상적 관계에 따라 사건을 위치시키는 것은 단순히 은유로 인한 것이 아니다(Desclés 1990). 어떤 학자도 아래의 의미 차이를 표상하는 비위상적 기제를 제안하지 않았다.

(16) Le téléphone a sonné pendant qu'il parlait.(그가 말하고 있는 동안 전화가 울렸다)

(17) Le téléphone sonnait pendant qu'il parlait.(전화가 계속 울리고 그때 그가 말하고 있었다)

(16)에서는 전형적으로 전화벨소리의 울림 전체가 발화의 기간 안에 포함되어 있다고 상상된다. 예를 들어 전화가 울리고 누군가 전화를 받는데 그때 말하기는 계속된다. (17)번 문장에서는 우리는 말하는 시간은 아마도 한 문장 정도로 짧았을 것이고 전화벨 울리는 시간 속에 포함되었으리라고 이해한다. 만약에 긴 담화였다면, Le téléphone sonnait sans arrêt pendant qu'il parlait(그가 말하는 동안 끊임없이 전화기가 울렸다)와 같이 반복적인 방식으로 전화기가 울렸을 것이라고 이해할 것이다. 이러한 포함의 위상적 관계를 사용하지 않고 이 예들 사이의 대비를 설명할 만한 은유를 찾기는 어려울 것이다. 은유는 항상 선택 사항이다. 즉, 은유를 사용하지 않거나 다른 것을 사용하는 선택을 할 수 있다. (16) 또는 (17)의 해석은 반대로 사건들 사이의 위상적 관계가 문맥에 따라 정확하게 결정될 것을 요구한다. 은유의 문체와 선택적인 효과와는 거리가 멀고, 의미의 결정에 관한 문제이다.

스티븐 핑커가 말했듯이, 개념 관계를 이해하고, '누가 누구에게 무엇을 하는지'를 이해하는 우리의 방식이 너무 틀에 박혔다는 점은 놀랍다. 상황의 개념적 분할을 이루는 주요 기제는 지도, 좌표, 주제 그리고 주제와 좌표 간의 위상적 관계(내부, 외부, 중첩) 등과 같이 공간 식별 체계와 비슷한 수단을 사용한다. 이것과 몇 가지 다른 기제가 의미의 일부, 즉 주제 관계와 관련된 부분을 만들어낸다. 그러나 의미는, 앞으로 살펴볼 것처럼 주제 관계에만 국한되지 않는다.

11.3 이중 의미

앞 절에서 살펴본 주제 분할은 인간의 의미 능력에 근본 요소지만 하나에 불과하다. 그중 우리가 술어로부터 이 술어의 다른 논항을 구성하는 것을 분리하고 특정 관계에 그것들을 돌려놓아 상황으로부터 술어를 구성할 수 있게 한다. 따라서 Jean va à Paris(장은 파리에 간다)의 주제 분석은 '파리'로 경계를 이루는 궤적에서 Jean이라는 주제와 좌표 파리, 그리고 장을 파리에 한정된 경로에 두는 위상적 관계를 분리할 수 있게 한다. 10장에서 사용한 모든 술어와 마찬가지로 술어 Aller(Jean, Paris)는 두 개체 간의 이러한 위상적 관계를 표현하기 위한 편리한 표기법일 뿐이다.[30] 주제 분할은 술어 형식으로 상황들을 분석

---

30 엄밀히 말하면, 술어 표기법은 환기하는 힘이 있어서 불순하다. 따라서 술어 Aller(Jean, Paris)를 특징짓는 데 사용되는 aller라는 단어는 궤도에 위치하는 것 이상의 의미가 부여된다. 이것이 바로 10장에서 구문과 의미 사이의 경계면을 설명하는 데 유용했던 술어 표기법을 이 장에서 사용할 수 없는 이유이다. 의미 능력의 두 구성 요소 간에 명백한 구분을 해야 하는 것이 바로 문제였기 때문이다.

하게 해줌으로써 근본적인 역할을 수행한다. 주제 분할이 바로 의미의 통사적 표현을 지휘하는 것이다(10장 참고).

하지만 주제 분할은 의미의 한 부분만을 표현한다는 사실을 염두에 두고 있어야 한다. 사실 단어들이 우리에게 환기하는 것에 비하면 매우 빈약하다. Pierre a frappé Paul(피에르가 폴을 쳤다)라는 단순한 문장이 발화되었다고 해보자. 분명히 우리가 이 두 주인공을 알기 때문에 우리에게 이 발을 했을 것이다. 우리는 어쩌면 이 일이 발생한 장소, 예를 들어 마을 잔치를 알고 있을 수도 있다. 이 문장을 들으면서 우리는 꽤 풍부하게 장면을 상상한다. 식탁에 모인 사람들, 좌판대 같은 식탁, 샹그리아 잔, 종이접시, 말싸움, 중재하는 사람들, 피에르의 행동, 약간 피를 흘리는 폴, 부자연스러운 자세, 모욕적인 말 등. 혹시 우리가 그 사건의 정확한 정황을 몰라도, 혹시 어디서 이 일이 일어났는지 모르거나 혹은 피에르와 폴을 우리가 모른다 하더라도 여전히 하나 이상의 주제 분할이 일어날 것이다. 주제 분할은 시공간적 지도 위 현재 이전에 이 사건을 위치시키는 것으로 만족한다. 조금 더 나아가 행위자인 피에르가 행사한 힘에 맞은 폴을 주제로 제시해서 상황을 분석할 수 있다. Pierre a donné un coup à Paul(피에르가 폴에게 일격을 가했다)에서처럼 상황을 좀더 세밀하게 분석해야 하는 문장에서, 이번 분할은 주제(타격), 피에르에서 폴로 가는 궤적, 행위자(다시 피에르)가 주제에 가하는 힘을 만들어낸다. 우리는 이러한 종류의 설명이 '피에르가 폴을 쳤다'라는 구절이 불러일으키는 환기를 요약하기에는 너무 부실하다는 것을 이해한다.

주제 분할은 어떤 장면의 극단적 단순화로 나타난다. 피에르가 폴에게 어떤 행위를 했다는 사실이나 피에르의 행위로 피에르에게서 폴에게 어떤 것이 옮겨졌다고 개념화하더라도 요점과 거리가 멀다. 동사 frapper(치다)는 두 사람 사이의 단순한 관계 그 이상을 일깨워준다. 이 동사가 사용된 것을 들은 경험이나 상황을 통해서 모든 사람은 피에르와 폴 사이에 일어났을 수 있는 일에 대한 다소 풍부한 표상을 구성한다. 이 표상은 동사 frapper를 쓰는지 또는 유사한 동의어 중 하나, 즉 taper(치다), battre(때리다), heurter(충돌하다), rosser(두들겨 패다), brutaliser(폭력을 가하다), malmener(잘못 행동하다), corriger(교정하다), cogner(박다) 등이 사용되는지 여부에 따라 달라진다. 그러나 주제 분석은 rosser와 같은 일부 동사가 반복적인 주제를 가정한다는 점을 제외하고는 이러한 모든 동사에 대해 동일하다. 이러한 예에서 알 수 있듯이 주제 분석은 그 빈약함 때문에 어휘의 뉘앙스를 표현하는 데 무력하다.

앞의 내용은 언어 발화의 해석에 의해 생성되는 의미는 유일한 표상 방식으로 이루어지지 않는다는 것을 암시한다. 의미는 주제 관계들로만 제한되지도 않고 단어들이 환기하는 장면으로만 한정되지도 않는다. 언어의 해석은 성질이 다른 두 가지 표상, 주제 표상과 구체적일 경우 장면으로 구성할 수 있는 표상에 이르게 된다. 원시 언어와 연관된 의미론을 정의하고자 할 때 단어들에 의해 환기되는 힘이 무엇인지 이미 살펴보았다(8장 참고). 원시 의미론은 구체적인 장면과 단어의 병렬을 연관시키는 것이었다. 우리 조상들의 원시 의미론에서 현재 우리가 지닌 의미 능력의 기능적 요소를 찾는 것은 꽤 흥미로운 일이다. 이때는 〈원시 의미론 + 주제 분할 = 의미론〉이라는 일종의 방정식을 세울 수 있을 것이다. 이 구분은 진화론적 관점에서 완전한 의미를 가질 텐데, 처음에 완전히 기능적인 것으로서의 원시 의미론, 그 이후 **호모 사피엔스**

와 함께 통사론의 등장을 가능케 한 주제 분할이 출현해야 하는 것이다. 이러한 방식으로 언어 의미론을 이해하는 것은 그럼에도 불구하고 문제가 없는 것은 아니다. 첫번째 문제는 원시 의미론에 의해 구축된 장면들의 구체적 특성과 관련이 있다. 또다른 어려움은 장면에 기반한 표상과 주제 표상 사이에 존재하는 잠재적인 모순과 관계들을 정의하는 데 있다. 마지막으로 이 모든 것이 어떻게 국소적으로 최적화된 기능의 총체를 구성하는지 이해해야만 한다.

원시 의미론을 구체적 장면들에만 제한하는 것은 의미론의 기능적 구성원으로서 그것을 폄하하는 듯하다. 이미지로 사고한다고 주장하는 사람들에게 반대하는 논거는 비커튼이 제시한다(Bickerton 1995, p. 22). 비커튼이 이미지의 표상적 사고를 부정하는 예로 든 것을 다시 인용해보자(268쪽) :

Ma confiance en vous s'est trouvée ruinée pour toujours par votre manque de loyauté.(당신에 대한 나의 신뢰는 당신의 충실함이 부족하여 영원히 무너져버렸습니다)

비커튼은 여기서 한 가지를 놓친 것 같은데, 왜냐하면 이 단언의 추상적 내용이 구체적인 시각화에 어떤 여지도 남기지 않을 것이며, 만약 몇몇이 이 문장의 의미를 '볼' 수 있다고 자신한다면 이는 이들 중 누구도 동일한 것을 보는 것은 아닐 것이다. 이 문장에 연결된 주제적 측면이 물론 있다. '당신에 대한 나의 신뢰'가 주제이고 이는 '충실함이 부족함'이라는 행위자의 영향으로 한 상태에서 다른 상태로 넘어간다. 또한, 상태 변화를 과거에 위치시키고 새로운 상태를 한계 없이 두는 시간적 관계도 존재한다. 게다가 '당신에 대한'에서 주제 관계를 볼 수 있는데 여기의 '당신'은 La confiance que je place en vous(내가 당신에게 두고 있는 신뢰)에서와 같이 '나의 신뢰'라는 주제를 위치시키는 좌표의 역할을 한다. 마찬가지로 '부족함'이라는 단어도 주제적 방식으로 분석할 수 있다. 충성심이 신뢰를 위한 영역의 외부에 있다는 뜻이다. 반면 이 주제 관계를 만족시키는 것은 "어딘가에 있던 무엇인가가 과거에서 상태를 바꿨는데, 왜냐하면 다른 것이 적절한 영역에서 더이상 발견되지 않았기 때문"이라는 것을 이해하는 것과 마찬가지다. 이는 매우 단순화시킨 것이다. 비커튼은 구체적인 이미지들이 이 문장의 의미에 기여한다는 사실을 불합리하다고 간주하면서 모든 대안을 배제한 것 같다. 그러나 우리가 이미지의 개념을 감정과 감각을 포함하는, 지각하고 느끼는 모든 것을 포괄하는 것으로 이해한다면, 그 생각은 덜 불합리할 것이다.

비커튼 예문의 많은 단어들은 환기의 힘을 지닌다. 물론, 이 환기는 구체적인 장면을 만들어내지는 않지만 그렇다고 덜 현실적인 것은 아니다. 예를 들어, '신뢰'라는 단어는 '충실함'과 마찬가지로 어떤 감정을 환기할 수 있다. 이런 의미에서 우리는 비커튼이 주장하듯이 단어로 생각하는 것이 아니라 단어가 환기하는 것으로 생각을 한다. 우리의 단어가 이미지나 구체적인 장면 이상의 것을 불러일으킨다는 것을 제외하고는 원리는 원시 의미론과 동일하다. 우리가 지각하고 느낄 수 있는 모든 것은 어느 정도 단순화된 방식으로 단어에 의해 환기될 수 있다. 이 단순화된 지각이나 감정들은, 언어 발화에 우리가 부여하는 의미를 구성하며, '장면적 표상'이라고 부를 수 있는 것에 가담하게 된다.

이렇게 의미의 일부를 소개하는 방식은 개념 안에서 단순화된 지각을 보는 경험주의적 시각과 비슷하다. '치다'라는 단어가 우리에게 환기하는 것은 사실 전형적인 장면, 예를 들어 한 사람이 다른 사람의 정면에 주먹을 가져가고 있는 것이다. 하지만 전형에 대한 경험주의적 시각은 의미론의 장면 부분을 설명하기 위해 마련된 것에는 훨씬 못 미친다. 사실, 경험주의적 전통에서 제시된 기제들은 통계적이다. 전형은 경험의 반복으로 구성된 것이다. 경험주의자들에게 전형이란 이런저런 경험에 따라 다른 모든 우연저인 세부사항을 단순화한 평균적 인식에 다름 아니다. 언어의 해석은 전형을 형성하기 위해서 더욱 강력한 기제를 필요로 한다. 8장에서 인간은 구체적 장면들을 조합하는 능력이 있음을 살펴보았다. 이 조합을 가능케 하는 작동 기제는 경험만으로는 불가능한데, 이렇게 구성된 장면은 꿈에서 일어나는 것과 같이 물리적 세계에서는 전례가 없고 심지어 불가능할 수도 있기 때문이다. 경험주의 이론의 전형은 이러한 조합을 만들어내지 못하고 심지어 문맥에 민감하지도 않다. 게다가 인간은 지각한 한 가지만으로도 전형들을 형성할 수 있다. 전형을 형성하기 위해 압축 공기 코르크 따개 하나만 보는 것으로 충분하다. 이 전형은 실제 물체의 많은 세부 사항은 삭제되지만 모든 기능적 속성은 보존되는 단순화된 표상이다. 이를 차치하고, 단어나 문장이 환기할 수 있는 단순화된 지각은 전형에 대한 경험주의적 사고와 관련이 없지는 않다.

앞선 것으로부터 의미론에 대한 이원론적 관점이 나온다. 의미의 일부는 주제 분할에서 비롯되고 다른 부분은 장면적 표상을 구성하는 단순화된 이미지나 감각의 환기로 구성된다. 이 조합은 기능적 전체를 구성한다는 인상을 즉시 주지는 않는다. 그것이 우리 종의 과거에 왜 그리고 어떻게 나타났는지 이해하려면 그 기능을 더 잘 고찰할 필요가 있다.

12장
의미의 탄생

원시 언어를 언어의 전조로, 원시 의미론을 의미론의 전조로 보는 8장
의 시나리오에 우리가 동의한다면, 주제 분할과 같은 새로운 능력의 출
현은 기능적 수준에서 설명되어야 한다. 이 장의 목적은 의미론의 두
구성 요소를 언어 능력의 진화 역사에 재배치할 수 있도록 각각의 역
할을 구별하는 것이다.

12.1 두 의미 형식의 분리

주제 분할의 명백한 무익함

어떤 문장을 들으면서 인간은 두 가지 단순화된 표상을 수립한다. 어
떨 때는 거의 윤곽만 잡힌 감각으로 이루어진 장면과 극도로 요약된
정신 지도상에 주제와 좌표를 서로서로 연관시켜 위치시키는 주제 분

석이 그것이다. 이 두번째 표상이 기여한 바는 무엇인가? 첫눈에는 아무것도 없다. 주제 분석은 너무 보잘것없어서 장면적 표상을 완전히 복제하는 것처럼 보인다. La pomme tombe de l'arbre(사과가 나무에서 떨어진다)를 들으면, 나는 비록 매우 대강이더라도 그 장면을 시각화할 수 있으며, 주제와 그 경로를 찾아내기 위해 장면을 분할하는 분석은 필요하지 않다. 주제 분석은 단어가 우리에게 불러일으키는 감각으로 훨씬 더 세밀하게 파악하는 현상의 미묘함을 놓치게 만드는 어리석은 환원문과 같다. 우리는 사과가 떨어지는 것을 볼 수 있고, 땅에는 다른 사과가 흩어져 있는 것을, 또는 나무에 다른 사과가 남아 있는 것 등을 볼 수 있다. 분명히, 이러한 인식은 상대적으로 빈약하다. 다른 사과가 항상 있는 것도 아니고, 사과의 움직임이 현실에서와 같이 일정하게 가속되지도 않고, 주변에 나무가 몇 그루 있는지도 알 수 없다. 그러나 대부분의 주제에 대해 시각화가 이루어졌다. 사과가 떨어질 때는 낮이며, 장면은 나무 밖에서 지각된다. 주제 분할이 무엇을 더 가져오는지 알기 어렵다.

의미 표상의 두 가지 기능을 각각 올바로 파악하기 위해서는 이들을 경쟁적인 것으로 고려하는 것을 반드시 피해야 한다. 주제적 표상이 심지어 장면의 빈곤한 표상도 대체할 수 없다는 것이 분명하다면, 우리는 그것이 어떤 다른 것을 만들어내는지 궁금해할 만하다. 이 방향으로 진행하는 한 가지 방법은 두 의미론적 구성 요소 중 하나 또는 다른 하나가 잘못된 결과를 생성하는 상황을 고려하는 것이다. 우리는 거꾸로 거울의 경우와 제논의 역설의 경우를 차례로 고려할 것이다.

거꾸로 거울

당신을 혼란스럽게 하려는 친구가 거울은 오른쪽과 왼쪽은 뒤바뀌는 반면, 왜 위아래로는 반전되지 않는지 설명해달라고 부탁한다. 누구나 매일 좌우가 뒤바뀌는 경험이 있다. 거울 속에서 오른손은 왼손이 되어 몸의 왼쪽에 있으며 손가락이 왼손처럼 정렬되어 있다. 즉, 거꾸로 된 오른손이다. 거울에 비친 텍스트의 영상은 거꾸로 되어 있다. 예를 들어 d는 b로 보인다. 그러나 수직으로 뒤집히지는 않아서 p처럼 보이지는 않는 것이다. 이 현상을 당신의 대화 상대자에게 어떻게 설명할 수 있을까? 당신의 놀라움은 당신이 지각하는 것과 모순되게 당신의 정신이 추론을 일으키기 때문이다. 문제를 들으면, 당신은 당신의 장면 표상 능력을 이용하여 상황을 그려본다. 오른쪽과 왼쪽이 뒤바뀐 반면 위아래는 그대로 있음을 알게 된다. 당신의 대화 상대자가 문제를 발화한 것은 주제 분할을 수행하도록 당신을 압박하기도 한다. 그가 오른쪽과 왼쪽이 반대라고 말할 때, 당신은, 예를 들어 손의 모양과 같이, 하나의 값에서 다른 고유한 값으로 추상적인 공간에서 움직이는 주제를 만든다. 이러한 값을 **오른쪽**과 **왼쪽**이라고 부르는 것은 중요하지 않다. 위와 아래 사이의 반전을 개념화할 때 분석은 정확히 동일하다. 두 값 사이에서 경로를 따라 움직이는 또다른 주제일 뿐이다. 주제 분석은 거울이 좌우 변형의 원인임을 알려준다. 탈미Talmy의 용어로 표현하자면, 거울이 주제를 경로를 따라 밀어내는 추상적인 힘을 발휘하여 손을 오른쪽 모양에서 왼쪽 모양으로 이동시키는 것이다. 이 동일한 거울은 또다른 상황, 즉 수직적 방향에서도 동일하게 그 미덕을 발휘**해야 할** 것인데, 수평의 경우와 그 구성성분이 동일하기 때문이다. 주제 분석은 기본적으로 동일한 원인이 동일한 결과를 낳는다고 말한다. 다른 힘이 없을 때 거울은 d와 같은 모양이 위쪽 위치에서 아래쪽 위치로 가도록 해야 한다.

상대방이 거울의 문제를 제시할 때 당신은 그 문제를 이해한다. 그가 당신에게 말한 것, 즉 오른쪽과 왼쪽에 대해 일어난 것이 위와 아래에도 일어나야 한다는 것을 긍정할 수밖에 없는 상황에 대해 주제 분할을 수행한다. 그런데 장면에 대해 당신이 시각화한 것은 차이를 야기한다. 이 두 장치 중에서 어떤 것이 잘못된 것인가? 만약 숟가락에 비친 자신의 영상을 바라본다면 수직축이 완전히 수평축처럼 역으로 나타난다. 왜 거울의 평면은 다른 작동 양상을 보이는가?

이 경우 잘못된 표상을 생성하는 것은 장면 이해 능력이다. 숟가락은 상하좌우 반전(회전에 해당)하지만 평면 거울은 어느 쪽도 반전하지 않는다. 우리는 거울에 비친 자신의 이미지를 다른 사람의 이미지와 혼동한다. 그러나 우리가 오른손을 들 때 오른손을 들어야 하는 이 다른 사람이 되기 위해서는 수평으로 180도 회전해야 한다. 거울은 그 자체로는 아무것도 돌리지 않으며 각 점은 해당 이미지 정면에 그대로 남아 있으므로 반사된 영상이 왼손을 들어올리는 것이다. 거울 앞에서 텍스트를 제시할 때 텍스트를 180도 회전시키는 것은 우리 자신이다. 거울에 비친 오른손 엄지손가락이 왼쪽에 있다. 반사 이미지에서도 엄지손가락은 왼쪽에 있다. 손바닥을 거울에 보여줄 때 우리 자신의 손을 제외하고는 아무것도 바뀌지 않았다. 그러나 우리는 오른손을 예상하는 곳에서 왼손을 인식하고 거울이 좌우 반전을 수행했다는 잘못된 결론을 내린다. 왜 우리는 상황에 대한 잘못된 인식을 가지고 있을까?

반사 영상에서 보는 손은 실제 손이 아니다. 광학에서 말하듯이, 역전으로 생겨난 가상 이미지이다. 이 가상의 손은 왼손으로 잘못 파악할 정도로 왼손을 닮았고 그래서 왼손으로 오인된다. 이것은 앞-뒤가 거꾸로 된 손, 오른쪽 '반대-손'이다. 자연은 우리에게 이 오른손 반대 손과 유사한 왼손을 부여했으며, 이는 우리의 오류를 유발한다. 그로부터, 우리는 오른쪽-왼쪽 반전을 결론지었고, 따라서 역설이 생겨난 것이다. 주제 해석의 경우, 차이가 없을 때는 정확했다. 제논이 형식화한 추론은, 이번에는 주제 분할이 문제가 되는 정반대의 상황에 우리를 데려다놓는다.

제논의 역설

우리 각자에게 제논의 역설이 불러일으키는 감정은 우리가 가진 의미 능력의 두 구성원 사이의 기능적 차이를 완벽하게 보여준다. 기원전 460년, 엘레아의 제논Zénon은 자신의 스승인 파르메니데스Parmedēs를 도우러 왔는데, 스승의 이론은 역설적 비판의 대상이었다. 파르메니데스에 따르면 존재Being는 유일하고 분리불가능하며 불변한다. 복수성과 운동은 환상일 뿐이다. 제논은 특히 골치 아픈 주장을 펼침으로써 운동이라는 개념을 부조리하게 만들었다. 제논의 역설 중 하나를 떨어지는 사과의 예로 설명해보자.

제논의 생각은 움직임을 분할하는 것이다. 땅에 닿기 전에 사과는 떨어질 때 높이의 절반을 통과해야 한다. 사과가 그 위치에 도달했을 때, 그것은 여전히 나머지 높이의 절반을 지나가야 한다. 이 작업이 완료되어도 사과는 아직 땅에 없다. 땅에 도달하기 전에 사과는 아직 남은 거리의 절반을 통과해야 한다. 그리고 계속해서 사과가 땅에 닿지 않는다! 추론은 강력하다. 이 이야기를 아이들에게 해주면 역설에 직면해서 어느 순간 사과와 땅 사이의 거리가 너무 작아서 사과가 이 거리를 '한꺼번에' 통과할 것이라고 주장한다(Núñez 1994). 이러면서 그들은 일정 한도를 넘어 분해할 수 없다는 원자론적 입장을 취한다. 이러한 태도에 반하여, 제논은 원자를 분해하도록 주장한다. 땅에 떨어지기 직전에 사과는 여전히 공중에 떠 있다. 먼저 지면과 사과를 분리하는 거리의 절반을 늘상 지나가야 한다. 그 주장은 피할 수 없는 것 같다.

이 역설을 해결하기 위한 수많은 시도가 있었다. 아리스토텔레스Aristoteles는 벌써 공간처럼 시간도 무한대로 분할할 수 있음을 이해했고 그래서 시간의 부분들이 구성하는 집합은 유한한 시간을 만든다는 것이다. 수학 용어로, 제논이 생각하는 시간 간격의 급수는 수렴급수이다. 맞다. 그러나 우리의 정신은 그 추론으로 인해 여전히 혼란스러운 채로 남아 있다. 우리의 직관은 사과가 땅에 떨어질 것이라고 말하지 않는다. 그 바로 직전에 무슨 일이 일어나는가? 수학적 해解를 알아도 여전히 혼란스러운 상태임을 설명하려면, 제논의 역설이 의미 능력의 두 구성 요소를 충돌시킨다는 점에 주목해야 한다. 장면 표상은 떨어지는 사과가 땅에 닿는 것까지 보여준다. 때로는 그 이상을 보여주기도 한다. 자연스럽게, 우리는 그 장면에 머무른다. 그러나 제논은 자신의 담론을 이용하여 우리가 주제 분할을 달성하도록 밀어붙이면서 궤도(좌표)에 있는 사과(주제)를 상상할 것을 요구한다. 이 분할은 주제가 궤도의 극단에 도달하게 된다는 결론을 내릴 수 있지만, 어떻게 가능한지는 보여주지 못한다. 제논처럼, 주체가 한계가 있는 이동을 개념화해야 하는 경우, 주제 분할은 순환고리에 들어가 실패하게 된다. 우리는 사과가 떨어지는 것을 아주 잘 상상하지만 그것을 개념화하지 못하는 역설적인 느낌을 갖게 된다.

주제 분할은 특히 내부-외부 구분에 의거하는 정신 지도로서, 정적인 표상을 만들어낸다. 이때 주제는 좌표의 내부 또는 외부에 위치하게 된다. 사과가 궤도 내에 있다고 개념화하지만, 이 개념화 속에서는 사과는 부동이다. 제논은 이를 그의 유명한 또다른 역설로 드러냈다. 그는 과녁을 향해 날아가는 화살을 상상해보라고 했다. 어느 순간 화살은 어떤 용적을 차지한다. 이 용적 내에서는 화살이 이동하지 않는다. 사실 화살이 있지 않은 곳에서 화살이 이동한다고 말하는 것은 모순이다. 결론은 화살이 움직이지 않는다는 것이다. 이 멋진 논증은 완벽하게 우리의 주제 표상이 정적이라는 사실을 보여준다. 각자가 조금만 집중하면, 사과가 가지에서 떨어져나가고, 아래로 떨어지고, 땅에 굴러가는 모습을 상상할 수 있다. 반면 주제적 표상에서 사과는 제논의 화살처럼 정적으로 개념화된다. 거기에서 제논의 함정이 다시 닫힌다. 그는 사과가 땅에 떨어지기 직전에 개념화하라고 한다. 주제 표상은 축척을 변경해서, 주제로서의 사과가 좌표의 역할을 하는 궤도 내부에 명확하게 표시되는 새로운 지도를 만들어야 한다. 이 주제 표상은, 모든 유사 경우의 주제가 그러하듯이, 주제가 궤적의 끝에 도달할 것이라고 예측한다. 제논은 다시 한번 사과가 이 끝에 도달하기 직전에 사과를 생각할 것을 요구한다. 그리고 다시 축척을 변경하고 새 지도를 만들며 사과가 끝이 아니라 궤도 안에 잘 있는지 확인해야 한다. 문제는 이 새 지도가 이전 지도와 잘 구분되지 않는다는 것이다. 그러면 우리는 무한 궤도에 들어갔다는 것을 알게 된다. 나가는 길은 세 가지뿐이다. 포기하고, 제논처럼 운동이 존재하지 않는다고 결론을 내릴 수 있다(또는 적어도 개념화할 수 없다고 할 수 있다). 어린이와 특정 수학자들이 하는 것처럼[31] 속일 수도 있는데, 특정 배율에 도달하면 더이상 '확대zoom'하여 들어갈 수 없으며, 사과는 이를 이용하여 한 걸음에 궤도의 끝까지 도달할 수 있다고 하는 것이다. 마지막으로, 우리는 표준적인 수학자처럼 일정한 척도를 유지하고 끝에서 끝으로 시간 간격의 무한대로 구성된 급수가 수렴한다고 생각할 수 있다. 제논이 우리에게 척도를 변경하도록 하자마자, 수학적 해결책은 우리의 직관을 만족시키지 않는다. 우리의 마음은 사과가 땅에 닿는 것을 보여주는 장면 표상과 사과가 떨어지지 않고 무한궤도에 들어가는 주제 표상 사이에서 흔들린다. 따라서 세논의 억설은 우리의 이해를 누 가지 구성 요소로 분리하는 홀륭한 예가 된다.

12.2 주제 구분을 위한 기능적 역할

원시 언어 단계를 넘어서야 하는 이유

앞서 본 두 가지 구분은 언어 발화와 관련된 두 가지 의미적 측면이 인간 오성悟性의 두 요소에서 기인한다는 점과 서로 다른 두 인지 장치의 표현이라는 점을 암시한다. 살펴본 바와 같이 문제는 두번째 장치의 기능을 찾는 것에 있다. 8장에서 원시 언어는 그 자체도 국소적 최적인 원시 의미론을 위한 국소적 최적의 체계로 소개되었다. 주제 분할에 부과된 가치가 명백히 확인되지 않다는 것은 놀라운 일이 아니다. 즉각적으로 떠오르는 생각은 통사론 안에서 주제 분할의 진화적 정당성을

---

31 몇몇 수학자들은 여전히 직관에 더 적합하기를 바라는 이 역설의 해결책을 찾고자 하는 욕구를 느낀다. 이처럼 비표준적 분석은, 원자론적 시각에서, 무한소의 개념에 현실성을 부여하고 우리가 볼 수 없어도 대상의 움직임은 생성된다고 설명하고자 내세운 것이다! (McLaughlin 1994)

보는 것이다. 한 상황의 주제 분석은 10장에서 술어로 표상한 관계들을 정립하도록 해준다. 분할 작업이 이루어지면, 통사는 단어들의 연속적인 흐름에서 경제적인 방식으로 술어들 간의 관계를 표현하는 자연스러운 수단이 된다. 이렇듯, 상황의 주제 분석 덕분에, 예를 들어 상대방에게 이해될 가능성이 약간 있는 Jean va derrière l'église(장은 교회 뒤로 간다)라는 문장을 말할 수 있다. 상대방은 이 문장의 통사를 분석하면서, 두 개의 주제 분할을 재구성할 것이다. 즉, 장은 주제로서 한 장소를 향해 이동한다. '교회 뒤'라고 특징지어진 이 장소는 새로운 분할의 주제가 되고 이때 교회는 좌표의 역할을 한다. 장이 향하는 장소는 두 주제 분석 간의 공통된 요소이다. 바로 이 지점에서, 동사구와 그 보어 간의 연결이 의미 연결 원리(10.3절)에 부합하게 된다. 주제 분할은 통사를 가능하고 필연적인 것으로 만든다. 그러므로 우리는 주제, 좌표 및 경우에 따라서는 행위자를 구별하기 위해 상황을 분할하는 능력 속에서 진화를 통해 발견된 방법이 무엇인지 찾아볼 수 있는데, 이를 통해서 통사는 우리가 알고 있는 표현의 힘을 발전시킬 수 있다. 문장에서 통사가 어떻게 얽혀 있든 의미 연결 원리는 화자가 상상한 주제의 위치를 청자가 재구성할 수 있도록 하며, 이는 장면 자체의 재구성을 향한 첫번째 단계이다.

주제 분할 능력의 생물학적 존재 이유에 대해 조금 더 찾아보아야 할까? 이 능력은 통사 사용에 대한 길을 연다. 인간이 사용하는 통사는 장면을 서술하는 데 원시 언어보다 놀라울 정도로 훨씬 유용한 수단이다. 그 정교함으로 인해 추상의 차원에 쉽게 이르게끔 만들어주기도 한다. 통사의 고유한 출현과 이를 가능케 하는 장면 분할 능력이 동시에 출현한다는 것을 정당화하기에 이 모든 것이 충분하지 않은가?

이런 식의 추론은 여러 문제가 있는데 가장 명백한 것은 소 앞에 쟁기를 단 것 같다는 점이다. 통사의 존재는 주제 분할 체계가 먼저 존재한다는 점에서 진화적 정당성을 이끈다. 그러므로 통사에 선행하는 능력의 출현으로 통사의 미덕을 내세우는 것은 문제가 있다. 첫번째만큼 명백하지는 않지만 두번째 문제는, 통사의 정밀함과 추상성이 갖는 소위 장점과 관련이 있다. 원시 언어의 논리에서 이 장점은 반박할 거리가 있다. 침팬지들이 말할 줄 알았다면 더 잘 번식했을 것이라고 오해하기 쉬운데(4장 참고), 우리 인류 이전의 선조들이 더 정밀하게 지칭하고 추상적으로 소통할 수 있는 체계를 가질 가능성이 훨씬 높다. 그런데 선先-인류의 의사소통 체계에 놓이게 되면 이는 자명하지는 않다. 우리의 고유한 의미 체계 자체가 명시성과 추상성의 기준에 비추어볼 때 이상적인 것과는 거리가 멀다. 이는 누군가에게 길을 설명하거나 조금 복잡한 수학적 추론을 따라갈 때 나타난다. 우리 조상들은 그들의 의사소통의 목적이 8장에서 살펴본 것처럼 단순히 눈에 들어오는 상황들을 알려주는 것이라면, 현재의 것만큼 풍부한 의미 기제를 행사할 수 있었을까? 이처럼 시간을 물어보는 사람에게 백분의 일 초 단위로 시간을 알려주지 않는 것처럼 너무 정교한 의미 체계는 의사소통에 무거움을 더하기 때문에 선-인류의 의사소통 요구에 이익이 되지 않았을 것이라는 생각이 든다. 이 조건하에서 **호모 사피엔스**의 의미 능력 출현은 그 모든 미스터리를 그대로 간직하고 있다.

추론 능력

4장에서 우리 조상들이 말할 수 있기 전에 지능이 높아졌다는 생각의 개연성에 의문을 제기했다. 지금은 여러 논거가 반대 생각을 뒷받침한다. 오히려, 인간의 추론 능력이 의사소통 능력에서 나온 것, 더 정확히는 의사소통에서 그 사용의 틀 내에서 더 발전했을 것이다. 달리 말해서 이 논리를 따르면 추론하는 것은, 일상생활의 문제를 해결하거나 언어 상호작용에 사용되는 감각적 개입들을 생각해보는 것에 그리 큰 도움이 되지 않는 것이다. 이러한 관점에서 의미 능력의 두 구성 요소인 장면 표상 능력과 주제 분할은 경쟁 관계에 있다. 두 가지 모두 우리가 지각하는 사물 상태의 단순화된 표상을 제공하고 또한 표상으로부터 추론을 하게 해준다. 떨어지는 사과의 예를 다시 들어보자. 우리의 정신 영상 체계는 사과가 그 추락의 끝에 바닥에 닿게 될 것이라는 확신을 준다. 주제 분할도 마찬가지 결론으로 이끈다. 이동의 끝에 주제는 궤도의 끝단에 있을 것이고 위 예에서는 땅이 된다. 다시 한번, 우리의 두 의미 체계는 서로에 대해 잉여적인 듯하다. 그렇지만 다음 예를 보자. 정육면체를 상상해보자. 정육면체 뒤에 구가 하나 있다. 또 그 구 오른쪽에 피라미드가 있다고 하자. 이제 찬찬히 당신의 시선으로 정육면체에서 피라미드를 연결시키는 방식으로 움직여보자. 구는 어느 쪽에 위치하는가? 이 예의 지시사항을 당신이 이해할 수 있게끔 만든 것은 두 의미 체계 중 어떤 것인가? 둘 중 어떤 것이 당신이 대답하도록 만드는가? 대부분의 주체는 구가 피라미드 왼쪽에 '보인다'고 주장할 것이다. 이 결론은 장면 표상 체계에 의해 만들어진 것이다. 이는 구체적으로 경험을 하지 않은 채 결론에 이른 것으로써 추론의 문제가 된다. 우리가 머릿속으로 그렇게 보기 때문에 구가 왼쪽에 있는 것이다. 주제 분할 체계는 이 예에서 훨씬 하위에 있다. 세 가지 대상은 차례차례 주제 역할을 한 다음 좌표 역할을 한다. 피라미드가 언급될 때는 정육면체는 더이상 주제 관계에 속하지 않는다. 지형 지도 체계는 너무 열악해서 회전에 대한 결과를 계산할 수 없다. 이 예는 분명히 주제 분할의 잉여적 특성을 보여주는 또다른 예이다. 그러나 이것의 부가적 가치가 나타나는 곳은 추론의 차원이다.

앞의 예에서 대화 상대자 중 한 명이 구가 오른쪽에 있다고 본다고 가정하자. 그가 잘못 이해했다고 어떻게 납득시킬 것인가? 틀림없이 그림을 그려볼 것이다. 전화로 통화한다면, 구가 관찰자의 왼쪽에 위치하는 것이 맞다고 설명하는 데에 엄청난 어려움을 겪을 것이다. 이러한 결론을 만든 정신적 영상화 작업은 정당화하기 어렵다. 나무에서 떨어지는 사과의 경우, 어떤 사람이 사과가 바닥에 있다고 믿는 것을 거부한다고 가정해보자. 우리의 장면 표상 능력은 그가 분명히 틀렸을 것이며, 사과가 땅에 닿고 거기에 남겨져 있을 것이라고 확인하는 것으로 끝난다. 이는 증명이 되지 못한다. 그런데 주제 분할은 이보다는 더 많은 것을 말할 수 있다. 만약 주제가, 예시에서 사과가 궤도의 끝에 닿지 않는다면 궤도 위에 **필연적으로** 있어야 한다. 그러나 사과는 우리의 정신 속에서 주제로 인식되므로 제논을 실망시키더라도 마침내 궤도의 끝단에 도달하게 될 것이다. 근본적인 차이점은, 추론이 정신적 이미지와 달리 전형적인 상황에 기반하지 않는다는 것이다. 후자는 선택을 한다. 사과의 추락은 대낮에 이루어지고 관찰자는 나무 외부에 있으며, 바닥에는 잔디가 있다는 등의 변수들이 추락의 결과에 영향을 미치지 않는다고 어떻게 확신할 것인가? 지금까지 우리가 봤던 떨어지는 모든 물건들은 바닥에 닿았다. 이 경우에도 동일할 것이라는 것을 어떻게 상대방에게 보여줄 것인가? 이 질문은 우리의 정신적 이미지가 명백한 결과를 가져다주기에 더더욱 이상해 보일 수 있다. 하지만 이미지는 의심에 직면하여 습관의 증거에 대한 주관적 확신 말고는 다른 어떤 것도 반박할 수 없다.

주제 표상은 반면에 바닥과 사과의 접촉에 대한 증명을 제안할 수 있다. 사과가 절대 바닥을 접촉하지 않는다면 그 궤도 안에 갇힌 채로 남는 것이다. 그러나 사과가 부동 상태일 수 없는데, 탈미의 표현을 빌리자면, 이동의 원인이 되는 힘이 멈추지 않기 때문이다. 물론 이 증명이 결정적인 것은 아니며, 이 경우에는 이해를 위해서 제논에 의거해야 한다. 그러나 이것이 문제의 핵심은 아니다. 중요한 것은 주제 분할을 통해 **명시적 추론**을 생성할 수 있다는 것이다. 따라서 명시적 추론을 할 수 있는 사람은 그를 이해할 수 있는 사람들의 지지를 얻는다. 두번째 추론만이 첫번째 추론을 쓸모없게 만들어서 그 효과를 무력화할 수 있다. 우리는 여기서 의미론적 능력의 두 구성 요소 사이의 본질적인 차이를 파악한다. 둘 다 추론을 생성할 수 있지만 주제 분할만이 추론을 뒷받침하는 명시적 추론을 생성할 수 있다. 우리가 보게 되겠지만 이 명시적 성질은 논리적 추론의 기초이다.

논리적 추론의 출현

주제 분할의 능력으로 인간은 새로운 추론 형식을 만들 수 있다. 이같은 추론은 지형 지도의 위상학적 구조에 근거한다(365쪽 참고). 내부성, 외부성 및 중첩의 위상적 속성은 상호배타적이므로, 이러한 배제에 대한 구두 설명은 논리적으로 필연적인 것처럼 보이는 추론을 생성할 가능성이 높다. 이 점을 입이 없는 양의 예로 돌아가서(356쪽 참고) 설명하고자 한다. 이 예는 양의 문제에 대해 앞서 대립시켰던 경험론자와 합리주의자를 화해시킬 기회가 될 수 있다. 입 없는 양을 보았다고 주장하는 사람은 듣는 사람들을 놀라게 만든다. 처음에는 경험주의자들이 놀라게 되는데, 그 이유는 그러한 양의 이미지가 이 동물의 원형에서 크게 벗어나기 때문이다. 원형은 당연히 양의 이미지이지만, 입이 문제였기 때문에 이 이미지 또는 그 뒤에 연속되는 이미지는 예를 들어 풀을 뜯어먹는 양의 이미지일 것이다. 턱이 없는 양의 비정상적인 측면이 훨씬 더 분명히 드러날 수밖에 없으며, 이는 처음 화자가 말한 내용에서 도드라진 부분을 더욱 눈에 띄게 만들 것이다. 이 예에서 주제 분할은 완전히 다른 역할을 맡는다.

청자는 다양한 방식으로 선행한 두 장면을 주제화할 수 있다. 입이 없는 양에 대해 청자에게 말하면, 양이 좌표이고 좌표에서 나온 입을 주제로 삼아 분석이 이루어진다. 이때 장면 표상은 비전형적 이미지, 즉 입이 없는 양의 이미지를 제공하고, 분석 주체는 관찰된 양을 양일 때의 속성을 나타내는 추상적 공간 바깥에 둠으로써 주제적으로 분석할 수 있다. 이 단계에서 주체는 자신의 놀라움을 말로 표현할 수 있다. 그는 전형적인 이미지를 정의로 바꿔서 즉, 정상적인 양은 입이 있다고 말한다. 또한 주체가 전형적인 목초지 장면을 주제화한다면 잔디는 주제가 될 것이고 입은 동물의 외부와 내부 간의 경계로서 좌표가 될 것이다. 입을 없앤다면 주제가 좌표 외부에 남겨져 있고 더이상 영양 섭취는 일어나지 않는다. 주체는 자신의 새로운 추론을 말로 표현하고 그러한 입이 없는 동물은 먹을 수 없다는 것을 보여주는 논증을 제시할 수 있다. 언급된 동물이 비전형적이거나 입이 없는 것이 전형적인 방목 과정을 방해한다는 것을 발견 가능하게 하는 것은 장면 표상이다. 그러나 언어화할 수 있는 추론 구성을 가능하게 하는 것은 이러한 장면에 대한 주제 분석이다. 따라서 주제화는 논증을 가능하게 하는 것이다.

주제 분석의 국소적 지도에 표상된 위상학적 관계는 신념의 힘을 갖는 추론을 만들어낸다. 예를 들어 우리는 주제가 좌표의 틀 내부에 있어야 할 때 그 외부에는 있을 수 없다는 사실, 주제가 행위(탈미의 용어로 힘)하에 놓이지 않고는 움직일 수 없다는 사실, 또는 반대로 행위가 가해질 때 주제가 움직여야 한다는 사실을 받아들일 수밖에 없다. 이처럼 지극히 단순한 추론은 강한 전달력을 가지고 있다. (세 물체의 예에서 구의 위치를 생각하는 것과 같은) 장면 표상이 만들어내는 정교한 추론과는 달리, 주제는 내부에 있으므로 외부에 있는 것이 아니다와 같은 주제 표상의 추론은 설명하기에 매우 쉽고 강력한 설득력을 갖는다. 주제 추론의 전달력은 정신 지도에서 만들어진 구분이 매우 간단하다는 사실에 기인한다. 이 구분은 본질적으로 이분법적, 즉 전부 아니면 전무 유형이다. 많은 점진적이고 연속적인 측면을 포함하는 장면 표상에서 전부 아니면 전무 유형의 분할로 넘어가는 것을 가능하게 하는 인지 작업은 예를 들어 베르나르 빅토리Bernard Victorri가 사용한 것과 같은 위상학적 '재앙'을 낳는 역학적 기제를 사용하여 모형화할 수 있다 (Victorri & Fuchs 1996).

주제 표상은 장면들의 극단적인 단순화를 수행한다. 신념의 힘은 이에 근거한다. 우리 각자에게 있는 합리주의자는 이와 같이 자기의 경험과 장면 표상을 분석해서 주제 분할의 간단한 관계들을 추출할 수 있는 경험주의자인 것이다. 원형만을 가지고 있다가 이제는 정의와 연역적 추론 능력을 지니게 되었다. 우리는 포더와 경험론자들이 매우 다른 동기에 의해 한편으로는 옳게 비판한 주장과는 거리가 멀다. 이 주장은 개념이 정의의 형태로 우리 마음에 저장된다고 한다(353쪽 참고). 앞선 전개는 전적으로 경험론적인 주장과 정의의 존재에 기초한 주장 사이에서 대안을 제안한다. 정의와 이에 기반한 연역적 추론은 장면 표상에서 수행되는 주제 분석의 결과이다.

12.3 의미의 인간적 형태 출현

앞서 제안한 의미 능력의 서술에서 장면의 주제 분할은 순수하게 인간의 부분이다. 8장에서 발전시킨 증명에 따르면 그와 반대로 장면 표상은 이미 원시 인간의 전유물이었다. 이에 따라 주제 분할의 기능으로 명시적이고 논리적인 추론의 생산이 가능하다. 이러한 의미론의 제시는 인간의 인지 능력, 특히 추론 및 문제 해결 능력이 언어 능력보다 먼저 나타나는 것이 아니라 그 산물이라는 4장에서 발표된 주장을 강화한다. 명시적이고 논리적인 추론의 첫번째 이점은 문제를 해결하는 것이 아니라, 소통할 수 있고 설득 능력이 있다는 것이다. 원시 인간은 장면 표상 능력 덕분에 이미 추론을 할 수 있었다. 대부분의 상황에서 우리가 추론하는 데 사용하는 것은 바로 이 동일한 능력이다. 선원의 매듭을 보고 어떻게 똑같은 매듭을 만들 수 있는지 이해하려고 해보자. 당신은 이를 위해서 당신이 보는 장면을 정신적으로 조작하는 능력을 활용한다. 그러나 이 정신 작업은 전달하기 쉽지 않을 뿐만 아니라 결과물인 매듭의 적합성을 비판함으로써 그 타당성에 의문을 제기하는 사람을 납득시키기도 어렵다. 주제 분할을 사용하여 생성된 추론은 이러한 두 가지 결함을 피할 수 있게 한다. 주제 표상의 극도의 단순성은 그것을 전달하고 추론의 필요성을 부과하는 것을 가능하게 한다. 논리적 추론의 본질은 여기 있다.

이 설명은 우리로 하여금 '종 상대주의'를 채택하도록 이끈다. 주제 분할에 의해 가능해진 논리적 추론은 매우 특별한 능력이다. 우리는 인간 조건에 갇혀 있기 때문에 진화의 관점에서 이 능력이 어느 정도로 우발적인 성격을 나타내는지 측정할 수 없다. 주제 분석은 우리가 세계에 대해 인식하는 것을 단순화하는 방식이다. 확실히, 이 점은 평가하기가 까다롭기는 하지만, 이러한 단순화는 우리 인간이 할 수 있는 논리적 추론 유형을 생성하는 데 국소적인 최적이라고 가정할 수 있다. 그러나 진화론이 직면할 수 있었던 대안을 평가할 가능성은 우리에게 없다. 우리는 우리에게 부여된 하나의 논리적 추론 형태만을 관찰할 수 있을 뿐이다.[32]

우리가 왜 다른 형태의 논리가 아니라 이 유형의 논리를 가지고 있는지 말할 수 없다면 우리는 이 능력이 수행하는 기능을 분석하려고 시도할 수 있다. 문제는 다음과 같다. 논리적 추론 전달 능력을 설명하는 생물학적 시나리오는 주제 분할의 존재를 정당화할 것이다. 간접적으로, 주제 분할을 잘 수행하는 통사의 출현은 그 자체로 정당화될 것이다. 이 장에서 고려한 예는 논리적 추론이 설득력을 위한 도구임을 시사한다. 우리는 우리 조상의 진화에서 주어진 순간에 설득의 필요성이 왜 관심을 받았는지 이해할 필요가 있다. 언어와 그 생물학적 기능

---

32 여기서 '논리적'이라는 단어는 논증을 지지하는 추론 방식으로 사용된다. 철학자들, 그리고 수학자들은 소위 '전통적인' 논리 형식주의를 발전시켰다. 20세기 동안 논리학자들은 다가多價 논리학, 가능 논리학, 퍼지 논리학, 양태 논리학, 장소학 또는 시간 논리학 등 전통 논리학의 수많은 변이형을 고안했다. 이러한 발전은 논증을 모형화하려는 바람보다 추론 능력을 증가시키려는 관심(이러한 각각의 형식화는 고전적 논리학이 할 수 없는 유형의 추론을 가능하게 한다)에 의해 동기가 부여된다. 15장에서 그러한 모델의 예를 볼 것이다. 비고전적 논리는 현재로서는 인간의 논증 체계에 대한 그럴듯한 대안을 제공하지 못한다.

에 대한 지식의 핵심인 이 질문은 우리가 언어 사용 조건하에서 언어를 연구할 때에만 답을 얻을 수 있다. 이것이 이 책의 3부에서 하고자 하는 일이다.

3부
언어의 동물 행동학

한 동물 종의 특징적인 행동들을 연구하려 할 때, 그들의 잘 적응된 기능들을 분석하려 할 때, 그들의 진화론적 근원을 이해하려 할 때 우리는 해당 동물이 실험실에서 만들어내는 판에 박힌 통제된 반응만으로 만족해서는 안 된다. 레미 쇼뱅Rémy Chauvin은 콘라트 로렌츠의 1988년 저서에 쓴 서문에서 누에나방 유충에 대한 일화를 소개한다. 엄격하게 통제되고 지속적으로 반복된 실험에서 누에나방 유충 하나를 유리관 속에 넣고 닫는다. 유리관의 한 쪽 끝은 햇빛을 향하고 있다. 유충은 그 쪽 끝을 향해 기어간다. 끝에 도달하면 멈추고, 결국 열 때문에 죽는다. 바로 이것이 적응되지 않은 자동적인 행동의 보기이다. 이 유충의 기계적인 특성을 자세하게 파악하기 위하여 유충의 성장 단계와 빛이나 열의 세기에 따른 유충의 속도를 나타내는 도표와 그래프를 작성한다. 여기에서 쇼뱅은 다음과 같이 말한다. 이처럼 유충이 기어가는 것을 방정식으로 나타내는 데 전념하고 있는 학계를 향하여 누에나방 유충은 유리관 안에 살지 않는다고 공언하는 사람의 대담함을 상상해보라고. 실제로 자연에서는 이 유충들이 있는 나뭇잎에 해가 비치면 이들은 놀랍게도 방향을 바꿔서 그늘 속으로 들어간다. 유리관 속에서 보이는 비정상적인 행동은 그저 이들이 뒷걸음질치거나 돌아갈 수 없다는 사실 때문에 나온 것이다.

20세기는 동물들의 행동을 연구하는 데 있어서 근본적으로 대립되는 두 가지 방법을 경험했다. 1915년에 미국에서 생겨난 행동주의는 오로지 조건반사의 정당성을 확보하기 위한 실험에 근거를 두고 있다. 하나는 파블로프의 실험이며, 또하나는 조련에서 사용하는 보상과 처벌을 통한 조건화이다. 실험 심리학의 이와 같은 협소한 개념에서는 동물들이 사람들로부터 기대되는 것에 의거하여 행동하는 것 이외에는 다른 선택은 많이 가지고 있지 않다. 이와는 반대로 동물 행동학은 자발적 행동에 대한 연구로 특징지어진다. 동물 행동학의 아버지인 콘라트 로렌츠에 따르면 이론을 세우기 이전에 동물들을 관찰해야 한다. 예컨대, 오리의 짝짓기를 위한 과시 행동을 해독하거나, 갈까마귀의 학습 능력을 측정하거나, 인간을 자신의 엄마와 혼동하는 새끼 거위의 각인 현상을 이해하려고 할 때 로렌츠는 모든 것을 한 번에 통제하려고 시도하지 않고 관찰로 시작하며 눈에 보이는 것을 이해하려는 것부터 시작한다. 동물들의 행동에 대한 과학으로서 동물 행동학은 동물들의 자발적인 표현 속에서 그들의 행동을 관찰하는 연구 방법으로 유사 학문들과 구별된다. 로렌츠와 그의 동료들에 의해 권장된 접근법은 20세기 전반부에 동물들의 행동에 대하여 우리가 가질 수 있었던 개념을 엄청나게 변화시켰다. 이는 다음 두 가지 태도를 통해 이루어졌다. 첫째, 동물들의 행동을 다시금 다윈주의의 관점에서 바라보았다. 또, 행동을 구성하는 몇몇 요소들이나 방출 자극들은 타고난 것이라는 생각에 다시 정당성을 부여했다. 사회적 곤충(예를 들면 폰 프리쉬의 벌, 1장을 볼 것)에 서부터 제인 구달Jane Goodall이 자연 서식지에서 연구한 침팬지에 이르기까지 다양한 종들에 대한 연구에서 괄목할 만한 결과가 얻어졌다. 인간 종도 예외가 아니다. 이레노이스 아이블-아이베스펠트가 우리 종의 보편적 행동에 대하여 연구한 것(Eibl-Eibesfeldt 1967, 1975)을 보기로 들 수 있다.

이번 3부는 동물 행동학의 접근 방식이 표방하는 정신을 기반으로 삼는다. 동물 행동학자가 새로운 종에 대한 행동 연구를 시작하려고 할 때면 처음으로 가장 특징적인 행동부터 접근한다. 밤꾀꼬리의 우는 행동에는 전혀 관심을 두지 않은 채로 이 새를 연구하는 것은 이상한 일이 될 것이다. 마찬가지로 인간의 가장 특징적인 행동을 제쳐두고 인간 종의 행동적 생물학을 연구하는 것은 기이한 일이 될 것이다. 그 가장 특징적인 행동은 바로 언어이다. 동물 행동학의 정신 안에 머무르기 위해 언어가 여기에서는 가장 명확하고 자발적인 쓰임으로, 즉 대화로 고려될 것이다.

13장
대화 행동

인간들은 무엇보다도 대화를 하기 위해 언어를 사용한다. 대화는 깨어있는 인간의 주요 활동 가운데 하나를 형성하는 특징적 활동인 것이다. 다른 어떤 종도 전달 내용을 끊임없이 새로운 것으로 바꾸며 서로 교환하는 데 그만큼의 시간을 들이지 않는다. 이 책은 지금까지 이러한 전언을 발신하는 우리 능력의 구조와 그 기능에 관하여 기술하였다. 반면에 이러한 의사소통 행위의 생물학적 역할에 관해서는 전혀 또는 거의 아무것도 서술되지 않았다. 퍼즐의 조각들이 다음과 같이 맞춰지고 있다. 어느 정도 규모의 어휘가 구성될 수 있도록 음운 관련 능력이 국소적으로 최적화되는 방식이 무엇인지 우리는 이해하고 있다 (7장 참고). 또한 통사론이 서술 관계를 나타내는 데 쓰인다는 것을 알고 있다(10장 참고). 우리는 의미와 관련된 다음의 두 가지 능력을 구분하였다. 하나는 장면을 만들어내는 능력이고, 다른 하나는 이 장면의 주제 성분들을 분할해내는 능력이다(12장 참고). 그런데 이러한 모든 능력의 출현은 전적으로 인간들이 말한다는 사실, 더 정확히 하자면 인간들이 대화한다는 사실에서 생겨난 장점을 통해 이루어진 것이다.

13.1 언뜻 보기에는 하찮은 행동

대화라는 언뜻 보기에는 하찮은 행동을 통해 인간 언어 전체를 설명하려는 것이 놀라울 수도 있다. 아주 작은 문장에도 내포되어 있는 음운, 통사, 의미적 장치가 대화보다 더 고상한 기능을 위해 쓰이기를 기대할지도 모른다. 어떤 이들은 인간 언어 안에서 인류의 고도로 발달한 인지 능력의 진화적 부산물을 볼 수 있었다. 우리는 4장에서 이러한 견해에 반대하는 논거들을 검토하였다. 즉, 인간 언어를 기본적으로 지능의 발현으로 제시하며, 그에 덧붙여 의사소통의 도구로 제시하는 견해에 대한 반박을 살펴보았다. 인간 언어, 그리고 그것에 수반되는 인지 수단이 진화를 통해 우리에게 주어졌다면 이는 우리가 태어나는 것을 지켜본 이 세계에 관하여 사고하기 위한 것이 아니며, 합심하여 다리와 로켓을 만들거나 수학을 고안해내기 위한 것도 아니다. 그것은 …… 수다를 떨기 위한 것이다.

이러한 생각을 인정하기 어려울 수 있다. 그렇지만 그것은 사실이다. 인간 언어를 기초로 삼은 어떤 다른 행동도 기본 기능으로서 갖춰야 할 다음과 같은 조건을 충족하지 못한다. 보편성, 자발적 사용, 체계적이고 빈번한 쓰임, 언어와 관련된 모든 종류의 가능성의 실행이 그러한 조건이다. 물론 언어는 명령을 내리기 위해, 노래를 하거나 시를 읊기 위해, 말장난의 기초가 되기 위해, 집단 행위를 조율하기 위해 사용될 수 있다. 또한 사고의 근간 역할을 할 수 있다. 우리는 거짓말을 할 수도 있고, 언어로 다른 사람을 조종할 수도 있다. 다른 사람에게 도움을 청할 수도 있다. 이외에도 많은 것이 있다. 이러한 언어의 쓰임들 가운데 예컨대 시와 같은 것들은 사람들이 보편적으로 채택하지는 않는다. 노래는 대부분의 사람들에게 있어서 부차적인 활동에 해당한다. 마지막으로 사고와 같은 또다른 쓰임은 음운, 통사, 의미, 논증, 운율, 몸짓이라는 언어의 여러 측면들을 모두 다 사용하지는 않는다. 반면에 대화는 언어와 관련된 완전한 능력을 필요로 한다. 게다가 보편적이고 자발적인 활동에 해당한다. 민족학자들은 여러 문화의 풍속에서 보이는 놀랄만한 차이점들을 기술하였다. 그런데 자발적 대화 행동에서 나타나는 본질적인 차이는 아무도 기술하지 않았다. 모든 민족에게 있어서, 모든 시대에, 그리고 산업 사회이든 수렵채집 사회이든 사람들은 하루의 많은 부분을 대화에 할애한다. 이러한 대화는 말싸움, 이야기, 논증과 같은 여러 형태를 가질 수 있으나 이 형태들은 모두 보편적이다. 마지막으로 대화는 필연적이라는 특성을 보인다. 사람들이 모이게 되면 머지않아 대화를 할 필요성을 느낀다. 이 현상은 이른바 '칵테일파티 효과'에서 극명하게 드러난다. 즉 옆에서 나는 대화 소리를 덮기 위하여 각자 모두 목소리를 높일 수밖에 없을 때 잘 드러난다. 이 경우에는 대화를 할 필요성이 무시 못할 만한 신체적 노력의 대가로 충족된다. 그로부터 생겨나는 와글거리는 소리는 그 사실을 인지하게 되면 인간 종의 특수성을 놀랄 만큼 잘 보여준다. 인간 조건에 관하여 충분히 거리를 두고 관찰하는 동물 행동학자는 이처럼 특색 있는 행동을 간과할수 없다. 이 행동의 표출은 동물들의 의사소통과 비교한다면 그만큼차이가 큰 것이다(1장 참고).

동물 행동학자가 동물의 행동을 연구할 때는 동물의 자발적 표현을 관찰하고 그 개체들의 행동이 어떤 측면에서 그들의 생존과 번식을 돕는지 알고자 한다. 그러므로 인간 언어를 동물 행동학의 관점에서 접근하는 것은 자발적 대화를 관찰하는 것으로부터 시작된다. 그렇지만 그와 같은 접근 방식이 너무 제한적이지 않도록 주의하는 것이 좋다. 대화에 관한 연구가 꼭 필요하다고 해서 고려할 사건들을 오로지 교류하는 동안에 전개되는 사건들로 제한하는 틀을 구성해서는 안 될 것이다. 정보 교환 또는 말을 통한 행위의 참여자들에게 있어서 대화의 중요성을 측정하는 것에 한정된 이론들은 스스로에게 너무 엄격한 제한을 부여한다. 언어가 이러한 점에 있어서 유용한 기능을 갖는다고 가정한다면 우리는 의미 없는 말은 하지 않을 것이 분명하다. 우리의 대화 가운데 어떤 대화들이 보이는 쓸데없는 특성은 이러한 제한적 틀에서는 설명되지 않는다. 앞으로 보겠지만 인간 언어의 기능은 즉각적으로 효용을 얻는 것으로 설명되지 않는다. 일상의 말을 통한 상호작용 뒤에는 분명 생물학적 쟁점이 존재한다. 이 상호작용의 하찮고 피상적인 측면 때문에 그러한 생물학적 쟁점이 상정되지 않을 경우에도 그렇다. 그런데 이 쟁점을 발견하기 위해서는 우리가 관찰할 수 있는 그대로의 대화 교류 이외에 그 외부에 있는 요소들을 고려해야 한다.

또한 다음과 같은 사실을 잊을 위험도 있다. 즉 말을 통한 자발적 교류는 매우 풍부한 현상이어서 무엇을 연구하느냐에 따라 매우 많은 방법을 통해 분석될 수 있다. 여기에서 우리는 인간 언어의 다른 차원들을 다루려는 것이 아님은 물론이고 대화 상호작용에 관하여 제한적이고 축소된 기술을 하려는 것도 아니다. 그러한 것보다는 인간 언어의 생물학적 기능을 결정할 수 있도록 구조적 구성 성분을 결정하는 것이 관건이다. 인간 언어의 다른 구성 요소들에 대해서나 마찬가지로 그 생물학적 기능에 접근할 수 있는 수단은 바로 대화의 구조를 이해하는 것이다. 이 구조는 대화에서 다루고 있는 주제의 중요성이나 하찮음에 달려 있지 않다.

예를 하나 들어보자. 아래 대화 발췌는 두 사람 A와 B 사이에서 이루어진다. A는 B의 크리스마스트리에 잎이 아직도 달려 있다는 것에 놀란다. 대화의 끝에서 A는 그것이 가짜 나무일 수밖에 없겠다고 장난삼아 말한다.

> 상황 : 크리스마스가 지난 지 3주가 되었는데 크리스마스트리가 아직도 생생하다.
>
> A1 – 어 근데 아직도 생생하네. 이거 대단한걸!
>
> B1 – 그러네. 아직 마르지 않았어!
>
> A2 – 뿌리가 없는데도?
>
> B2 – 뿌리가 없는데. 잎도 떨어지지……. 아래쪽 가지는 이미 다 잘랐는데.
>
> A3 – 신기하네. 잎도 떨어지지…….
>
> B3 – 그러게. 알 수 없네.
>
> A4 – 이거 가짜 나무야! 〔웃음〕

이 대화는 '진짜' 인간 언어라고 불릴 만한 대표적인 것이다. 즉 언어학에서 사용되는 보기로서 어느 정도 이상화된 언어 또는 문어로서 공들인 언어와 반대되는 일상에서 자발적으로 사용되는 있는 그대로의 언어이다. 사실 구어의 모든 느낌이 표현되지는 않았다. 특히 억양이 표시되지 않았고 약간 주저하는 것이 정확히 나타나지 않았다. 그렇기는 하지만 이번 13장의 대화 발췌들은 끝맺지 않은 문장, 의문문, 감탄문, 특히 번갈아가면서 말하는 것을 관찰하기에 충분히 현실적이다. 이렇게 번갈아가면서 말하는 것은 대화 행동의 기본을 이루며, 그 생물학적 기능이 밝혀져야 한다.

　대화를 주제로 하는 많은 연구들은 철저히 언어학적 차원에 위치하고 있나. 예를 들년, 엉어에서 well이나 actually 노는 프랑스어에서 bon이나 mais와 같은 몇몇 표지의 사용 조건에 관한 연구, 구어 특유의 통사 변형에 관한 연구, 주저하는 말투에 관한 연구 등이 있다. 우리는 이 문제들은 다루지 않을 것이다. 대화를 설명하기 위해 구상된 몇몇 모형은 사회적 상호작용의 차원에 위치한다. 이 경우에 대화는 여러 상호작용 가운데 하나의 형태일 뿐이다. 즉, 우리가 다른 사람들과 또는 환경에 대하여 할 수 있는 행위와 동일한 것이다. 대화 행동의 생물학적 영향에 관해 연구를 할 때 이 모형이 매력적이다. 예를 들어 '화행 이론'이라고 불리는 이론은 언어를 인간들이 사회에서 서로에게 영향을 미치는 수단이라고 볼 것을 제안한다. 언어가 다른 사람의 행동을 바꾸게 하는 수단이라면 다른 생물학적 정당성을 찾으려 할 필요가 전혀 없다. 그런데 언어의 이러한 기능을 받아들이는 데는 주의가 필요하다. 그 가장 큰 이유는 이 기능이 대화 행동을 설명해주지 못한다는 것이다. 우리가 몰두하는 자발적이고 편안한 활동인 대화는 역설적으로 강제적 규칙의 지배를 받는 놀이이다. 이들 규칙 가운데 몇몇을 연구하면 언어의 생물학적 쟁점을 일부 파헤칠 수 있을 것이다.

13.2 말하기를 설명하기 위한 몇몇 시도

우리는 무슨 이유로 말을 하는가? 주어진 어떤 순간에 어떤 특정 내용을 발화하는 이유는 무엇인가? 동물 종의 의사소통을 연구하는 경우라면 당연한 이 질문들이 인간 언어에 관련해서는 오랫동안 무시되어 왔다. 인간 언어의 음운적 측면, 통사적 측면, 의미적 측면을 이해하는 데 연구자들이 큰 노력을 기울여왔다. 반면에 실제 상황에서 인간 언어가 사용되는 것에 관한 규칙을 밝히려는 시도는 상대적으로 거의 없었다. 대화 중의 어떤 시점에서도 모든 것을 말하는 것은 가능하지 않다. 그런데 대화에서 허용될 수 있는 말하기의 범위를 한정해주는 모형은 거의 존재하지 않는다. 여기에는 두 가지 이유가 있다고 할 수 있다. 연구자들이 그러한 법칙은 존재하지 않는다고 생각했거나 의사소통에 대한 우리의 자유가 극도로 복잡한 법칙에 의해 제약을 받는다고 생각했기 때문이다. 우리는 말하기의 내용에 관해 설명한다고 주장하는 이론들 가운데 몇몇을 살펴보려 한다.

말과 행위

1960년대에 철학자 존 오스틴John Austin은 다음 두 가지 사실에 주목하였다. 즉 인간 언어는 우리를 둘러싸고 있는 세계에 대해 다른 개인들의 관행에 따라 우리가 영향을 미칠 수 있도록 한다는 것, 그리고 거꾸로 그러한 행위는 인간 언어를 매개로 삼는 경우에만 실현될 수 있다는 것이다. 전형적인 보기가 약속이다. 약속은 단지 하나의 문장을 말하는 것이 아니다. 약속은 일반적으로 약속을 받는 사람에게 있어서 뿐만 아니라 약속을 하는 사람에게 있어서도 구체적인 결과를 갖는 하나의 진정한 행위이다. 여기에서 언어를 사용하지 않고서는 이러한 유형의 행위를 어떻게 실현할 수 있을지 상상하기 어렵다(Austin 1965). 대부분의 명령이나 공식 선언도 마찬가지이다. 판사가 개정을 선포하는 행위를 예로 들 수 있다. 물론 이러한 것은 언어에 있어서 일상적 쓰임을 대표한다고 보기 힘든 매우 특정한 사용이라고 생각할 수 있다. 오스틴은 '우리는 행동하기 위해 말한다'는 원칙을 언어의 모든 사용으로 확장하려 하며, 나중에 존 서얼이 이를 잇는다. 언어는 다른 형태의 행동들과 마찬가지로 사회적 행위를 실현하는 방식이라고 볼 수 있겠다. 이러한 일반화를 실행하기 위하여 오스틴과 서얼은 행위의 개념을 확장하게 되었다. 이들은 언표 내적 행위의 개념을 도입함으로써 많은 수의 말하기를 하나의 구도 안에 병합하려 한다. 이 구도는 규정된 사회 행위의 수행에 해당한다. 예를 들면 진술하기, 기술하기, 주장하기, 경고하기, 지적하기, 논평하기, 명령하기, 요구하기, 비판하기, 변명하기, 모욕하기, 승인하기, 환영하기, 약속하기, 비난하기, 강요하기, 입증하기가 화행에 해당한다(Searle 1969, p. 60). 이러한 화행은 '성공'할 수도 있고 그렇지 않을 수도 있다. 성공은 몇몇 조건을 요구한다. 당신이 변호사이거나 증인이면서 개정을 선언하는 경우에 당신의 화행은 실패한다. 복권에 당첨된다고 약속하는 것도 성공적인 화행이 되지 않는다. 화자가 적어도 원칙적으로 가져야 할 성공의 조건 가운데 하나는 공표된 행위를 실현시킬 수 있는 능력이다. 약속에서 공표된 행위가 미래에 실제로 이행되느냐 아니냐는 상관없다. 즉 약속의 성공 여부는 현재 결정된다. 당신이 담배를 끊는다고 약속하면 당신이 진정으로 그 행위를 하게 될지 사람들이 미심쩍어하더라도 당신은 약속이라는 당신의 행위를 성공시킬 수 있는 것이다.

화행이론은 언어 사용의 문제를 행위에 대한 이론으로 이끌 수 있다는 희망을 낳게 하였다. 그렇다면 동물 행동학의 관점에서 볼 때 인간 언어가 하나도 특별하지 않은 것으로 여겨질 수도 있다. 모든 동물은 자신들의 무리에게 영향을 미치는 행동을 하며, 대체로 그 방식은 복잡하다. 인간 언어도 그러한 행동을 실현하는 하나의 방식에 불과할 수 있지만 단지 덜 물리적이라는 것이다. 오스틴 이론의 논리를 따르자면 언어 관련 행동은 다른 행동들과 다르지 않다. 개체들에게 있어서 언어의 이점은 즉각적인 영향을 통해 측정되어야 한다는 점에서 그러하다. 게다가 그 영향이 언어와는 상관없는 기준으로 판단된다. 예를 들어 약속이 실행되는 순간에 그 약속의 성공은 약속을 한 사람의 진실성과 그 행위를 실현할 수 있는 능력에 달려 있다. 이러한 진실성과 능력은 일반적으로 언어의 기능과 전혀 관계가 없다. 오스틴과 서얼의 체계는 이처럼 말을 통한 상호작용의 세부 사항을 사회적 상호작용 체계 안에 정착시킨다. 그런데 이것이 문제를 일으키지 않는 것은 아니다.

화행이론은 그 장점이 무엇이든 격렬하게 비판받을 만하다. 언어 관련 현상 전체를 설명한다고 주장하는 패권주의적 해석에서는 적어도 그러하다. 첫번째 비판은 화행을 분류하는 데 제안된 분류법에 관련된다. 이 이론에서 약속이나 명령은 발화된 상황을 분석하는 데 유용한 것이 사실이다. 그런데 사람들은 어떤 행위를 실현하겠다고 서로 약속하거나 명령을 서로 주고받으면서 시간을 보내지 않는다. 일상 대화의 본질은, 다시 말해 실제 사용되는 언어의 본질은 행위를 통해 분석되기가 어렵다. 상정할 수 있는 행위들의 목록이 너무 커서 어떤 하나의 인색한 이론을 구성할 수 없기 때문이거나, 또는 '정보'나 '주장'처럼 제대로 정의되지 않은 범주를 포함해야 하기 때문이다. 그런데 이러한 범주가 불행하게도 대화를 통한 말하기의 많은 부분을 차지하고 있다. 이 두 가지 경우에 있어서 화행이론의 예측 능력은 대화와 관련되어서는 매우 낮은 차원에 머무른다. 예를 들어 질문은 대답을 요청하는 것으로 상정되어 있다. 화행이론은 응답의 내용이나 심지어 질문과 대답이 번갈아 나타나야 하는 필요성을 예측할 수 없다. 두번째 비판은 화행이론의 대상 자체에 관계된다. 화행이론이 댄 스퍼버Dan Sperber와 데어드레이 윌슨Deirdre Wilson의 입장에서는 언어에 관련된 이론이 아니라 인간들의 제도에 대한 이론이다. 화행이론을 예컨대 브리지게임에 적용하면 '노 트럼프' 선언이 적절한 행위가 되는 조건을 정의하는 것이라고 볼 수 있다. 그런데 이것은 언어 이론을 만드는 것이 아니라 브리지게임의 이론을 만드는 것이다(Sperber & Wilson 1986, p. 245).

의사소통의 사용 규칙을 결정하고, 또한 간접적으로 의사소통의 존재 이유를 규정하기 위하여 의사소통을 인간의 다른 활동과 비교해보고 싶다는 생각이 든다. 그런데 인간 언어는 그러한 취급을 거부한다. 앞에서 본 크리스마스트리에 대한 발췌문을 단순히 질문과 단언의 연속만으로 단순하게 기술할 수는 없다. 각 응답에 있어서 해당 대화 상대자가 상대방에게 영향을 미치려 하는 행위의 유형을 파악하고자 더욱 정교하게 기술하는 것도 헛된 일이 될 것이다. 예를 들어 A2 – "뿌리가 없는데도?"를 살펴보자. 이 말은 어떻게 설명될까? 직관적으로 보면 이 말은 A가 자신의 놀라움을 보여주는 것에 해당한다. 그 크리스마스트리에 뿌리가 없다면 아직도 잎이 달려 있다는 사실에 놀라는 것이 당연하다. 여기에 어떤 행위가 관계하는 것인가? 질문에 해당하는 것이라고 말하는 것에 그친다면 너무 단순화하는 것일 수 있다. 정당화 행위 또는 논증 행위에 해당한다고 말하는 것은 너무 모호할 수 있다.

그런 식으로 보면 A1은 놀라움의 행위이며 B3는 이해하지 못한 것을 보여주는 행위이다. 모든 것이 행위라면 그리고 말하는 것 하나하나가 다른 행위라면 화행이론은 예측 능력이 없는 단순한 환언 작업이 된다.

인간 언어를 단지 사회적 상호작용 가운데 특정한 하나의 경우라고 설명하려는 시도는 일단 실패했다. 대화를 통한 상호작용의 실재는 고정된 목록에서 끌어온 사회적 행위의 나열로 단순화될 수 없기 때문이다. 언어를 통한 상호작용에서는 새로운 유형의 무엇이 작용한다. 교환되는 말들은 행위 이상의 것이다. 그것들은 고유한 조직을 갖는 체계, 즉 대화의 구성 요소이다. 우리 인간 종과 함께 등장한 인간 언어는 어떤 특이한 현상에서 그 존재의 정당성을 이끌어낸다고 기대해야 한다. 우리는 대부분 서로에게 직접 영향을 미치려는 목적으로 말을 하지는 않는다. 작전을 수행하고 있는 군대에서 옳은 말하기 방식이 일상의 언어를 통한 상호작용에서는 그렇지 않다. 말을 하는 생물학적 동기가 다른 것이다. 이번 13장과 이어지는 몇 개 장에서 그에 대한 이해를 점차 높이려는 것이 우리의 목표이다.

대화는 협동의 의지에서 나올 수 있다

화행이론의 예시는 고무적이다. 그런데 이 이론은 말을 하는 행위의 핵심 동기를 언어의 영역 밖으로 돌려보낸다. 그럼으로써 대화라는 행동의 특성을 만드는 것이 무엇인지 예측할 수 있는 가능성을 사회적 활동의 영역에서 스스로 차단한다. 특히 일상의 삶에서 사회적 행위의 연쇄는 대화에서 말하기의 연쇄와 유사하지 않다.

허버트 폴 그라이스Herbert Paul Grice가 주창하여 그의 1975년 논문으로 잘 알려진 접근법은 이러한 측면에서 독창적인 것으로 보인다. 그

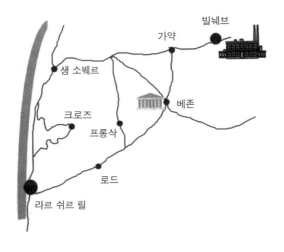

라이스는 의사소통에서 협동의 활동을 본다. 대화 참여자들이 서로를 이해할 수 있도록 대화 내내 일련의 주의를 기울이지 않는다면 대화는 불가능할 것이다. 지도를 보면서 예를 들어보자.

자전거 트래킹을 하고 라르 쉬르 릴로 돌아와서 친구들에게 어디에 갔었는지 설명하려고 한다. 친구들이 이 지역을 잘 알고 있으므로 나는 생 소뵈르를 들러 베존에 갔었다고만 말할 것이다. 아마도 나는 로드를 거쳤다거나 크로즈와 빌뇌브에는 모두 들르지 **않았다**는 것은 밝히지 않을 것이다. 반면에 프롱삭을 거치지 않았다는 것은 아마 말할 것이다. 왜 그럴까? 그라이스에 따르면, 나는 협동을 하려고 하며, 그래서 다음과 같은 몇몇 규칙을 스스로 부여하는 것이 그 이유이다. 나는 내가 참이라고 여기는 것들만 말한다. 나는 필요 없는 세부 사항은 말하지 않는다. 나는 주제와 연관 있는 정보만 제공하여 **관련성 있는 것**만 말하려고 애쓴다. 예를 들어 '나는 로드를 거쳤어'는 쓸모없다. 이 정보는 청자에 의해 저절로 재구성되기 때문이다. 반면에 내가 베존을 들렀다는 것을 명시하는 것은 유용하다. 내가 프롱삭을 거치지 않았다는 것을 명시하는 것도 만약 그것이 내가 흔히 가는 경로였다면 유용할 수 있다. 청자는 내가 협동한다는 것을 알기 때문에 내가 크로즈도 들르지 않았고 가약도 들르지 않았다는 것을 알 수 있다. 들렀다면 그 사실을 명시했을 것이기 때문이다.

협동에 대한 그라이스의 가정이 본질적으로는 발언의 내용을 설명할 수 있는 듯하다. 안타깝게도 이 이론은 그라이스가 명시하지 않은 몇몇 기제에 근거를 두고 있다. 사람들이 말을 하도록 이끄는 것은 무엇인지, 그리고 자신들이 전달하는 말에 어떤 내용을 부여하도록 이끄는 것이 무엇인지 파악하려면 그라이스의 기제에서 가장 중요한 것은 분명히 관련성의 준칙이다. 그런데 그라이스는 우리에게 '관련성 있는 것만 말하시오'라는 준칙을 제시할 뿐 그 이상의 것은 아무것도 제시하고 있지 않다. 앞의 보기에서 빌눼브는 관련성이 없으므로 언급하지 않도록 하는 것이 이 준칙의 유용성에 대한 직관적 개념이지만 그라이스는 그마저도 요청하지 않는다. 그라이스 이론의 또다른 문제는 상황의 영향을 설명하지 못한다는 것이다. 내가 자전거 트래킹을 떠나기 전에 여러 가능한 경로를 함께 따져봤던 라르 쉬르 릴의 친구들에게는 나의 경로를 설명할 수 있다. 반면에 라르 쉬르 릴의 행인에게 말을 걸어 이와 동일한 정보를 줄 수는 없다. 그 행인은 내가 뭘 하려는 건지 의아해하며 두 눈을 크게 뜰 것이다. 왜 그럴까? 어떤 상황에서는 말하기 괜찮지만 다른 상황에서는 그렇지 않은 것들이 있다. '관련성 있는 것만 말하시오'라는 그라이스의 준칙은 이러한 현상을 밝혀줄 만한 대단한 것을 우리에게 제시하지 않는다.

협동의 원리는 그라이스에게도 가치가 있지만 사회적 협약이라는 개념으로 환원된다. 정도가 조금 덜하기는 하지만 화행이론에서와 마찬가지로 그라이스의 이론에서도 언어를 통한 소통의 구조는 사회적 본질을 가진 규칙의 결과로 인식된다. 사람들이 협동하도록 이끄는 '바른 행동'의 규칙이 이에 해당한다. 그런데 그라이스가 말하는 협동은 심지어 논쟁의 경우에도 지속된다. 즉 두 사람이 말싸움에서 서로 욕을 할 때도 계속해서 이들은 그라이스가 협동의 원리에 부여한 준칙을 준수한다. 이러한 종류의 협동은 도덕적 원칙보다는 반사 행동과 더 유사하다. 음운 규칙이나 통사 규칙과 같은 인간 언어의 구조적 특성은 앞에서 보았듯이 규약의 개념과는 대부분 관계가 없다. 언어의 사용 또한 자유롭고 명시적으로 합의된 일종의 계약과는 전혀 다른 것에 의해서 부분적으로 통제된다는 사실이 놀랍지 않을 것이다. 진화가 우리에게 부여한 능력을 사용하는 것이 전적으로 규약의 자의성에 종속되어 있다고 생각하기는 어렵다. 그라이스가 말하는 협동은 화자가 자발적이고 의식적으로 선택한 행동에서 나온 것이 아니라고 볼 수 있다. 만약, 언어를 통한 소통에 있어서 대화 행동의 보편성이 상정하듯이 협동이 생물학적 특질에 기반을 둔다면, 협동에 관한 이론은 관련성의 준칙과 같은 직관적 단순 진술에 그쳐서는 안 되며 협동의 기제를 상세하게 설명해야 한다.

관련성의 개념

발언의 내용을 설명할 수 있도록 해주는 원칙에 대한 연구에 있어서 댄 스퍼버와 데어드레이 윌슨은 그라이스의 견해를 단순화하고 체계화하여 발전시킨다(Sperber & Wilson 1986). 이들의 첫번째 가설은 그라이스가 제정한 여러 준칙이 결국은 모두 관련성을 요구하는 데서 나온다는 것이다. 관련성 있는 것만 말하려는 사람은 명백하게 거짓인 내용은 나타내지 않는다. 그러한 사람은 쓸데없이 상세한 내용으로 대화 상대자를 일부러 성가시게 하지 않는다. 그러한 사람은 대화 주제와 관련이 있는 것들을 말하려고 애쓴다. 그러므로 대화 상대자에게 인도된 정보의 양과 질에 관계된 준칙들을 화자가 준수해야 한다고 명기할 필요가 없다. 이 준칙들의 준수는 화자가 관련성을 추구하기만 하면 저절로 이루어지기 때문이다. 스퍼버와 윌슨은 그라이스가 대답하지 않은 두 개의 문제를 이러한 방식으로 풀려 한다. 우리가 관련성 있는 것만 말하려는 이유는 무엇인가? 그것을 어떻게 이룰 수 있는가?

첫번째 문제에 대해서 이들은 협약이 갖는 모든 개념으로부터 등을 돌림으로써 해결책을 발견한다. 청자의 관점에서 바라보자. 청자가 화자에게서 의사소통의 의도를 감지하면 화자에게 두번째 의도가 있음을 상정한다. 관련성 있는 것만 말한다는 의도이다. 스퍼버와 윌슨이 말한 이와 같은 관련성 추정의 원칙을 설명하기 위해 조금 과장을 해보자. 기원전 490년에 피디피데스가 마라톤전투의 현장에서부터 36킬로미터를 달려 기진맥진한 채 아테네에 도착했다. 그는 전언을 전하고 나서 탈진하여 곧 죽는다. 그가 말을 하기 전에 현장에 있던 대화 상대자들은 어떤 생각을 했을까? 완전히 탈진할 때까지 달려서 소식을 전달하는 업적을 이룬 이 사람이 날씨에 대한 어떤 하찮은 예측을 전하리라고 생각하지 않았을 것은 확실하다. 그들은 극도의 관련성에 대하여 추정했을 것이다. 즉 이 사람은 최고로 중요한 내용을 전달할 것임을 추정했을 것이다. 정도가 약할 수는 있겠지만 우리는 의사소통을 하고자 하는 모든 사람에 대하여 이와 동일한 기대를 갖는다. 관련성에 대한 추정은 보편적이다. 또한 자발적 의사소통의 원칙 자체와 연결되어 있다.

스퍼버와 윌슨이 제안한 주장의 가장 참신한 기여는 관련성을 정의하려는 시도이다. 이들이 제안하는 관련성의 원칙은 말을 통한 상호작용의 내용을 기술하는 것이다. 그러므로 우리는 인간 언어에 대한 쟁점의 중심에 서 있는 것이다. 자신들이 말하도록 사람들을 유도하는 것이 무엇인지 알게 되면 인간들에게 그러한 행동을 부여한 생물학적 과정을 아마도 알게 될 것이다. 화자의 전언은 청자에게서 어떤 효과를 만들어 내기 위하여 계산된다는 것이 스퍼버와 윌슨의 입장이다. 이 효과가 클수록 관련성도 크다. 이 효과는 무엇으로 구성되는가? 이 효과는 청자가 전언으로부터 유추할 수 있는 새로운 지식의 양에 따라 측정된다. 자전거 트래킹의 보기를 다시 살펴보자. 베존을 언급하는 것은 로드를 언급하는 경우보다 트래킹 경로에 관해 더 많은 사실을 유추할 수 있도록 해준다. 이렇게 말한 다음으로 빌뇌브는 들르지 않았다고 명시하는 것은 어떠한 사실도 추가로 알려주지 않는다. 즉 이러한 두번째 전언은 관련성이 없다. 이 이론에서 관련성 있는 전언이란 청자들의 정신에서 정보를 생산해낼 수 있는 전언이다.

언어의 사용에 대한 이전의 모형인 화행이론이나 그라이스의 이론과는 반대로 스퍼버와 윌슨이 제시하는 설명은 명백하게 **인지적 특성**을 갖는다. 의사소통에서 생산된 전달 내용은 화자에 의해 수행된 계산의 결과로 제시되며 이 계산은 청자의 정신에서 최대의 인지 효과를 내는 것이 목표이다. 우리가 대화를 통한 소통의 풍부함과 다양함을 설명하기 원한다면 인지적 접근은 피할 수 없는 듯하다. 이러한 차원에서 보자면 그럼에도 불구하고 스퍼버와 윌슨의 이론이 우리가 바라는 만큼 많이 나아가지는 않는다. 지금까지 본 바와 같이 이 모형은 불완전하다. 어떤 유추는 이루어질 것이고 어떤 유추는 이루어지지 않을 것임을 직관적으로 아는 이들에게는 관련성에 대한 설명이 설득력이 있다. 이 이론을 검증하기 위해 행한 모든 실험에서 우리는 유추를 하며 그것을 통해 알게 된 사실의 양을 평가한다. 이들의 모형은 그러한 평가를 관련성으로 해석하는 역할을 할 뿐이다. 위의 보기에서는 빌뇌브를 언급한다고 하여 친구들이 추가로 추론을 하지는 않는다는 것을 우리가 직관적으로 알고 있다. 이로부터 우리는 그 언급이 관련성이 없다고 결론을 내린다. 이들의 모형은 그 실체의 본질이 공허할 수 있다는 위험이 있다. 이 모형이 "인지적 효과를 생산하는 전언이 바로 관련성이 있는 전언이다"라고 요약된다면, 그리고 인지적 효과의 개념이 여전히 직관적이라면 이 모형은 그리 의미 있는 기여를 하지는 못한다.

스퍼버와 윌슨은 추론을 생산하는 기제를 기술함으로써 이러한 어려움을 해결하려 한다. 이들은 추론을 연역이 확장된 것으로서 개념화한다. 그렇다면 인지적 효과는 전언으로부터 도출해낼 수 있는 연역의 총체로 측정된다. 그런데 인지적 효과를 이렇게 구상할 경우에 논리학에서 잘 알려진 문제에 부딪히게 된다. 논리학은 유효한 연역을 기술한다. 즉 오류의 위험 없이 시행할 수 있는 연역을 기술한다. 반면에 유용한 연역이 무엇인지 밝히지는 않는다. 문제는 이것이다. 즉 주어진 지식으로부터 이끌어낼 수 있는 연역의 수는 무한하다. 스퍼버와 윌슨은 다음 예시를 제시한다. 나는 '국무총리가 사임했다'로부터 '국무총리가 사임했거나 어제보다 더 덥다'를 연역할 수 있다. 마찬가지로 '국무총리가 사임하지 않았다면 호랑이는 멸종할 것이다'를 연역할 수 있다(Sperber & Wilson 1986, p. 97).[1] 우리가 이러한 유형의 유용하지 않은 지식을 언제든 무한하게 생산할 수 있다면 실질적으로 생산될 지식은 어떤 것인지 결정하는 기준이 무엇인가? 논리학은 이런 유형의 기준은 제공하지 않는다. 스퍼버와 윌슨에 의해 채택된 해결책은 **인지적 비용**의 개념에 도움을 청하는 것이다. 생산된 연역들은 쉽게 실현될 수 있는 연역이다. 인지적 비용이라는 이러한 개념은 호되게 비판받았다. 19세기의 학자들에 의해 사용된 정신적 기운이라는 제대로 정의되지 않은 개념과 유사하기 때문이다. 이뿐만 아니라 인지적 비용의 개념이 형식석으로 정의되어 있지 않기 때문에 우리는 인지적 효과를 불완전하게 규정할 수밖에 없다. 스퍼버와 윌슨은 관련성에 관하여 매우 보편적인 정의를 부여하려고 노력했다. 그것은 글, 몸짓, 연설, 신호, 표정, 흉내내기 등 자발적 의사소통의 모든 상황에 적용될 수 있는 정의이다. 이 경우에는 실제로 작동할 수 있는 정의에 도달하기가 아마 어려울 것이다. 그렇지만 대화에서 언어를 통한 소통의 내용을 예측하는 것이 관건일 때는 더욱 개별적임에도 불구하고 관련성에 관한 형식적 정의가 요구된다는 것을 매우 잘 알고 있다.

예를 들면 자전거 트래킹의 여정 설명이 라르 쉬르 릴의 친구들에게는 관련적인 것으로 여겨지고 그곳의 다른 주민들에게는 그렇지 않은 이유가 추론의 개념과 인지적 비용의 개념으로 설명되지 않는다. 다른 주민들도 비슷한 인지적 비용으로 내 친구들만큼 꽤 많은 수의 추론을 할 수 있을 것이다. 그들도 지역을 꽤 잘 알고 있기 때문이다. 그런데 아마도 그들에게는 내 담화가 전혀 관련적이지 않게 여겨질 것이다. 그뿐

---

1 이 두 개의 연역은 다음 사실에서 나온다. 형식적으로 'p는 (p 또는 q)를 함의한다'와 'p는 (not p는 q를 함의한다)를 함의한다'는 항진명제이다.

만 아니라 그들은 나를 정신 나간 사람으로, 심지어는 정신장애가 있는 사람으로 여길지도 모른다. 우리는 지나가는 사람에게 다가가서 방금 생 소베르와 베존을 들렀다고 설명하지는 않는다. 내 친구들이 요구하는 관련성과 행인들이 요구하는 관련성이 왜 다른가? 이것은 단지 추론만의 문제가 아니다.

스퍼버와 윌슨의 모형이 가장 명확하게 한계를 드러내는 대화 상황은 관련성이 없는 경우이다. 대화 상대자는 어떤 문장을 듣든지 항상 어떤 연역을 할 수 있다. 게다가 쉽게 할 수 있다. 어떤 사람이 대화를 하다가 '3 곱하기 39는 117이야'라고 말하면 이 발언은 대부분의 맥락에서 그 자체만으로는 관련성이 없다고 여겨질 것이다. 적어도 그 발언이 대화의 주제와 무슨 관계가 있는지 또는 무슨 이유로 그 내용을 전달하는지 설명할 것을 기대한다. 스퍼버와 윌슨의 이론은 이 사실을 설명할 수 없다. 위 사람의 발언으로부터 우리는 117이 소수가 아니라는 것, '117 나누기 3은 39이다' 등을 쉽게 연역할 수 있을 것이다. 스퍼버와 윌슨의 이론에 따르자면 이러한 추론은 해당 전언에 대해 관련성을 조금은 부여해야 할 것이다. 그런데 사실은 그렇지 않다. 실제로 우리는 이러한 종류의 추론을 하지 않는다. 그런데 스퍼버와 윌슨의 이론은 왜 그런지 설명하지 못한다. 이 경우에 인지적 비용을 논거로 내세우는 것은 매우 인위적일 것이다. 일상에서 사용하는 언어를 분석하는 데 이들의 이론을 적용하고자 한다면 청자들이 상호작용에서 실제로 나오는 추론만을 고려하도록 하는 기제가 이들의 이론에는 존재하지 않는다.

그렇기는 하지만 관련성의 개념은 진화가 인간들에게 부여한 언어 능력을 사용하는 것에 관하여 설명할 수 있는 실마리로 보인다. 탁월한 다원주의의 관점으로 보자면 생존과 번식에 있어서 언어 능력을 통해 인간 개체들이 차별화될 수 있는 것은 바로 그 능력의 사용을 통해서이다. 언어를 통해서 생겨난 이러한 차이, 다시 말하면 인간들의 삶에 미치는 영향이 무엇으로 구성되어 있는지 밝히기 위해서는 어떤 전언은 생산이 되고 어떤 것은 생산되지 않는 이유가 무엇인지 이해해야 한다. 생산된 전달 내용은 관련성이 있는 전언이다. 우리는 관련성을 정확하게 정의하는 방법을 필요로 한다. 스퍼버와 윌슨이 시도했듯이 절대적인 관점에서 정의하는 것이 아니라 대화를 통한 교환이라는 특정한 상황에서 정의하는 것을 말한다. 우리가 이제 다루려는 것이 바로 이 문제이다.

14장
정보로 사용되는 언어

앞의 13장은 설명이 필요한 현상을 남겨두었다. 대화 상대자는 대화가 진행되는 과정에서 완전한 자유를 가지지 않는다. 즉 대화 상대자는 스스로 관련성 있는 말만 해야 한다. 우리는 이것이 어떻게 이루어지고 왜 그래야 하는지 알아야 한다. 그것이 이번 14장과 뒤에 이어 나오는 여러 장의 논의 대상이다.[2] 대화 상대자들이 자신의 상대편이 받아들일 만한 전언을 어떻게 구성하게 되는지 분석함으로써 그들이 두 가지 의사소통 방식에 따라 언어를 사용한다는 것을 확인하게 될 것이다. 이두 가지 방식은 근본적으로 구별되는 것으로서 우리는 그 근원을 알아내고자 노력한다. 이번 14장은 두 가지 방식 가운데 첫째 방식을 다루겠다. 즉 정보로 인식되는 전언을 생산하는 의사소통 방식을 다룬다.

---

2 이번 장과 15장에 제시된 개념들을 명확하게 하는 데 랄레 가닥푸르의 논평이 큰 도움이 되었다.

두번째 방식인 논증적 방식은 15장의 논의 대상이다.

14.1 대화적 관련성의 제약

친구들 사이의 대화처럼 거리낌이 없는 사회적 상황에서는 우리의 행동이 심하게 제약받는다고 인식하지 못한다. 우리는 말하기 전에 생각을 많이 하지 않은 채 그저 머리에 스치는 것을 말할 수 있다고 여긴다. 업무의 차원에서 긴장된 논의를 할 때는, 예를 들어 우리의 미래가 부분적으로 관련된 계약 체결이 관건인 경우에는 말 한 마디 한 마디를 신중하게 생각하려고 애쓴다. 대화의 상황은 전혀 이렇지 않다. 대화하는 것은 대부분의 사람들에게 있어서 즐거움이다. 우리는 생각을 거의 하지 않은 채 말을 하며 그 내용은 자연스럽게 떠오르는 것들이다. 그렇더라도 우리는 철저한 제약에 얽매여 있는 듯하다. 대부분 경우에는 이것을 인식하지 못한다. 이 제약 가운데 하나는 아주 잘 알려져 있다. 바로 우리는 횡설수설할 수 없다는 것이다. 그런데 대화에 있어서 우리의 자유를 제한하는 훨씬 더 엄격한 제약이 존재한다면 그것은 관련성의 제약이다. 매 순간 어떤 것들은 말해질 수 있고 어떤 것들은 그렇지 못하다. 주어진 어떤 순간에 말해질 수 있는 관련성 있는 말의 폭이 크기는 하지만 그것은 상상할 수 있는 말이 엄청나게 많은 것에 비하면 대수롭지 않은 크기이다. 대화 상대자는 관련성 있는 말들을 거의 순간적으로 구상할 수 있고 상대방의 말들이 관련성이 있는지 즉시 평가할 수 있다. 어떻게 그렇게 할 수 있는가?

관련성은 어느 대화에서나 존재하는 피할 수 없는 요구이다. 극단적으로 말하면 더이상 관련성 있는 발화를 하지 않는 사람은 바로 정신 이상자로 여겨진다. 우리가 대화에서 말을 할 때는 다소 의식적으로 여러 가지 목적을 추구할 것이다. 사회적 관계 설정하기, 시간 보내기, 말하는 즐거움을 느끼기, 질문에 대답하기, 최상의 모습으로 보이려고 애쓰기 등을 그 목적들의 예로 들 수 있다. 하지만 관련성 있는 무엇인가를 말하고자 신경쓰는 것이 그중 특히 두드러진다. 목적이 잘 달성되면 대화 상대자의 관심이 생겨날 것이지만 최소한 대화를 할 만한 지각 있는 사람으로 인정받기를 원한다. 그래서 대부분의 상황에서 '나는 사촌이 한 명 있는데 개 친구가 자전거를 갖고 있어'와 같은 것은 비록 그것이 사실이더라도 말하지 않을 것이다. 나는 학생들에게 간단한 실험을 하도록 요청했다. 즉 친구들이나 가족들의 반응을 관찰하기 위하여 그들에게 관련성 없는 말을 해보라고 한다. 그러한 실험의 보기를 두 개 들어보자.

상황 : 가까이에 녹색 쓰레기통이 있는 곳에서 이루어진 실험
C1 − 저 쓰레기통이 녹색이야.
D1 − 무슨 소리야?

상황 : 가족들과 한 실험
E1 − 이 식탁은 나무로 만들어졌어.
F1 − 오호! 박사가 나셨네.

대화 상대자들의 반응이 모두 마찬가지라는 것에 주목할 필요가 있다. 누구든 이러한 실험을 할 수 있다. 즉 언제나 저와 같은 결과가 나

온다. D1의 발언은 의미론의 차원에서 문제삼은 말이 아니다. 그 말을 한 사람은 C가 가까이에 있는 쓰레기통에 대해서 말했다는 것과 그 쓰레기통의 색깔과 관련된 특성을 발화한 것임을 완전하게 알고 있다. D가 이해하지 못한 것은 다름 아니라 C가 그 말을 한 이유이다. 둘째 대화에서 F는 E1이 관련성이 없다고 판단을 하고 그것을 빌미로 비꼬는 말을 한다.

쉽게 재현할 수 있는 이러한 실험은 첫번째 화자, 즉 대화에 새로운 주제를 도입하는 사람은 몇몇 제약에 구속을 받는다는 것을 보여준다. 직관적으로 말하자면 첫번째 화자가 말하는 것은 관심거리를 제공해야 한다. 문제는 이러한 요구를 규정할 방법을 찾는 것이다.

14.2 정보적 방식에 존재하는 관련성

우리는 날마다 하는 대화에서 누구나 역할을 맡을 능력이 있다. 그런데 본질적인 측면에서 이 수완은 단어들을 배열하여 문법적 차원에서 받아들여질 문장을 구성하는 수완만큼이나 평소에 인식하고 있지 않다. 하지만 한발 양보해서 보자면 우리는 자신이 하는 말의 내용을 선택하는 방식을 이해할 수 있다. 예를 들면 어떤 일화들은 이야기될 수 있고 어떤 일화들은 그렇지 않다. 내가 오늘 아침에 일어난 것, 내가 점심을 먹은 것, 내가 라디오를 들은 것, 내가 화장을 한 것, 내가 옷을 입은 것, 내가 집에서 나온 것을 그냥 이야기할 수는 없다. 그러한 서사를 들은 이는 무언가가 부족하다는 것을 안다. 본질적인 이 무언가는 이러한 종류의 모든 서사에 공통으로 있는 것으로서 두드러진 사실에 대한 언급이다. 이야기가 통상적인 것에서 벗어난 관심거리라는 느낌을 상대방과 공유하기에 이른다면 이 화자는 관련성 있는 말을 한 것이다. 관련성이 이러한 경우에는 이야기가 보이는 두드러짐을 통해 평가된다. 현재 시제로도 그러한 사실이 알려질 수 있다는 것을 참고로 해두자. 290쪽에서 살펴본 열기구에 대한 발췌문의 경우가 그렇다. 그 대화에서 아이는 발화 순간에 수십 개의 열기구가 하늘에 있는 것에 대하여 주변 사람들이 관심을 가지도록 하였다.

이러한 대화 방식에서 관련성이 있으려면 이야기의 두드러진 특징이 대화 상대자에 의해서 올바르게 평가되는 것이 중요하다. 당신이 이웃의 자유형 100미터 기록이 58초 이하라고 설명하지만 당신의 대화 상대자가 수영 종목의 요즘 기록에 대해서 전혀 모르고 있는 경우에 그 사람은 당신의 발언이 관련성이 있다고 인지할 수 없을 것이다. 그 사람이 당신에게 그 기록이 좋은 기록이냐고 묻는 것이 그나마 최선의 경우이다. 이는 당신이 전달한 내용이 일상에서 벗어난 것인지 판단하기 위해 묻는 것이다. 이웃의 기록이 국내 신기록에 가깝다고 설명한다면 당신의 발언은 관련성이 있다고 평가될 가능성이 더 커진다.

앞의 2부에서 인간 언어는 정확한 방식으로 구조화되어 있다는 것을 확인했다. 예를 들어 발음은 무엇보다도 음절의 구조에 관계된 규칙을 준수한다. 그리고 문장의 통사 분석은 구와 그 형태론적 표지 사이의 관계가 밝혀졌음을 상정한다. 또한 의미는 구와 구 사이의 관계와 구가 불러오는 것 사이의 관계로부터 장면의 표상과 주제의 표상 형식을 통해 구성된다. 관련성 있는 전언이 화자에 의해 선택되는 것과 그 관련성이 대화 상대자들에 의해 이해되는 것도 마찬가지로 정확한 절차에 의존한다. 이 절차는 몇 가지 기준에 근거를 둔다. 이 기준 가운데 몇몇은 확률론으로 훌륭하게 이론 모형을 구성한다. 확률과 관련성 사이의 관계를 살펴보기 위하여 바로 앞 보기의 매개 변수들을 바꾸어 보도록 하자.

당신 이웃의 자유형 100미터 기록이 58초가 아니라 1분 18초라고 하자. 당신의 대화 상대자가 수영 종목에 대해서 조금 알고 있다면 당신이 굳이 저 사실을 왜 언급했는지 물어볼 가능성이 크다. 그 정도 기록을 낼 수 있는 여학생들은 비교적 많다. 그러므로 우리가 그 가운데 한 명을 알 수 있을 가능성은 상당히 크다. 그런데 당신 이웃이 열한 살 아이라고 자세히 밝힐 수 있다면 당신은 저 기록이 나오기 힘든 기록이라는 사실을 말하는 것이 된다. 즉 당신의 말은 다시 관련성을 가지게 된다. 관련성에 관해 점진적으로 영향을 미치는 또다른 매개 변수는 당신과 이웃 여학생 사이에 있는 구체적 또는 추상적 '거리'이다. 그 여학생이 당신의 동생인 경우가 당신과 같은 지역에 살지만 한 번도 만나지 못한 사람인 경우보다 관련성이 더 많다. 여기서도 확률론이 이 현상을 예측할 수 있다. 해당 '거리'가 증가할수록 그러한 기록에 도달할 수 있는 사람을 그 거리 안에서 발견할 확률이 증가하고 관련성은 감소한다. 이러한 거리 현상이 시간의 측면에서도 동일하게 작용한다. 당신은 대화 상대자가 괴상한 모자를 쓴 여인에게 관심을 갖도록 할 수 있다. 극명하게 대비되는 예를 들면 다음과 같다. 대화가 이루어지고 있는 순간보다 한 시간 전에 매우 괴상한 모자를 쓴 여인을 보았다고 얘기할 수 있다. 그런데 십 년 전에 괴상한 모자를 쓴 여인을 보았다고 말하기는 이보다 훨씬 더 어려울 것이다. 그 모자가 가지고 있는 이 세상에 있을 수 없을 만한 특징(예를 들어 새가 살고 있는 둥지를 얹고 있다)을 강조함으로써 관련성을 간직하지 않는 이상 더 어려울 것이다. 말해진 사건이 오래된 것일수록 그와 동일한 종류의 상황을 겪었을 확률이 높아진다. 그리고 해당 서사의 관련성은 그만큼 줄어든다. 말해진 사건의 관련성에 대한 구체적 또는 추상적 거리가 갖는 이러한 영향은 언론계에서 특히 한계 거리death-to-distance ratio라고 불리는 규칙의 형식으로 잘 알려져 있다. 사망이 발생한 사고가 1면에 언급되기 위해서는 다른 사항들이 모두 같다고 할 때 사망자의 수가 거리를 보상해야 한다. 열 명의 사망자를 낸 고속도로 교통사고가 오스트레일리아에서 발생했다면 파리의 일간 신문 1면에 나오지 않을 것이다. 이 현상은 확률론을 통해 매우 훌륭하게 예측된다.[3]

사람들은 일어나지 않을 법한 사건이 어떤 것일지 직관적으로 인지하고 있다. 이야기꾼의 기술은 이러한 인지를 능숙하게 다룬다. 즉 일어나지 않을 법한 측면을 과장하며, 신뢰도를 높여 '거리'에 대한 인식을 줄이기 위해 세부 사항들을 첨가하고, 자기 자신의 놀라움을 강조한다. 아래 대화 발췌가 이를 잘 보여준다.

상황 : 알츠하이머병의 특성에 대한 논의
G1 - 누구?
H1 - 알츠하이머병 환자들. 그냥 목적 없이 걸어.
G2 - 알츠하이머병 환자들만 그러는 게 아니지.

---

3 거리에 비례하는 사망자의 수가 거리를 보상하기에 충분하다는 것을 볼 수 있다. 드물게 발생하는 사건들은 푸와송의 법칙을 통해 모형이 만들어질 수 있으며, 그러한 사건에 있어서는 사망자의 수가 거리의 로그로 증가하는 것으로 충분하다. 여기에서 사용된 거리는 순전히 지리적인 의미로만 따져서는 안 된다. 특정 시기에서 보자면 어떤 지방이 다른 지방보다 심리적으로 더 '가깝다'(Dessalles 1992 ; Bousquet 1999).

H2 – 그렇기는 해. 그런데 이 사람들은 하루에 몇 킬로미터씩이나 걸어…… 아, 정말 놀랄 일이야. 녹초가 되지.

G3 – 아, 진짜?

H3 – 그렇다니까! 음…… 그런데 몇몇이 이런 종류의 실험을 했어. 어떤 여자 한 명이 하루에 적어도 100킬로미터는 걸었어. 정말이야. 그녀는 뻗었지.

I1 – 와…… 어쨌든 놀라운걸.

여기에서 말해진 사실이 일어나지 않을 법하다는 것은 H2의 "정말 놀랄 일이야", 실험이라고 말한 것, 100킬로미터라고 나름 의식적으로 과장한 것, 이 모든 것을 통해서 강조된다. 그런데 서사의 기술은 화자에게만 한정된 것이 아니다. 대화 상대자도 개연성에 있어 동일한 차원에서 역할을 하게 된다. 위의 대화에서 I는 화자가 나타낸 놀라움에 동참한다는 것을 명백히 밝힌다. 반면에 G는 전혀 다른 태도를 보인다. 목적 없이 배회하는 것이 알츠하이머병 환자들만이 아니라고 명백히 말함으로써 H1에서 말해진 사실을 꽤 있을 법한 것으로 여기게 하여 그 사실을 **보편화한다.** 보편화 전략은 굉장히 자주 쓰인다. 대화에서 거의 항상 사용된다. 가장 간단한 형식으로 사용되는 보편화 전략은 말해진 사실을 이미 알고 있다고 말하는 것이다. 290쪽의 열기구 대화에서 두번째 아이가 "응, 알아."라고 발화하며 채택한 전략이다. 그렇기는 하지만 보편화가 더욱 적극적인 형태를 가지는 경우가 흔하다. 보편화하는 가장 좋은 방법은 말해진 사실과 유사한 경우를 인용하는 것이다. 다음 대화 발췌는 그러한 방식에 관한 두 개의 보기를 제시한다.

상황 : 기온이 이번 1월 1일에 예외적으로 높은 듯했다.

J1 – 어쨌든 말이야, 오늘 기온이 2월, 2월 중순까지는 생각할 수 없을 최고 기온이야.

K1 – 그래, 맞아.

L1 – 있잖아, 77년에 겨울에 핀 현상이 있었어. …… 1월 1일에 비아리츠가 20도였지.

K2 – 나도 우리 어렸을 때 어떤 해가 기억나. 아주 생생하게 기억해. 12월 20일이었어. 그쯤. …… 언니하고 내가 원피스를 입었는데, 여름 원피스였어. 여름 원피스 말이야. 그해 겨울이 정말 아주 이상했었어.

이 장면은 1987년의 일이며, 기온이 예외적으로 높다고 할 16도였다. L은 10년 전 어느 1월 1일을 언급할 수 있을 만한 사람이다. 그의 주장에 따르면 비아리츠가 20도였다. K도 또한 겨울로서는 매우 온화했던 경우를 얘기할 수 있을 만한 사람이다. 확률론에 따르면 L1과 K2의 효과는 다름 아니라 J1에서 알려진 사건을 보편화하는 것이다. 정확한 기상 자료를 보유하고 있지 않은 관찰자로서는 예전에 1월 1일에 매우 온화했던 것을 알고 있다면 임의의 1월 1일에 매우 온화할 확률이 증가한다. (이처럼 조건적 개연성이 개연성보다 더 높다.) 대화가 시작되었을 때는 대화 상대자의 기억에서 예컨대 1987년 1월 1일이 가장 온화했던 것으로 여겨졌다고 가정하자. L1 이후에는 개연성의 확률이 10% 증가한다. 이는 전혀 예외적인 것이 아니다. 유사한 경우가 최근의 것일수록 보편화는 효과적이다. 이러한 관점에서는 K2가 L1보다 효과가 작다. K2는 우리를 과거로 몇십 년 돌려보내기 때문이다. 마찬가지로, 유사한 경우에서 확인된 기온이 높을수록 말해진 상황은 더 하찮은 것으로 여겨진다. K는 이러한 측면에서 과장하여 여름 원피스에 대한 일화를 말함으로써 만회하려고 애쓴다. 우리는 이러한 보기를 통하여 확률론이 보편화 행동에 대한 적절한 모형을 제공한다는 것을 확인할 수 있다. 유사한 경우를 인용하는 보편화 방식은 이야기 대회story round라고 불리는 것을 만들어낸다(Tannen 1984, p. 100). 대화 참여자는 각자 이야기를 가지고 참여한다. 앞의 보기처럼 난순히 발언을 하는 것이 아니라 이야기들이 수십 분 동안 꼬리를 물 수 있도록 만든다. 각각의 이야기는 앞의 이야기에 대한 보편화로부터 시작된다. 그러나 새로운 이야기 자체가 믿기지 않을수록 보편화의 효율이 크기 때문에 보편화 기제는 스스로 계속 유지된다. 앞의 대화에서 K2는 J1에 대해서만큼 L1에 대해서 보편화하려 한다고 생각할 수 있다.[4]

이러한 대화 방식을 **정보적 방식**이라고 정하자. 첫번째 화자는 두드러진 상황에 관심을 끌어모아야 하는 대화 방식이다.[5] 정보적 방식으로 이루어지는 대화가 언제나 있을 법하지 않은 사건과 관계되는 것은 아니다. 다음 대화 발췌에서 보듯이 화자들은 난감한 사건도 마찬가지로 전달하거나 알릴 수 있다.

---

4 유사한 보기의 언급을 통한 보편화 현상은 '횡설수설'을 금지하는 것에 관한 설명을 제시한다. 이야기가 전환될 때 대화 상대자는 이야기 대회에서처럼 이어지는 대화의 주제 사이에 유사성이나 연관성이 있기를 기대한다.
5 섀넌(Shannon 1948)은 사건이 갖는 **정보**의 양을 그 확률의 역수의 로그, $\log_2(1/p)$로 정의한다. 어떤 사건의 선험적 확률 p가 작을수록 그 사건의 실행이 가져오는 정보는 커진다. 그러므로 있을 법하지 않아서 두드러져 보이는 사건이 있을 때 그 사건을 알리는 발언은 의미 있는 정보를 지닌다. 대화 상대자가 p의 추산값을 올림으로써 해당 사건을 보편화하는 경우에는 해당 사건에 결부되어 있는 정보의 양이 감소하게 된다.

상황 : M은 받을 사람에 따라 맞춰서 사진엽서를 골라 구입했다.

M1 - 아, 엽서를 헷갈렸네. 이 엽서를 C에게 썼어.

N1 - 에이, 그게 뭐 중요해?

이 대화에서 M이 알리고 있는 상황이 두드러진 모습을 보이는 것은 그 상황이 본래 갖고 있는 난감한 측면에 기인한다. N의 반응은 이 난감함을 덜 중요하게 여김으로써 해당 상황을 보편화한다. 이처럼 난감한 사실에 관련된 대화와 있을 법하지 않은 사실에 관계된 서사 사이에는 매우 강한 유사성이 존재한다. 두 가지 경우에서 모두 다음과 같은 모습이 보인다. 두드러짐의 강도가 점진적이며, 거리에 달려 있고(가까운 사건이 먼 사건보다 우리에게 영향을 더 많이 미친다), 대화 상대자에 의해 보편화될 수 있다. 이러한 두 가지 유형의 정보가 신문의 1면에 가장 진실이 아닐 법한 사고, 사실 들과 함께 놓인다.[6]

〈그림 14.1〉은 정보적 방식에서 화자의 자유를 제한하는 제약을 보여준다. 새로운 주제를 정보적 방식으로 대화에 도입하기 위해서는 우리가 언급할 수 있는 사건들이 '보편성의 영역' 밖에 위치해야 한다. 보편성의 영역은 높은 값의 확률과 낮은 값의 난감함으로 특성이 규정된다. 〈그림 14.1〉은 3비트와 5비트의 보편성의 영역을 나타낸다. 확률론의 관점에서 이 두 영역은 발생할 확률이 각각 8분의 1과 32분의 1 이

---

6 확률이 p이며 난감함이 d인 사건에 담겨 있는 정보의 양을 기술적 관점에서 아래 공식을 통해 측정할 수 있다. (d는 중립적 상황인 경우의 0부터 가장 난감한 경우의 1까지 있다.) 이 공식은 섀넌의 공식(위 각주를 볼 것)을 일반화한 것일 뿐이다.

$$I = \log_2 \left[\frac{1}{p^{(1-a)}} \right]$$

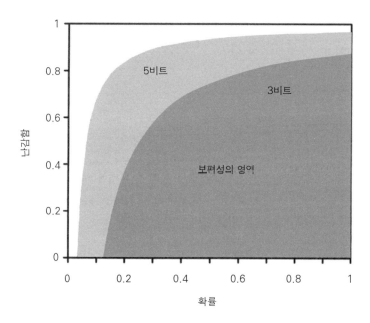

〈그림 14.1〉 두 개의 매개변수, 즉 말해진 사건의 선험적 확률과 난감함에 따른 정보적 방식의 제약. 사건이 3비트 혹은 5비트의 정보를 지니기 위해서는 각 음영 지역의 밖에 위치해야 한다.

상인 사건에 대응한다. 이 그림에서 두 개의 매개변수, 즉 사건의 선험적 확률과 사건의 난감함이 정보적 방식의 대화에서 가장 명백하게 개입하는 두 개의 인자이다.[7] 다른 매개 변수들이 두드러짐에 영향을 미친다. 그러한 매개 변수로는 해당 사건의 호의적 측면, 심미적 가치, 일반화하자면 사건이 유발하는 감정의 강도가 있을 수 있다. 그렇기는 하지만 이러한 인자들을 확률의 영향과 구분하는 것이 쉽지 않다. 화자

---

7 이 판단은 수백 개의 대화 발췌로 내가 만든 대화 자료체를 기반으로 한다.

가 지적하지 않을 수 없는 강렬한 감정은 본래 드물기 때문이다. 특히 두드러진 상황을 지금 순간에 체험하지 않는다면 있을 법하지 않다는 특성이 곧바로 필요하게 된다. 하나의 상황을 관련성 있는 사건으로, 즉 정보적 방식의 대화에서 언급될 가치가 있는 사건으로 만드는 데 개입하는 다양한 인자들에 관해 정확하게 분석해야 한다는 문제가 남아 있다.

언어를 정보적 방식의 대화에서 사용할 때 우리는 피할 수 없는 규칙들을 따라야 한다. 진부한 이야기로 대화 상대자의 관심을 끄는 것은 어렵다. 그러므로 정보적 방식으로 이루어지는 대화에서 관련성을 갖기 위해서는 두드러진 사건을 적절하게 만들어내야 한다. 전형적인 것을 말하자면, 있을 법하지 않거나 난감한 특성을 보이는 사건을 만들어야 한다. 관련성의 제약은 앞에서 보았듯이 대화 상대자의 반응에도 마찬가지로 관련되어 있다. 대화 상대자는 해당 사건의 두드러진 특성을 인정하거나(I1 또는 K1), 그와 반대로 해당 사건을 보편화하는 것 이외의 다른 선택은 없다. 보편화하는 전형적 방법은 유사한 사건을 언급하는 것이다. 이러한 경우에 대화에서 나온 발언들은 연쇄되어 이야기 대회를 형성하게 된다. 이제 정보적 방식으로 대화하기 위해 대화 상대자들이 소유해야 하는 능력을 검토하자. 다음으로 우리의 조상들이 그러한 능력을 갖추고 있었던 이유에 대해 생각해보자.

14.3 정보에 민감한 존재들

인간은 자신이 확인하거나 전해들은 두드러진 사건에 민감하다. 이 능력이 과소평가되어서는 안 된다. 이 능력은 우리가 사건의 두드러짐을 측정할 수 있도록 해주는 여러 기제에 근거를 두고 있다. 좀더 구체적으로, 우리가 일상적이지 않다고 판단하는 사건들을 생각해보자. 첫째 기제는 빈도에 의해 판단을 내리는 것이다. 단순히 통계의 관점[8]에서 규범을 벗어난 장면들은 우리의 주의를 끌고, 흥미를 유발하며, 정보적 방식의 의사소통 반응을 유발한다. 예를 들어 파리에서 우연히 사촌을 만나는 것은 일상적이지 않다. 집에 돌아가는 길에 생긴 이 뜻밖의 일이 말할 만큼 충분히 두드러진 것으로 평가될 수 있다. 그렇기는 하지만 정보에 관한 우리의 능력은 통계적 예외만을 기준으로 삼지 않는다. 예를 들어 있을 법하지 않은 사건들의 결합은 훨씬 더 있을 법하지 않다는 것을 우리는 알고 있다. 예를 들어 파리에서 사촌을 우연히 만나는 것이 드물지만 사촌 두 명을 같은 날 따로 우연히 마주치는 것은 훨씬 더 드물다[9](논점을 명확하게 하기 위하여 이 두 개의 만남이 감정의 측면에서는 중립적이라고 상정하자). 우리는 또한 사건들의 독립성에 민감하다. 앞의 두 사촌의 보기에서 사촌 한 명이 파리에 있는 것이 다른 한 명이 파리에 있는 것과 독립적일 경우에만 해당 사건이 진정으로 개

---

8 이와 같은 빈도에 의한 측정이 갖는 복잡성을 간과해서는 안 된다. 그러한 측정은 풍부하게 구조화된 대상에 관한 것이기 때문에 복잡할 수밖에 없다. 즉 우리의 의미 표상 도구를 만들어 내는 장면에 관한 것이기 때문에 그렇다. 특히 우리가 통계적 방법에만 의존할 수는 없는데 통계적 방법은 사건들 사이의 유사성 측정을 전제로 하기 때문이다.

9 이러한 확률론적인 결합 현상을 반박하는 것으로 보이는 아모스 트버스키Amos Tversky 와 대니얼 카너먼Daniel Kahneman의 유명한 실험을 언급하지 않을 수 있겠는가(Tversky & Kahneman 1974 ; 1983)? 이들은 자신들의 실험에서 이끈 결론의 범위를 스스로 제한한다. 실험 대상들이 (A & B)가 A보다 더 있을 법하다고 잘못 판단한 듯하지만 그들이 실제로는, 특히 어떤 장면은 전형적 특성을 가진다는 것과 관련된 다양한 이유로, (A & B)와 (A & not B)를 비교하는 것이라고 생각된다.

연성이 없다(가족 모임이 있는 경우에는 있을 법한 일이다). 우리는 또한 근접성의 효과에도 민감하다. 사촌의 보기에 있어서는 시간적 근접성이 중요하다. 즉 두 명의 사촌을 열흘 간격으로 만나는 것보다 10분 간격으로 만나는 것이 선험적으로 더 있을 법하지 않다.[10] 공간의 관점에서도 마찬가지로 사촌의 집에서 3킬로미터 떨어진 곳에서 우연히 만나는 것보다 300킬로미터 또는 3000킬로미터 떨어진 곳에서 우연히 만나는 것이 더 있을 법하지 않다. 근접성은 보다 추상적인 영역에서도 개입한다. 예컨대 대부분의 이들에게 있어서 먼 친척을 우연히 만나는 것보다 사촌을 우연히 만나는 것이 선험적으로 더 예기치 않은 일이다. 일반적으로 사촌들의 수가 먼 친척들의 수보다 적기 때문이다. 마지막으로 우리는 있을 법하지 않음을 측정할 때 해당 상황에 관하여 알 수 있는 지식에 민감하다. 예를 들어 사촌이 파리에 자주 오는 것을 알고 있다면 우연히 그와 마주치는 것이 있을 법하기는 하다. 요약하자면, 사건의 있을 법하지 않은 특성, 즉 사건의 정보적 값을 측정하는 것은 사건의 빈도, 사건의 결합, 사건의 근접성, 사건에 영향을 미치는 지식을 고려하는 정확한 기제에 근거한다. 이 기제의 기능을 자세히 분석하다보면 그 기능이 음운적 차원이나 통사적 차원에서 보이는 언어의 여러 기능만큼 정확하다는 것이 드러날 것이다(Muhlenbach 1999).

정보적 행동은 우리 모두의 깊은 곳에 자리잡고 있다. (엄마가 곁에 있는 경우에) 9개월에서 12개월 사이의 영아들이 두드러진 사건을 손가락

---

10 확률론을 통해 이 현상을 정량화할 수 있다. 우연히 사촌을 만날 확률을 푸와송의 법칙으로 나타낸다면 두 명의 사촌을 Δt의 시간의 차이로 만날 선험적 확률은 Δt가 줄어들 때 Δt의 제곱으로 감소한다.

으로 가리키기 시작한다. 실험하기 위해 아빠를 등장시키거나 인형이 춤추는 것을 보여줄 때 그러하다(Carpenter, Nagell & Tomasello 1998). 저 시기에 나타나는 새로운 사실은 그와 같이 사물을 가리키는 영아가 그것을 가지고 싶어서 가리키는 것이 아니라 그 사물로 엄마의 주의를 끌려고 가리킨다는 것이다. 토마셀로Michael Tomasello와 동료들의 관찰에 따르면 영장류들은 이와 동일한 행동 방식을 갖고 있지 않다. 영장류들은 두드러진 사건에 주의가 끌리기는 하지만 그러한 관심을 다른 개체들과 공유하려는 일이 절대 없다. 게다가 이들은 주의를 끌게 만드는 데 쓰이는 몸짓을 해독할 줄 모르는 듯하다. 침팬지들은 본래 호기심이 많기 때문에 다른 침팬지들의 시선을 좇는 것이 당연하며 심지어 다른 침팬지들이 쳐다보는 것이 무엇인지 보기 위해 이동하기도 한다. 하지만 침팬지들은 간식이 있는 장소를 의도적으로 가리키는 몸짓이나 시선을 이해하지 못한다(Call, Hare & Tomasello 1998). 두드러진 사건에 대한 관심을 공유하는 행동이 우리 인간 종에게 있어서는 보편적이며 자동적이다. 우리는 이러한 자동적인 특성을 3장에서 벌거벗은 사람의 일화와 함께 언급했다. 인간은 정보에 민감한 존재이며 인간 언어는 이 정보를 공유하는 수단으로 등장한다. 다른 동물들이 먹이를 공유하는 것과 약간 비슷하다.

14.4 정보적 방식의 생물학적 정착

아이들이 성장하면서 대화하는 것을 배운다고 여기는 것이 통상적이다. 예의범절을 배우는 것이나 거의 마찬가지이다. 그러므로 어른들로부터 주어진 본보기를 모방함으로써 구두 상호작용에서 관련성을 갖기 위한 다양한 방법을 배우는 것으로 보인다. 사실, 다음 보기에서 나타나듯이 아이들은 항상 관련성을 갖고 있지는 않다.

> 상황 : 세 살 반의 여자아이가 삼촌에게 말을 건다. 레오는 그 집의
> 고양이를 가리킨다.
> 아이 : 레오 있잖아, 걔가 발톱이 있어.

어른들에게는 이 발언이 관련성이 없는 것으로 보인다. (아이들이 보기에는 자연스러운 말일 뿐만 아니라 감동적인 내용이다.) 고양이가 발톱을 가지고 있다는 사실 안에 선험적으로 두드러진 것이 아무것도 없기 때문에 관련성이 없다. 여자아이는 아마 저 사건을 두드러진 것으로 느낄 것이지만 그 느낌이 어른들과 공유될 수 있을지 확인하지 않는다. 아이들이 아주 어릴 때는 이런 종류의 실수를 흔히 저지르지만 대화 상대자들에게 관련성이 있는 것으로 여겨지는 발언을 이내 만들게 된다. 즉 여섯 살이 되기 전에 일관되게 논증할 수 있는 능력이 있는 대화 상대자가 된다.

아이들이 대화에서 자신의 역할을 하는 기술과 방법을 배우는 것은 오로지 주변 사람들과 상호작용을 하는 덕분이라고 생각할 수 있다. 대화 능력의 습득에 관한 이와 같은 교육적 관점에 문제가 제기되지 않는 것은 아니다. 첫째, 아이들이 두드러진 사건에 대하여 갖는 민감성이 어떤 기제 때문에 주변 사람들과의 상호작용을 통해서만 발전될 수 있는지 설명해야 한다. 앞 절에서 보았듯이, 이 민감성은 보편화 능력은 말고도 다음과 같은 요인을 전제로 한다. 즉 빈도에 관한 인지

가 있으며, 또 사건들 사이의 독립성이나 거리와 같은 인자들에 관한 고려가 있다. 사건들 사이의 거리는 구체적일 수도 있고 추상적일 수도 있다. 대화 능력에 관한 환경적 이론의 지지자들은 두드러진 사건을 알아보는 이러한 능력이 어떻게 주변에서 제공되는 보기들만 통하여 아이들에게 습득될 수 있는지 설명해야 하겠다. 둘째, 환경적 가설은 대화 관련 행동이 보편적이며 예외가 없는 이유를 설명하지 않는다. 이러한 행동을 보이시 않는 민족, 문화, 인간 집단은 알려져 있지 않다. 대화를 하는 자발적인 방식이 13장에서 분석한 방식과 다른 문화는 지금까지 기술된 바가 없다. 만일 대화가 재즈와 같은 문화적 행동이라면 필연적이지 않을 것이다. 꽤 많은 수의 사람들이 어떤 대화에도 참여하지 않기로 할 수 있을 것이기 때문이다. 그런데 사실은 그렇지 않다. 다수의 사람들이 재즈를 듣지도 않고 연주도 하지 않는 반면에 어떤 문화에서든 대화를 통한 상호작용에서 물러나 있는 사람으로는 몇몇 환자들이나 드문 괴짜들밖에 없을 것이다.

대화 관련 능력이 특정한 생물학적 능력에 기반한다는 주장은 전적으로 환경적인 관점에서 보자면 반박될 수 있다. 어린이들이 자신의 언어의 소리와 단어를 배열하는 옳은 방법을 무無에서 만들어내지 않는 것이나 마찬가지로 자신들이 관련성을 갖춘 대화 상대자가 될 수 있게 해주는 기제를 보유하고 있는 듯하다. 개인의 성장에 있어서 이러한 능력은 이른 시기에 발현되며, 정보적 방식으로 이루어지는 대화가 보편적이라는 것을 알 수 있다. 이러한 생물학적 능력은 당연히 음운적 요소, 통사적 요소, 의미의 구조의 기반이 되는 능력의 연장선 위에 있다. 우리가 그러한 능력을 보유하고 있는 것은, 그리고 우리가 정보를 공유하기 위해 그 능력을 사용하는 데 그토록 많은 시간을 들이는 것은 그 능력이 분명히 하나의 중요한 생물학적 기능을 수행하기 때문이다.

14.5 정보의 본능적 공유

언어를 통한 우리의 자발적 상호작용 가운데 큰 부분, 흔히는 거의 대부분이 정보적 방식으로 전개된다. 이것은 스퍼버와 윌슨의 일반 이론을 통해 관찰된 것이 아니다. 여기에서 관련성의 기준은 연역 추론과 관련되어 있지 않다. 화자는 자신이 전하는 사건의 속성 가운데 특히 선험적 확률과 난감한 특성을 근거로 사건의 두드러진 특성을 감지한다. 대화 상대자의 행동은 I1과 K1에서처럼 앞선 발언의 두드러진 측면을 인정하든지 또는 G2, L1, K2, N1에서처럼 두드러진 측면을 보편화하려고 하든지 정보의 양을 측정하는 동일한 기제에 근거를 둔다 (429쪽, 6번 각주를 참고).

8장에서 우리는 우리의 조상들이 사용했을 원시 언어의 쓰임을 분석했다. 그리고 통사적 요소가 없는 언어, 즉 단어들이 의미에 따라서 가깝게 위치하는 언어가 어떻게 구성되는지 살펴봤다. 또 이 원시 언어가 표현한 원시 의미론, 즉 구상적 장면에 기초한 원시 의미론의 재구성을 시도했다. 마지막으로 조상들이 가졌을 원시 언어의 사용 유형에 대한 문제를 다루었다. 거기에서 나는 원시 인류가 두드러진 장면들에 관해 의사소통했음을 제안했다. 이 표현이 이제 훨씬 명확하다. 즉 두드러진 상황은 그것을 언급하면 정보가 생산되는 상황이다. 그러므로 8장의 가설은 원시 인류는 정보적 방식을 통해 대화했다는 것이다. 아마도 그들의 묘사와 그들의 서사는 우리의 것보다 빈약했을 것이다. 사람들은 자신이 전달하는 두드러진 특성을 명확하게 하기 위해 대화와 관련된 그들의 다른 능력을 활용할 수 있다. 그런데 우리가 제안한 시나리오에 따르면 우리의 원시 인류 조상들은 두드러진 사건들을 알아보는 능력과 그러한 사건에 대하여 의사소통 행위를 하는 반응을 이미 소유하고 있었다. 이 가설은 원시 언어에 대하여 일관성 있는 기능을 부여하는 무시 못할 장점을 나타낸다. 이 방식의 의사소통이 우리의 의사소통 방법의 구성 요소로서 존속하고 있다는 사실은 이 시나리오의 일관성을 견고히 한다. 우리가 이 가설을 따른다면, 두드러진 것으로 여기는 상황을 다른 이들에게 알리도록 사람들을 부추기는 정보적 반응을 **호모 에렉투스**에게서 물려받았을 것이다. 구조적 관점에서 보면 이러한 방식으로 이루어지는 대화는 정보적 가치를 감지하는 능력에 기초한다. 특히 사건의 선험적 확률과 난감한 특성에 의해 감지가 이루어진다. 그러므로 우리의 조상들은 두드러진 상황들의 탐지와 보편화 행동에 모두 개입하는 이러한 감지 능력을 보유하고 있었다고 상정해야 한다.

인간들 사이의 대화가 모두 정보적 방식으로 전개되는 것은 아니다. 우리를 우리의 조상과 근본적으로 구별되게 만든 그 무엇이 바로 우리가 갖고 있는 또다른 의사소통 방법 안에 있을 것이다.

15장
논증의 탄생

이번 15장의 목표는 인간 언어의 사용이 두 개의 서로 다른 단계를 거쳤다는 것을 보이는 것이다. 두 단계 가운데 첫번째는 14장에서 기술한 정보적 방식으로 특징지어지는 것으로서 우리 인간 종에 앞서 있었던 호미닌 종들이 말한 원시 언어에 결부되어 있었던 것이 거의 확실하다. 두번째 단계는 우리 인간 종 고유의 것으로서 논증하는 능력으로 특징지어진다.

15.1 논증적 방식에서 보이는 관련성

논리적 방식

정보의 공유는 대화에서 볼 수 있는 유일하게 현저한 행동이 아니다. 아직 잎이 달려 있는 크리스마스트리와 관련된 대화 발췌를 다시 살펴보자(403쪽). 두 명의 대화 당사자들이 B2까지는 이 크리스마스트리의 경우를 정보적 방식으로 다루고 있다고 생각할 수 있다. 즉 베어낸 지 3주가 넘었는데 아직도 잎이 달려 있어 흔치 않은 크리스마스트리라고 여긴다. 반면에 A3 발언부터는 대화 당사자들이 더는 정보적 방식에 있지 않다고 분명히 말할 수 있다. 그 둘은 함께 그 현상을 설명하고자 한다. 그럼으로써 그 둘은 이제 **논리적** 차원에 위치하고 있다. 지금부터 이 두 행동 시이의 차이를 잘 파악하는 것이 중요하다. 두 명의 대화 당사자는 B의 크리스마스트리의 경우를 보편화하려고 하지 않는다. 예컨대 A는 한 달 동안 잎이 달려 있던 조카의 크리스마스트리 또는 그런 종류의 무엇인가를 언급했을 수도 있다. 그런데 그러한 것을 시도하기보다는 A는 다른 방식으로 자신의 놀라움을 표현한다. 예를 들어 A3에서 '신기하네'라는 표현을 사용한다. B는 '그러게. 알 수 없네'라고 놀라움을 공유하는 것을 보면 A가 자리잡고 있는 사용역에 주목하고 있다. A4의 마지막 언급('이거 가짜 나무야')은 진지한 것이 아니라 일종의 설명의 역할을 한다고 볼 수 있다. 즉 해당 크리스마스트리가 가짜 나무라고 생각한다면 놀라움은 더이상 존재할 이유가 없다.

설명을 유도하는 놀라움은 있을 법하지 않은 사건에 대한 민감함과 성질이 같지 않다. 평범하지 않은 상황에 대하여 우리의 관심이 끌리는 것은 그러한 상황이 두드러진 것으로 보이기 때문이다. 일상적이지 않은 상황에 대한 이와 같은 관심은 의사소통 행위를 유발하는 경우에 보편화하려는 반응을 초래할 수 있다. 또다른 놀라움, 즉 설명을 찾게 만드는 놀라움은 선험적으로 불가능하다고 여겨지는 사건의 감지나 언급에 의해 유발된다. 서사적 놀라움은 본질적으로 확률과 관계된 반면에 설명적 놀라움은 본질적으로 **논리**와 관계되어 있다. 크리스마스트리 예문은 하나의 사실이 이 두 개의 방식으로 번갈아 반응을 촉발할 수 있다는 것을 보여준다. 그렇지만 이 두 개의 방식은 질적으로 다른 행동에 대응된다. 이 차이점을 설명하기 위하여 데버러 테넌Deborah Tannen의 아래 대화 발췌(Tannen 1984, p. 62)를 살펴보자.

상황 : O, P, Q는 사회학에 대하여 이야기하고 있다. P는 사회학자 어빙 고프만의 여러 저서에 대하여 매우 잘 알고 있는 듯하다. O와 Q는 매우 놀랐다. 이들 생각에 고프만은 전문가들에게만 알려져 있기 때문이다.

O1 - 자, 그래, 그럼 …… 그런데 너는 이 책들을 어떻게 알게 됐어?

P1 - 그걸 읽었으니까.

Q1 - 뭐 어쨌다고?

O2 - 너는 사회학이나 뭐 그런 것을 공부 좀 하니?

P2 - 응, 좀 읽지.

O3 - 음.

P3 - 몇 권 읽었어.

O4 - 내가 물어본 것은 네가 사회학 공부를 했냐는 것이야.

P4 - 아니.

O5 - 그냥 사회학에 대해서 얘기하는 것을 들은 것 뿐이지?

P5 - 응. 아, 아니야. 사회학자 친구가 한 명 있어. 걔가 사회학 얘기를 나한테 해줬지. 그리고 걔가 "이 책 읽어. 좋은 책이야."라고 말했어. 그래서 그 책을 읽었지. 그리고 ……

O6 - 나는 언어학 공부를 시작하기 전에는 고프만에 대해서 들어본 적이 없어.

P6 - 진짜?

O7 - 응.

이 대화는 꽤 특별하다. O와 Q가 요구하는 설명은 P5에 와서야 제시되며 그 설명은 O에 의해서 말 그대로 강요되기 때문이다. 답변 P5의 효과는 바로 O와 Q의 놀라움을 제거하는 것이다. 그때까지 이해되지 않았던 것, 즉 P가 어떻게 고프만의 저서를 알게 되있는지를 이해하게 된다. 반면에 응답 P1(P가 고프만의 책들을 읽었다는 사실)은 설명처럼 제시되지만 그렇게 받아들여질 수는 없다. 무슨 이유 때문인가? O와 Q가 요구하는 것은 자신들의 놀라움을 제거하는 것이다. 그런데 P1은 그렇게 하지 않는다. 테닌은 그다음날에 P에게 왜 저렇게 반응을 했냐고 물었다. P는 P1부터 P4에 관련성이 빠져 있다는 것을 완벽하게 인식하고 있었다. 그렇지만 그는 질문 O1과 그 이후의 질문들이 예기치 않은 것이어서 평정심을 잃었다. 그러므로 그가 대화의 관련성의 규칙들을 일시적으로 위반한 것은 의식적인 행위였다.

다른 책에서 내가 역설의 방식(Dessalles 1985 ; 1996b)이라고 부른 논리적 방식은 그 원칙에 있어서 다음과 같이 특별히 단순한 행동에 근거를 둔다. 즉, 사람들은 놀랄 만한 거리를 찾고, 그러고 나서 그 놀라움을 제거하는 설명을 찾으려고 시도한다. 앞의 대화는 논리적 방식에서 관련성이 대화 상대자의 행동을 어느 정도까지 구속하는지 보여준다. 즉 P가 관련성을 갖추는 유일한 수단은 설명을 제안하는 것이다. 자발적인 대화의 상황에서는 대화 상대자가 표현의 자유를 많이 갖는다고 생각할 수 있다. 그런데 그러한 상황이 어떤 순간에는 대화 상대자에게 일종의 굴레를 씌운다는 것은 꽤 충격적이다. 즉 대화 상대자는 일종의 논리적 수수께끼를 이해하고 해결해야 한다. 이에 도달하지 못하는 사람은 관련성을 갖추지 못할 위험이 있으며 그에 따른 사회적 비용도 부담할 것이다.

앞의 대화는 논증의 보기이다. 대화 참여자들이 문제적 상황을 강조할 목적으로 또는 그와 반대로 해결할 목적으로 논거를 내세우면서 문제를 처리하는 것이 관건이다. 이 대화에서는 상황이 명백하게 역설이다. 이 대화 방식은 대화 주체들이 논증하는 능력을 보유하고 있기 때문에 가능하다. 그런데, 앞으로 보겠지만 논리적 놀라움은 사람들이 자신의 논증 능력을 사용하는 유일한 상황이 아니다.

쟁점의 방식

많은 수의 논증적 유형의 발언이 대화에서는 **쟁점**을 제시하는 상황과 관련된다. 대화 상대자는 보통 이 쟁점을 만족시키는 수단을 찾으려고 애쓴다. 예문을 통해 이를 살펴보자.

상황 : 학생들이 슬라이드 필름의 영사를 준비하며 나누는 대화
R1 – 영사기를 저기 놓을 수 없어?
S1 – 저기에 놨지. 네 책상 위에 놓을 순 없잖아. 그리고 저기에서는 문손잡이에 비추게 돼. 멋지겠는데!
R2 – 밑에 책을 받쳐봐. 앞을 좀 올릴 수 없어?
S2 – 화면이 찌그러져.

여기에서 쟁점은 슬라이드 필름을 영사하기에 적절한 자리를 찾는 것이다. S가 장비는 가지고 왔으나 영사막은 **빼놨다**. 하얀색 문을 사용

할 생각이었다. 이 대화 방식에서 대화 상대자의 행동을 어떻게 규정할 것인가? 여기에서도 마찬가지로 그 행동은 우연에 맡겨진 것이 아니다. 우리가 때때로 대화중에 아무것이나 말할 수 있다고 주관적으로 느낀다면 그것은 착각이다. 쟁점의 방식에서 대화 상대자의 운신의 폭은 좁다. 즉, 원치 않는 문제를 제기하거나, 아니면 그러한 문제를 어떻게 회피할 수 있는지 보여야 한다. 위 대화에서는 문제가 이미 도입부에 제시되어 있다. 원치 않는 사실은 문 위에 적절하게 영사할 수 없다는 것이다. R1은 그 어려움을 해결할 수단을 가리킨다. S1은 여러 부분을 담고 있다. 아마 장난이겠지만 S는 해당 책상을 건드려서는 안 되는 장소라고 여기는 체한다. R1에서 제안된 해결책이 자신이 보기에는 문제점이 있다고 그런 식으로 설명을 한 것이다. S1의 두번째 부분도 정확하게 똑같은 방식으로 작동한다. 문손잡이에 영사되는 것도 마찬가지로 거의 바람직하지 않기 때문이다. R은 R2에서 어려움을 다시 한번 해결하기에 이른다. 그런데 S는 원치 않는 새로운 점을 또다시 발견한다. 이처럼 원치 않는 문제의 발견과 그것의 회피가 번갈아 나타나는 것이 이러한 대화 방식의 특징이다.

앞 대화는 이러한 방식으로 이루어지는 대화의 전형적인 결말이 대화 상대자에 의해 받아들여지는 결정이나 행동 계획이라는 것을 보여준다. 그렇지만 이러한 대화 형식이 언제나 명시적으로 행동을 언급하지는 않는다. 다음 대화 발췌에서 볼 수 있다.

상황 : 바람 부는 날에 스키장에서
T1 − 내가 보기엔 바람이 불겠는걸.
U1 − 아, 그래, 구름이 걷히기는 하겠네.

이 대화에서 U1의 역할은 T1과는 반대로 정보적이지 않다. U는 두드러진 상황에 주의를 끌려는 것이 아니다. 또 해당 상황을 변화시키는 행동을 제안하지도 않는다. U가 옷을 두껍게 입자고, 또는 너무 높은 곳으로 가지 말자고, 또는 스키 타러 나가지 말자고 제안했더라면 해당 상황은 더이상 원치 않는 상황이 아닌 것으로 변화했을 것이다. U는 이 가운데 어떤 것도 하지 않았다. 그렇기는 하지만 그의 발언은 T를 통해 지적된 문제에 대해 효과를 갖는다. 상황은 U1 다음에도 변하지 않은 채다. 그러나 U는 자신의 발언이 상반되는 효과를 만든다는 것을 보인다. 즉 부정적인 효과가 있지만 긍정적 효과에 의해서 균형이 맞춰진다. 찬성과 반대를 저울질하는 이러한 전략은 쟁점의 방식의 특징이다.

관련성이 쟁점의 방식에서는 철저하게 틀에 잡혀 있다. 원치 않는 상황에서 문제가 되는 특성이 대화 상대자에게 드러날 때 우리는 대화 상대자가 문제를 개선하기를 또는 부정적 측면이 장점에 의해 균형이 맞춰진다는 것을 보이기를 기대한다.

대화 방식의 유기적 결합

대화와 관련된 언어의 두 가지 쓰임, 즉 정보적 쓰임과 논증적 쓰임이 근본적으로 무엇이 다른지 의문을 가져보는 것이 좋겠다. 하나의 쓰임은 두드러진 상황과 관련이 있고 다른 쓰임은 문제점 있는 상황과 관련이 있다고 말하는 것은 자의적이지 않은가? 있을 법하지 않은 상황과 역설적인 상황을 대비시키고, 난감한 상황과 쟁점을 제시하는 상황 사이를 대비시키면 좋을 것 같다. 상황들을 그 객관적 특성에 따라 구별하는 것이 문제가 아니다. 절대적인 관점에서 말하자면, 상황은 앞에서 언급한 특성, 즉 있을 법하지 않음, 난감함, 역설, 쟁점 가운데 어떤 것도 나타내지 않는다. 이러한 측면들은 그 상황에 대한 대화 상대자의 태도에 존재할 뿐이다. 그런데 어떤 상황을 선험적으로 있을 법하지 않거나 선험적으로 불가능한 상황이라고 고려하는 것은 이와 전혀 다른 것이다. 일상적인 상황이 역설적인 것으로 고려될 수도 있다. 예컨대 스키 활강 선수가 시속 100킬로미터 넘게 내려오면서 끝에 링이 달린 폴을 사용하는 것을 나는 개인적으로 절대 이해하지 못한다. 이와 마찬가지로, 예를 들어 여러 명의 사망자가 나온 사고와 같은 나쁜 소식을 알게 될 때 거기에서 반드시 쟁점을 보게 되는 것은 아니다. 쟁점은 역설과 같이 대안을 제시하는 열린 문제이다. 고민을 하거나 결정을 해야 하며, 또는 해결책이나 설명을 채택해야 한다. 그런데 정보를 마주하여 우리가 갖는 태도가 역설과 동일하지 않다. 즉 쟁점은 정보의 두드러진 특성을 평가하는 것에 그친다. 물론 주어진 상황에 대하여 여러 가지 태도를 연쇄적으로 가질 수 있다. 예를 들어보자면, 국무총리의 자살 소식을 듣고 우리는 우선 그것을 이례적이며 난감한 소식으로 받아들인다. 그러고 나서 그 행위에 대한 설명을 찾아보려고 한다. 마지막으로 그의 사망이 앞으로 국내 정치에 유발할 쟁점을 다루려고 한다.

우리가 언어의 정보적 쓰임과 논증적 쓰임을 구별해야만 하는 주요한 이유는 두 가지 쓰임이 참여자들에게 있어서 서로 다른 두 개의 기제를 작동시킨다는 사실에서 기인한다. 우리는 14장에서 정보적 방식을 통한 대화는 상황의 확률이나 난감한 특성과 같은 매개 인자를 측정하는 데 근거를 둔다는 것을 보았다. 이러한 측정을 통해서 두드러진 상황을 알아보는 것이 가능하다. 또한 대화 상대자의 위치에 있는 경우에는 이러한 측정을 통해 두드러진 상황을 보편화하는 것이 가능하다.

그런데 논증적 방식은 근본적으로 다른 기제에 근거를 둔다. 그것은 인지 갈등에 대한 발견이다.

15.2 인지 갈등의 개념

논리적 방식과 쟁점의 방식은 선험적으로 서로 상당히 떨어져 있는 듯하다. 논리적 방식의 경우에 우리는 이상하다고 감지되는 상황에서 출발하여 설명을 찾는다. 쟁점의 방식의 경우에는 원치 않는 상황에서 빠져나오려고 애쓴다. 이 두 개의 행동은 각각 수사관의 행동과 정치인의 행동이다. 그런데 셜록 홈즈가 선호하는 인지적 행동은 처칠의 행동과 유사하지 않다. 홈즈는 오로지 이해하려고만 하며 처칠은 행동에 신경을 쓴다. 그렇지만 형식적 관점에서는 이 두 개의 행동은 근본적 인지 기제를 공유한다. 이 기제는 표상의 충돌을 해결하는 것이다.

이상한 사실을 설명하는 것과 난감한 상태를 해결하는 것은 별개의 행동이 아니다. 이상한 사실이란 무엇인가? 우리가 생각하기에 발생하지 말았어야 할 사실이다. 즉 F라는 사실이 발생한 것을 우리가 확인했지만 not F가 우월했다고 생각할 근거를 가지고 있다. 고프만에 대한 대화에서 O와 Q는 P가 어빙 고프만의 저서를 완벽하게 알고 있다는 것(F)을 확신하지만 그들의 견해로는 사회학자가 아닌 사람이 그 저자를 알 만한 이유가 없다(not F). 인지 갈등이라고 부를 수 있는 것을 여기에서 볼 수 있다. 즉 O와 Q는 어떤 것과 그 반대의 것을 믿는다. 이들이 F를 확신하는 것은 그것을 확인했기 때문이며 not F를 확신하는 것은 P가 사회학자가 아니라는 사실에서 그것을 추론하기 때문이다. 쟁점의 방식을 통한 대화에서도 상황이 유사하다. 참여자들은 상황에서 어떤 것과 그 반대의 것을 바라고 있다. 영사기의 대화에서 참여자들은 화면이 문손잡이에 비치지 않게 하기 위하여 영사기 앞을 올리고 싶어 한다(F). 그러나 동시에 그것을 바라지 않기도 한다(not F). 화면이 찌그러지기 때문이다. 여기에서도 마찬가지로 하나의 표상과 그 부정 사이의 갈등을 보게 된다.

이러한 갈등을 인지적이라고 규정하는 것은 적절하다. 사람들 사이의 갈등이 아니라 정신 표상들 사이의 갈등이기 때문이다. 대화가 기능을 하기 위해서는 각 참여자가 모두 인지 갈등을 이해하고 느껴야 한다. 경우에 따라서 참여자 한 명은 F를 옹호하고 다른 한 명은 not F를 옹호할 수도 있다. 이는 사람들 사이의 대립을 야기할 수 있으며 심지어 일종의 사회적 특성의 '갈등'을 초래할 수 있다. 그러나 이것은 다른 문제이다. 이러한 경우에 자신의 주장을 옹호하기 위해서는 각자 문제가 어디에 있는지 이해해야 한다. 즉 F와 not F 사이의 믿음이나 바람의 갈등이 어디에 있는지 이해해야 한다. 그러므로 여기에서 인지 갈등은 각 참여자의 내부에 있는 것이다.

인지 갈등을 주체가 탐지하는 것은 정보적 방식에서 사건의 두드러진 특성을 탐지하는 것처럼 언어의 **화용적** 차원 고유의 현상이다. 어떤 것이 맥락에 따라서 말하기에 적절한지 결정되는 것은 바로 화용적 차원이다. 우리가 11장과 12장에서 살펴본 언어의 의미적 차원은 F와 not F를 규정하는 데서 멈춘다. 주체가 두드러진 측면(특히 있을 법하지 않거나 난감한 측면)을 감지할 때, 또는 자신의 믿음 또는 자신의 바람 사이에서 갈등이 존재한다는 것을 깨달을 때 곧바로 화용적 차원이 시작된다. 녹색 쓰레기통과 나무 식탁의 실험(421쪽)에서 C와 E가 의미적 차원에서는 어떤 문제점도 제기하지 않는 언급을 한다. 그들의 대화 상대자인 D와 F는 각각 어떤 쓰레기통과 어떤 식탁에 대한 말인지 쉽게 이해하며 이 대상들이 어떤 식으로 규정되는지 이해한다. D와 F가 포착하지 못하는 것은 다음과 같은 측면이다. 즉 C와 E에 의해서 자신들의 관심이 모인 상황이 어떤 면에서 두드러진 것인지 또는 어떤 면에서 인지 갈등을 유발할 수 있는지 이해하지 못한다.

인지 갈등은 그것을 구성하는 믿음이나 바람이 어느 정도 강도를 가지는 경우에만 존재한다. F가 참이거나 거짓이라는 생각을 진정으로 갖고 있지 않거나 F에 대하여 바람도 없고 반감도 없는 경우에는 F와 not F 사이에 갈등이 존재할 수 없다. 예를 하나 들어보자. 현금 지급기 앞에 줄을 서 있는 거지가 있다. 당신은 그가 돈을 가지고 있다(F)는 생각과 돈이 없다(not F)는 생각을 동시에 한다. 처음에는 이러한 믿음이 지각의 작용에서 일부분 생겨난 어느 정도의 강도를 갖는다. 그 거지는 누더기를 걸쳤고 그러한 영상은 돈을 전혀 가지고 있지 않은(not F) 사람과 강하게 연결되어 있다. 다른 한 편, F에 대한 믿음은 그 거지가 현금 지급기 앞에서 차례를 기다리고 있다는 사실과 돈을 인출한다는 사실 사이의 연결과 관련이 있다. 갈등은 이 두 개의 연결을 알아차리는 모든 사람에게 있어서 명백하며 즉각적이다. 그렇지만 갈등을 탐지할 수 있게 해주는 인지적 기제가 과소평가돼서는 안 된다. 첫번째 반응은 단순히 두드러진 장면을 발견하는 것이다. 즉 현금 지급기 앞에 줄을 서 있는 부랑자의 영상은 무엇보다도 엉뚱하고, 비정형적이고, 있을 법하지 않다. 여기에서 갈등이 드러나는 것은 주제 분석(11장 참고)을 통해서만 가능하다. 이러한 분석은 예를 들어 거지를 주제로 삼고 그 거지를 돈이 있다는 속성의 외부(not F)에 위치시키거나 아니면 내부(F)에 위치시킬 수 있다. 이 두 개의 항 사이에 논리적 양립 불능이 이로부터 생겨난다.

그렇지만 상황을 주제화한다는 것이 인지 갈등을 만들어 내는 데 충분한 것은 아니다. 또한 충돌의 두 항이 어느 정도 **필연성**을 가져야 한다. F라는 항의 필연성은 주체가 어떤 시점에서 F를 믿거나 바라고 있는 성향이다.[11] 거지의 경우에서, 그 성향이 유발하는 지각과 연결은 F와 not F에게 동시에 의미 있는 필연성을 부여하기에 충분히 강하고, 그리하여 인지 갈등을 만들어내게 된다. 내가 제안한 모델화(Dessalles 1998a)에서는 인지 갈등이 다음과 같이 표상된다.

$$(F, n_1) \uparrow (\text{not } F, n_2)$$

여기에서 화살표는 양립 불능을 나타내고 n_1과 n_2는 각각 F와 not F의 필연성을 나타낸다. 양립 불능은 주제가 분할됨으로써 생기지만 갈등은 n_1과 n_2가 의미 있는 값을 가지기 때문에 느껴진다. 인지 갈등의 강도는 가장 약한 필연성의 값으로 정의될 수 있다. 그러므로 n_1이나 n_2가 무시해도 좋을 만한 값을 갖게 되면 양립 불능이 계속 존재하더라도 갈등은 사라진다. 해결책을 찾는 것이 바로 이런 식으로 진행된다.

---

11 이 '필연성'은 특히 언어 철학에서 사용되는 명제 태도의 개념과 관계가 있다. 그렇지만 필연성의 개념이 더 풍부하다. 진리의 개념을 포함하고 있기 때문이다. 진리의 개념은 많은 언어철학자들이 인식론적으로 고려하지 않고 존재론적으로 고려하는 개념이며, 따라서 명제 태도와 관련된 문제점과 같은 모든 인지적 문제점으로부터 배제하는 개념이다.

15.3 논증의 되풀이되는 본질

인지 갈등의 해결

만약에 논증적 방식이 오로지 인지 갈등의 탐지만을 근거로 한다면 완전히 독자적인 대화 형식을 구성하지 못할 것이다. 사람들은 대화를 하는 중에 매우 자발적으로 논증에 몰두한다. 이러한 논증은 인지 갈등에 대한 해결을 참여자들이 함께 찾으려 할 때 등장한다. 한편 인지 갈등은 어떤 주제가 도입될 때 참여자들이 공유하는 것이다. 사람들이 인지 갈등을 이와 같이 공유하고 그것을 함께 해결하려고 하는 생물학적 이유가 무엇인지 이해하기 위해서는 인지 갈등이 탐지되고 해결되는 절차를 분석하는 것이 필수적이다.

F와 not F 사이의 갈등에 마주하여 각 참여자는 가장 약한 항, 즉 어떤 시점에서 해당 참여자가 보기에 가장 적은 필연성을 보이는 항을 무효로 하는 데 전념한다. 이것이 성공하면 갈등이 해결된다. 거지의 경우에서 처음에는 그 사람의 불쌍한 모습이 특별히 강렬했다고 상정하자. 그가 돈을 가지고 있지 않다는 사실 때문에 필연성 n_2가 강화된다. 그러므로 그 사람이 돈을 가지고 있다는 사실을 무효로 하기 위해서 관찰자의 지적 능력이 향하게 되는 곳은 반대쪽이다. 그 사람은 돈을 갖고 있는 듯하다. 왜냐하면 그는 곧 현금 지급기에서 돈을 찾을 것이기 때문이다. 하지만 어쩌면 그 사람이 다른 이유로 그곳에 있는 것일 수도 있다. 예컨대 돈이 있는 사람에게 구걸을 하거나 자신이 은행 계좌가 있는 체하여 친구들을 웃기기 위한 것일 수 있다. 그러한 경우가 아니라고 상정하자. 즉 앞에 줄 서 있는 사람이 그를 무시하거나 근처에 친구가 없다고 하자. 우리의 거지는 진정으로 돈을 찾기 위해 기다리고 있는 듯

하다. 이것은 n_1을 강화하는 효과를 갖는다. 그리하여 not F를 갈등에서 가장 약한 항으로 만들게 된다. 우리는 왜 그 사람이 돈이 없다고 생각할까? 그가 부랑자이기 때문이다. 관찰자의 입장에서는 부랑자는 돈을 가질 수 없다. 그러므로 그가 돈을 소유한다는 필연성이 n_1이면 그가 부랑자가 아니라는 필연성도 마찬가지로 n_1이 된다. 이 단계에서 갈등이 이동을 한다. 즉 그 사람이 부랑자인가 아닌가? 해결 절차는 가장 약한 항, 예컨대 그 사람이 부랑자라는 사실에서 다시 출발한다. 우리는 그의 외양 때문에 그를 부랑자라고 믿는다. 어쩌면 그것이 변장일까? 이런 식으로 이어져나갈 것이다.

인지 갈등을 해결하도록 해주는 절차, 그리고 논증을 유발하는 동기를 구성하는 절차는 원칙으로 보자면 단순하다. 이 절차는 다음과 같이 요약될 수 있다.

(S1) **평가** : 갈등의 항들을 평가하고 약한 항에 대하여 주의를 기울인다

(S2) **간접 환원법** : 해당 항의 원인으로 거슬러올라가고 그 원인이 해당 효과를 이끌지 않는 상황을 가정한다

(S3) **부정** : 이것이 실패할 경우에 해당 원인을 거부한다

앞의 보기에서 그 인물이 적선을 기다리거나 자신의 차례를 기다리는 척한다고 생각하는 것이 간접 환원법[12]의 전략(S2)에서 나온 것이다. 변장이라고 생각하는 것도 마찬가지이다. 두 가지 경우에서 모두 갈

---

12 간접 환원법이라는 단어는 일반적으로 어떤 상황의 원인을 찾는 능력을 가리키는 데 사용된다.

등의 약한 항은 새롭게 그려진 상황에서 사라진다. 첫째, 동냥을 하는 경우 또는 돈을 찾는 척을 하는 경우에 우리는 더이상 그 사람이 돈을 가지고 있다고 말할 수 없다. 둘째, 그 사람이 변장을 한 경우에 우리는 더이상 그 사람이 거지라고 말할 수 없다. 부정의 전략(S3)은 간접 환원법 전략이 막힌 상황으로부터 우리가 빠져나올 수 있도록 해준다. 즉 가정을 할 수 없어서 전략 S2를 더이상 적용할 수 없을 때 약한 항의 원인을 부정한다. 돈을 가지고 있지 않다는 사실이 필연성이 더 약한 항이 되고 우리가 그 원인인 부랑자라는 상태를 부정하는 경우에 갈등이 그 새로운 항으로 이동되어 부랑자냐 부랑자가 아니냐 갈등이 생기게 된다.

필연성의 평가(S1)와 부정(S3)은 온전히 화용적인 성질을 가지고 있다. 이 둘은 갈등에서 나오는 절차에 있어서만 의미를 갖기 때문이다. 반면에 간접 환원법 전략(S2)은 폭넓게 우리의 의미론적 능력에 근거를 두고 있다. 이 전략은 다음과 같은 이유로 간접 환원법이라고 규정된다. 즉 일반적으로 이 전략은 삭제될 현상의 원인을 찾고, 그러고 나서 인과관계에 있어서 간섭을 상상하기 때문이다. 당신이 유리잔을 어깨 너머로 던진다고 해보자. 유리잔이 깨지는 특유의 소음을 기대하게 된다. 어떤 소리도 나지 않는다면 갈등이 있는 것이다. 당신은 (S2)를 약한 항, 여기에서는 소리의 존재에 적용한다. 그 소리가 더이상 필연적이지 않으려면 상황을 어떻게 변화시켜야 하는가? 이 경우에 우리의 상상은 다음과 같이 풍부하다. 유리잔이 두꺼운 양탄자 위에 떨어졌을 수도 있고, 누군가 공중에서 그것을 잡았을 수도 있고, 열려 있는 창문 밖으로 날아갔을 수도 있다. 이 해결법들은 유리잔이 떨어져 깨지고 소음이 나는 인과관계 안에 개입을 설정한다. 이유를 찾고, 그러고 나서

'반 이유'를 찾는 것, 즉 일상적인 이유에 이어서 나오는 효과를 막는 사건을 찾는 것을 간접 환원이라고 여기는 것은 자연스럽다. 이렇게 간접 환원법으로 찾는 것은 의미론적 성질을 가지고 있다. 원칙적으로 그것은 장면을 표상하는 우리의 능력에 근거를 두고 있기 때문이다. 유리잔의 경우에 깨지는 소리가 나지 않도록 우리가 상황을 변형시키는 것은 무엇보다도 장면에 대한 추론을 통해서 가능하다.

인지 갈등으로부터 나오는 절차는 역학적 측면을 나타낸다. 특히 (S1)-(S2)-(S3)의 연쇄, 그리고 부정의 전략(S3) 자체에 있어서 그러하다. 그런데 주어진 어떤 상황에서 우리가 서로에게 부여할 수 있는 상식과 지성의 본질이 존재하는 곳은 전략 (S1)과 (S2)라는 것을 지적하려 한다. 우리는 상황을 구성하는 요소들의 필연성을 측정할 수 있고 간접 환원법을 통하여 해결책을 만들 수 있다. 전략 (S1)과 (S2)의 효율성은 이러한 우리의 경험과 창조성에 근거를 두고 있다.

되풀이되는 절차

인간이 대화를 구성하며 의사소통을 한다는 사실에 우리는 많이 놀라지 않는다. 대화에서는 응수가 계속 이어져서 의미 있는 크기의 총체가 구성된다. 내 녹음 자료에는 외국 손님에게 대접하는 미식가의 식사 방식(주요리, 전채, 후식 등)에 대하여 30분 이상 펼쳐지는 355개의 응수로 된 대화가 있다. 이만한 크기로 이처럼 구조화되어 있는 의사 교환을 펼치는 대화라는 의사소통 체계 같은 것이 자연계에 또 있다고 어느 누구도 말할 수 없다. 화행의 모형이든 협동의 모형이든, 인간의 의사소통에 대한 기존의 어떤 모형도 대화를 구성하는 연쇄의 뚜렷한 크기와 복잡성을 설명할 수 없다. 언어를 통한 우리의 상호작용이 발언-

대답 유형의 두 개의 성분으로 된 소통에 한정되지 않는 이유는 무엇인가? 첫째 이유는 정보적 방식에서 이야기 대회가 벌어지는 가능성으로부터 나온다. 즉 각각의 새로운 정보가 이전의 정보를 보편화시킬 때 나온다. 우리가 지금 다루고 있는 논증적 방식에서는 연쇄가 다른 이유를 갖는다. 그 이유는 인지 갈등을 해결해주는 절차가 되풀이되는 특성과 연관이 있다.

우리는 언어에서 되풀이성이 작동한다는 것을 여러 번 확인했다. 예를 들어 구의 구성(9장 참고)에서 또는 국소적 지도의 변경을 사용(11장 참고)하는 데 있어서 작동한다. 되풀이성은 화용의 차원에서도 또한 존재한다. 전략 (S2)는 새로운 상황을 창출함으로써 현재의 갈등을 해결한다. 그러나 새로운 갈등을 만들 수 있다. 그렇다면 그 절차가 이 새로운 갈등에 적용된다. 예를 들면 동냥을 한다는 가정이 최초의 갈등을 해결한다. 그런데 부랑아의 행태와 현금 지급기에서 이 사람보다 앞에 서 있는 사람의 행태가 나타남으로써 이번에는 그 가정이 갈등에 개입하게 된다. 가정이 이처럼 재연되는 것이 되풀이 연쇄의 첫번째 이유이다. 전략 (S3)도 또한 해결 절차의 되풀이를 불러일으킨다. 이러한 되풀이는 갈등을 그 여러 원인 가운데 하나로 옮김으로써 일어난다. 예를 들면 우리의 장면을 목격한 사람이 그 인물은 진짜 부랑아일 수 없다고 결정할 때 이 목격자는 자신의 결론과 그가 목격한 것, 즉 그 인물의 초라한 행색 사이에서 생긴 새로운 갈등에 노출된다. 전략 (S2)와 (S3)은 이처럼 둘 다 해결 절차의 되풀이를 불러일으킨다. 슬라이드 영사기에 대한 대화에서 영사기를 책상 위로 옮기면 현재의 갈등이 해결된다. 즉 영사기 위치가 좋지 않아서 화면이 너무 작게 보이는 문제가 해결된다. 그런데 또다른 갈등이 생겨난다. 즉 화면이 문손잡이 위에 비치며 우리는 그것을 바라지 않는다. 장치의 앞을 올리는 해결책은 이 갈등을 풀지만 다른 갈등을 만든다. 이것은 화면이 찌그러지는 것과 관계가 있으며 우리는 그것 또한 바라지 않는다. 이러한 연쇄는 두 명의 참여자가 최초의 인지 갈등으로부터 나오기 위해 시행한 되풀이되는 시도에 의해 설명될 수 있다.

논리와 언어

대화에 관계되어 있는 참여자들이 그 대화에서 논증을 하기 위해 채택하는 절차 덕분에 그들은 문제점을 공동으로 해결할 수 있다. 이는 영사기에 대한 대화에서 확인할 수 있다. 참여자들은 상호작용을 거쳐 슬라이드 필름 영사가 만족스럽게 되도록 하는 해결책을 함께 결정하는 데 성공한다. 논증과 문제 해결 사이에 존재하는 이처럼 당황스런 유사점으로부터 어떤 결론을 내릴 수 있는가? 인간 언어를 추론 능력의 발현으로 여기는 주장을 지지하는 논거를 여기에서 찾을 수 있겠다. 그렇지만 이 문제는 좀더 자세하게 살펴볼 가치가 있다.

문제 해결의 차원에서 인간과 동물의 수행 능력을 비교하면 그 대비는 충격적이다. 예를 들자면 다윈[13]이 밝힌 바와 같이 침팬지의 어떤 개체군은 종려나무의 열매와 같은 매우 단단한 열매를 깰 줄 안다. 이 과업은 각각 망치와 모루의 역할을 하는 두 개의 돌을 사용해야만 수행된다. 이 '솜씨'는 어린 침팬지들에게 있어서 얼마만큼 수련을 요구한다. 즉 도구들을 잘 골라야 하며, 열매를 알맞은 위치에 놓아야 하고,

---

13 "어떤 동물도 도구를 사용하지 않는다고 흔히들 말한다. 그러나 자연 상태에 있는 침팬지가 돌을 이용하여 호두와 비슷하게 생긴 열매를 깬다(Darwin 1871)."

적절한 힘을 가해야 한다. 자연에서 사는 어린 침팬지는 이 기술의 기초를 배우기 위하여 몇 년 동안 연습을 하며 수백 번의 시도를 해야 한다(Martsuzawa 1994). 어린 침팬지들이 숙련된 어른들을 관찰하고, 그러고 나서 자신들의 열매를 가지고 애쓰지만 성공하지 못하는 동영상을 보자면 이 침팬지들이 자신들의 실수의 원인을 되짚어 찾는 능력이 없다고 말할 수밖에 없다. 그들이 첫번째 올바른 결과에 다다르는 것은 우연에 의한 것이다. 예를 들어 망치로 때리기 전에 열매가 모루에서 굴러다니면 어린 침팬지는 이 문제를 체계 있게, 예컨대 모루의 기울기를 바꿈으로써 대처할 줄 모른다. 인간이 자신이 얻은 것과 자신이 원하는 것 사이의 갈등을 인지하고, 그러고 나서 간접 환원법을 통하여 자신이 원하는 것을 얻을 방법을 찾는 지점에서 침팬지는 자신이 얻은 것이 좋지 않다는 사실만을 확인할 뿐이다. 이 경우에 침팬지의 지능이 행동에 영향을 미친다. 침팬지는 시행착오 절차를 채택한다. 즉 기대한 결과를 얻지 못하는 한 다시 시작하는 것이다. 인간은 자신이 얻은 원치 않는 결과를 부인할 수 있다. 그리고 제시되는 다양한 양립불가능성을 점차로 해결하는 시도를 할 수 있다. 이렇게 하면서 인간은 논리적으로 추론을 한다.

이처럼 평가, 간접 환원법, 부정은 논증에만 개입하는 것이 아니다. 이러한 연쇄가 문제 해결에도 개입한다. 방금 우리가 기술한 바와 같은 인지 갈등의 해결 절차는 문제 해결 절차와 완전히 동일하게 여겨질 수도 있다(Auriol 2000). 이는 우리가 사용하고 있는 언어가 우리의 일반적인 추론 능력의 결과라는 말인가? 언어의 사용이 부분적으로는 계획 수립의 결과라고 여기는 연구자들의 견해가 바로 이것이다(Grosz & Sidner 1986 ; Grau, Sabah & Vilnat 1994 ; Carberry 1988). 우리는 언어가 보편적 지능과 추론의 표출일 수도 있다는 가정을 여러 번에 거쳐서 살펴보았다. 그리고 매번 그러한 가정이 그럴 법하지 않다고 논박하였다(4장 참고). 여기에서 보충 논거를 제시하자. 평가-간접 환원법-부정을 통해 문제를 해결하는 인간의 방식은 매우 특별하다. 이것은 기술자들에 의해 전개되는 계획 수립 기술이나 문제 해결 기술과 유사하지 않다. 이들의 인위적 방법은 어느 행위들이 가장 가능성이 많은지 평가하기 위하여 확률론의 계산을 체계적으로 활용한다. 그러한 측면에서 이들의 방법이 인간들이 할 수 있는 것보다 훨씬 더 효율적이다. 기계들이 최고 수준의 체스나 그저 인정할 만한 수준의 바둑을 두도록 하는 데 기술자들이 겪는 어려움을 생각하면 방금 한 말이 놀라울 수 있다. 그런데 기계와 비교했을 때 인간의 탁월함은 계획 수립 능력의 우월함이 아니라 구조의 파악과 연결에 있다.[14] 체스 대회 우승자들이 최고의 컴퓨터 프로그램을 이기는 것은 바로 이러한 능력 덕분이다. 순전히 계획 수립의 측면에서만 보자면 인간은 기계보다 훨씬 덜 효율적이다. 기계는 많은 수의 잠재적인 해결책들을 저장하고 동시에 비교할 수 있기 때문이다.[15]

---

14 체스를 두는 도중에 체스판을 흩트려놓았을 때 고수가 초심자보다 체스 말들을 원래 자리에 훨씬 잘 놓을 수 있는 것은 구조를 파악하기 때문이다. 체스가 진행되고 있던 구조가 없다면, 예를 들어 애초에 체스 말들을 무작위로 놓고 흩트린 다음에 다시 원래대로 놓으라고 하면 고수도 초심자나 마찬가지로 묘책을 갖고 있지 않다.

15 기술적으로 보자면 평가-간접 환원법-부정의 방법은 이른바 역행 연속 처리로서 기능을 하는 반박에 의한 방법이다. 즉 문제에서 출발하여 해결을 찾는 방법이다. 이는 '심도 위주'라고 불리는 철저히 연쇄적인 방식으로서 두 개 이상의 해결책을 동시에 비교하는 것이 불가능하다. 이 방법의 목표는 갈등의 약한 항들을 부정하는 것이다. 이는 결정론적 방식의 소산이다. 이러한 모든 특성에 의하여 이 방법은 문제 해결에 있어서 주로 차선의 기술이 된다.

계획 수립을 통한 인간들의 추론이 대체로 차선이라는 사실에 주목해야 한다. 인지 갈등에서 벗어남으로써 사소한 실제적 문제들을 해결하게 되는 우리의 능력이 진화를 통해 우리에게 주어졌다는 것은 거의 있을 법하지 않은 일이다. 이 능력이 국소적으로 최적화되어 있는 것은 기술자 영장류나 전략가 영장류를 창조하기 위한 것이 아니라 전혀 다른 쓰임을 위한 것이다. 바로 대화에서 일정 형식의 연관성을 만들어 내기 위한 것이다. 인간은 논증을 하므로 추론을 할 수 있다. 그리고 인간이 추론을 하기 위해 사용하는 평가-간접 환원법-부정의 절차는 인간이 하는 대화의 기원이라는 표시를 지니고 있다. 인간 언어에 추론 능력이 드러나는 것은 흔히 볼 수 있다. 이러한 관점에서 보자면 생존에 '유용'하기 때문에 인간의 지능이 높은 것이고, 인간은 지능이 높은 것을 활용하여 말을 하고 논증을 한다. 인간들은 앞선 대화 덕분에 관점을 거꾸로 바꿀 수 있으며 우리의 논증 능력의 결과를 추론 능력 안에서 발견할 수 있다. 논리적으로 추론하는 능력이 대화를 위한 필수 능력에서 나온다는 것이 이런 식으로 설정된 가설이다.

인간 언어가 존재한다는 정당성을 지능이 존재한다는 정당성에서 찾으려 하지 않는다면 추론이 존재하는 이유, 특히 생물학적 이유를 어떻게 설명할 것인가? 우리 인간 종보다 앞선 종이 논증을 하지 않은 채 살 수 있었다면 우리의 조상인 **호모 사피엔스**는 무슨 이유로 인지 갈등을 느끼기 시작했으며 논증을 통하여 공동으로 그 충돌을 해결하기를 원했는가? 이에 대한 해답은 언어를 사용하는 사람들에게 언어가 미칠 수 있는 영향에서 찾을 수 있을 것이다.

15.4 인간 언어의 중심 기능

언어가 대화 상대방에게 어떤 소용이 있는가? 13장에서 살펴본 이론들은 다양한 대답을 가져다준다. 어떤 이론에 따르면 언어는 행동을 하는 수단이다. 다른 이론에 따르면 언어가 추구하는 바는 상호 이해이며 사람들은 그러한 방향으로 협동한다. 또다른 이론에서 언어는 상대방이 새로운 지식을 형성하게끔 만드는 수단이다. 이처럼 대수롭지 않은 역할만 고려한다면 언어의 생물학적 존재 이유를 이해하는 것은 매우 어려울 것이다. 그런데 두 개의 대화 방식을 확인함으로써 우리는 언어의 기능을 상향 조정할 수 있게 되었다. 언어가 인간들로 하여금 자신들의 사고를 공유할 수 있게 해준다고 말할 수 있을까?

대화에 참여하는 사람들은 자신도 거의 모르는 사이에 정확한 규칙을 적용시킨다. 어떤 규칙들은 사회적인 속성을 지니며 어떤 것들은 언어적인 속성을 지닌다. 대화는 사회적 차원에서 보자면 사람들 사이의 놀이이다. 언어적 차원에서는 본질적으로 개인적 활동을 통해 구성된다. 각 개인이 이러한 활동에서 일정 음운 규칙, 통사 구조, 의미를 가지고 있는 전언을 형성한다. 그런데 발언의 내용을 가장 정확하게 규정하는 인자는 사회적 차원과 개인적 차원 사이의 중간 차원에서 생겨난다. 즉 **공유된** 표상과 관계된 집단 놀이가 이 중간 차원에서 이루어진다. 스퍼버와 윌슨은 표상의 공유라는 개념에 대하여 맹렬하게 반대한다. 표상은 두뇌 속에서만 존재할 뿐이고 각 참여자는 각자의 표상을 가지고 있기 때문이다. 공유된 두뇌가 없다면 공유된 지식도 없다. 이것이 분명한 사실이기는 하지만 그렇다고 해서 우리도 이 학자들처럼 의사소통이 표상의 복제를 보장할 수 없다고 결론지어야 하는 것은 아니다.

복제라는 이 문제는 매우 중요하다. 스퍼버와 윌슨을 따르자면 의사소통은 단지 대화 상대자가 결론을 끌어내도록 하는 방법일 뿐이다. 그런데 화자가 기대할 만한 결론을 그가 발화한 전언으로부터 대화 상대자가 끌어낸다는 보장은 전혀 없다. 만일 이렇다면, 즉 언어가 타인들로 하여금 화자의 사고와 **필연적 관계**가 없는 사고를 만들어내도록 하는 수단일 뿐이라면 언어의 생물학적 유용성이 무엇인지 의문을 가지는 것은 정당하다. 언어의 음운 체계는 정밀하기 때문에 우리는 까다로운 음향 조건에서도 보통 초당 10개 이상의 음소를 구별할 수 있다. 우리의 통사적 능력은 복합적이기 때문에 우리는 단어의 선형 흐름을 통해 복잡한 의미 관계를 표현할 수 있다. 우리가 갖고 있는 두 개의 의미 표상 체계는 서로 연결되어 있기 때문에 우리는 장면들을 만들어낼 수 있고 논리적으로 추론을 할 수 있다. 그런데 이 모든 것이 우리의 동료들에게 있어서 통제되지 않는 연역 추리를 이끌어내는 데 쓰일 뿐이라고 생각하는 것은 불합리하다. 이와 같은 기능이 작동하도록 어떤 선택이 압력을 행사한다고 생각할 수 있을까? 각 발언의 결과가 그토록 예측 불가한 것이라면 자연선택은 무슨 이유로 이 모든 능력을 만들어냈겠는가? 진화가 종의 미래에 대하여 주사위 놀이를 하지만 그렇다고 해서 그 작용이 완전히 자의적인 것은 아니다. 언어 능력을 소유한 개체들이 그 능력을 통해 생존과 번식의 기회를 증가시키지 못한다면 자연선택은 언어 능력과 같이 그토록 정밀한 도구를 창조할 수 없었을 것이다. 동료들의 정신에 있어서 통제되지 않는 연역 추리를 유발하는 것이 화자의 생존과 번식의 기회를 어떻게 증가시킬 수 있을지 알기 어렵다. 설령 그렇다 하더라도 인간 언어가 허락하는 표현의 굉장한 정밀함이 타인의 반응을 유발하기 위한 단순한 자극으로 쓰이는 것밖에 안 되는 초라한 목적을 위해 선택될 수 있었다고 생각할 수 없다.

이번 15장과 앞의 14장에서는 인간 언어가 생겨난 생물학적 인과 관계를 이해하기 원하면 '일반적' 의사소통의 문제를 다루어서는 안 된다는 것을 보았다. 스퍼버와 윌슨이 제시한 관련성의 정의는 모든 의사소통 행위에 적용되기 때문에 언어가 실제로 사람들에 의해 사용될 때 실현시킬 수 있는 것이 무엇인지 알아내기에는 너무 광범위하다고 밝혀졌다. 대화 관련 행동을 관찰하면 언어를 통한 의사소통은 스퍼버와 윌슨이 표상의 복제에 대한 생각을 거부하며 상정한 것보다 훨씬 더 정밀하고 효율적이라는 것을 인정할 수밖에 없다. 의사 교환이 이루어질 때 응답들은 서로가 서로에 대해서 분명한 역할을 한다는 것을 확인할 수 있다. 그런데 이는 대화 상대자가 동일한 표상에 대하여 활동을 하는 경우에만 가능한 것이다. 예를 들어보자.

대화 참여자가 두드러진 사건을 보편화하고 놀라움에 대한 논리적 설명을 발견하거나 난감한 상황을 피할 수 있는 해결책을 제시한다면 그 참여자가 자신에게 전달된 내용을 정확하게 분석했다는 것을, 즉 언급된 사실의 두드러진 또는 놀라운 또는 난감한 속성을 정확하게 분석했다는 것을 어떻게 의심할 수 있겠는가? 대화가 진행될 때 대화 상대자는 정확한 것들을 기대한다. 화자가 어떤 대화 방식을 취하고 있는지 분석할 수 없는 경우에 대화 상대자들은 어떤 요소가 부족하다는 것을 알게 된다. 예를 들어 C가 "저 쓰레기통이 녹색이야"라고 말할 때 대화 상대자는 온갖 수단을 통해 결론을 이끌려고 하지 않는다. 그는 두드러지거나 이상하거나 쟁점을 나타내는 어떤 것도 발견하지 못하기 때문에 무언가 이상하다고 생각하며 그러한 사실을 알려준다. 그는 이 실험에서 기대된 바대로 행동한 것이다. 이와 반대로, A가 크리스마스트리에 대한 놀라움을 나타낼 때 대화 상대자는 그 놀라움이 크리스마스트리에 아직 잎이 달려 있다는 것과 관련된 것임을 B1에서 즉시 알게 된다. 왜냐하면 이 크리스마스트리가 바로 그러한 점에서 이상하기 때문이다. 비록 오해가 가끔 존재하기 때문에 반대로 생각할 수도 있지만 대화에서 상호 이해는 일반적으로 훌륭하다. 오해는 금방 발견되기 때문에 오히려 규칙을 확증해주는 예외이다. 이러한 오해에 관한 예를 들어보자.

> 상황 : 이 대화 바로 전에 굉장히 나이가 많지만 건강한 사람들에 대한 대화가 있었다.
> V1 – 있잖아, 에이브러햄 씨가 애기를 보셨을 때가 몇 세셨지?
> W1 – 응, 아 근데. 너도 알다시피 아주 정확하지가 않아.
> V2 – 에이브러햄 씨의 가족관계등록부가 아주 정확하지는 않아.
> X1 – 신기록을 세운 것인지 모르겠네. 꽤 나이가 많았던 게 맞아. 확실히 80세보다는 많아.
> W2 – 근데, 너 뭘 말하는 거야?
> X2 – 그 신기록 있잖아……
> W3 – 최고령 아빠가 되는 기록?

이 대화 발췌가 시작되는 V1의 역할은 방금 그전에 언급된, 나이가 굉장히 많지만 아주 건강한 사람들의 보기를 에이브러햄 씨의 경우를 들어 보편화시키는 것이다. 이어서 에이브러햄 씨의 경우의 유효성에 대한 논리적인 의사 교환이 이루어진다. 한편 W는 앞에 있었던 대화의 논거에 머물러 있다. 그래서 그는 X1을 장수 기록이 80세 이상임을 말하는 것으로 이해한다. 그러한 진술이 논리적으로는 전혀 놀랍지 않지만 대화의 관점에서는 비정상적이다. W도 그것을 알고 있으며 W2를 발언한 것이 그 때문이다. 그는 바로 이 W2를 통해 주제를 다시 올바로 찾아서 W3를 말한다. 심지어 W가 놓친 요소를 X가 밝혀줄 시간도 갖기 전에 W3를 말한다. 오해가 존재하면 정상적인 대화는 곧바로 불가능해진다. 오해는 예외로 남아 있으며, 대화 상대자들이 오해를 알아차린다는 것은 자신들이 동일한 자료를 갖고 추론한다는 것을 대부분 알고 있다는 것을 뜻한다. 정보적 방식에서 대화 상대자들은 두드러진 요소를 기대하고, 경우에 따라서는 그 요소를 보편화하려 한다. 논리적 방식에서는 양립불가능성을 찾고, 이어서 그에 대한 설명을 알아내려고 한다. 쟁점의 방식에서 대화 상대자들은 난감한 상황을 인지할 것을 기대하고, 이어서 그것을 피할 수단을 고려한다. 트럼프 게임에서나 마찬가지로 대화는 명확한 규칙을 준수하며 자신의 좋은 패를 부르는 것에 중의성이 존재하지 않는다. 이것이 사회적 차원에서 중의성이 존속하지 않는다는 것을 뜻하는 것은 아니다. A는 어떤 이유로 크리스마스트리에 대한 대화를 시작할 필요성을 느끼는가(403쪽)? O는 가엾은 P를 왜 그토록 몰아치는가(441쪽)? 대답은 간단하지 않다. (대화에서 O인 데버러 태넌은 그러한 자기 자신의 행동을 자신이 속한 문화 특유의 대화 양식 탓으로 돌린다.) 이러한 사회적 차원의 중의성이 대화에서 이루어지는 의사소통의 인지적 효율성을 가려서는 안 된다. 사람들은 자신이 무엇에 대하여 토론을 하고 있는지 알고 있다. 모든 것이 공유되고 있지는 않더라도 대화 방식의 규칙에 따라서 응답들을 연결시켜줄 수 있는 것은 최소한 대화 참여자들이 공유하고 있는 것의 일부를 구성한다.

　사고의 내용이 각 참여자들의 두뇌 속에 똑같이 복제된다는 것을 어떻게 보장받을 수 있는가? 참여자들 스스로가 그 사실을 보장한다. 재구성된 사고를 통하여 대화 양식(두드러진 사건, 역설, 쟁점)이 인지되지 못한다면 재구성은 실패했다고 말할 수 있기 때문이다. 이는 **대화의 관련성 원칙**이라고 불릴 수 있는 것으로 재구성이 유효한지 판단하는 기준을 마련해준다. 이 기준이 절대적이지는 않지만 오해가 상대적으로 드물며, 존재하더라도 금방 발견된다는 것으로 이 원칙이 효율적이라는 것을 알 수 있다. 게다가 의사소통에 관한 여러 고전적 이론에 있어서 그토록 많은 문제를 제기하는 상황들이 대화의 관련성 원칙을 통해 설명될 수 있다. 예컨대 "소금 좀 건네주실 수 있으세요?"라고 말할 때 "네."라는 대답은 대화의 관점에서 보자면 관련성을 갖고 있지 않다. 그 대답은 원치 않는 상황을 해결해주지 않기 때문이다. 이와 반대로 우리는 춥다고 말하는 것이 대화 상대자에게 문을 닫으러 가라고 제안하는 것이 될 수 있음을 같은 맥락에서 이해할 수 있다. 이 두 개의 보기에서는 대화의 관련성에 관한 규칙이 쟁점의 방식과 관련이 있으며 사람들로 하여금 원치 않는 상황을 해결하도록 만든다. 그렇기 때문에 앞의 발언은 사실적인 관점에서 보자면 "저에게 소금을 주세요." 또는 "가서 문 닫아."라는 직접적인 부탁과 똑같다.

　그러므로 인간 언어의 중심 기능은, 다시 말해 언어가 표준적인 상황에서 사용될 때 즉시 보이는 효과는 사고와 그 사고가 발화된 대화 방식이 공유되도록 하는 것이다. 물론 이것이 언어의 유일한 효과는 아니다. 왜냐하면 언어의 사용은 특히 즉각적인 사회적 영향을 가질 수 있기 때문이다. 그렇지만 모든 차원에서 언어 능력의 구조를 이처럼 잘 설명할 수 있는 또다른 기능을 찾기는 어려워 보인다. 대화 상황과 관련된 사고를 공유하기 위해서는 표현에서 요구되는 정확함을 제공하는 도구가 필요하다. 너무 대략적인 표현 방식만 보유하고 있다면 과거의 경험에 대한 두드러진 특성을 공유할 수 없다. 논리와 관련된 놀라움을 해결하기 위해 구상된 설명이 역할을 제대로 한다는 것도 마찬가지로 이해될 수 없다. 정확하게 규정된 대화가 이렇게 필요하기 때문에 일정 수준의 정확함이 있이야 한다. 우리가 2부에서 기술한 언어 능력이 이러한 대화 관련 요구에 잘 들어맞는 것이다. 즉 사고 내용과 사고 방식의 공유를 위해 적절하게 사용된다는 것이다. 이제는 이러한 공유의 생물학적 기능을 규정할 차례이다.

15.5 대화 방식의 기원

우리 종이 그토록 많은 시간을 할애하는 대화라는 행동이 우리 선조들의 진화 단계 가운데 언제부터 보이기 시작했는지 의문을 갖는 것은 당연하다. 게다가 우리는 서로 다른 인지 능력을 기반으로 삼는 근본적 대화 방식이 두 개가 존재한다는 것을 알고 있으므로 이 두 개의 인지 능력이 함께 나타난 것은 아니라고 충분히 가정할 수 있다. 14장에서 제시하였듯이 두드러진 상황에 관한 의사소통이 먼저 우리 조상 종에서 나타난 것이라면 다른 대화 방식인 논증적 방식은 우리 인간 종과 함께 나타났다고 생각할 근거가 충분하다. 다시 말하면 논증은 인간 고유의 것이다.

우리가 지금 사용하는 이 모습의 언어가 등장한 것은 새로운 능력의 출현과 관련이 있다. 즉 인지 갈등을 감지하는 능력을 말한다. 하나의 사실과 그 반대가 양립할 수 없다는 것을 탐지하고, 그러한 양립불가능성을 전달하고 싶어하며, 상호작용을 통해 공동으로 그 문제를 해결하려는 성향이 언어의 새로운 쓰임의 기반이라고 볼 수 있다. 이것이 논증이다. 그러므로 우리의 언어 사용은 정보 공유와 논증이라는 두 개의 요소로 구성되어 있다고 할 수 있다. 정보 공유는 원시 인류와 함께 나타났으며 논증은 우리 인간 종의 전유물이다. 앞으로 보겠지만 이 모형의 일관성은 **호모 사피엔스** 고유의 혁신인 화용적 혁신과 의미적 혁신 사이에 존재할 수 있는 병행 관계를 통해 강화된다. 논증은 주제 분할 능력과 함께 나타났다고 할 수 있기 때문이다.

요즘에 모양을 갖추기 시작한 시나리오는 다음과 같다. 원시 인류는 원시 언어와 원시 의미론을 보유하고 있었다. 원시 언어와 원시 의미론은 구체적 장면들을 기초로 삼으며, 주위 환경의 두드러진 상황은 이 장면들을 통해 알려질 수 있다. 이들의 후손인 인류는 그에 더하여 다음과 같은 것들도 보유하고 있다. 즉 구와 형태 표지를 기반으로 하는 통사 관련 능력, 주제 분할을 할 수 있는 의미 관련 능력, 논리적 추론 능력을 보유하고 있다. 인간 언어의 출현을 설명하기 위해서는 이 각각의 구성 요소가 생물학적 기능을 수행한다는 것과 그 기능이 직간접적으로 개체들의 생존과 번식에 유용하다는 것을 보여야 한다.

통사 관련 능력의 출현은 주제 분할의 필요성을 인정하면 이해가 된다. 구의 접속과 형태 표지는 문장 안에서 의미 역할을 되풀이하며 파악할 수 있게 해주는 두 가지 방법으로서 국소적으로 최적화되어 있다 (10장 참고). 논증에 있어서 인지 갈등의 중요성을 확인하였으므로 이제 주제 분할의 역할을 찾을 수 있다. 우리가 인지 갈등을 탐지할 수 있는 것은 바로 주제 분할 덕분이다. 상황의 주제화는 극도의 단순화로 구성된다. 표상의 형태를 통한 주제화는 심지어 너무 단순하다. 그러한 주제화는 장면 형식의 표상과 중복되기 때문이다. 그렇지만 주제에 관해 매우 단순화된 이러한 영상 안에서 인간은 논리적 양립불가능성으로 이해되는 위상적 불가능성을 찾아낼 수 있다. 위상적 불가능성의 보기는 하나의 사물이 주어진 지역의 내부와 외부에 동시에 있을 수 없는 것이다. 우리의 보기에서 서지는 논을 소유하고 있다는 속성의 '안과 그 '밖'에 동시에 있을 수 없다. 우리는 이러한 위상적 불가능성을 양립불가능성으로 해석하고 그것을 인지 갈등이라고 여긴다.

두드러진 상황의 탐지와 반대로, 인지 갈등은 주어진 상황과 그 부정 사이의 양자택일로 드러난다. 그러한 선택을 고려하는 능력은 신경학의 차원에서 말하자면 우리 두뇌의 가장 앞부분에서 담당한다 (Deacon 1997, p. 263). 그런데 두뇌의 이 구역은 인류가 최근에 획득한 곳이다. 우리의 두뇌를 침팬지의 두뇌와 비교할 때 상대적으로 가장 많은 성장을 겪은 곳이다. 우리의 대뇌 피질에서 전두엽의 앞부분은 **호모 에렉투스** 이래로 의미 있는 발전을 겪었을 수 있다. 그와 함께 새로운 능력이 출현한다. 인지 갈등의 탐지와 해결이다.

주제화는 양립 불가능성을 탐지할 가능성을 열면서 어떤 용도를 하나 발견한다. 이 용도는 생물학적 관점에서 그 존재가 정당화될 수 있다. 그런데 양립불 가능성을 탐지할 수 있는 것이 원시 인류로 가득찬 세계에서 어떤 이득을 가져올 수 있는가? 이 질문은 자명해 보이지만 사실은 그렇지 않다. 자명해 보이는 것은 우리가 그것을 인간의 관점으로 살피기 때문이며, 그러한 관점에 논리학이 분명히 유용하기 때문이다. 그렇지만 다른 모든 동물의 종들이 이러한 능력의 도움 없이도 매우 잘 살고 번식한다는 사실에 주의를 기울여야 하겠다. 현생 인류와 정확하게 동일한 능력들을 보유하고 있었던 초기의 **호모 사피엔스**가 농업의 발명 이전에는 눈부신 인구 증가를 겪지 않았다. 농업의 발명은 **호모 사피엔스**가 존재하던 시기 가운데 마지막 5% 기간에 일어났다. 호모 사피엔스가 여러 대륙으로 거주지를 펼친 것은 그 조상인 **호모 에렉투스**의 지리적 팽창보다 더 눈부시지 않다. **호모 에렉투스**가 우리의 논리적 역량을 보유하고 있지는 않았을 것이다. 그렇다면 이러한 논리 능력의 생물학적 장점은 도대체 무엇인가?

논리학을 단순한 추론 도구로 보는 보편적인 의견과 정반대에 위치하게 되겠지만 우리는 논리학을 논증의 원동력으로 삼은 아리스토텔레스의 전통을 이어 가야 한다. 이렇게 함으로써 인지 갈등을 관리하는 능력을 다시 인간의 차원으로, 즉 겉으로 보기에는 하찮지만 각자 관련성 있는 논거를 만들 수 있어야 하는 일상 대화의 상황으로 가져온다. 장면이라는 개념 덕분에 논리 능력이 극히 중요한 생물학적 능력 가운데 하나로 자리잡을 수 있었다. 우리는 일상에서 친구나 적대자나 수위 아저씨와 나눌 수 있는 평범한 논증을 통하여 이러한 의미의 장면을 찾아볼 수 있다. 이제 다음 장부터는 인지 갈등을 감지하려는 생물학적 이유가 거짓말에 맞서기 위한 것이라는 주장을 전개하려 한다. 거짓말하는 사람이 즉각적으로 맞닥뜨리는 유일한 어려움은 자신이 한 말에서 대화 상대자들이 논리적 양립 불가능성을 탐지하지 못하도록 하는 일이다. 우리가 앞으로 확인하겠지만, 인지 갈등을 탐지하는 능력은 그 생물학적 정당성과 함께 주제 분할 능력, 그리고 주제 분할에 쓰이는 통사 관련 능력을 바로 여기에서 발견한다.

16장
언어, 진화에의 역설

앞 장에서 언급한 것에서 결과를 도출하면 역설적인 결론에 도달하게 된다. 자연선택에 의한 진화의 법칙에 따르면 인간과 같은 의사소통은 존재해서는 안 된다. 말하기의 첫번째 효과는 듣는 사람이 화자의 정보와 지식을 활용할 수 있는 것이다. 의사소통이 무상의 도움이었다면 이 행동은 자연선택의 영향으로 빠르게 사라질 것이다. 이기적인 도움이라면 상대방은 어떻게 했을까? 이 장은 다윈의 기준에 따라 의사소통이 개인과 사회에 미치는 영향을 고려할 때 그 명백한 불가능성을 강조하고자 한다. 우리 계통이 생명체의 세계에서 이와 같은 비정상적인 의사소통 행위를 채택한 이유를 이해하려면 이 역설을 설명하는 수용가능한 해결책을 찾아내야 한다.

16.1 사회 관계 이론

동물이 친족 관계가 아닌 동종에게 음식을 제공하는 상황은 드물다. 이 관찰은 개체들을 생존과 번식을 위한 경쟁자로 보는 다윈의 이론과 일치한다. 그러나 인간은 듣고 싶어하는 사람에게 잠재적으로 유용한 정보를 제공하는 데 많은 시간을 보낸다. 이 명백하게 이타적인 행동은 자연선택에 의한 진화론의 엄격한 틀 인에서 어떻게 설명될 수 있을까? 그 대답은 사회적 유대를 형성하는 데 언어가 역할을 한다는 데에 있다.

우리가 질문한 대부분의 사람들에게 언어의 기능은 그 무엇보다도 사람들에게 사회적 관계를 만드는 것이라고 한다. 사람들이 그들 사이에 맺는 많은 관계들이 우선적으로 언어를 통한다. 우정 관계, 위계 관계, 존경이나 사랑까지도 종종 언어를 수단으로 시작되고 유지되는 감정들이다. 다른 기능을 찾을 필요가 있을까? 언어는 인간 집단을 공고히 하고 생존 경쟁에서 더욱 유리하게 만든다. 불행히도 이런 언어의 기능에 대한 개념은 비판적 평가를 견디지 못한다.

영장류 학자인 로빈 던바Robin Dunbar는 뜻밖의 비교를 제안한다. 언어와 영장류들의 다른 체계적 행동 간에 유사성을 찾는다. 던바의 비비류 원숭이들은 서로 털을 정리하는 데 많은 시간을 보낸다. 이 행동 기능은 우리가 생각하는 것만큼 유용하지 않다. 예를 들어, 제인 구달은 침팬지가 자기 동종들의 털고르기에 몇 시간을 보내지만 잔가지나 불순물을 제거하는 데 그치는데, 그 이유는 구달이 연구하는 자연환경에서는 이 동물들에게 기생충이 없기 때문이다(Goodall 1971). 왜 이러한 행동을 할까? 영장류를 자연환경에서 연구하는 사람은 누구든지

털고르기가 아무때나 아무 개체들 간에 이루어지는 것이 아니라는 것을 당연히 알고 있다. 전형적으로 위계가 아래인 동물이 상위에 있는 동물의 털을 고른다. 가끔, 공격적 장면 후에 한 개체가 복종의 자세를 취하면 우위에 있는 개체가 복종하는 동물의 털을 고르기 시작한다 (Goodall 1971, p. 246). 털고르기는 서로서로의 털을 만져주면서 한꺼번에 여러 개체와 관련되기도 한다. 던바의 논거는 일정 부분 다른 유인원들의 털고르기가 하는 역할을 우리의 언어가 담당한다고 보는 것이다(Dunbar 1996, p. 78). 서로 털을 고르는 데 시간을 보내는 개체들은 동맹과 보호 행위에서 발견되는 강한 유대감을 형성한다. 일종의 "우정" 네트워크가 집단 안에 짜여서, 침팬지나 고릴라와 같은 영장류가 집단을 형성해서 살 수 있도록 하며, 이 집단은 서로 차별화된 개별 관계에 기반을 둔, 복잡한 사회적 기능을 갖는다. 왜 인간은 서로의 털을 고르지 않고(또는 드물게 고르고), 왜 언어가 이런 종류의 상호 그루밍을 대체했을까? 그 이유는 대부분의 털이 손실되었기 때문이 아니다. 던바의 경우, 집단 크기의 증대와 관련이 있다고 설명한다. 영장류의 신피질 크기와 집단 규모 사이의 상관관계를 비롯한 다양한 단서는 우리의 인류 조상이 침팬지보다 훨씬 더 큰 규모의 집단으로 살았음을 시사한다(Dunbar 1993). 이러한 조건에서 사회 구조는 털고르기와 같은 시간 소모적인 행동에 계속 의존할 수 없다. 고등 영장류는 개미가 아니다. 그들의 복잡한 사회는 긴밀한 혈연관계가 아니라 상호작용의 축적으로 인한 개인적 유대에 기반한다. 집단의 크기가 증가하면 상호작용의 가능성이 훨씬 더 커진다. 던바에 따르면, 언어는 각 개체가 동시에 여러 개체들과 상호작용할 수 있도록 함으로써 장기간의 신체 접촉보다 훨씬 더 효과적으로 사회적 유대를 수립하고 유지하는 기능을 수행할 수 있게 한다.

언어가 사회적 기능을 수행한다는 것을 부정할 수 없다면, 던바가 묘사하는 대로인지 자문해볼 필요가 있다. 털고르기 행위와의 유사성은 확실히 단순화시키는 것이다. 이 유사성은 언어의 속성을 충분히 드러내지 못한다. 동시다발적으로 으르렁거리는 소리는 개체들이 단합을 유지하려는 의지를 서로 확인하는 데에도 유용하다. 던바는 이 비유에서 멈추지 않는다. 그는 대화 내용의 많은 부분이 나른 개인과 관련되어 있음을 관찰한다. 즉, 대화는 사회적 관계를 수립하고 유지하는 방법일 뿐만 아니라 집단 내 다른 개인의 일탈 행위를 공개함으로써 이러한 관계를 통제하는 수단이기도 하다(Dunbar 1996, p. 79). 따라서 언어는 두 가지 차원에서 사회적 응집력의 요소가 된다.

가십의 중요성은 던바에 의해 다소 과장되었다. 가십과 기타 험담은 확실히 우리의 대화 상호작용에서 중요한 부분을 차지하지만 종종 소수의 경우로 남아 있다. 가십의 중요성은 언어 사용에 우연한 영향을 미쳤을 뿐이라고 할 수 있고 심지어 그럴듯하다. 집단 내의 지속적인 사회적 관계가 구성원들에게 가장 중요한 이해관계가 되는 것은 부인할 수 없다. 그러나 가십이 대화에서 그와 같은 자리를 차지하는 이유는, 공통의 이해관계를 언급하는 것이 관련성을 가지는 하나의 방법이기 때문이다(15장 참조). 다시 말해서, 우리가 했던 것처럼 대화 교환의 구조를 고려한다면, 우리는 대화 상대가 험담을 할 것으로 기대한다. 따라서 이 활동은 우리의 의사소통 방식의 원인이 아니라 결과일 것이다. 이러한 언급을 감안할 때, 다른 사람의 행동을 야유하거나 반대로 칭찬할 가능성이 언어 행위의 진화에 직접적인 영향을 미쳤을 가능성은 거의 없다. 동일한 구조를 가진 이 동일한 언어가 전혀 다른 사실적, 심리학적, 상상의 또는 기타 여러 유형의 주제에 대해 이야기하는 데 사용된다. 대화 주제의 다양성은 무궁무진하다. 언어의 다양한 사용이 그 자체로 진화 과정에서 언어의 출현을 정당화할 수 없다(141쪽 참고). 그 다양한 사용은 언어와 같은 새롭고 복잡하며 통합된 기능의 진화적 창조에 동기를 부여하기에는 너무 이질적인 모음을 형성하고 있다.

언어가 사회적 유대 형성에 관여한다는 생각은 분명해 보인다. 그러나 우리가 알고 있는 언어의 출현을 설명하기 위해 이 아이디어를 뒷받침할 때 사회적 응집력의 효용성에 의한 설명은 성립하지 않는다. 사회적 유대로서 또는 집단 구성원의 행동을 통제하는 수단으로서의 언어의 역할은 언어 행위를 전체적으로 설명하기에 충분하지 않다. 이러한 사회적 유대에 의한 설명의 부족함은 타인의 행동에 대한 논평을 할 때조차도 언어는 이타적 행위라는 사실을 인식하게 된다면 더욱 커진다.

16.2 언어의 이타적 특성

누가 언어로부터 이익을 얻는가? 우리가 대화하는 즐거움을 믿는다면, 언어는 듣는 사람만큼 말하는 사람에게도 유익하다. 그러나 여기서 심리적 동기는 고려하지 않겠다. 우리는 선택압을 가할 수 있는 생물학적 동기에 관심이 있다. 따라서 고려해야 할 '이익'은 개인의 생존 및 번식과 비례관계가 있는 모든 대화 행위의 결과이며, 다른 효과는 배제해야 한다. 주어진 행동에 연관된 쾌감이나 불쾌감은 그 자체가 진화의 산물이지 진화의 근원은 아니다. 이 감정은 유전적 장치를 위해서 문제의 행동을 크게 통제하는 수단이 된다. 대화 행위가 대화 상대방에게 어느 정도 즐거움을 준다면, 그 행동이 생물학적으로 우리 조상에게 유용했고 우리가 그것을 지속시키는 것이 유용하기 때문이다. 이 유용성이 무엇으로 구성되어 있는지 이해하려면 다시 질문을 던져야 한다. 누가 언어로부터 이익을 얻는가?

우리가 원시 인류에게 빌려온 의사소통 방식을 보면, 그 답은 즉각적이고 명백하다. 본질적으로 눈에 띄는 상황만을 알려주는 것이므로 이것은 청자에게 유익한 소통 행위이다. 눈에 띄는 현상의 발생에 대해 화자가 이목을 집중시키고자 할 때 그는 동료들에게 잠재적으로 소중한 정보를 가져다준다. '소중한'이라는 품질형용사는 여기서 생물학적 의미로 이해하자. 화자는 이 경우에 다른 이들에게 생존과 번식의 기회를 더 높이는 정보를 주는 것이다. 물론 모든 경우의 말하기에 해당하는 것은 아니다. 정보는 대부분 겨우 알아차리고 금방 잊어버린다. 한편, 관점을 바꿔서, 생물학적으로 유용한 정보를 특성화할 수 있는 지표 유형이 무엇인지 살펴보도록 하겠다.

동물들은 생존과 번식에 생물학적으로 유용한 것에 대한 많은 단서를 가지고 있다. 예를 들어, 다양한 풍미와 미각 특성은 수렵채집인의 삶에서 음식을 효과적으로 얻을 가능성이 있다는 단서이다. 또다른 예는 주의력이다. 동물에게 주의력은 인지적 수단이 환경의 적절한 부분에 집중되게끔 하는 장치이다. 이 적절성을 어떻게 정의할 수 있을까? 동물 행동학이나 그 이전의 행동 연구들은 동물이 위험을 내포하거나 고통을 줄 수 있는 자극, 그리고 보상이나 번식 기회를 가져올 수 있는 모든 자극에 대해서 주의력을 조절한다는 것을 충분히 보여주었다. 이러한 자극은 생물학적 이해관계를 가지며 동물의 주의력이 우선적으로 이 자극들에게로 향하는 것을 알 수 있다. 화자가 환경의 불쾌한 측면에 주의를 기울일 때 그는 귀중한 정보를 제공하는 것이다. 예상 밖의 상황을 알릴 때도 마찬가지일까? 호기심 많은 동물, 즉 새로움에 끌리는 동물은 상황의 생물학적 이해관계에 민감한 동물보다 수가 적다. 고등 영장류가 이중 하나이다. 새로움이 생물학적 적절성을 잘 예측하기 때문이 아니라면 왜 영장류가 예상치 못한 상황에 민감한지 의아해할 수 있다. 원래 새로움은 드문 것이며, 그것에 주의력을 기울이는 데에는 너무 많은 인지적 수단이 필요 없다. 더욱이, 그것을 처음으로 활용할 수 있는 사람에게 새로움은 가치가 있다. 긍정적이건 부정적이건 잠재적인 이해관계는 그것을 알고 있는 사람이 혼자이거나 수가 적을 때 증대된다. 이렇듯 이해관계와 새로움은 **생물학적 적절성**의 두 가지 좋은 지표이다. 많은 동물 종들이 환경의 이 두 가지 측면에 선택적인 관심을 기울였다는 것은 이해할 만하다. 그러나, 인류와 의심할 여지 없이 그에 앞선 종들이 어떤 놀라운 요인들을 조합해서 이 두 주의력의 기준을 의사소통의 대상으로 만들었는지 설명해야 한다. 그리고 또한 무슨 이유로 한 사람의 주의를 끈 것이 그의 관점에서 반드시 다른 사람들의 주의를 끌어야 하고 다른 모든 사람에게 알리는 일을 떠맡는지 알아야 한다. 이를 증거로 보는 사람들은 왜 우리 종이 분명히 이러한 유형의 의사소통을 하는 유일한 종인지 설명해야 한다.

화자가 획득한 정보가 소통되었다는 바로 그 사실 때문에 고유한 가치를 자주 잃게 된다는 점을 깨닫는다면, 눈에 띄는 상황에 대한 의사소통은 훨씬 더 이해하기 어려워진다. 특히 새로움의 매력은 새로운 상황의 잠재적인 이해관계가 공유되어서는 안 된다는 사실과 관련이 있다. 우리가 새로운 모든 것을 다른 사람들에게 서둘러 전달한다면, 우리는 가장 먼저 알게 된 이점을 잃게 된다.[16] 생물학적으로 흥미로운 모든 것을 다른 이들에게 알리기에 혈안이 되어 있는 종에게는 사실 정보를 찾으러 갈 필요도 없으므로, 인류의 의사소통은 더욱더 신비롭다. 종종 호기심은 비용이 많이 드는 행동이다. 영토의 끝까지 가서, 알려지지 않은 양식을 맛보고, 잠을 자지 않은 채 주의를 기울이기도 해야 한다. 생물학적 이점을 지닌 모든 것이 언어를 통해 다른 사람에 의해 제공된다면, 스스로 정보를 찾는 데 시간을 보내고 조금이라도 위험을 감수할 필요가 없다. 눈에 띄는 상황을 체계적인 의사소통으로 전달하는 종이라면, 구조화된 집단보다는 물고기 떼를 닮은 것으로 곧바로 진화해야 한다. 아무도 정보를 찾으러 가지 않는 단계에 이르면, 더이상 소통할 것도 없게 된다. 따라서 눈에 띄는 상황을 전달하는 것은 그 자체의 부정으로 이어지는 것 같다.

위의 주장이 선-인류 및 인류의 의사소통의 역설적 특성을 보여주는 유일한 요소는 아니다. 이러한 의사소통 체계의 근간이 되는 성향이 어떻게 선택될 수 있었는지 이해하려면 금세 부조리함에 도달하게 된다. 동물 집단에서 다음 세대의 출산에 대한 개인의 기여는 그들이 말했듯이 '제로섬 게임'이다. 여러 가지 이유로 일부 개체가 평균보다 더 많은 생존 가능한 자녀를 낳는다면 다른 개체가 더 적은 자손을 가졌기 때문이다. 우리는 여기서 다윈주의 이론의 한가운데에 있다. 10세대가 차이 나는 종의 구성원을 생각해보자. 첫번째 세대의 개체들 중 일

---

16 도르도뉴에서 버섯을 찾는 사람은 친구들(그의 경쟁자이기도 하다)에게 그가 버섯의 특별한 매장지를 발견한 사실을 말하고 싶은 마음과 이 장소를 비밀로 유지해야 하는 이해할 만한 필요성 사이에서 고민한다.

부는 두번째 세대의 개체들의 조상이고 나머지는 그렇지 않다. 조상이 된 것으로 확인된 사람들은 같은 시기에 살았던 동료들보다 더 많이 번식했을 가능성이 높다고 볼 수 있다. 이러한 조건에서, 정의상 잠재적으로 그들의 생존에 유용한 정보를 동료 인간에게 제공하는 의사소통 행위를 어떻게 설명할 수 있을까? 이 틀에서는, 이 게임을 하지 않고 자신을 위해 유용한 정보는 간직하면서 동료가 제공하는 것을 이용하는 사람이 자손을 남길 확률이 더 높다고 할 수밖에 없다. 모든 게 그러하다. 이 관찰은 언어가 존재할 수 없다는 것을 의미하는 것 같다! 이것은 정보의 체계적인 소통이 다른 종에는 존재하지 않는다는 사실에 대한 최선의 설명이기도 하다.

인간과 적어도 우리가 생각할 수 있는 선조들이 일상적으로 실천했던 눈에 띄는 상황을 전달하는 행위는 자연법칙, 특히 자연선택 이론과 모순되는 것 같다. 물론, 우리는 추론의 한 단계를 놓쳤음에 틀림없다. 그렇지 않으면 대화도, 언어도, 책도, 독자도, 인류도 없고, 관여할 필요가 없을 때 침묵을 유지할 지혜가 있는 영장류만 남아 있을 것이기 때문이다. 정보를 안전하게 보관하기보다는 관심 있는 것을 누설하려는 인간의 열성에는 설명이 필요하다. 우리가 확인하겠지만, 즉시 머리에 떠오르는 것이 반드시 옳은 것은 아니다.

16.3 언어와 협력

분명해 보이는 언어의 역설을 해결하기 위해서 몇몇 학자들은 대칭적 협력cooperation symétrique이 이루어질 것이라 상상했다(Dunbar 1996,

Ulbaek 1998). 분명, 보이는 것은 이 방향으로 설득력을 갖는 듯하다. 대화는 종종 대화자들이 그 역할을 주기적으로 교환하는 대칭적인 실천이다. 물물교환과 같은 경제형 협력에서는 모든 사람이 대상이나 서비스를 가져와 파트너가 생산한 대상이나 서비스와 교환하기 위해 자발적으로 내놓는다. 이 도식이 대화에 어떻게 적용될 수 있는지 알 수 있다. 즉, 각자가 정보를 가져와서 다른 이들의 정보에서 이득을 얻는다.

의사소통에 대한 이러한 경제적인 시각은 사실 동물세에서 이타주의를 설명하기 위해 사용된 고전적인 해결책에서 영감을 받았다. 자연선택 이론의 좁은 시각을 따른다면, 살아 있는 존재는 절대적으로 이기적이어야 한다. 왜냐하면 같은 종의 다른 개체에게 도움이나 호의를 베풀면 이 다른 개체가 생존하고 번식할 기회가 증가하기 때문이다. 다음 세대의 번성에 기여하는 것은 제로섬 게임 같기 때문에, 주어진 시간에 종의 구성원은 이타적인 개인보다 도움을 받은 개인의 후손일 가능성이 더 크다. 그러나 이러한 추론에서 벗어날 수 있는 적어도 두 가지의 방법이 있다. 1964년 윌리엄 해밀튼William Hamilton이 이론화한 첫번째 이론은 비슷한 개체들에 대한 이타주의가 자연선택에 의해 채택될 수 있음을 보여준다(Hamilton 1964 ; 1972). 가장 명백한 경우는 자손에 대한 이타적인 행동이다. 자신의 비용으로 자손을 돕는 개체들은 적어도 이와 같은 부모의 관심을 나타내지 않는 이웃보다 더 많은 자손을 남길 수 있다. 이렇듯, 많은 동물 종에서 부모가 자신의 생존 가능성의 상당 부분을 희생하면서 자녀에게 시간, 음식 및 보호를 제공하는 것을 관찰하게 된다. 동일한 추론이 더 예기치 않게 방계 자손에게도 적용된다. 개체들은 직계 조상과도 비슷하지만 삼촌, 숙모, 형제 또는 사촌과도 비슷하다. 만약 삼촌, 숙모, 형제 또는 사촌이 또 그들의 방계에게 이타적인 행동을 취한다면, 이 행동은 유사성 때문에 그 후대에도 나타날 수 있다. 방계에 대한 이타주의가 적용되는 가장 유명하고 인상적인 사례는 사회적 곤충의 경우이다. 다원주의적 설명은 또한 여기에서 놀라운 확증을 발견한다. 왜냐하면 번식하는 자매와 형제를 돕기 위해 번식의 모든 기회를 포기하는 불임 일벌레들의 이타적 행동을 올바르게 예측하는 데 성공한 유일한 사례이기 때문이다. 불행히도 이 이론이 언어에 적용될 수는 없다. 대화 행위가 비슷한 개체들만을 대상으로 하지 않아서가 아니라 이 행위가 가족 범위로만 제한하는 주목할 만한 편향성이 없기 때문이다. 언어는 본질적으로 사회적 행동이며, 예를 들어 보호 행위와 같은 부모의 행동이 아니다.

언어에서 친족 이타주의를 불러일으킬 수 없는 경우 일반적으로 하나의 시나리오만 사용할 수 있다. 바로 상호 협력이다. 따라서 화법은 대칭적일 것이다. 각 참가자는 다른 참가자에게 정보를 제공한다. 그는 자신이 알고 있는 것의 독점성을 상실한다는 사실로 그러한 행위의 비용을 부담한다. 그럼에도 불구하고, 그는 다른 사람들이 그에게 제공하는 정보로부터 혜택을 받기 때문에 대차대조표는 긍정적이다. 이러한 종류의 협력은 자연에 존재한다. 가장 분명한 경우는 의심할 여지 없이 유성종有性種의 번식이다. 한 쌍을 이루는 각 개체는 출산을 위해 서로가 필요하다. 각자는 자신에게 부족한 것을 상대에게서 얻는 동시에 상대에게 번식의 가능성을 제공한다. 물론 투자 측면에서 남성과 여성의 상황이 대칭적인 경우는 거의 없지만, 원칙적으로 비용과 이익이 갈라져도 한 쌍의 번식은 협력의 문제로 남는다. 새끼들이 자립할 때까지 둥지를 지키는 새들 사이에서는 협력이 훨씬 더 대칭적이며, 한쪽에 맡겨진 일이 다른 쪽에는 덜 하기 때문에 우리는 서로 관련이 없는 두 개체가 서로를 돕는 것을 분명히 볼 수 있다. 인간의 언어 사용이 동일한 기제에 근거한다고 생각할 수 있을까? 대칭적 협력으로 언어를 설명한다면 우리가 지금 검토하려고 하는 두 가지 주요 난점에 직면하게 된다.

협력 시스템의 근본적인 어려움은 사기꾼의 존재에서 비롯된다. 협력의 역할에 대한 생물학의 초기 연구(Trivers 1971, Axelrod & Hamilton 1981)에서부터, 부정행위에 직면한 협력의 견고성 문제는 특히 사회학이나 경제학 같은 분야에서 상당히 많은 연구를 낳았다. 불충실한 짝을 물리치기 위한 복잡한 전략적 행위를 테스트하기 위해 컴퓨터 시뮬레이션이 수행되었다(Axelrod 1984). 협력의 문제점은 상호성이 일어날지 결코 확신할 수 없다는 점이다. 따라서 행위의 첫 발자국을 떼는 개체들은 신뢰할 수 있는 협력자와 거래하고 있다고 확신해야 한다. 대칭적 협력의 도식을 언어 상호작용에 적용하고 싶다면, 이 부정행위 문제가 계약 취소의 원인이 되지 않고 협력이 확립되는지 확인해야 한다. 객관적인 이득을 가져다주는 정보를 제공하는 화자들이 침묵하는 전략을 가진 개체들보다 더 많을 수 있는지 알아야 한다.

나는 이 문제의 단순화된 버전을 연구했다(Dessales 1999). 내 연구에서 개인의 전략은 고정적이고 체계적이다. 대조적으로, 개인은 어느 정도 상호작용하는 협력자를 선택한다. 더욱이 생물학적 종에서와 마찬가지로 개체는 서로 교배하여 자신과 유사한 자식을 낳는다. 〈그림 16.1〉은 자연선택에 직면하여 협력이 존재하고 지속되도록 허용하는 조건을 보여준다. 이 연구의 결과는 분명하다. 부정행위자의 탐지가 효과가 없을 때 협력 행동은 사라진다. 생물학적 안정성을 위해서, 협력은 부정행위의 위험과 협력 행동과 관련된 비용을 상쇄하기 위해 양 당사자에 대한 보상이 높을 것을 요구한다. 새끼를 키우기 위해 협력하는 새의 경우 비용이 상당하지만 번식 성공의 이점은 동일한 새가 최소한의 투자로 달성할 수 있는 것보다 훨씬 크다. 언어는 어떠한가? 대화 개입이 청자에게 제시할 수 있는 평균적인 생물학적 이득이 과장되어서는 안 된다. 우리가 세계에 대한 대부분의 지식을 언어적 상호작용에서 얻는 것은 사실이지만 이러한 이점은 상당한 수의 대화를 통해 희석된다. 다른 한편으로는, 언어 비용은 매우 저렴한 것 같다. 말하기에는 많은 에너지가 필요하지 않다. 분명히 이것은 언어가 안정적인 협력의 조건을 지키도록 만들어준다. 그러나 언어를 대칭적 협력으로 보는 학자들은 일반적으로 발언 비용을 과소평가한다.

말을 한다는 것 그 자체가 핵심이 아니라 **적절한** 말을 하는 것이 중요하다. 관련성이 있는 말을 하려면 다른 사람에게 전달할 적절한 정보를 보유해야 한다. 그러나 이 정보를 얻는 것은 간단하지 않다. 호기심을 갖고 시간을 들이고 때로는 위험을 무릅쓰고 다른 사람들보다 먼저 관찰하고 적절한 정보를 제공해야 한다. 종종 간과되는 정보 획득 비용은 언어 사용의 협력 시나리오에 의문을 제기할 수 있다.

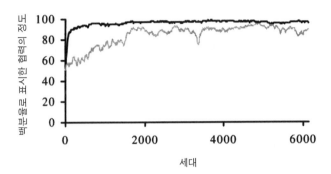

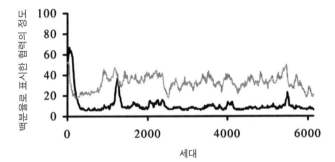

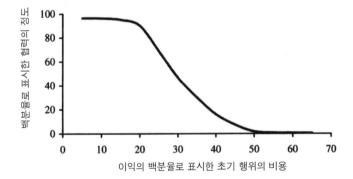

〈그림 16.1〉 유전자 알고리즘을 활용한, 진화하는 동안 협력을 유지할 수 있는 조건에 대한 시뮬레이션. 상단의 그림은 첫번째 단계를 밟는 사람(검정색)과 응답하는 사람(회색) 모두 협력이 설정된다. 중간 그래프는 협력이 불가능한 경우를 보여준다. 하단 곡선은 첫번째 단계의 상대적 비용에 따라 협력 수준이 다르다는 것을 보여준다.

16.4 언어와 속임수

이미 언급한 것처럼, 언어는 다른 이들에게 유용한 정보를 제공한다. 물론 자발적인 대화가 중대한 정보를 교환하는 장이 될 때는 거의 없다. 그러나 우리는 직접적인 경험보다는 소문을 통해 더 많이 알게 된다. 우리는 우리가 한 번도 가본 적이 없는 장소, 한 번도 만난 적이 없는 사람, 우리가 목격하지 못한 행동 등에 대해 들었다. 언어에 접근할 수 없는 인간의 삶이 어떨지 상상해보자. 수화에 접근할 수 없는 청각 장애인의 비참한 운명은 우리에게 그것을 상상하게 해준다(Kegl, Senghas & Coppola 1999, p. 199). 우리가 일상적으로 동료 인간에게 제공하는 정보는 가치가 있으므로, 그에 상응하는 것을 돌려받으려고 노력하면서 현명하게 말해야 한다. 반면에 우리는 정기적으로 우리가 갖고 있는 지식에 대해 요청을 받아야 한다. 의사는 그의 고객에 의해 요청을 받고, 고객은 행위에 대해 의사에게 비용을 지불하고 그의 행위의 정당성은 쟁점이 되지 않는다. 왜 말하는 것은 거의 요청되지 않고, 왜 항상 보상으로 이어지지 않으며, 왜 철저하게 평가되는가? 14장, 15장에서 발췌한 반박들은 대화의 진정한 본질에 대해서 거의 의심하지 않는다.

G2 – 알츠하이머병 환자들만 그러는 게 아니지.(425쪽)

O1 – 자, 그래, 그럼 …… 그런데 너는 이 책들을 어떻게 알게 됐어?
   (441쪽)

S2 – 화면이 찌그러져.(443쪽)

U1 – 아, 그래, 구름이 걷히기는 하겠네.(444쪽)

청자의 태도는 분명히 가치 있는 정보를 간직하거나 똑같이 가치 있는 쉽게 정보를 돌려주는 태도가 아니다. 이 각각의 예에서 청자의 발언은 화자의 발언에 대한 이점을 의심하게 만드는 효과가 있다. 청자의 태도는 서비스를 막 받고 같은 것으로 돌려주는 친구의 태도라기보다 자신에게 제공한 상품에 대해 까다롭게 여기는 고객의 태도이다. 보이는 것과 달리, 대화는 근본적으로 비대칭적 운동이다. 전형적으로 화자는 눈에 띄는 상황에 주의를 이끌고, 대회 상대는, 앞의 예에서와 같이, 자신에게 전달된 정보를 평가하여 가치를 인식하거나(예를 들면 427쪽 K1의 '그래, 맞아') 그것을 하찮게 만들어버리거나 문제삼는다.

평가는 쉽게 유발될 수 있는 체계적 행위이다. 당신이 만약 상대방이 이미 알고 있는 소식이나 몇 푼 안 되는 동전 몇 개만 들어 있는 지갑을 잃어버렸다는 사실과 같이 대화 상대에게 너무 하찮은 정보를 가져오면 열기구의 예에서처럼(8장 참고) "네, 알지요." 또는 "그것이 우리와 무슨 상관이 있습니까?"와 비슷한 답변에 금방 노출될 것이다. 마찬가지로, 분명히 잘못된 요소를 발언 중에 넣고 그 결과를 관찰할 수 있다. 예를 들어, 브라질의 경제에 대해 이야기하면서, 이 나라에 유럽만큼 인구가 많다는 사실 또는 유사한 오류를 언급해보자. 대화 상대는, 지식과 사회적 조건이 허용하는 경우,[17] 오류를 명시적으로 지적할 것이다. 이는 너무나도 확연히 우리의 본성을 이루기에, 우리는 생물학적으로 부조리함에 충분한 주의를 기울이지 않는다. 다른 사람들이 오류를 범했을 때 이것을 언급하는 이유는 무엇일까?

---

17 일상적인 대화 조건에서 이 경험을 수행하고 있다고 가정해야 할 것이다. 참가자 간의 상당한 지위 차이와 같은 특정 사회적 상황은 자발적인 대화 행동을 억제할 수 있다.

청자가 그에게 제공된 정보의 질을 평가하는 이 상황은 반대의 관점을 취할 때 더 의미가 있다. 협력의 논리에서 위험은 첫발을 내딛는 사람이 감수한다. 우리가 이 논리를 언어에 적용한다면, 화자는 기꺼이 상호주의 규칙을 지키고 그들에게 전달된 것과 동일한 품질의 정보를 되돌려줄 사람에게만 말을 걸 것이다. 대신, 화자들이 말하게 요청받지는 않는다는 점이 관찰된다. 청자의 경우는, 자신에게 주어진 정보를 평가하여 그 가치를 인정하거나 폄하하거나 의심을 품는 데 그친다. 확실히, 장기적으로 보면 참여자의 태도는 더이상 비대칭적이지는 않다. 첫 주제가 변경되면 역할이 뒤바뀔 수 있기 때문이다. 그러나 이 전환은 늘상 일어나는 것은 아니며 무엇보다 협력 시나리오가 예측한 것과 달리 이것이 일어나지 않더라도 상황이 비정상적으로 보이지 않는다는 점에 주목하자.

그러므로 우리는 화자는 얻을 것이 있고 청자는 의심을 하는 일종의 "거울" 시나리오를 상상해야 한다. 즉, 관찰로 드러나는 언어 현실과 협력적 시나리오를 대립시키는 것은 위험을 감수하는 이와 관련이 있다. 협력 시나리오에서 위험을 감수하는 이는 첫발을 내딛는 사람이지만 언어 현실 속에서는 분명히 청자이다. 이 전도된 시나리오에는 생물학적 설명이 필요하다. 그러나 우리가 일단 이를 받아들이면, 대화 행위의 많은 측면이 존재 이유를 찾게 된다.

언어 행위의 가장 놀라운 현상 중 하나, 즉 말하기 차례의 교대는 이 역逆 시나리오에서 훌륭히 설명된다. 협력 시나리오는 처음 말하기 단계와 상호주의라는 두 가지 개입만을 설명해준다. 즉, 나는 당신이 관심을 가진 정보를 주고, 당신은 내가 관심이 있는 정보를 제공하며, 대화는 거기에서 멈추고, 다음 교환 전까지는 계속 연이어갈 이유가 없다.

실제 대화를 관찰하면, 쌍을 이룬 것이 나열되듯이 "평평한" 형태로 제시되지 않음을 알 수 있다. 우리가 일상적인 언어 사용을 협력적인 교환으로 보는 것에서 벗어난다면, 그 교환의 구조와 깊이는 완벽하게 이해된다. 청자가 그들에게 제공된 정보를 평가하거나 질문하기 위해 애쓰고, 그렇게 함으로써 화자에게 자신의 정보를 강화하거나 자신을 정당화하도록 강요한다는 사실은 우리가 관찰한 대화 순서를 설명해준다. 두 개의 대화 기제에는 두 가지 유형의 연쇄가 대응된다. 우리는 이전 장에서 평범한 행위가 또다른 평범한 행위를 요구한다는 것을 보았다. 유사하게, 인지적 충돌을 감지하면 해결책의 진술이 뒤따를 수 있지만, 이 해결책은 새로운 인지 충돌을 생성할 수 있다. 대화는, 전도된 시나리오에 따라 화자가 전달한 정보의 품질을 청자가 평가한다는 사실로 인해서, 두 가지 유형의 되풀이되는 연쇄로부터 나온다.

16.5 의사소통의 비용

언어 교환의 구조를 관찰하는 것은 화자가 변론인의 위치에 서는 의사소통의 반대 관점을 우리로 하여금 채택하게 만든다. 이 추론은 보이는 것과는 모순되는 것 같다. 왜냐하면 화자만이 주어진 순간에 가시적인 무언가, 즉, 관심을 가질 만한 상황에 대한 정보를 가져오기 때문이다. 의사소통 행위의 비용을 고려하면 이 미스터리는 더 심화된다.

존 크레프스와 리처드 도킨스의 추론에 따르면, 의사소통이 신호 발신자에게 이익이 될 때 과장되고 반복적이며 값비싼 신호로 진화한다고 한다(Krebs & Dawkins 1984). 이들이 제시한 원칙은 단순한 아이디어에 기반을 두고 있다. 발신자가 수신자에 가할 수 있는 조작과 수신자가 발신자에 대해 반대할 수 있는 저항은 서로 균형을 이룬다. 그러나 이 균형은 과장된 신호의 사용으로 필연적으로 발전한다. 모든 의사소통은 같은 종이든 다른 종이든 다른 동물의 행동에서 신호를 해석하는 동물의 능력에서 비롯된다. 이러한 단서를 통해 관찰된 동물의 미래 행동을 예측할 수 있다. 이 예측 능력이 향상되면 유익하다. 수신자는 발신자의 의도를 읽을(mind-reading) 수 있으므로 적절하게 예측할 수 있기 때문이다. 예를 들어, 개가 이빨을 드러내는 것을 보면 물려고 하는 것을 상상할 수 있고 예상하며 도망갈 수 있다. 크레프스와 도킨스에 따르면 상황은 멈춰 있을 수 없다. 관찰된 동물은 이제 상대방이 기대하는 행동으로 상대를 조작하는 강력한 수단을 갖게 되었다. 진화는 이러한 관찰된 개체의 생존을 증가시키는 수단을 갖는다. 따라서 이빨을 드러내고 있는 개가 물어뜯을 의도가 없을 수도 있다. 개는 그의 선조들이 그들 측에서 곧 공격할 것임을 믿게 함으로써 어려운 상황을 타개하는 데 성공했기 때문에 이러한 비슷한 행동을 취했을 수 있다. 그러나 관찰자도 진화해서 (같은 종이더라도) 점점 더 조종하기 어려워진다. 그 결과 신호가 과장된다. 개는 믿을 수 없을 만큼 점프할 것처럼 접근하고, 으르렁거리고, 발 쪽으로 몸을 낮춰야 한다. 발신자와 수신자의 행동이 이러한 방식으로 함께 진화되면 새의 구애 표현, 귀뚜라미 또는 영역을 지키는 새의 노래, 공작의 깃털, 침팬지의 위협 표현 등과 같이 과장되고 반복적인 표현이 나타날 수 있다. 상업 광고의 과시적이고 반복적인 성격을 설명하는 것도 같은 논리다. 이 경우 메시지를 읽을 줄 알지만 조종에 저항하는 방법을 배운 수신자를 조작하는 것이 쟁점이다. 이 창과 방패의 체계는 발신자에게 더 중요한 쟁점이 있을 때 신호의 과장으로 발전한다.

이 사실은 아모츠 자하비Amotz Zahavi가 다른 유형의 추론에서 만든 이론적 예측과 맞닿아 있다. 자하비는 핸디캡 원칙으로 알려진 원칙을 도입한다. 자하비의 주요 아이디어는 비용이 적게 든 행동은 흉내내기 쉽다는 것이다. 사기꾼이 정직한 발신자의 신호를 모방할 가능성으로 인해서, 자연선택의 작용을 통해 정직한 발신자만이 감당할 수 있는 비용이 높은 신호가 만들어진다(Zahavi 1995 ; Zahavi & Zahavi 1997). 예를 들어, 톰슨 가젤은 포식자 앞에서 멋진 행동을 보이며 수직으로 높이 뛴다(스토팅stotting). 자하비에 따르면 이 명백하게 터무니없는 행동은 포식자에게 보내는 신호이며 동물의 건강과 공격 시 도망칠 수 있는 능력을 보이는 것이다. 자하비의 생각은 이 신호가 정직하기 때문에 진화했고 비용이 들기 때문에 정직하다는 것이다. 무리의 다른 가젤 중 아마도 상태가 그리 좋지 않은 것들은 점프를 삼갈 것이다. 왜냐하면 보잘것없는 점프는 포식자의 주의를 열악한 신체 상태로 이끌 위험이 있기 때문이다. 결론은 다시 비용이 들고 과장된 형태 쪽으로 신호가 진화한다는 것이다.

이 두 이론은 동물 세계의 많은 의사소통 현상을 설명한다. 그러나 언어가 이 이론들을 실패로 이끄는 것 같다. 대화 행위에서 알 수 있듯이 화자가 청자에게 거짓 정보를 제공하여 속이는 입장이라면 그는 조작자의 입장에 있다. 진화는 청자가 저항력을 갖게끔 해야 하므로 언어는 사라지거나 과장되고 반복적이며 비용이 드는 신호로 진화해야 한다. 그러나 이것은 분명히 사실이 아니다. 대화에서 사용되는 언어는 과장되지도, 반복적이지도 않고, 큰 비용이 들지도 않는다. 자하비는 이 역설을 기꺼이 인정한다.

"우리는 상징적 단어 기반 언어가 인간에게서 어떻게 진화했는지 모른다. …… 문제는 언어에는 신뢰성을 보장하는 구성 요소가 포함되어 있지 않다는 것이다. 말로 거짓말을 하기는 쉽다."(Zahavi & Zahavi 1997, pp. 222-223)

그러므로 언어의 존재는 명백히 풀리지 않는 문제를 제기한다. 협력 시나리오에서 속임수를 쓸 수 있는 위치에 있을 법한 이는 청자이지만 또 대응책을 개발하는 것도 청자이다. 만약 화자가 속임수를 쓰는 입장에 있다면, 언어가 과장되고 비용이 많이 드는 행위 쪽으로 진화할 것으로 예상되지만, 이는 일어나지 않았다. 그러나 자하비가 강조한 이 역설의 두번째 부분은 대화 분석에서 해결책을 찾아낼 수 있다.

대화 상대의 행동은 14장에서 설명한 것처럼 두 가지 구성 요소로 나눌 수 있다. 하나는 눈에 띄는 상황을 알려주거나 하찮게 만드는 것이고 다른 하나는 인지 갈등을 식별하고 해결하는 것이다. 우리 행동의 이 두 가지 구성 요소가 존재한다는 것은, 언어 상호작용에서 속을 위험이 있는 사람이 청자라는 사실을 받아들인다면 이해될 수 있다. 평범화 행위는 청자가 그들에게 제공되는 정보를 합리적인 비율로 줄일 수 있도록 한다. 단순하게 말하자면, 과장에 대한 해독제로 평범함을 제시할 수 있겠다. 두드러진 특징을 과장해서 사건을 전달하고 싶은 사람들에게 청자는 상황을 서로 비교함으로써 상황을 상대화하는 자신의 능력을 내세운다. 인지 갈등의 탐지는 그 역할을 본래 다음과 같이 분석할 수 있다. 청자는 거짓말로부터 자신을 보호해야 한다. 이러한 관점에서 대화 행위의 두 가지 구성 요소는 화자가 속일 위험을 청자가 감수한다는 사실의 결과로 드러난다.

화자가 전달하는 상황의 중요성에 따라 화자의 이득이 증가한다고 가정하자. 그러면 과장하고 심지어 거짓말을 하고 싶은 유혹이 강해진다. 청자에게 위험성은 화자에게 부당한 이익을 주는 것이다. 이러한 위험을 방지하기 위해 청자는 알려진 상황과 비교하여 평범화하는 것과 불일치를 감지하는 두 가지 전략을 사용한다. 이 두 가지 전략은 확률 감각과 인지 갈등을 감지하는 능력을 포함하여 자연선택이 인간에게 부여한 기능을 기반으로 한다(15장 침고). 따라서 두 대화 기제의 기능은 거의 동일하다. 즉 의사소통 속임수를 피하는 것이다. 그러나 구현된 수단은 매우 다르다는 것을 받아들이게 될 것이다.

청자가 사용할 수 있는 두 가지 유형의 대응책의 효과를 통해 우리는 자하비가 강조한 역설을 해결할 수 있다. 자하비는 언어의 신호가 그 자체로 비용이 많이 들지 않는다는 것을 올바르게 관찰했다. 화자는 대화에서 반복적이고 과장된 신호를 사용하지 않는다. 대화의 언어는 상업 광고의 언어가 아니다. 소리를 지르거나 문장을 반복해서 주의를 끄는 것은 단어의 효과를 높이지 못할 것이다. 그러나 자연선택은 '정직한' 신호만 채택할 수 있다는 자하비의 말은 정확하다. 단지, 언어의 경우 메시지의 정직성은 그것을 전달하는 신호의 비용에 의해 보장되는 것이 아니라 청자의 평가에 대한 저항에 의해 보장된다. 화자는 대화에서 다른 사람들의 눈에 적절한 것처럼 보이려고 노력한다. 그에게 어려운 점은 대화 상대에게 알려지지 않은 눈에 띄는 상황을 전달할 수 있다는 것이다. 평범하게 여기고 비판할 수 있는 청자들의 능력에 직면하여, 설득하려고 신호 자체를 조작하는 것은 필요 없는 일이다. 양질의 정보가 있어야 한다. 여기에 화자의 비용이 있다. 이 비용은 신호 자체에서 찾아야 하는 것이 아니라 대화에서 **적절하게 전달할 환**

경에서 정보를 추출하기 어렵다는 데에서 찾아야 한다. 낮은 품질의 정보를 감지하는 청자의 능력을 감안할 때 관련성이 있기는 본질적으로 어려운 일이다. 자하비가 말하는 것과는 반대로, 청자는 자신이 들은 말의 논리적 일관성을 시험하기 때문에, 거짓말하기는 쉽지 않다. 마찬가지로, 청자의 평범화하려는 힘에 노출되기 때문에 상황의 눈에 띄는 특징을 과장하기가 쉽지 않다.

자하비의 일반 도식에 따르면, 의사소통은 그것으로부터 이익을 얻는 한 화자에게 비용이 많이 드는 연습임에 틀림없다. 비록 이 비용이 신호 자체의 전달과 연결되지 않더라도 이것이 바로 우리가 관찰하는 것이다. 인간은 정보 획득에 상당한 시간과 노력을 들인다. 우리 종에서 그렇게 발달된 호기심과 탐험의 정신은 그 자체로 역설적이다. 모험가의 기대 수명은 가정에서 안정한 삶을 누리는 자의 수명보다 짧다. 정도에 관계없이 호기심과 탐색 행동의 비용은, 이것을 개인이 적절한 정보를 가져오는 수단으로 본다면, 부분적으로 이해된다. 관련 화자가 의사소통을 통해 이익을 얻는다는 사실을 받아들인다면, 대화중에 동료에게 전달할 수 있도록 진정으로 두드러진 사실을 찾기 위해 애쓰는 이유를 설명할 수 있다. 대화 상대자들은 그들에게 전달되는 정보의 품질을 평가하는 효과적인 수단을 가지고 있으므로 이 품질을 속이기는 어렵기 때문이다.

우리가 미스터리의 다른 부분을 이해하지 못하는 한 언어의 사용은 역설적일 것이다. 즉, 메시지의 품질에 속을 위험이 있는 청자가 왜 화자에게 이익을 주는 위치에 있는지 이해해야 한다. 이 근본적인 지점으로 나아가기 위해서는 화자가 언어적 상호작용에서 파생되는 이러한 생물학적 이점의 본질을 결정할 필요가 있다. 다음 장은 이 질문에 할

애된다. 가까운 장래에 이 장과 이전 장에서 축적해온 개념 덕분에 언어의 진화에서 질적으로 구별되는 세 단계를 식별하는 것이 가능할 것이다.

16.6 언어 진화의 세 단계

언어의 출현에 대한 일관된 시나리오를 형성하기 위해 이번 3부와 앞의 2부에서 설명했듯이 언어 구성의 기초가 되는 주요 원칙을 조합하면 〈표 16.1〉이 도출된다.

선-인류	원시 인류 (호모 에렉투스)	인류
선-언어	원시 언어	언어
?	조합적 음운	
단절된 음성 신호 지시하는 몸짓	단어 병치	통사 (구와 형태 표지)
구체적인 장면을 환기	**영상 조합**	**주제 분할**
눈에 띄는 직접적인 상황	부재하는 중요한 상황	인지 갈등의 환기
직접적인 확인	알려진 장면과 비교	인지 갈등의 탐지 및 해결

〈표 16.1〉 세 단계의 언어 진화 시나리오

이 표의 각 칸은 누적되는데, 즉, 각각 왼쪽에 있는 칸의 내용이 오른쪽에 추가되어 구성된다. 각 행은 각각 의사소통 체계의 이름, 음운, 구문, 의미, 의사소통 기능 및 마지막으로 부정 행위자의 보호 기제에 대한 설명이다. 음운의 문제는 부분적으로 수수께끼로 남아 있다. 우리가 이 표에 나타난 인간화의 세 가지 단계에 서로 다른 음운 체계를 부여하기에는 부족한 요소가 많다. 이를 위해서는, 현대 인간의 음운 능력에서 국소적으로 최적인 기능적 하위 체계를 구분해야 할 것이다.

〈표 16.1〉은 추측에 해당하는 요소를 일정 수 가지고 있지만, 미덕을 지니고 있기도 하다. 표를 작성할 때의 제약조건은 다음과 같다. (1) 각 칸에 설명된 조건은 기능적이어야 한다. (2) 의사소통 기능(마지막 줄에서 두번째)은 개체의 생존과 번식에 유리해야 한다. (3) 각 칸은 해당 열의 의사소통 기능에 대해 국소적으로 최적이어야 한다. 앞의 모든 것에서 (1)과 (3)을 뒷받침하는 논거를 찾을 수 있을 것이다. 예를 들어, 원시 언어의 특징인 의미 구성 요소에 따른 단어의 단순한 병치는 이미지를 결합하여 구체적인 장면을 구성하는 원시 의미에 국소적 최적이다(8장 참조). 유사하게, 우리는 구의 회귀 분화와 형태 표지가 인지 갈등을 감지하는 국소적 최적의 수단인 주제 분할의 표현을 어떻게 허용하는지 보았다. 그러나 (3)은 추가적인 조정이 필요하다. 각 열은 그 오른쪽에 뒤따르는 열이 계속 접근불가능한 상태로 유지되는 경우에만 국소적으로 최적일 수 있다. 6장의 고려 사항에 따르면 종은 평형 체계이다. 진화가 다른 능력을 지닌 새로운 종을 생산하는 것은 우연이다. 그러므로 우리는 언어의 진화에 있어서 서로 완전히 구분되는 이 세 가지 단계의 존재를 설명하기 위해 가설을 세워야 한다. 첫번째 추측은, 원시 언어 단계로의 전환이 환기된 이미지의 조합 기제를 발명해서 일어났다고 보는 것이다. 두번째 전환을 설명해주는 두번째 추측은, 현대 인류의 출현을 주제 분할 기제의 발명과 연관시키는 것이다. 이러한 두 기제는 그것이 등장하는 시점에 근본적으로 새로운 발전이다. 우리는 기제들이 예측할 수 없는 방향으로 일어나는 종분화 현상의 특징인 이러한 종류의 급진적인 혁신을 구성한다고 생각할 수 있다.

대부분의 학자들이 하는 것과는 반대로, 우리 조상들의 의사소통 체계 간의 전환은 새로운 통사체계의 발명에 기인한 것이 아니라는 점에 유의할 것이다. 〈표 16.1〉에 요약된 시나리오에서 우리가 사용할 수 있는 두 가지 통사체계인 통사 분화 체계와 형태 표지 체계는 주제 분할의 소통을 용이하게 하기 위해 나타난 기제이다. 그러므로 주제 분할의 출현이 먼저 일어났으며 현대인의 통사 능력은 그뒤에 온다. 따라서 〈표 16.1〉의 전환은 모두 의미적 차원에서 설명되는데, 환기된 이미지를 조합하는 능력의 발명과 단순화된 위상학적 표상을 구축하기 위해 장면을 분할하는 기능의 발명에 의한 것이다.

〈표 16.1〉의 기본 가정 중 하나는, 언어의 기능에 관한 것으로, 이 기능은 세 단계에서 본질적으로 똑같이 유지된다. 매번 눈에 띄는 특징을 갖는 상황들을 개인이 대화 상대방에게 알려주는 것이다. 〈표 16.1〉의 다른 칸의 존재 이유는 이 기능으로부터 나온다. 예를 들어, 자연 선택이 주제 분할과 같은 혁신을 채택할 수 있었다면, 이 기제가 인지 갈등을 생성하여 가짜로 두드러진 상황에서 청자를 오도하는 거짓말쟁이를 탐지할 수 있기 때문이다. 따라서 이러한 언어 출현 모델의 핵심은 화자가 동료의 주의를 눈에 띄는 상황으로 끌어들임으로써 얻을 것이 있다는 사실에 있다. 이 행동에 대한 생물학적 근거는 무엇일까? 우리는 앞서 언급한 (2)번 제약에 직면해 있다. 우리는 두드러진 상황을 전달하는 것이 화자의 생존 가능성이나 번식 기대치를 높일 수 있는 방법임을 이해해야 한다. 청자들이 과장이나 거짓을 찾아내는 전략을 개발했다는 사실을 통해 우리는 화자의 이점이 이 동일한 청자들에 의해 부여되었다는 것을 알 수 있다. 화자가 청원자가 되는 이와 같은 상황은, 언어 상호작용 과정에서 정보만을 교환되는 유일한 대상으로 보는 것과 모순된다고 가정할 수 있다. 대화 활동을 통해 서로에게 부

여할 수 있는 이점은 무엇인가? 이것이 다음 장에서 밝히고자 하는 부분이다.

17장
인간 언어의 정치적 기원

인간 계통에서 언어 능력 같은 것이 등장한 이유를 탐구할 때, 우리는 이 능력 고유의 원인을 찾기를 기대한다. 왜 눈[目]이 선택되었는지 궁금하다면, 선택의 장점은 그 기능과 밀접한 관련이 있으므로, 형태를 감지하는 능력이 생명체에게 생존을 위한 이점을 제공할 것이라는 이유를 쉽게 받아들일 수 있다. 불행히도 언어의 경우에는 기능과 선택의 이점 사이의 관계는 그리 직접적이지 않다. 언어를 개체의 생존이나 번식 능력의 증대에 직접적으로 연결시키려는 수많은 시도 중에서 그 어떤 것도 언어의 사용례에서 우리가 발견하는 것에 양립하는 제안이 없었다. 가장 놀라운 사례는 언어가 협력의 원칙에 기반한 정보의 대칭적 교환이라는 주장이다. 앞 장에서는 이 같은 주장이 모순임을 보았는데, 가장 눈에 띄는 것으로는 비협조적인 개인의 탐지는 화자가 수행해야 하지만, 실제로는 낮은 품질의 정보로부터 자신을 보호하기 위한 전략을 개발하는 것은 청자라는 점이다.

그러므로 더 복잡한 시나리오를 생각해내야 하는 지점에 이르렀고, 그 시나리오에서는 언어 사용과 생존 및 번식의 차원에서 언어 사용이 제공하는 이득 사이의 관계가 직접적이지 않을 것이다. 이 장에서는 자연선택에 의한 진화와 양립할 수 있는 언어의 출현에 대한 일관된 이론을 제공하고자 한다. 앞으로 보게 되겠지만, 여기서 제안된 주장의 범위는 언어의 출현이라는 문제를 넘어 확장될 수 있을 것이다.

17.1 화자가 적절성을 갖출 때 얻는 것

앞 장에서는 언어가 진화의 관점에서 역설적이라는 것을 보였다. 동물의 의사소통 체계를 종합 정리한 마크 하우저Marc Hauser는 우리 고유의 소통 방식이 존재한다는 사실에 아주 정당하게 놀라움을 표한다.

"자연선택이 현재 인간이 아닌 동물에 존재하는 것보다 더 구체적인 참조 시스템을 선호하는 이유는 여전히 미스터리로 남아 있습니다. 현재 경험한 일과 과거에 경험한 일 그리고 기억에 저장되어 있는 세상의 사건들을 간결하게 기술하는 능력으로 인해 어떤 이점이 있을 수 있을까?"(Hauser 1996, p. 67)

하우저의 질문에 대한 첫번째 대답은 우리가 앞 장에서 했던 것처럼 언어와 그것을 가능하게 하는 기능, 즉 음운론, 통사, 표상 능력이 눈에 띄는 사건을 서로에게 알리기 위해 인간에 의해 사용된다고 하는 것이다. 무엇이 인간을 이렇게 행동하게 만드는가? 이 점에서 인간이라는 종은 매우 이상하다. 눈에 띄는 상황이 잠재적으로 생물학적 관심의 대상이 된다 하더라도 인간은 왜 유전적 경쟁자와 이에 대해 이야기하는 데 그렇게 많은 시간을 할애할까?

이 역설을 해결하려면, 대화자들이 서로서로 자신을 둘러싼 세계의 사실에 대해 제공하는 정보가 상호작용에서 쟁점이 되는 유일한 것이라는 생각을 버려야 한다. 우리가 보았듯이, 모순적인 협력의 아이디어로는 화자가 받는 것이 그가 주는 것과 동일한 성질의 것이다. 우리는 또다른 가능성, 즉 정보 제공 행위의 만족감은 그 자체로 의사소통의 특징이 아닌 비대칭 교환을 고려해야 한다. 이런 류의 가설을 세우는 것은 쉬운 일이 아니다. 대화는 비물질적 교환의 장이기 때문이다. 그러나 무형이라고 해서, 대화의 이해관계가 참가자들에게 덜 영향을 미친다는 의미는 아니다.

나는 연구 동료들에게는 어느 정도 성공적으로 회자되었던 비유를 사용한 적이 있다. 나는 언어 사용을 대표하는 특권의 장소인 대화의 상황을 매우 구체적이고 고도로 정형화된 상황에 비유했다. 바로 과학계의 의사소통이다(Dessalles 1998b). 일상 대화에서와 같은 질문을 스스로에게 해보자. 과학자들이 의사소통을 하게 만드는 원동력은 무엇일까? 유추에 근거가 없는 것은 아니다. 과학자들은 구두로든 서면으로든 말을 할 수 있는 기회를 갈망한다. 발언이 허용되면 가능한 한 동료들에게 최고의 아이디어를 제시하기 위해 노력한다. 이 동료들은 비슷한 주제에 대해 연구하고 있기 때문에 이해할 수 있고 종종 인생의 친구이기도 하지만, 직업적 측면에서는 다른 모든 과학자들과 똑같이, 다른 사람들이 결과를 발표하기 전에 자기가 먼저 발표하려고 하는 사실상 잠재적 경쟁자이다. 따라서 가능한 한 빨리 최고의 아이디어를 경쟁자에게 제공하려고 애쓰는 과학자들의 명백한 순진함에 놀랄 수 있다. 이 상황은, 고칠 것은 고치고, 번식에 성공하기 위해 경쟁하는 동족에게 관심을 가질 만한 모든 상황을 보고하기 시작한 인류 조상의 상황과 유사하다. 과학적 의사소통의 상황을 좀더 현실적으로 보면, 의식적이든 아니든 자신의 아이디어를 발표한다는 사실에 동기가 있다. 발표를 하게 된 개인은 동료들이 그것이 적절하다고 인식하면, 그 사회에서 자신의 학문적 지위가 상승하게 된다. 반대로, 서면이나 구두로 자신의 생각을 전달하지 않는 사람들은 과학적 인정을 받지 못한다. 자신의 출판물에 이름을 밝히지 않거나 불분명한 가명을 쓰는 과학자를 찾는 것은 헛된 일이다. 과학의 진보가 그들의 유일한 숙원인 것은 맞지만, 그럼에도 불구하고 우리가 자주 관찰해야 할 것이다. 아이디어의 저작자, 아이디어를 먼저 갖고 그것을 알린다는 사실은 과학계의 어디에나 있는 관심사이다. 열기구에 대한 대화 발췌(8장, 290쪽 참고)에서 첫번째 아이가 그 열기구를 처음 본 사람이 자신임을 부모에게 알리려고 할 때의 행동을 연상시킨다.

과학계와의 이러한 유사성은 관련 화자가 언어 상호작용에서 특정 사회적 인식을 이끌어 낸다는 것을 암시한다. 이 매개변수를 언어의 윤리학적 분석에 도입하면 이전 장에서 역설적으로 제시된 모든 현상이 근거를 갖는다. 높은 사회적 지위는 영장류에게 있어 음식과 성 파트너에 대한 특권적 접근을 보장함으로써 개체의 생존 가능성과 번식력을 증가시키는 수단이 된다. 대화에 적절성이 있다는 사실이 사회적 지위를 획득하는 수단이라면, 화자가 기꺼이 말하고자 하고 그들이 말하는 상황의 두드러진 성격을 강조하려고 노력한다는 점이 이해된다. 우리 문화에서는 화자들이 말하기 위해 경쟁하기도 한다. 그들이 서로의 말을 끊거나 동시에 이야기하거나 다른 사람의 목소리를 들리지 않게 소리를 높이는 것을 보는 것은 드문 일이 아니다. 다른 문화권에서는 경쟁이 좀더 조용하지만 여전히 경쟁은 경쟁이다. 개인이 채택한 다양한 대화 스타일(Tannen 1984)은 적절성이 있는 것처럼 보이기 위한 여러 전략으로 나타난다. 어떤 이들은 발언의 양을 우위에 두고, 다른 이들은 현명하게만 발언하는 질을 선택한다. 적절성이 사회적인 인정을 얻어 보상을 받는다면, 화자는 자신이 전달하는 사건의 두드러진 특징을 과장하거나 심지어 존재하지 않은 사건을 이야기함으로써[18] 자신이 속한 세계를 속이려는 강한 유혹을 받을 수도 있을 것이다. 우리는 또한 청자가 거짓 근거로 지위를 부여받지 않도록 하는 것이 왜 필수적인지 추측할 수 있다. 그래서 청자는 강조와 거짓말에 저항할 수단이 있다. 대화에서 그의 역할은, 강조해서 제시된 상황을 알려진 상황과 비교하고 화자의 발언의 논리적 일관성을 테스트하는 것으로 구성될 때 완전한 의미를 갖는다. 지위 부여라는 정당한 가치로 '보상'하기 위해서 제시된 정보의 품질을 정확하게 평가하는 것이다. 협력 상황과 관련하여 역할의 역전이 이해가 된다. 대화 상대방으로부터 약간의 사회적 인정이라도 얻으려 열망하는 변론자는 화자이며, 부정행위의 위험으로부터 자신을 보호해야 하는 판사의 위치에 있는 사람들이 청자이다.

　사회적 인정의 역할은 대화와 관련된 다른 현상들도 설명해준다. 우

---

18 화자가 가상의 과장된 사건을 전하는 이야기는 특별한 자리를 차지한다. 이야기는 청자가 관련된 사실의 가상적 성격을 완전히 알고 있는 경우에만 존재한다. 이것은 무엇보다도 비판적 사고를 부분적으로 억제하는 청자의 능력에 의존하는 보편적인 형태의 언어 사용례이다. 허구를 이해하고 감상하는 이 능력의 생물학적 기능은 아직 제대로 규명되지 않았다.

선, 언어 활동이 일 대 다수로 행해질 수 있는데, 이는 협력 시나리오에서는 상상불가능한 것이다. 이렇듯 수백 명의 사람들 앞에서 강연을 하는 사람은 그 생물학적 경향성과 완벽히 들어맞는 행동을 하는 것이다. 그 집단 전체로부터의 지위를 획득하는 기회를 잡는 것이기 때문이며, 이때 초심자의 '긴장감'은 화자에게 분명히 이해관계가 있음을 드러내는 것이기도 하다. 그다음에, 청자의 대화 행위 역시 동일한 틀 안에 들어옴을 확인하게 된다. 청자는 화자에게 지위를 허용할 수도, 아닐 수도 있는 심판의 위치에 있으면서, 그가 듣는 내용의 논리적 일관성과 두드러진 특징들을 평가한다. 그런데 무엇 때문에 청자는 이에 대해 말하는가? 어쨌든 그는 그가 내린 판단 결과를 혼자만 알고 있을 수 있었을 텐데 말이다. 그렇게 되면 대화는 고립되고 서로서로 연결이 끊긴 발언들이 될 것이다. 대화가 더 구조화된 체계라고 한다면, 그것은 청자가 자신의 평가를 공개하는 데 관심이 있기 때문이다.

그의 직접적인 관심은 화자가 정당화되도록 이끄는 것이다. 진짜 가격은 상품에서 나오는 것처럼 정보의 실제 가치는 그것을 가져오는 사람과 그것을 상대화하려는 사람들 간의 상호작용에서 나온다. 그런데, 청자가 자신의 평가를 표현하도록 하는 두번째 동기가 존재한다. 발언된 것을 상대화하든 깎아내리든 청자는 적절한 발언을 하는 것이다. 이는 그 역시 다른 참가자들로부터 지위를 충분히 부여받을 만한 일이 된다. 이렇듯 강연 후에 일련의 질문을 위해 청중에게 발언권을 주는 일은 흔하다. 대부분의 질문은 발표의 여러 측면에 대한 평가를 포함한다. 공공연하게 평가를 표명하는 이 행위는, 적절한 평가를 하는 사람이 참여자들로부터 어느 정도 사회적인 인정을 보상으로 받는다는 사실로 인해서 생물학적으로 동기가 있는 것이다.

여기서 우리는 행위의 **생물학적** 동기에 관심이 있고, 이는 심리학적 동기와는 다르다는 것을 언급할 필요가 있다. 우리가 불에서 손을 떼는 것은 고통스럽기 때문이지만, 이 행위의 생물학적 이유는 조금 다르다. 불은 우리의 손을 다치게 할 위험이 있고 그 사용을 심하게 제한해서 특히 자연상태의 삶에서는 우리의 생존과 번식의 기회를 일정 기간 위태롭게 만들 수 있기 때문이다. 대화의 상황은 심리적 차원에서 분석될 수 있다. 청자는 지적을 통해서 오류를 밝히거나 어떤 문제에 대해 주목하게끔 하면서 화자를 돕고 싶을 수 있다. 반대로, 청자는 방금 들은 내용에서 공개적으로 거리를 두거나 화자의 정면에 적의를 표시할 수 있다. 상호작용에 관여하게 된 개인은 그것을 휴식 시간으로 느낄 수도 있고, 반대로 틀린 사람이 체면을 잃는 일종의 대립 상황으로 느낄 수도 있다. 이 모든 일이 일어날 수 있지만 여기서 우리가 다루고 있는 질문은 다른 성격을 띠고 있다. 심리적 동기는 특정 방향으로 개인의 행동에 영향을 미치는 중간 산물 정도의 역할을 하는 생물학적 동기를 대체할 수 없을 것이다. 그러나 사람들이 서로에 대해 부여하는 지위를 고려할 때, 심리적 원인과 생물학적 원인의 분리 원칙과 우리는 어긋나는 것 같다. 친구, 이웃 또는 동료에게서 우리가 인식하는 지위의 본질은 무엇보다 심리적인 특징을 갖기 때문이다. 생물학적 차원에서, 대화에 기여하려는 개인의 성향을 증명 요소로 만들고자 하는 것은 장르를 혼동하는 것과 비슷하다. 여기에 설명을 이대로 멈출 수 없는 이유가 있다. 화자의 대화 행위가 청자들에 대한 지위 부여와 연결되어 있다면 우리는 이러한 지위 부여를 생물학적 동기와 연결해야 한다.

일단 화자에의 지위의 부여가 대화 상대방이 심리적으로 경험한 상호작용의 방식에 자동적으로 연결되어 있지 않다는 점을 주목하자. 말싸움이든 다정한 수다이든 이 사실은 결정적이지 않다. 대화 상대방은 종종 무의식적으로 그리고 서로에게 갖는 감정과는 별개로 서로에게 사회적인 인정을 해주는 경우가 있다. B가 어느 순간 A가 잘못 알고 있다고 알린다고 하더라도 A는 이 때문에 B의 지위를 인정할 수 있다. 이 같은 사회적 인정은 한 사람이 모든 것을 가지면 다른 사람은 다 잃는 제로섬 게임의 결과가 아니다. 반대로, 상호행위에서 이긴다는 평가는 일반적으로 상호적이다.

정보 대 지위 교환의 가설은 매력적이다. 언어 행위에 생물학적 동기를 부여함으로써 언어의 역설을 해결해주기 때문이다. 이 정당화로부터 언어의 특징 전체가 그 고유의 존재 이유를 얻는다. 이제 언어의 모든 구성 요소가 화자가 말하는 것의 적절성을 강조하기 위해 국소적으로 최적화되었음을 이해할 수 있다. 이렇게 음운체계가 허용하는 정보의 산출, 우리의 통사 능력이 쉽게 표현하는 관계의 풍부함, 장면 구성을 위해 이미지들을 조합하는 우리의 능숙함 등 이 모든 것이 적절성을 위한 도구로 계산된 것으로 보일 수 있다. 그러나 문제가 너무 빨리 결론 내려진 듯이 보인다. 물론, 언어의 사용이 비대칭적 교환에 근거한다는 생각은 그 출현에 대한 질문을 해결하는 듯 보이지만 이 추론 뒤에는 청자가 적절한 화자에게 기꺼이 지위를 부여하고자 한다는 매우 강력한 가설이 있다. 그런데 생물학적 차원에서 고려된 이 가설은 당연하지만은 않다. 표면적으로 이 가설은 협력의 대칭적 교환 상황을 환기한다. 지위 부여가 핵심적인 역할을 하는, 언어의 출현에 대한 일관된 이론에 도달하려면, 특정 동족에게 지위를 부여하는 것이 청자에게 생물학적으로 유리하게 되는 조건들을 살펴보는 것부터 시작해야 한다. 이 연구는 우리로 하여금 명성 이론을 고찰하고 유전적 측면에서 그 정당성을 고려하도록 할 것이다.

17.2 명성 이론

아모츠 자하비는 생물계의 기이한 호기심들을 설명하는 핸디캡 원리를 고안한 것으로 유명하다. 그 기이한 호기심 중에 다양한 의사소통 기호가 있다. 자하비는 핸디캡 원리 외에, 조금 덜 언급되며 때때로 이 원리와 혼동되는 다른 이론의 저자이기도 한데, 협력에 기대지 않고 행하는 이타적인 행위를 설명하는 이론이다. 그가 "명성 이론prestige theory"라 부르는 이 이론에 따르면, 어떤 동물들의 이타적 행동은 그의 동족에게서 얻는 명성에 의해 동기가 생긴 것이다.

자하비는 사막에 사는 새인 비늘 모양 깃털의 개개비(*Turdoïdes squamiceps*, Timaliidae과) 연구에 전념했다. 그는 이 사회적 새(3마리에서 15마리의 개체 집단으로 산다)가 특별히 열성적으로 수행하는 여러 행동이 있다는 것을 발견했다. 개개비는 서로 먹이를 주는 데 시간을 보내고, 포식자를 경계하고, 포식자가 나타나면 경고의 소리를 지르며, 포식자가 공격하지 못하도록 집단으로 접근한다(모빙mobbing). 이것이 사심 없는 이타주의의 좋은 예라고 말할 수 있다. 자연선택이 어떻게 그러한 행동을 채택할 수 있는지 설명할 때, 친족 선택이나 협력을 제시할 수밖에 없다. 이타적인 동물은 실제 위험을 감수하며, 이는 동물 행동학자의 통계에 의해 확인된다. 어쩌면 이들은 자신의 자손을 보호하기 위해 이러한 위험을 감수하는 것일까? 개개비의 경우 대답은 아니오다. 새의 행동은 집단 안에서 아직 새끼를 낳을 기회가 없었을 때에도 동일하다. 그렇다면 협력의 문제인가? 현장에서 이 작은 새들의 사심 없는 행동은 우호적인 협력보다는 치열한 경쟁에 가깝다.

"경계가 상호주의에 기반을 둔다면, 다른 이들보다 더 많이 이 임무를 수행하려고 애쓰는 것은 이치에 맞지 않을 것이다. 집단이 반드시 보초를 세우고자 그러한 경쟁을 필요로 한다 하더라도, 왜 각각의 새가 어리고 경험이 부족한 개개비를 교체하려고 하지 않고 사신의 서열 바로 아래인 새의 감시를 방해하는지 설명할 수 있어야 한다." (Zahavi & Zahavi 1997, p. 135)

자하비에 따르면, 새들은 동료들로부터 명성을 얻기 위해 이런 식으로 행동한다.

"동료들보다 더 오래 경비를 서 있을 수 있고, 먹이를 줄 수 있고, 맹금에게 접근할 수 있고, 노출된 줄의 끝부분에서 잠을 자는 위험을 감수할 수 있는 - 그리고 동시에 다른 새들이 이 똑같은 위업을 달성하지 못하도록 막을 능력도 있는 - 개개비는 매일 그의 동료에게 자신의 우월성을 증명한다. 이렇게 함으로써 이 개체는 자신의 명성을 높이고 더 쉽게 통제력을 행사할 수 있다."(Zahavi & Zahavi 1997, p. 144.)

명성을 얻기가 왜 그렇게 어려워 여러 후보들에게 박탈과 위험을 감수하도록 하는지 의문이 들 수 있다. 동물 행동학적 현실은, 명성이 번식 기회의 측면에서 수익성이 있다는 것이다.

"커다란 명성은 개체에게 그 집단에서 가장 중요한 이득, 즉 성공적으로 번식할 좋은 기회를 보장한다."(Zahavi & Zahavi 1997, p. 149)

명성을 얻기 위해 실현해야 하는 업적의 비용적 특징은 핸디캡 원리와 맞아 떨어진다. 속이는 것이 불가능한 것이다. 다른 이들을 먹이는 체할 수 없고, 위험을 알리는 소리는 포식자의 관심을 끌고, 숨어버리는 보초는 경계를 서는 체할 수 없다. 자하비는 명성의 추구가 속임수가 가능한 모든 의사소통의 상황과 유사하고 이는 비용이 많이 드는 신호로 이어진다고 결론 내린다. 언급한 비용의 문제를 생략한다면 인간 언어와의 평행선은 필요불가결한 듯하다. 그렇지만 자하비의 논증은 불완전하다. 이 작은 새들이 수훈을 세우는 그들의 동료에게 명성을 허락하게 만드는 그 이유를 설명하는 이야기의 주요 부분이 빠져 있다.

다른 이들에게 지위를 부여하는 것은 사소한 일이 아니다. 자하비가 지적했듯이, 그렇게 지위를 받은 개체들은 집단의 나머지 몫의 이점을 취한다.

"동료들 중 한 개체에 대해 명성이 증가한다는 것은 다른 개체가 명성을 잃었음을 의미한다. 다시 말해서, 집단 내에서 일어나는 제로섬 게임이다."(Zahavi & Zahavi 1997, p. 149)

이러한 상황에서 우리는, 개개비에게서든 사람들 사이에게서든, 다른 개체에게 지위를 부여하는 태도를 이해하지 못한다. 번식 기회의 관점에서 볼 때, 다른 개체들이 이타적이 되기 위해 고군분투하도록 놔두고, 음식 공급원이나 성 파트너에 접근할 때 과거에 그들이 관대함을 보였다는 이유로 양보를 하지 않는다는 것이 훨씬 흥미롭게 보인다. 이 무자비한 추론은 명성 이론을 망치는 것처럼 보인다. 자하비가 설명하는 현상을 컴퓨터에서 직접 시뮬레이션할 때 이타적인 행동이 나오지 않는다. 〈그림 17.1〉과 같이 이타적인 개인이 드물 때 지위 만족은 표현할 기회가 적기 때문에 유전적으로 중립적인 태도를 보인다. 반면에 이타적인 개인의 비율이 상당한 수준에 도달하자마자 존경하는 자들의 비율은 감소한다. 왜냐하면 그들이 존경하는 이들에게 조금이라도 양보함으로써 결국 더 적은 후손을 남기게 되기 때문이다.

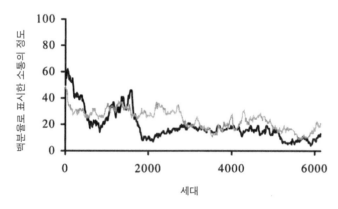

〈그림 17.1〉 지위 부여 행동(회색)도 이타적 행동(검정색)도 정상적인 조건에서 나타나지 않음을 보여주는 명성 이론 시뮬레이션

그럼에도 불구하고 이 장에서 옹호하는 주장은 언어의 출현을 명성 이론의 한 버전에 기초하는 것으로 본다. 적절하게 보완된다면, 지위 부여 체계는 수혜자와 제공자 모두에게 유익한 것으로 판명될 수 있으며, 이는 진화에서 언어의 출현을 설명하기에 알맞다. 제안된 해결책은 언

어가 동맹을 형성하는 데 사용된다는 '정치적' 기제로 구성되어 있다.

17.3 호미닌 언어들의 정치적 기능

특징은 사회적 지위에서 나온다

동물들 사이에서, 지위는 자주 힘으로 갈취한다. 다른 개체에게 자신의 신체적 우위를 강요할 수 있는 늑대나 개코원숭이의 경우, 그 집단을 통제하고 집단을 구속하는 결정을 내리고 짝짓기 상대에게 접근할 때 우위를 점한다. 사회적 지위는, 아이들을 제외하고는, 인간에게도 상당히 중요하지만 근육의 힘으로 부여받는 경우는 거의 없다. 지위는 대부분 각 개인이 다른 이들에게 주는 평가로 나타난다. 분명, 인간 사회는 어떤 표상이나 문장紋章, 다양한 상징으로 표시함으로써 지위를 고정했다. 하지만 이 지위는 상속이 되더라도 다른 이들에게서 획득한 지위의 연장인 것이다. 그러므로 여기서 사용된 '지위'는 그것이 긍정적이든 부정적이든 사람들이 서로에 대해 실행하는 일련의 평가의 결과이다. 이는 친한 두 친구가 서로에 대해 갖는 존중부터 만나는 사람들 사이에서 누리는 인정, 그리고 대중 앞에서 선 정치 지도자의 아우라까지 다양하다. 지위를 부여하는 인간의 방법은, 개개비 사이의 명성 개념에 대해 자하비가 한 분석으로 판단할 때, 생명체의 세계에서 유일한 것은 아니다.

"명성은 집단의 열등한 구성원이 인정하는 우수한 개체의 지배 정도를 반영한다. 즉, 명성은 다른 개체에 의해 측정된다. 지배자는 자신의 지위를 주장할 수 있지만 그 지위가 진짜가 되기 위해서는 아래 서열들에게 인정받아야 하며, 이 수용이 개체의 명성을 실제로 결정짓는다."(Zahavi & Zahavi 1997, p. 144)

개개비에게나 인간에게나 이렇게 부여된 사회적 지위는 물질적인 실체를 갖지 않는다. 그러나 개체의 생존과 번식에 대한 영향은 자연의 삶에서 상당하다. 개개비들에게 지위는, 이 새들이 집단에 유용한 임무를 수행할 것이라는 능력에 대한 신뢰로 부여되었다. 인간에 관한 한, 우리는 왜 지위가 다른 이들이 아닌 적절성을 띤 개인에게 속하는지 이해할 필요가 있다. 물론, 영웅적인 업적을 수행하는 것과 같이 종족에서 지위를 얻는 다른 방법이 있다. 영웅이 자신의 용기를 보여주는 극단적인 상황과 화자가 관련성을 보여주는 일상생활의 진부한 대화 사이에 이 두 유형의 행위가 그 행위자들에게 지위를 주는 데에는 어떤 관계가 있을 수 있을까? 그 답은 우리 종의 사회-생태학적 특성, 즉 동맹을 형성하려는 구성원의 성향에 있을 수 있다.

영장류 삶에서의 동맹의 중요성

동물의 사회생활은 종종 유전적 관계에 의해 결정된다. 예를 들어, 같은 집단의 사회적 곤충은 모두 혈연이나 형제 관계로 연결된다. 그러나 많은 종에서 인척관계를 맺지 않은 개체가 특정 작업을 함께 수행하기 위해 서로를 선택한다. 이러한 다소 일시적인 무리 짓기를 **동맹**이라고 부를 수 있다. 그의 책 『침팬지 정치』에서 프란스 드 발Frans de Waal은 침팬지가 집단에서 권력을 얻기 위해 동맹을 맺고 해체하는 방법을 설명한다(de Waal 1982). 돌고래들은 다른 동맹의 침략에 저항할 수 있도록 동맹을 형성한다(Connor *et al.* 1999). 자하비는 개개비들의 삶이 사막에서 고립되었다고, 더 정확하게는 생존이 매우 불확실하다고 묘사한다. 이 동물들이 포식자를 피할 수 있는 수풀이 있는 영역을 방어하기 위해 연맹을 형성하는 것이 중요하다. 로빈 던바는 영장류, 특히 그가 연구하는 개코원숭이에서 동맹의 중요성을 강조한다. 털고르기의 역할은 동맹을 맺은 자들 간에 충성의 서약으로 이해된다. 동맹의 구성원이 서로에게 털고르기를 하도록 긴 시간을 허용하면 그 동맹은 안정화되는데, 동맹에 들어가고 유지하는 데에는 상당한 시간 투자가 필요하기 때문이다(Dunbar 1996).

인간은 동맹을 형성하는 기술에 있어 장인들이다. 우리는 친족관계, 우정 관계, 직업적 관계들을 맺는다. 우리는 모임이나 조합, 정당 등에 속한다. 보안관으로 대표되는 법률 제도가 설립되기 전의 미국 개척자들의 삶은 구성원에 대한 모든 공격에 대해서 복수를 결의한 단체에 개인이 속해 있다는 사실에만 오로지 의존했다고 한다. 동맹 체계는 도시의 청년 갱단에서도 관찰된다. 일부는 과학 연구계도 대립하는 연맹 구조로 설명하기까지 한다. 이 모든 상황에서 고립된 개인은 자신만의 길을 갈 기회가 거의 없다. 동맹을 추구하는 이 행동은 우리 안에 매우 깊이 뿌리박고 있고 너무 보편적이어서 문화의 산물로 보기가 어렵다. 우리는 본능적으로 친구가 필요하며, 그 친구가 바로 우리가 어려움을 겪을 때 의지하는 사람들이다. 우리가 친구들과 시간을 보낼 때 얻는 즐거움과 필요할 때 그들이 우리에게 줄 수 있는 도움은 우리에게 매우 별개의 두 가지로 나타난다. 그러나 이들은 동맹에 속하는 두 가지 떼려야 뗄 수 없는 측면이다.

유인원, 특히 인간을 포함하는 몇몇 종들에게 동맹은 개체의 생존에 필수적인 요소이다. 게다가 이 측면은 인간에게 정치적인 양상 또한 띠는데, 동맹은 그 안에서 경쟁을 할 수 있기 때문이다. 집단을 지배하는 개체를 몰아내기 위해 침팬지들이 동맹하는 것처럼 인간들도 권력을 위해 경쟁관계에 있는 동맹을 형성한다. 인간 세계에서는, 침팬지들보다 훨씬 더, 한 개인이 다른 사람들의 지지 없이 한 집단에서 홀로 권력을 행사할 수 없다. 정치는 우리 종의 기본적인 행동 요소이다. 정치란 동맹들 간에 충돌의 결과이다. 던바에 의하면, 동맹이 인간 사회에 본질적인 요소인 점은 우연이 아니다. 그는 우리 조상들이 형성한 동맹은 질적 변화를 일으킬 정도로 결정적인 수준에 도달했고, 그중에 언어의 출현이 있을 것이라고 보았다(Dunbar 1996, p. 78). 우리는 이 가설을 어떻게 우리가 관찰한 언어와 사회적 지위 사이의 관계에 연결할지 모색할 것이다.

동맹, 지위 그리고 리더십

일반적으로, 동맹이 그 구성원에게 가져다주는 혜택을 따져봄으로써 동맹의 존재를 설명할 수 있다. 여기서 우리가 주목할 점은 오히려 다음의 것이다. 동맹에 소속되는 것이 매우 중요하고 더 나아가 개인에게 사활이 걸린 것을 안다면, 어떤 기준으로 서로를 선택할 것인가? 이해 요소를 감안한다면, 개인이 그의 운명을 공유할 상대를 결정할 때 단순히 운에 맡기는 것은 드문 일이다. 드 발의 침팬지를 생각해보면, 체력이 결정적인 기준임이 분명해 보인다. 집단에서 권력을 잡고 싶다면 힘이 넘치는 개체와 연합하는 것이 낫다. 이러한 동맹은 일반적으로 두세 마리의 구성원으로 되어 있으므로 한 개체의 체력이 차이를 만들 수 있다. 던바의 가설에 따르면, 집단의 크기와 동맹의 크기는, 아직 이유는 결론나지 않았지만, 다른 영장류보다 호미닌에서 더 중요하다 (Dunbar 1993). 던바의 경우, 이것은 더이상 같은 동맹의 구성원들 간의 충성의 서약으로 털고르기를 사용할 수 없다는 결과를 낳았다. 한 개체가 털을 고르는 데 투자하는 시간을 모든 상대와 공유해야 하는 경우, 각 상대방은 그 투자를 정직한 것으로 간주하기에는 너무 적게 받기 때문이다. 그렇다면 어떻게 언어 행위 또는 선-언어와 같은 행위가 동맹 상대를 선택하는 기준으로 털고르기를 대체할 수 있었을까?[19]

동맹의 규모가 커질수록 체력은 필연적으로 그 중요성을 잃는다는 것을 알 수 있다. 앞에 있는 상대가 수적으로 확실히 더 많으면 강한 것이 덜 유용하다. 힘이 더이상 결정적이지 않으면 개체는 선택되기 위해서 다른 기준을 사용해야 한다. 여기서 제안하는 가설은 스스로 적절성이 있다고 보여주는 능력이 이러한 기준 중 하나라는 것이다 (Dessalles 2000). 머리카락 색깔, 반짝이는 물건을 수집하는 능력, 또는 어떠한 신체적 또는 행동적 특성이 아니라 왜 언어가 이 역할을 담당하는지 묻는 것은 당연하다. 우리가 재구성하려고 시도한 우리 조상의 언어 행위는 다른 사람들의 관심을 눈에 띄는 상황으로 이끄는 데 있다. 이 정보 제공 행위와 효과적인 동맹을 형성할 동료 찾기 사이의 관계는 무엇일까? 답을 찾기 위해서 지위의 개념으로 다시 돌아가보자.

우리는 언어가 지위 부여와 밀접한 관련이 있음을 관찰했다. 적절한 회자에게는 진부한 말을 늘어놓아서 관심을 끌지 못하는 자와 달리 청자로부터 일정한 지위가 부여된다. 자유롭게 부과된 이러한 유형의 지

---

19 동맹 내의 부정행위를 고발하기 위해 언어를 사용한다는 던바의 답은 이전 장에서 언급했다.

위는 물질적이지 않기 때문에 그 유형적 결과가 개인들의 행동에 반영되어야 한다. 이같은 지위 부여는 바로 동맹 파트너의 선택이 일어나는 그 과정에서 일어난다고 가정하고자 한다. 다시 말해, 개체는 자기가 지위를 부여한 이들과 동맹하려고 노력한다. 특히, 가장 적절해 보이는 개체를 찾는다. 역으로, 일부 개체들은 이런 방식으로 다른 이들을 끌어들여서 동맹 내에서 자신의 지위를 가시적으로 만든다. 소수의 개인을 연결하는 우정과 달리 대규모 동맹은 평등하게 될 가능성이 거의 없다. 개체들이 모이는 이유는 주로 소수의 사람들에게, 심지어 한 명에게라도, 다른 모든 사람들의 존경이 집중되었기 때문이다. 이 현상은 불가피하며 지위 부여의 역동성에서 비롯된다고 하겠다. 어떤 개인들이 동료들로부터 지위를 부여받을 만한 자질을 보이고 그 지위가 동맹 형성의 기반이 된다면, 이 개인들은 구심점의 역할을 하고 그들 주위로 동맹이 형성될 것이다. 이 단어가 지칭해야 하는 현실에 비해 매우 단순화된 명칭이지만 간단하게 이러한 중심 개인을 '지도자leader'라고 부르겠다. 개체들에게 지위를 허용하고 이를 바탕으로 결속하려는 행위는 그 연합이 일정 규모 이상이 되면 필연적으로 지도자를 중심으로 한 동맹의 형성으로 이어진다.

지도자라는 단어의 선택은 중립적이지 않다. 일정 규모의 동맹에서, 예를 들어 5~6명 이상의 동맹에서는, 물고기 무리나 찌르레기 비행에서 일어나는 일과 달리 회원 집단을 관여시키는 결정은 거의 드러나지 않는다. 어떤 개인은 다른 사람들보다 집단행동에 더 많은 영향을 미친다. 인간 집단에서 이러한 압도적인 영향력을 갖는 것은 다른 구성원들의 평가로부터 지위를 얻은 개인들이다. 요약하면, 인간은 어떤 점진적인 기준에 따라 서로에게 지위를 부여한다. 이 기준을 C라고 하자. 그렇게 함으로써 높은 C를 나타내는 개인들의 동맹에 합류하는 경향이 있다. 이러한 개인은 집단적 결정에 영향을 미치는 지도자의 위치에 있으며, 동맹이 클수록 더욱 그러하다. 이로부터 우리는 적절성의 능력이 어떻게 기준 C의 역할을 할 수 있게 되었는지 이해할 필요가 있다.

동맹을 위한 동료 선정에서 언어의 기능

개인들이 연합하고 존중하기로 결정하는 기준이 아무것이나 될 수 있을까? 공유되는 모든 기준이라면 모름지기 탁월하게 보이는 개인들에 의해 어느 정도 조치가 이루어진 일관된 동맹 체계로 이끌어줄 수 있어야 한다. 이것은 동맹에 존재 이유가 있다는 사실을 잊어버리는 것이다. 영장류에게 동맹의 가장 전형적인 존재 이유는 다른 동맹에 맞서 구성원을 보호하고 특정 성공을 보장하는 것이다. 따라서 다른 기준들이 아닌 어떤 한 기준을 선택하는 것은 대수롭지 않은 것이 아니다. 개인들이 기준 C에 따라 서로 고려하고 선택하면, 그 동맹의 지도자들은 C에 따르면 최고에 속한다. 그런데 이 지도자 개인의 행동은 동맹의 미래에 영향을 미친다. 구성원들이 자신의 머리카락의 착색 정도에 따라 서로를 평가하고 선택한다면, 동맹의 미래는 머리카락 색이 짙은 이들에게 맡겨질 것이다. 동맹을 형성하고 지위를 부여하는 기준이 적절성 높은 발언 능력이라면, 가장 높은 적절성의 능력을 가진 사람이 동맹의 운명에 가장 큰 영향을 미칠 것이다.

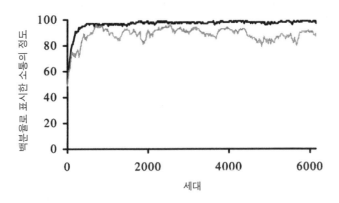

〈그림 17.2〉 적절성이 지위 부여 전략(회색)이 안정적인 수준에 도달할 수 있게 하는 전략의 좋은 기준일 때, 언어 행위의 출현(검은색)

나는 다른 논문에서 '좋은' 기준, 즉 자연선택에 의해 유지될 수 있는 기준이 정치적 경쟁에서 동맹의 성공과 상관관계가 있는 속성을 가져야 함을 보였다(Dessalles 1999). 기준이 '좋음'일 때 이 기준에 따라 지위를 배분하는 것이 이득이 되는 전략이므로 명성 원리가 적용된다. 〈그림 17.2〉는 이 기준이 언어일 경우에 나타난 상황이다. 반면 상관관계가 불충분하면 〈그림 17.1〉의 경우로 복귀한다. 이러한 현상의 존재는 왜 지도자의 머리색이 동맹의 기준이 되기 어려운지를 설명할 수 있다. 그것은 그들의 연합의 성공과 상관관계가 있을 이유가 없다. 침팬지에서 체력의 기준은 확실히 이러한 상관관계를 나타낸다. 인간과 아마도 우리의 인류 조상과 같은 상당한 규모의 동맹의 경우 이 기준은 더이상 적용되지 못한다. 이 장에서 주장하는 바는 이러한 경우에 대화에서의 적절성이라는 능력이 동맹을 선택하는 '좋은' 기준이라는 것이다.

적절성 있는 화자가 보여주는 것은 다른 이들보다 먼저 정보를 획득하거나 밝힐 수 있다는 점이다. 이전 장들에서 세운 시나리오에서는 이 속성이 이미 호미닌이 선-언어와 원시 언어를 사용할 때 나타나고 있었다. 우리 조상은 그 동료들이 눈에 띄는 상황에 주목할 수 있도록 사회적 환경을 포함한 그들의 환경을 다른 이들보다 더 잘 관찰하는 것을 증명할줄 알았으며, 그로부터 생물학적 적절성을 추출해낼 수 있었다. 이들이 다른 이들보다 그들의 동맹의 운명을 성공으로 이끌 가능성이 더 많았다고 생각할 수 있다. 그렇다면, 물리적이고 사회적인 환경으로부터 적절한 정보를 도출하는 능력을 언어로 보여줄 수 있는 개인들과 연합하는 것이 모든 이들에게 이기는 전략이었다.

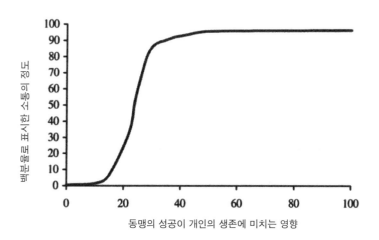

〈그림 17.3〉 동맹 맺기가 그 구성원에 미치는 영향이 어느 임계점을 지나면 언어 행위의 출현이 가능해짐

언어 역할에 대한 설명이 일관되려면 개인들의 미래가 그들이 속하기로 선택한 동맹의 미래와 밀접하게 연결되어야 한다. 이것이 이론 모델과 시뮬레이션이 보여주는 바이다(Dessalles 1999). 〈그림 17.3〉은 정치적 경쟁의 영향이 어떤 수준 이하로 떨어지면 언어와 같은 행위의 출현은 불가능함을 보여준다. 따라서 우리 계통에 특정한 사회 조직의 존재가, 개인들이 적절성의 능력을 과시함으로써 혜택을 받는 조건을 만들어낸 것이 분명하다.

17.4 과시 수단으로서의 언어

앞에서 기술한 것처럼 언어의 기원에 대한 정치적 시나리오는 다음과 같은 몇 가지 가설에 기대고 있다.

(가설1) 동맹을 형성하는 개인들은 누구와 연합할지 결정할 때 기준이 있다. '좋은' 기준 C는 자연선택과 양립가능하며 그 결과는 동맹의 성공과 비례관계에 있다.

(가설2) 대부분의 동맹에서, 특히 동맹이 상당한 크기에 달했을 때, 어떤 개인들은 집단의 결정에 대해 다른 이들보다 더 큰 영향력을 갖는다. 이 개인들은 C에 대해서 최고의 기량을 가지며 동맹의 중심부에서 가장 높은 지위에 있다.

(가설3) 대화 수행 능력은 연합의 '좋은' 기준이다. 이 능력은 환경에서 생물학적으로 적절한 정보를 수집하는 화자의 능력을 입증한다. 이 능력은 동맹에 좋은 쪽으로 영향을 미치는 데 상관관계가 있다고

가정한다.

위의 세 가설 중에서 첫번째가 가장 이론적으로 증명하기 수월하다 (Dessalles 1999). (가설2)는 그보다는 덜 분명한데, C에 대한 개인의 수행 능력과 동맹에서의 그의 지위 사이에 일관된 관계의 문제를 도입하기 때문이다. 개인에게 지위를 부여하는 것은 사소한 일이 아니다. 나머지 동맹으로부터 취한 이득을 그에게 부여하는 데 동의하는 것이기 때문이다. 사람들이 높은 C를 보이는 개인들에게 연합하고 그 동맹 집단에 영향을 미치게 하면서, 높은 지위가 부여하는 어떤 이점도 주지 않는 상황을 상상할 수는 없을까? 연맹을 맺는 사람들의 관점에서 보면 이것이 이상적인 상황일 것이다. 그러나 이것은 불안정한 상황이다. 능력이 있는 개인은 동맹의 미래를 정확하게 이끌 수 있는 능력 때문에 모든 잠재적 동맹 구성원에게 가치가 있다. 따라서 그는 '최고 입찰자', 즉 그에게 가장 높은 지위를 부여하고 이 지위를 통해 가장 많은 이점을 제공하는 사람들과 동맹을 맺는 것이 바람직하다. 따라서 지위 체계의 출현은 지도자를 지명하는 기준이 존재한다면 불가피한 결과이다.

(가설3), 특히 대화 수행 능력과 생물학적 관련성 간의 상관관계를 검토할 기회는 이미 있었다(16.2절). 개인의 적절성 능력과 동맹에 호의적으로 영향을 미치는 능력 사이의 두번째 상관관계를 추정하기 위해서, 다른 동맹에서는 상황이 역전되어 가장 '무능력'한 적절성을 지닌 개인이 가장 큰 영향을 미친다고 상상해보자. 다른 모든 조건이 동일하다면 누가 그러한 동맹의 장기적인 성공에 배팅할 것인가? 물론, (가설 3)은 언어적 적절성이 인간 종의 동맹의 유일한 좋은 기준이라고 하지는 않는다. 분명히 다른 몇 가지가 더 있다. 이러한 기준을 찾으려면 그

저자에게 가치가 있는 행동을 찾는 것으로 충분하다. 즉각적으로 용기를 떠올리게 된다. 에드워드 윌슨Edward Wilson(1978, p. 156)과 같은 일부 학자는 용기가 극도의 비용이 들지만 영웅에게 부여된 지위 때문에 생물학적으로 유리할 것이라고 지적했다. 반면에 윌슨이 설명할 수 없는 것은 다른 개인들이 영웅에게 지위를 부여하도록 이끌 수 있는 이유이다. 어떤 기적으로 용감한 사람들에게 그토록 자주 찬미되는 명예가 주어지는가?

웨스모랜드   지금 이곳에, 본국에서 오늘의 전투에 참전하지 않는 병사 일 만의 병력이 있다면!

왕   누구냐, 그렇게 소망하는 사람은? 웨스모랜드 백작인가? 그건 그렇지 않아요, 백작. 만약에 전사하는 운명이라면, 조국에 대한 손실은 우리로서도 충분하오. 만약에, 이겨서 살아남는다면, 소수가 되면 될수록 명예의 분배는 커집니다. 그러니, 부탁이오. 병력이 더 있으면 좋겠다고 바라지 마시오. …… 명예를 탐하는 것이 죄라면, 나는 이 세상에서 가장 죄가 많은 사람이오. 그러니 백작이여, 제발 본국으로부터의 지원군을 바라지 마시오. 나는 이 커다란 명예를 반드시 얻을 것이라고 믿고 있는데, 한 사람이라도 더 늘려서 내 몫을 줄이고 싶지는 않소. …… 성 크리스피안의 제일이다. 오늘을 살아남고 귀국하는 자는, 이 날이 오면 발돋움을 하고 서서, 크리스피안의 이름을 들을 때마다 고개를 높이 들 것이고, 이 날을 넘고 노령에 이르는

자는, 해마다 이 날이 오면, 이웃들에게 그 전날 밤 잔
치를 베풀고 말할 것이다. "내일은 크리스피안의 제일
이다." 그리고 소매를 걷고, 상처를 보이며, "성 크리스
피안 날에 입은 상처다"라고 말할 것이다.…… 지금
조국 영국의 따뜻한 잠자리에서 단잠을 자는 귀족들
은 훗날, 이곳에 오지 않았던 자신을 저주하게 되고,
우리들과 함께 성 크리스피안 제일에 참전한 용사들
이 무공담을 할 때마다 그들은 남자의 체면을 잃었다
고 생각할 것이다.

……

웨스모랜드	지금 겁을 집어먹는 자는 죽는 편이 낫다!
왕	본국으로부터의 지원군은 더이상 바라지 않지요?
웨스모랜드	신의 뜻입니다! 저는 폐하와 단둘이서 남의 도움을 받
	지 않고 이 위대한 싸움에 뛰어들 생각입니다.

_셰익스피어, 「헨리 5세」(1599)

일부 사람들이 목숨을 내걸 정도로 갈망하는 이 명예는 실재이다.
다른 모든 사람들, 즉 박수를 보내는 사람들의 태도는 영웅들에게 그
들의 특권을 양도하고 양보하는 것이다. 찬미의 행위가 우리의 본성에
깊이 뿌리박혀 있지만 동물의 세계에서는 매우 이례적이다. 이것이 추
종자들에게 어떤 이점을 가져다줄 수 있을까? 이처럼 우리 조상들이
자신의 영웅들에게 실질적인 이익을 양도한 것이 어떻게 그렇지 않은
예의 없는 동시대인들에 비해 더 많은 후손을 남기게 했는지 이해하기
어렵다. 집단은 구성원들 사이에 영웅이 있으면 이익을 얻을 수 있다

하더라도, 개인의 이익은 다른 사람들이 용감한 사람들에게 보상을 해주되 자신은 손해를 입지 않는 것이어야 한다. 인류의 특징이지만 전통 이론의 틀 안에서는 설명할 수 없는 찬미의 행동은 (가설1)과 (가설2)로 잘 설명된다. 용기는 동맹의 성공과 연관된 연합의 좋은 기준인 것이다. 우리는 같은 방식으로 특정 행동이 역으로 행위자의 지위 손실을 가져온다는 사실을 설명할 수 있다. 기만, 배신 또는 비겁함의 경우가 이에 해당하며, 특히 영향력 있는 개인의 행위일 때 동맹의 싱공과 반비례 관계가 있다.

언어적 적절성이 인류가 그 동료들에게 감탄을 자아내는 수단 중 하나라면 왜 상당수의 대화가 그렇게 평범한지 놀랍기도 하다. 개인들은, 대부분 그렇듯이 모든 것에 대해 아무거나 발화하는 대신에, 그들 자신의 가장 좋은 이미지를 확실히 보여줄 수 있을 때에만 입을 열어야 한다. 실제로는 이 두 가지 행위가 모두 이득이 될 수 있다. 다른 연합 전략과 비교해보면, 언어의 적절성은 독자적인 위치를 점한다. 자하비가 지적한 것처럼, 영웅주의와 달리 언어는 상대적으로 비용이 덜 드는 활동이다. 그 결과 많은 사람들이 가능할 때마다 관여하기를 주저하지 않는다. 결과적으로 일상적인 언어활동과 대화의 주제는 외부에서 보기에 때로는 끔찍이도 평범해 보이는 것이다. 많은 상황에서 침묵보다는 적절한 것이 쉽다. 대화가 중단되면, 날씨 상황이 바람직하지 않다는 등의 말을 통해 화자가 적절성을 약간이나마 보여줄 수 있다. 그것은 지위 측면에서 거의 이득이 없지만 손해도 보지 않는다. 적어도 발언 당시에는 사회적으로 존재한다. 덜 일상적인 대화를 하는 동안은 적절한 개인은 주변 사람들의 인정을 받는다. 그의 발화는 상대방이 보기에 그의 인격을 형성하는 필수적인 부분에 기여한다. 그러나 주제가 사소하든 흥밋거리가 있든 언어적 개입은 항상 엄격한 적절성의 법칙을 따르며 그 법칙은 그 자체로 화자가 고려할 만한 가치가 있다.

언어가 자기를 과시하는 수단이라는 사실은 그리 새로운 것이 아닐 것이다. 인간은 사람들이 자기에 대해 말하는 것을 너무 좋아하는 나머지[20] 종종 자기 자신을 이용하기도 한다. 따라서 말하기는 적절하다는 것뿐 아니라, 가능하면 자신이 이런저런 자격으로 아주 특별한 사람이라고 남들이 말하는 내용을 보여주면서 관심을 끄는 수단이다. 그러나 모든 사람은 아니더라도 많은 개인들이 이런 방식으로 언어를 사용한다고 해서 언어의 생물학적 존재를 정당화할 수는 없다. 자신을 뽐내는 것이 남의 관심을 얻기에 충분한 것이라면, 청자에게 가장 좋은 전략은 안 듣는 것이고 화자에게 가장 좋은 전략은 이 닫힌 귀를 열기 위해 과장되고 반복적인 메시지를 내보내는 것이다. 이것은 크레프스와 도킨스의 도식에서 우리가 기대하는 소통 방식이다. 이러한 유형의 의사소통의 좋은 예는 광고이다. 인간의 언어에는 분명히 광고적인 측면이 포함되어 있다. 모든 사람은 기회가 생겼을 때 최고의 매력을 선보이려고 한다. 그러나 우리의 생물학적 체질에서 기인하는 언어 교환의 구성은 화자의 통제가 아니라 청자의 통제 아래 있다. 후자는 지위를 부여하기 위해 무엇보다도 자신이 듣는 내용의 적절성을 판단한다. 분명히, 숙련된 화자는 자신의 이야기에서 유리하게 자신을 무대에 올리기 위해 담화의 내용을 선택함으로써 행동의 여지를 둘 수 있다. 그러나 제약은 엄격하므로 적절성을 유지해야 한다. 말이 정보나 논증의 틀 안

---

20 어떤 작가는 비평가들에게 "나에 대해서 좋게 말하건 나쁘게 말하건 상관없습니다. 내 이름만 정확히 적는다면요"라고 말하곤 했다.

에 명확히 들어맞지 않으면서 자신에 대해 너무 공개적으로 말하는 사람은 자만심을 드러낼 위험이 있다. 주변 사람들 사이에서 누리는 지위는 선언하는 것이 아니라 얻은 것이다. 이를 위해서 우리 종의 생물학적 조직이 우리에게 부과하는 게임의 규칙을 받아들여야 한다. 지위를 얻고 자신이 원하는 다양한 동맹에 속하려면, 모든 사람이 '자신을 보이는' 것이 아니라, 매우 특별한 적절성의 능력이 있음을 '보여주어야' 한다. 기회가 올 때마다, 다시 말해 하루에도 수십 번씩, 우리는 다른 사람들에게 적절한 메시지를 전달할 수 있도록 생각을 정리하는 능력을 다른 이들의 판단하에 두는 이 의식을 치른다.

대화의 기초가 되는 행동은 무의식적 기제를 따른다. 현저히 눈에 띄는 상황에 주의를 환기시키는 화자, 그것을 평범하게 만드는 화자, 들은 내용의 일관성에 의문을 제기하는 화자, 그 누구를 막론하고 모두 본능적으로 행동한다. 따라서 우리는 반사적으로 행동한다. 우리는 말하는 내용을 자발적으로 통제하지만, 말하려는 충동을 통제하기도 어렵다. 우리는 있을 법하지 않은 것을 평범하게 여기거나 기괴한 것에 의문을 제기하지 않을 수 없다. 사람들은 모이기만 하면 이야기를 한다. 모두가 주변 대화의 소음보다 크게 말하려고 노력하고 그 결과 발생되는 더 큰 소란과 같은 칵테일파티 효과는, 언어가 우리 삶에서 얼마나 일관되고 뿌리박힌 행동인지 보여준다. 이 대화들에서 모든 사람의 삶의 본질적인 측면이 나온다. 즉, 누가 누구와 관계가 있고, 누가 다른 사람들의 관심을 받을 것이며, 누구에게 지위에 따르는 영향력과 이점을 부여할 것인지 하는 것이다. 이는 우리가 대화에서 무의식적으로 구현하는 생물학적 프로그램의 일부이다. 적절한 정보를 교환한다는 명분 하에 우리는 자신과 관계 맺기로 선택할 개인들의 집단에 무엇이 좋은지 결정할 각 사람의 능력을 판단한다. 따라서 언어는 목적보다 수단으로 더 많이 나타난다. 음운론이 어휘 구성을 확장하게 하는 것처럼 우리가 언어를 사용하는 것은 동맹을 형성하는 데 도움이 된다.

17.5 '호모 로퀜스' 또는 '호모 폴리티쿠스'

이 장에서 개괄적으로 그린 시나리오에서 언어의 기능은 언어 외부에 위치한다. 정보를 교환하는 데 우리가 시간을 쓴다면 그것은 정보의 내재적 가치 때문이 아니다. 가끔은 청자에게 유용하고 필수적이기도 한 정보들이지만 이 교환된 정보의 유용성은 체계적인 것과는 거리가 있어서 언어 출현의 생물학적 원인으로 활용하기 어렵다. 화자들이 열심히 이와 같은 선물을 하고자 한다면 그것은 얻는 것이 있기 때문이다. 인간이 깨어 있는 시간의 5분의 1을 대화자로 지낸다면 자연의 삶에서 생존과 번식에 필수적인 게임에 뛰어들기 때문이다. 이 게임의 목적은 연합할 사람을 찾고 집단의 결정이라는 짐을 지울 자를 정하는 것이다. 이 게임은 또다른 게임인 자연선택과는 구분된다. 자신의 차별성을 선전하는 사람이 오로지 이기기만 하지 않기 때문이다. 동맹의 게임에서 어떻게 해서든지 그 자신을 위해 모든 지위를 얻고자 하고 다른 이들을 허용하지 않는 사람은 값비싼 비용을 치를 위험이 있다. 이기는 동맹의 두번째가 지는 동맹의 일인자보다 낫다.

우리가 정치 게임에 대해 알고 있는 내용이 여기에 완벽하게 적용되므로 그 문화적 성격을 의심할 수 있다. 정치적 행동은 보편적이다. 동맹국을 찾고, 연합을 지배하지 않기로 동의하고, 잘못 운영되는 연합을 떠나는 등. 그러한 행동은 학습될 수도 없고 만들 수도 없다. 아이들은 이미 게임을 할 때 이러한 행동을 보여준다. 우리는 스포츠, 직장, 우정에서 정치적 경쟁을 재현한다. 우리가 팀, 진영, 관계, 친구를 선택할 때마다 사실상 정치적 행동의 목록에 속하는 결정을 내린다. 아리스토텔레스는 "인간은 본질적으로 정치적인 동물이다"라고 했다(Aristotle, *Politics*, I.2). 동물 생태학적인 관점에서 볼 때 우리 종은 '호모 폴리티쿠스'라고 불릴 수 있다. 왜냐하면 우리의 사회생활은 동맹 및 지위 현상과 연결된 기제에 의해 지배되기 때문이다. 우리가 하루에 무엇을 하(고 무엇을 하지 않)는지 분석하면 이 결정들 중에서 즉각적인 욕구에 의해 정해지는 것은 거의 없음을 알 수 있다. 우리의 행동은 사회적 지위에서 발생할 수 있는 손실과 이득에 크게 영향을 받는다. 타자의 시선과 같이 중요한 개념은 다른 사람들이 우리를 판단한다는 것을 상기시켜준다. 우리는 우리가 관계맺기를 원하는 사람들, 즉 우리가 속해 있거나 속하기를 원하는 동맹의 구성원들이 우리에 대해 가질 수 있는 의견에 매우 민감하다. 여기서 제안한 생각은 동맹 간의 정치적 경쟁 위에 세워진 우리 종의 사회 조직이 우리 계통의 진화에서 언어를 꽃 피우게끔 했다는 것이다.

자크 모노는 언어 안에서 "새로운 선택압을 만듦으로써 종의 미래에 관여하는 초기 '선택' 중 하나"를 보았다. 현재 시나리오는 '초기 선택'의 역할에서 정치적 게임을 제안함으로써 위의 아이디어와 거리를 둔다. 중요한 상황에 동료 인간의 관심을 끌고 말한 내용의 일관성을 테스트하는 인간 언어는 우리 계통에 특정한 맥락에서 발전했는데, 모든 사람이 접근가능한 동맹 중에서 가장 유망한 것을 찾아야만 하는 동맹 체계가 그것이다. 말을 하고 적절성을 가짐으로써 개인은 동맹의 일원으로 잘 평가받을 방법을 찾고 동시에 언어를 통해 잠재적 동료의 가치를 정당하게 평가하고자 한다. 생각과 달리, 동일한 개인이 여러 동맹에 포함될 수 있는 복잡한 사회구조를 발전시킬 수 있었던 것은 우리의 언어 능력 때문이 아니다. 인과관계가 역전되었다고 보는 것이 더 일리가 있다. 우리 종의 특별한 사회구조화가 인간 언어의 출현에 유리한 조건을 만든 것이다. 달리 말해 우리 종족은 말하는 사람인 '호모 로퀜스'이기 이전에 '호모 폴리티쿠스'였다.

17.6 언어의 기타 기능

대화의 적절성은 언어 기능 중에 핵심적 위치를 차지한다. 제안된 시나리오에 따르면 언어 능력의 모든 측면이 단지 이 기능 때문에 선택되었다. 언어 능력은 음운, 형태통사, 의미적 구성 요소와 함께 화자가 적절하게끔 보이게 하는 자연선택에 의해 국소적으로 최적화되었다. 음운 체계와 구 분할의 풍부함, 정신적 이미지의 조합 능력 등으로 가능해진 어휘의 크기는 우리가 대화에서 적절한 발언을 구상할 수 있게끔 진화하였다. 이렇다고 해서 언어가 적절함과 엄밀히 관계가 없는 부수적인 용례도 상당히 포함한다는 점을 배제하지는 않는다. 예를 들어, 우리가 노래를 부를 때 가사의 적절성이 항상 기준이 되는 것은 아니다. 이 부수적 용례를 충분히 다 목록화하기는 힘들다. 예를 들어, 어떤 문화, 특히 글자를 사용하는 문화들에서 언어가 가지고 있다고 보이는 기능 중 하나는 정교한 수학을 풀거나 시를 창작하게 한다. 이 같은 사용례는 그 문화적 중요도가 어떠하든지 간에 생물학적 관점에서는 언어 능력의 부수 작용 이상은 아니다. 이러한 용도는 대부분 집단 내 전문가의 작업이다. 언어가 허용하는 이러한 사용은 자연이 우리 종에게 준 예상치 못한 선물처럼 덤으로 온다. 우리가 알고 있는 축적된 형태로서의 문화의 늦은 발전은, 언어에서 파생된 많은 사용이 진화와 관련된 부수 현상이라는 증거이다.

던바는 집단의 사회적 관계를 분석 및 논평하고 모든 속임수의 발생을 비난하기 위해 언어의 중요성을 주장한다(Dunbar 1996). 그는 이것이 언어의 생물학적 기능이라고 강력하게 제안한다. 우리에게는 험담에 대한 자연스러운 성향이 있다는 것은 배제되지 않으며, 이 경우 이러한 성향의 이유를 밝혀야 한다. 그러나 사회적 관계에 대해 논평한다는 사실이 화자가 적절하지 않다는 의미는 아니라는 점을 유의하자. 언어 능력의 구조에서 아무것도 대화에서 다루는 주제에 종속되지 않는다는 점은 주목할 만하다. 음식, 모험, 낚시 기술 또는 이웃남자가 이웃여자에게 한 일에 대해 우리가 무엇을 이야기하든, 음소의 배열, 합성의 배열 또는 정신적 이미지의 조합은 동일한 원리에 따라 작동한다. 가십 성향이 있더라도 이것은 언어와 직접적인 관련이 없다. 간단히 말해서, 사회적으로나 지리적으로 우리와 가까운 사람들의 행동을 판단하는 데 쟁점이 있다. 이 문제는 인간 사회를 동맹들로 구조화하는 것과 관련이 있다. 동맹을 맺는 모험을 할 사람들에 대해 언제든지 통찰력 있는 판단을 내릴 필요가 있다.

세상사에 대한 우리의 관심은 어떤 경우에는 편향되어 있다. 가십이 이에 대한 대표적인 예다. 가십과 꽤나 유사한 또다른 편견의 현상은 인간의 사회적 조직에서 지위의 중요성을 극적으로 부각한다. 사귀는 사람들 간의 사소한 다툼처럼 평범한 사실은 눈에 띄는 정보가 되기는 어렵지만, 그 커플이 당신의 가장 친한 친구이거나 왕과 여왕이라면 그렇지 않다. 사람들은 어떤 식으로든 높은 지위에 있다고 생각하는 개인과 관련이 있을 수 있는 모든 것에 대해 더욱 관련되었다고 느낀다. 따라서 남아프리카의 어린 소녀도 모나코에 사는 가족의 삶의 가장 작은 세세한 사항을, 그 가족이 왕족이라면, 알 수 있는 것이다. 현대 사회의 사람들은 모두 고위직에 대해 동일한 생각을 갖고 있지는 않지만, 그들은 다른 사람들보다 자신이 보기에 지위가 높은 사람들에 대해 더 쉽게 말한다. 언어의 고유한 속성이 아닌 이러한 특별한 형태의 담론은 세상사가 지닌 두드러진 특성을 인지하는 데 있어 자연스러운 편향이 될 수 있다. 가십과 관련하여 던바가 지적한 이러한 편향은 특히 이 장에서 발전된 정치적 시나리오의 설명 틀에 잘 맞는다.

선거 운동 중에 후보자들은 연설하고 논쟁하면서, 국가 업무를 이끄는 데에 동료 시민들의 신뢰를 받을 자격이 있음을 보여주고자 한다. 전혀 다른 차원에서, 그리고 자주 그것을 인식하지 못한 채, 인간은 그의 주변 사람들과 함께 이런 비슷한 류의 과정에 참여하고 있다. 우리는 영구적인 선거 운동에 참여하고 있는데, 그 쟁점은 친구 관계, 우리가 의견을 듣거나 명령을 따를 사람들을 뽑는 것이다. 일상 대화의 모든 대사가 이 과정에 기여한다. 우리는 실수할 권한이 없다. 이해할 수 없거나 일관성이 없는 발언은[21] 우리가 누구인지에 대한 의구심을 불러일으키고 다른 사람들에게 보여주는 우리 자신의 이미지를 손상시킨다. 우리의 생물학적 구조의 독창성, 특히 고도로 발달된 정신 능력과 언어

---

21 나는 여기에서 어마어마한 전개를 필요로 하는 유머 발언을 고려하지 않겠다.

능력을 만들어내는 본질은 이 선거 과정에서 잘 사유하도록 선택된 것이다. 이 자연의 정치에서 승리하는 방법은 두 가지가 있다. 자신이 최고의 후보자로 보일 기회를 얻거나 최고의 후보자와 동맹을 맺을 수 있는 충분한 분별력을 갖는 것이다. 언어 능력은 이 두 가지 전략에 도움이 되도록 진화했다는 것이 이 책에서 내가 주장하는 바이다.

18장
에필로그

언어 기원에 대한 탐구는 시작 단계일 뿐이다. 이 책에서 시도한 것처럼 여러 분야의 지식을 아우름으로써 인간 계통발생에서 언어와 비언어를 분리하는 단계들에 대한 생각을 얻을 수 있다. 우리의 과거에 대한 이 근사한 이해를 통해 결론을 도출하기 전에, 우리가 도달한 시나리오의 주요 요소를 요약해보겠다.

18.1 세 단계 생성론

16장과 17장의 연장선상에서 언어로 이어진 진화 사건의 그럴듯한 순서들을 상상해보자. 우리 조상 중 일부인 오스트랄로피테쿠스 또는 최초의 유인원은 대규모 동맹을 형성하기 시작했다. 이러한 류의 '정치적' 상황에서는 효과적인 동맹을 찾는 것이 필수적이다. 주변 환경을 관찰하여 눈에 띄는 특징을 추출할 수 있는 개인들은 소중한 동반자였을 것이라고 가정할 수 있다. 이 가정은 시나리오에서 토대가 된다. 정치적 경쟁의 맥락에서 정보 획득은 필수적인 자산이다. 다른 종에서 관찰은 본질적으로 사적인 일이지만 우리 조상들 사이에서는 공유의 대상이 되었다. 개인들은 정보 자체의 가치가 아니라 다른 사람들보다 먼저 볼 수 있는 능력을 증명하기 위해 그들이 할 수 있었던 눈에 띄는 사안에 대한 관찰을 주변에 전파하기 시작한 것이다. 이렇게 우리가 선-언어라고 부르는 것이 완벽하게 적용된 최초의 의사소통 형태가 탄생했다. 즉각적인 상황, 즉 대화 상대가 관찰할 수 있는 상황에 주의를 집중시키는 분리된 단어들이 여기에 해당한다. 인류 이전의 의사소통의 이 첫번째 단계는 안정적이었다. 검증이 거의 즉시 이루어지기 때문에 속임수의 가능성은 없었다.

두번째 단계는 새로운 의미론적 능력에서 탄생한다. 복합적인 장면, 아마도 처음 보는 장면들을 구성하기 위해 여러 단어에 의해 유발된 지각의 기억들을 조합하는 능력이 이에 해당한다. 그러면 단어 조합이 의미를 가질 수 있다. 비커튼이 기술한 원시 언어, 즉 통사가 없는 언어가 탄생했다. 자연선택이 탄생시킨 이 언어의 기능은 무엇이었을까? 지시적 정확성이 높아짐에 따라 현재에 경험하지 못한 부재의 장면을 환기할 수 있게 되었다. 화자는 다른 곳에서 앞선 시간에 일어난 눈에 띄는 사실들을 전달하면서 정보자로서의 재능을 선보인다. 청자는 그 광경을 상상할 수 있다. 그러나 이 빈약한 재현은 눈에 띄는 특징을 인지하는 데 해가 된다. 동물처럼 인간도, 의심스러운 소리나 모르는 동물 또는 희한한 물건 등, 그들이 지각하는 것 중 두드러지는 것을 구분하는 능력을 갖췄다. 거론되기만 했을 때는, 동일한 상황이라도 두드러지게 나타날 확률이 훨씬 낮다. 사람들 간의 대화에서 눈에 띄는 상황은 현재 일어난 것이 아니면, 늘 사실 같지 않다(430쪽 참고). 드문 확률을 추정하는 능력은 원시 언어 및 그 부재의 상황을 소통하는 능력에서 나왔다. 두드러진 성질을 알아차리는 것은 단순한 지각 반응을 넘어서 확률적 추정의 결과가 된다.

이러한 형태의 소통으로부터 과장과 거짓말의 가능성이 태동되었다. 원시 언어는 그 시대의 대화 상대자들이 속임수의 위험에 대해 스스로 대비할 수 없었다면 존재하지 않았을 것이다. 그가 본 것을 과장하거나 일어나지 않은 일들을 전달하는 사람은 자신의 청자들에게 그가 양질의 정보자라고 믿게 함으로써 부당한 혜택을 얻게 될 위험이 있다. 이 위험에서 스스로를 보호하기 위해 사람들은 평범화 전략을 발전시켰다. 전달받은 상황을 이미 경험한 상황과 비교하면서, 우리는 중요하지 않은 것을 두드러지게 제시하는 과장에 대비한다. 거짓말의 문제가 남아 있다. 분명히 원시 인류는 시간을 두고 확인하는 가능성 외에 다른 방법이 없었을 것이다. 거짓말하는 자는 말한 바가 사실로 입증되지 않는 사람이다. 이 절차는 구체적인 상황으로 의사소통을 제한한다.

세번째 단계인 인간의 의사소통은 주제 분할이라는 새로운 의미 능력의 출현과 함께 나타났다. 이 능력은 한 장면을 구성하는 요소들 간에 이원 구분을 할 수 있도록 해준다. 예를 들어, 어떤 대상이 한 영역의 외부가 아니라 내부에 있다고 분석한다. 이 새로운 능력은 인지 갈등을 감지해낸다. 어떤 화자의 말이 청자에게 인지 갈등을 일으키면 속임수의 위험이 있는 것이다. 지어낸 이야기는 예를 들어서 한 물체가 다른 두 대상에서 발견되던지 또는 별 이유 없이 이동하는 등 일관성이 없는 상황을 야기할 확률이 높다. 이 현상 덕분에 우리는 범죄자들을 심문이나 소송할 때 당황하게 만들 수 있는 것이다. 장면들을 분할하는 능력은 이렇게 거짓말에 맞서는 수단으로 선택된다. 그래서 이 자체로 의사소통의 일부분이 되었다. 눈에 띄는 사건을 알리거나 전달하는 것만이 동맹으로서 평가받는 유일한 수단은 아니다. 다른 사람의 담화에서 일관성의 부족을 드러낼 수도 있는 것이다. 이렇게 논증이 탄생한다. 동맹 내에서 비일관성의 축출은 눈에 띄는 사실들을 탐지하는 것만큼이나 귀중하므로 논증을 잘하는 사람들이 역시 지위를 얻는 것이다. 이를 확대해서, 인간은 자연 현상에서의 부조리도 지적하기 시작했고 그 결과 이상한 사실의 탐지가 의사소통의 선호 형태가 되었다.

이 새로운 의사소통 형식은 화자가 실행하는 주제 분할을 공유하게 만든다. 이로부터 상황의 요소(일반적으로 주제, 지시어 및 행위자)를 구분하는 수단이자 이들을 결합하는 단순한 관계(일반적으로 위상적 관계)로 통사론이 탄생했다. 더 나아가 통사는 실체를 지시하는 수단이 되었다. 예를 들어, 대상이 주어진 좌표 안에 있다고 정해서 그 대상을 쉽게 지시할 수 있다. 그리고 각 주제 분할은 그에 속한 요소를 지칭하기 위해 다른 분할을 가져올 가능성이 있는데, 이 때문에 이러한 분할을 중첩해서 표현할 방법이 필요했으며, 이렇게 통사의 되풀이 형식은 유용성을 찾았다. 구문 기반 통사가 인간에게 제공한 것이 바로 이러한 가능성이다.

이 책의 여러 장에 걸쳐 기술된 분석에서 나온 언어 출현의 시나리오를 간략히 설명해보았다. 대략적으로 살펴본 이 시나리오를 받아들인다면, 언어는 새로운 시각에서 출현한다. 언어 행위는 우리의 생물학적 속성에 묶여 있다. 이는 자연선택에 의한 진화의 산물이다. 따라서 이는 총체적인 필연성을 갖지 않는다. 그 필연성은 국소적일 뿐이다. 언어가 그것을 사용하는 사람들에게 유리한 것으로 보일 수 있었던 것은

'정치적' 종種이라는 매우 특정한 맥락에서만 가능한 것이다.

18.2 언어에 대한 새로운 시각

앞서 나온 언어의 기원은 우리로 하여금 근본적으로 새로운 관점에서 언어를 고려하도록 이끈다. 이러한 재검토 과정은 절망적일 수도 있다. 대부분의 신화나 종교에서 말하는 개념적 틀 안에서 언어는 신성한 재능이다. 이 전제를 거부하는 이들은 일반적으로 종의 진화 역사 속에서 다른 편견의 합리화를 찾는다. 여기서 언어는 다른 종들이 진화하고 있는 종착점, 완벽함을 이루는 것이다. 따라서 가장 '진화한' 종의 의사소통 방식은 언어의 초안일 것이다. 인류만이 그 구성원에게 '모든 것'을 표현할 수 있도록 하는 양적 도약을 실현할 것이다.

나의 바람은 이 편견을 없애는 것이다. 다른 종의 개체들이 말을 하지 않는 이유는 생존과 번식 문제에서 말하기에 큰 관심이 없기 때문이다. 우리 인간이 말하는 것은 우연한 변화가 우리 조상의 사회 조직을 크게 변화시켰기 때문이다. 이들은 생존하고 번식하기 위해서 상당한 규모의 동맹을 형성할 필요가 있음을 발견했다. 그런 다음 언어는 개인이 동맹으로서의 자신의 가치를 표시하는 수단으로 등장한 것이다.

지금의 세계에서 언어의 위치에 대한 이러한 상대화는 위의 관찰에 국한되지 않는다. 언어는 매우 특별한 사회 조직 방식의 우발적 출현으로 인했을 뿐만 아니라 필연적인 산물도 아니다. 즉, 언어는 존재하지 않았을 수도 있고 근본적으로 다른 형태로 존재했을 수도 있다. 언어 교환의 많은 부분을 구성하는 논증의 예를 들어 보겠다. 이 책에서 발전시킨 분석에 따르면 논증은 거짓말 탐지 기제의 결과이다. 우리는 우리의 논리적 추론 능력이 보편적이며 모든 형태의 지성에 부과되어야 한다고 생각하는 경향이 있다. 순수한 착각일 뿐이다. 진화는 우리에게 다른 사람들의 진술의 타당성을 검증하기 위한 완전히 다른 기제를 제공했을 수도 있다.[22] 우리의 언어 사용과 지능은 전혀 다르게, 그렇다고 열등하지는 않은 방식으로 바뀌었을 수도 있다. 종의 역시는 이런 류의 대안에 대한 흔적을 남기지 않았지만, 우리 이해의 형식조차도 진화의 우연한 산물이라고 믿게 만드는 근거는 많다. 이 지구에 언젠가 우리와 유사한 업적을 달성할 수 있는 다른 형태의 생명체가 생긴다 해도, 그의 생각과 의사소통 방식이 (존재한다면) 우리의 인지 기능 및 언어와 질적으로 비견할 만하지는 않을 것이다. 논리적 추론과 언어가 최소한의 보편성을 가진다면 그것은 우리 종 내에서만 존재할 것이다.

언어 능력의 기원에 대한 이러한 사고로부터 또다른 어떤 결론을 도출할 수 있을 것인가? 기원의 문제는 늘 많은 이들을 매료시켰다. 이 계통발생에 대한 과학적으로 더 나은 이해가 우리에게 가져다주는 것 이상으로 지구상의 자신의 존재에 각자가 부여하는 역할이 쟁점이다. 우리는 개체로서나 종으로서의 우리의 존재가 꼭 필요하지는 않다는 것을 인정해야 한다. 반면에 우리 행동의 많은 측면은 근거가 있다. 언어의 경우가 그러하다. 언어 행위의 생물학적 존재 이유를 의식함으로

---

22 정보처리의 발전은 우리에게 논리적 영감이 아닌 타당성 시험의 실례를 제공한다. 예를 들어서 우리는 은행 계좌가 위조되지 않았음을 확인하기 위하여 의미 있는 숫자의 출현 빈도를 테스트할 수 있다. 하지만 환기시키는 장면에 대한 타당성 테스트로 바꿔서 볼 때, 기술의 실제 상태 안에서는 구체적으로 상상하기는 매우 어렵다.

써 우리 자신과 타인의 행위에 대해 보다 명료한 견해를 가질 수 있다. 말하는 사람은 자신의 투자금에 상응하는 액수를 회수하기를 바라면서 상품을 파는 것처럼 정보를 파는 것이 아니다. 대화는 사회적으로 존재하는 방법이다. 표현하는 사람들은 다른 사람들에게 동맹의 적절한 기능을 위해 필수적인 능력인, 적절성의 능력을 측정할 기회를 준다. 적절성을 갖춘 듯 보이는 개인은 인기 있는 동반자이다. 반대로 다른 모든 것이 동일하다면, 진부한 일, 흔한 생각, 잘못된 판단을 쌓아가는 사람들을 거의 고려하지 않는다.

언어 행위는 판단되기 때문에 존재한다. 매 순간, 우리는 눈에 띄는 틀림없는 사실을 보고하거나 일관성을 갖고 논쟁해야 한다. 따라서 언어는 게임이고, 다양한 인간관계의 망에 합류하고, 이를 유지하며, 그 안에서 순위를 얻는 것이 도전 과제가 된다. 보통은 이를 인식하지 못한다. 우리가 말하는 이유는 필요를 느끼거나 그것으로부터 즐거움을 느끼기 때문이다. 이 책에서 살펴본 언어의 기원에 대한 성찰은 이러한 심리학적 관점을 넘어 일상적인 상호작용의 진정한 생물학적 쟁점을 충분히 거리를 두면서 분석할 수 있도록 해준다.

18.3 전망

언어에 대한 이 작업은 진화의 관점에서 인간의 행동과 인지 능력을 재검토하는 과정의 일부이다. 우리 행동의 다른 많은 측면을 진화론적 관점으로 볼 수 있다. 매우 인상적인 작품에서 크리스 나이트는, 우리 종의 진화적 관점을 취하면서, 의식이나 축제, 신화, 화장의 관행 그리고 먹을 것이나 짝짓기에 대해 제한하는 규칙들과 같은 인간의 집단적 행위에 어떤 논리를 발견할 수 있음을 보여준다(Knight 1991). 민족지학이 문화적 진화의 산물이라고만 보았던 것을 나이트와 같은 연구자들은 우리 종의 계통발생에서 그 정당성을 찾아야 하는 생물학적 계획이라고 본다. 인간 행동을 '자연화'하는 이 작업은 이제 겨우 시작된 것이며 이 책은 이 연구 프로그램에 기여하기 위해 구상된 것이다.

이 책에서 개진된 주장을 따라온 독자는 우리 종의 기원과 그 특징적인 행동, 즉 언어에 대한 시각을 수정했기를 기대하는 바이다. 독자는 몇 가지 새로운 아이디어를 발견할 것이며, 그중 일부는 매우 참신한 것이다. 특히 원시 의미론과 의미론을 별개의 두 능력으로 구분하는 것이 그에 해당한다. 또한 대화 행위를 두 가지 구성 요소, 즉 하나는 두드러진 사실을 지향하고 다른 하나는 논증에 중점을 두어 분석하는 것도 언급할 수 있겠다. 마지막으로 언어에 대한 협력적 설명에 대해 논박하고 이를 정치적 시나리오로 대체하는 것도 언급해두자.

기원에 대한 이러한 연구가 실질적인 유용성을 가질 수 있을까? 우리 본성을 이해하는 데 진척을 볼 때마다 그 적용점을 찾을 수 있다. 작은 여담으로 한 가지를 언급할 수 있다. 1990년대 초는 새로운 인터넷 망, 즉 웹 이용의 대폭발을 이루었다. 인터넷 망은 일반적으로 연구원들이 메시지를 보내기 위해 그 10년 전부터 사용해왔다. 기술적으로 웹의 존재를 가능하게 한 혁신은 미미했다. 웹페이지를 표준 형식으로 게시하고, 네트워크에 연결된 컴퓨터의 위치에 관계없이 한 페이지에서 다른 페이지로 직접 이동할 수 있는 프로그램이었다. 이 프로젝트를 개발한 CERN과 일리노이대학의 연구원들의 초기 목표는 문서와 정보 소스를 공유하는 것이었다. 이 새로운 시스템이 개인들 사이에서 환상적인 성공을 거둘 것이라 예상한 사람은 아무도 없었다. 프랑스에서 Minitel은 다양한 서비스를 제공했지만 동일한 공급자가 제공하지 않으면 한 페이지에서 다른 페이지로 직접 이동하는 것이 불가능했다. 웹이 탄생한 이후로 제공되는 페이지 수가 폭발적으로 증가한 이유는 무엇일까? Minitel은 관리 및 상업 서비스로 제한되었지만 수백만 명의 개인이 웹에서 자발적으로 무료 페이지를 제공하기 시작했으며 대부분은 양질의 정보가 포함되어 있다. 이 예상치 못한 현상을 어떻게 설명할 수 있는가?

어떤 현상이 일어난 이후에, 그것이 예측가능했다고 말하는 것은 항상 쉽다. 그런데 웹의 탄생이 만들어낸 상황과 우리 종의 과거에 언어가 출현한 조건 사이에는 정말 밀접한 유사성이 있다. 웹은 개인에게 자신을 보여줄 수 있는 수단을 제공했다. 유용한 정보를 제공함으로써 그들은 자신과 자신의 능력에 관심을 이끈다. 웹은 사회적으로 존재하기 위해 개인에게 제공되는 추가적인 수단이라고 말할 수 있다. 그러나 웹에서 페이지를 제공할 때 누가 그것을 읽을지 알 수 없다. 따라서 개인의 입장에서는 특정인의 관심을 끌려는 시도가 없다. 웹에서 페이지를 제공하는 사람들은 마치 지인들 앞에서 말할 때처럼 생물학적 프로그램을 따른다. 두 경우 모두, 평가를 받기 위해 자신의 능력을 표현하는 것이다. 이것은 우리가 만나는 사람들과 매일 하는 일이다. 웹 덕분에 우리는 전 세계적으로 이를 지속적으로 수행하고 있다. 언어의 생물학적 역할에 대한 우리의 분석은 이처럼 반대 이미지를 제공한다. 웹은 단순히 정보를 얻기 위한 도구가 아니라 유용한 정보를 다른 사람에게 제공하여 관심을 끌기 위해 개인에게 제공되는 새로운 수단이다.

언어 행위의 생물학적 기원에 대한 성찰은 사회현상의 분석과 예측에 유용할 수 있음을 알 수 있다. 현대 사회의 변화무쌍한 조건에서 인간 상호작용에 대한 이해는 생물학적 관점에서 허용하는 통찰력이 확실히 갱신될 만한 중대한 연구 분야이다. 오늘날 인간은 수억 명의 개인으로 구성된 사회에 통합되어 있다. 그들은 수렵채집인 부족에서 생존할 수 있도록 선택된 생물학적 프로그램을 표현함으로써 행동한다. 공통된 의견은 학습과 조건화를 통해 현대인이 이 생물학적 프로그램을 완전히 관례적인 생활 규치으로 대체했다는 것이다. 언어의 예는 이 아이디어를 의심하게 만들 것이다. 어떤 법이나 가르침도 대화에서 언어를 사용하는 기술과 방식을 규정하지 않는다. 우리는 조상들이 라스코 동굴에서 프레스코화를 그렸을 때 했던 것과 똑같이 말한다. 이 책에서 나는 언어가 우리의 생물학적 본성의 한 구성 요소임을 보여주면서 언어를 '자연화'하려고 노력했다. 이 작업이 계속되고 확대되기를 고대한다.

참고문헌

AIELLO, L. C. (1996). "Terrestriality, bipedalism and the origin of language". *Proceedings of the British Academy, 88,* 269–289.

AURIOL, J-B. (1999). *Modélisation du sujet humain en situation de résolution de problème, basée sur le couplage d'un formalisme logique et d'un formalisme d'opérateur.* Paris : Thèse de doctorat- ENST.

AUSTIN, J. L. (1962). *Quand dire, c'est faire.* Paris : Seuil (How to do things with words, Oxford University Press), ed. 1970.

AXELROD, R. (1984) *The Evolution of Cooperation.* New York : Basic Books.

AXELROD, R. & HAMILTON, W. D. (1981). "The evolution of cooperation". *Science, 211,* 1390–1396.

BARONE, R. (1976). *Anatomie comparée des mammifères domestiques.* Paris : Vigot.

BERGSON, H. (1940). *Le rire – Essai sur la signification du comique.* Paris : Presses universitaires de France.

BICKERTON, D. (1990). *Language and Species.* Chicago : University of Chicago Press.

BICKERTON, D. (1995). *Language and human behavior.* London : UCL Press.

BICKERTON, D. (1998). "Catastrophic evolution: the case for a single step from protolanguage to full human language". In J. R. Hurford, M. Studdert-Kennedy & C. Knight (eds), *Approaches to the Evolution of Language – Social and*

Cognitive Bases. Cambridge : Cambridge University Press, 341-358.

BONNER, J. T. (1980). *The evolution of culture in animals.* New Jersey : Princeton University Press, ed. 1983.

BOUSQUET, O. (1999). *Pertinence et probabilité.* Paris : Mémoire de projet, ENST.

BRENOT, P. (1984). "Langage et hominisation". *Revue de phonétique appliquée*(71/72), 217-225.

CALL, J., HARE, B. & TOMASELLO; M. (1998). "Chimpanzee gaze following in an object choice task". *Animal Cognition, 1*, 89-100

CARBERRY, S. (1988). "Modeling the user's plans and goals". *Computational Linguisitics, 14*(3), 23-37.

CARPENTER, M., NAGELL, K. & TOMASELLO, M. (1998). "Social cognition, joint attention, and communicative competence from 9 to 15 months of age". *Monographs of the Society for Research in Child Development, 255*(63), 1-143.

CARRÉ, R. (1996). "Prediction of vowel systems using a deductive approach". In *Proceedings of the Internal Congress on speech and language processing.* Philadelphia : 434-437.

CARSTAIRS-McCARTHY, A. (1998). "Synonymy avoidance, phonology and the origin of syntax". In J. R. Hurford, M. Studdert-Kennedy & C. Knight (eds), *Approaches to the Evolution of Language - Social and Cognitive Bases.* Cambridge : Cambridge University Press, 279-296.

CAVALLI-SFORZA, L. (1999). "Des gènes, des peuples et des langues". In *Les langues du monde.* Paris : Bibliothèque Pour la Science, 52-59.

CHARBONNIER, G. (1961). *Entretiens avec Claude Lévi-Strauss.* Paris : Agora, Pocket, ed. 1969.

CHENEY, D. L. & SEYFARTH, R. M. (1988). "Assessment of meaning and the detection of unreliable signals by vervet monkeys". *Animal behaviour, 36*, 477-486.

CHENEY, D. L. & SEYFARTH, R. M. (1990). *How monkeys see the world: inside the mind of another species.* Chicago : Chicago University Press.

CHOMSKY, N. (1968). *Le langage et la pensée* (Language and mind). Paris : Payot.

CHOMSKY, N. (1975). *Réflexions sur le langage.* Paris : Flammarion.

CHOMSKY, N. (1981). "A naturalistic approach to language and cognition". *Cognition and Brain Theory, IV*(I), 1-22.

CHOMSKY, N. (1995). *The minimalist program.* Cambridge, MA : M.I.T. Press.

CHOMSKY, N. & HALLE, M. (1968). *The sound pattern of English.* Cambridge (MA): M.I.T. Press, ed. 1991.

CONNOR, R. C., HEITHAUS, M. R. & BARRE, L. M. (1999). "Superalliance of bottlenose dolphins". *Nature, 397*, 571-572.

COPPENS, Y. (1983). *Le singe, l'Afrique et l'homme.* Paris : Fayard.

CORBALLIS, M. C. (1991). *The Lopsided ape: evolution of the generative mind.* Oxford : Oxford University Press.

COWPER, E. A. (1992). *A Concise Introduction to Syntactic Theory: The Government-Binding Approach.* Chicago : University of Chicago Press.

CRAIN, S. (1991). "Language Acquisition in the Absence of Experience". *Behavioral and Brain Sciences, 14,* 591–650.

CROTHERS, J. (1978). "Typology and universals of vowel systems". In J.H. Greenberg, C.A. Ferguson & E. A. Moravcsik (eds), *Universals of human language.* Vol. 2: phonology. Stanford : Stanford University Press, 93–152.

DARWIN, C. (1859). *L'origine des espèces.* Verviers (Belg.) : Marabout université, ed. 1973.

DARWIN, C. (1871). *The descent of man.* Princeton : Princeton University Press, ed. 1981.

DARWIN, C. (1872). *Expression of the Emotions in Man and Animals.* Chicaco : University of Chicago Press, ed. 1965.

DAWKINS, R. (1976). *Le gène égoïste.* Editions Menges, ed. 1978.

DE DUVE, C. (1995). *Poussière de vie – Une histoire du vivant.* Paris : Fayard, ed. 1996.

DE WAAL, F. B. M. (1982). *Chimpanzee politics: power and sex among apes.* Baltimore : The John Hopkins University Press, ed. 1989.

DEACON, T. W. (1992). "Brain-language coevolution". In J. A. Hawkins & M. Gell-Mann (eds), *The evolution of human languages.* Santa Fe Institute – Proceedings Volume XI – Addison-Wesley, 49–83.

DEACON, T. W. (1997). *The symbolic species.* New York : W.W. Norton & Co.

DEHAENE, S. (1997). *La bosse des maths.* Paris : Odile Jacob.

DESCLÉS, J-P: (1990). "State, event, process and topology". *General linguistics, 29*(3), 159– 200.

DESSALLES, J-L. (1985). "Stratégies naturelles d'acquisition des concepts". *Actes du colloque COGNITIVA 85.* Paris : CESTA, 713–719.

DESSALLES, J-L. (1992). *Les contraintes logiques des conversations spontanées.* Paris : Rapport technique TELECOM–Paris 92–D–011.

DESSALLES, J-L. (1996a). *L'ordinateur génétique.* Paris : Hermès.

DESSALLES, J-L. (1996b). "Pourquoi est-on, ou n'est-on pas, pertinent ?" *Communication et Langages*(101), 69–80.

DESSALLES, J-L. (1998a). "The interplay of desire and necessity in dialogue". In J. Hulstijn & A. Nijholt (eds), *Formal semantics and pragmatics of dialogue.* Enschede : University of Twente, TWLT-13, 89–97.

DESSALLES, J-L. (1998b). "Altruism, status, and the origin of relevance". In J. R. Hurford, M. Studdert-Kennedy & C. Knight (eds), *Approaches to the Evolution of Language - Social and Cognitive Bases*. Cambridge : Cambridge University Press, 130-147.

DESSALLES, J-L. (1999). "Coalition factor in the evolution of non-kin altruism". *Advances in complex systems, 2*(2), 143-172.

DESSALLES, J-L. (2000). "Language and hominid politics": In C. Knight, M. Studdert Kennedy & James Hurford (eds), *The evolutionary emergence of language: social function and the origins of linguistic form*. Cambridge : Cambridge University Press.

DIXON, R. M. W. (1972). *The Dyirbal language of North Queensland*. Cambridge : Cambridge University Press.

DONALD, M. (1998). "Mimesis and the executive suite: missing links in language evolution". In J. R. Hurford, M. Studdert-Kennedy & C. Knight (eds), *Approaches to the Evolution of Language - Social and Cognitive Bases*. Cambridge : Cambridge University Press, 44-67.

DUNBAR, R. I. M. (1993). "Coevolution of neocortical size, group size and language in humans". *Behavioral and Brain Sciences, 16*(4), 681-735.

DUNBAR, R. I. M. (1996). *Grooming, gossip, and the evolution of language*. Cambridge, MA : Harvard University Press.

DUNBAR, R. I. M. (1998). "Theory of mind and the evolution of language". In J. R. Hurford, M. Studdert-Kennedy & C. Knight (eds), *Approaches to the Evolution of Language - Social and Cognitive Bases*. Cambridge : Cambridge University Press, 92-110.

DURAND, J. (1990). *Generative and non-linear phonology*. London : Longman.

EIBL-EIBESFELDT, I. (1967). *Ethologie - Biologie du comportement*. Paris : Naturalia et Biologia ed. scientifiques, ed. 1977.

ENCREVÉ, P. (1988). *La liaison avec et sans enchaînement*. Paris : Le Seuil.

EPSTEIN, R., LANZA, R. P. & SKINNER, B. F. (1980). "Symbolic Communication Between Two Pigeons". *Science, 207*(1), 543-545.

FODOR, J. A., GARRETT, M. F., WALKER, E. C. T. & PARKES, C. H. (1980). "Against Definitions". *Cognition, 8*, 263-367.

GARDNER, R. A. & GARDNER, B. T. (1992). "Early signs of language in cross-fostered chimpanzees". In J. Wind, B. Chiarelli & B. Bichakjian (eds), *Language origin: a multidisciplinary approach*. Dordrecht : Kluwer Academic Publishers, 351-381.

GENETTE, G. (1983). *Nouveau discours du récit*. Paris : Seuil.

GOLDBERG, D. E. (1989). *Genetic algorithms in search, optimization and machine learning*. Reading, MA : Addison Wesley Publishing Company.

GOODALL, J. (1971). *In the Shadow of man*. Boston : Houghton Mifflin Company, ed. 1988.

GOULD, S. J. & ELDREDGE, N. (1977). "Punctuated equilibria : the tempo and mode of evolution reconsidered". *Paleobiology*, *3*, 115-151.

GOULD, S. J. & LEWONTIN, R. C. (1979). "The spandrels of San Marco and the Panglossian program: a critique of the adaptationist program". *Proceedings of the Royal Society of London*, *205*, 281-288.

GOULD, S. J. (1980). *Le pouce du panda*. Paris : Grasset, ed. 1982.

GOULD, S. J. (1996). *Full house - The spread of excellence from Plato to Darwin*. New York : Three Rivers Press.

GRAU, B., SABAH, G. & VILNAT, A. (1994). "Pragmatique et dialogue homme-machine". TSI, 13(1), 9-30.

GROSZ, B. J. & SIDNER, C. L. (1986). "Attention, intentions, and the structure of discourse". *Computational Linguisitics*, *12*(3), 175-204.

GRUBER, J. S. (1965). *Lexical structures in syntax and semantics*. Amsterdam : North Holland, ed. 1976.

GRUMBACH, A. (1994). *Cognition artificielle - Du réflexe à la réflexion*. Paris : Addison Wesley.

HAEGEMAN, L. (1991). *Introduction to government and binding theory*. Oxford : Blackwell, ed. 1994.

HAGÈGE, C. (1985). *L'homme de paroles*. Paris : Fayard.

HAMILTON, W. D. (1964). "The genetical evolution of social behavior". *The Journal of Theoretical Biology*, *7*, 1-16.

HAMILTON, W. D. (1972). "Altruism and related phenomena, mainly in social insects". *Annual Review of Ecology and Systematics*, *3*, 192-232.

HAUSER, M. D. (1996). *The evolution of communication*. Cambridge, MA : M.I.T Press.

HEWES, G. (1992). "History of glottogonic theories". In J. Wind, B. Chiarelli & B. Bichakjian (eds), *Language origin: a multidisciplinary approach*. Dordrecht : Kluwer Academic Publishers, 3-20.

HICKOK, G., BELLUGI, U. & KLIMA, E. S. (1998). "The neural organization of language: evidence from sign language aphasia". *Trends in cognitive sciences*, *2*(4).

JACKENDOFF, R. (1990). *Semantic structures*. Cambridge, MA : M.I.T. Press.

JACKENDOFF, R. (1983). *Semantics and cognition*. Cambridge, MA : M.I.T. Press, ed. 1995.

JACKENDOFF, R. (1999). "Possible stages in the evolution of the language capacity". *Trends in cognitive sciences*, *3*(1), 272-279.

JACOB, F. (1970). *La logique du vivant - une histoire de l'hérédité.* Paris : Gallimard.

KAYE, J. D. & LOWENSTAMM, J. (1984). "De la syllabicité". In F. Dell, D. Hirst & J-R. Vergnaud (eds), *Forme sonore du langage - Structure des représentations en phonologie.* Paris : Hermann, 123-159.

KEGL, J., SENGHAS, A & COPPOLA, M. (1999). "Creation through Contact: Sign Language Emergence and Sign Language Change in Nicaragua". In M. DeGraff (ed), *Language Creation and Language Change.* Cambridge, MA : M.I.T. Press, 179-237.

KIRCHNER, W. H. & TOWNE, W. F. (1994). "The sensory basis of the honeybee's dance language". *Scientific American, juin.*

KNIGHT, C. (1991). *Blood relations - Mentruations and the origins of culture.* London : Yale University Press.

KNIGHT, C., POWER, C. & WATTS, I. (1995). "The human symbolic revolution: a Darwinian account". *Cambridge Archeological Journal, 5*(1), 75-114.

KREBS, J. R. & DAWKINS, R. (1984). "Animal signals: mind-reading and manipulation". In J. R. Krebs & N.B. Davies (eds), *Behavioural ecology - An evolutionary approach*(second ed.). West Sussex : Blackwell Scientific Publications, 380-405.

LAKOFF, G. & JOHNSON, M. (1980). *Metaphors we live by.* Chicago : The University of Chicago Press.

LAKOFF, G. & NÚÑEZ, R. (2000). *The Infinity Blues: How the Embodied Mind Brings Mathematics into Being.* New York : Basic Books.

LANGANEY, A. (1999). "La génétique des populations à l'appui de la linguistique". In *Les langues du monde.* Paris : Bibliothèque Pour la Science, 60-63.

LARSON, R. (1988). "On the double object construction". *Linguistic inquiry, 19,* 335-391.

LEROY-GOURHAN, A. (1965). *Le geste et la parole.* Paris : Albin-Michel.

LEWIN, R. (1999). *Human evolution.* Malden, MA : Blackwell.

LEWONTIN, R. C. (1987). "The shape of optimality". In J. Dupré (ed), *The latest on the best: Essays on evolution an optimality.* Cambridge, MA : M.I.T. Press, ISI-159.

LIEBERMAN, P. (1984). *The biology and evolution of language.* Cambridge, MA : Harvard University Press.

LIEBERMAN, P. (1992). "On the evolution of human language". In J. A. Hawkins & M. GellMann (eds), *The evolution of human languages.* Santa Fe Institute - Proceedings Volume XI - Addison-Wesley, 21-47.

LIGHTFOOT, D. (1991). *How to set parameters.* Cambridge, MA : M.I.T. Press.

LINDBLOM, B. (1998). "Systemic constraints and adaptive change in the formation of sound structure". In J. R. Hurford, M. Studdert-Kennedy & C. Knight (eds), *Approaches to the Evolution of Language - Social and Cognitive Bases.* Cambridge, MA : Cambridge University Press.

LORENZ, K. (1965). *Essais sur le comportement animal et humain.* Paris : Seuil, ed. 1970.

LORENZ, K. (1978). *Vergleichende Verhaltensforshung - Grundlagen der Ethologie.* Wien : Springer Verlag.

LOT, F. (1956). *Les jeux du hasard et du génie - Le rôle de la chance dans la découverte.* Paris : Pion.

MACNEILAGE, Peter F. (1998). "Evolution of the mechanism of language output: comparative neurobiology of vocal and manual communication". In J. R. Hurford, M. Studdert-Kennedy & C. Knight (eds), *Approaches to the Evolution of Language - Social and Cognitive Bases.* Cambridge : Cambridge University Press, 222-241.

MADDIESON, I. (1984). *Patterns of sounds.* Cambridge : Cambridge University Press.

MALHERBE, M. (1983). *Les langages de l'humanité.* Paris : Seghers.

MARTINET, A. (1967). *Eléments de linguistique générale.* Paris : Armand Collin, ed. 1969.

MATSUZAWA, T. (1994). "Field experiments on use of stone tools by chimpanzees in the wild". In R. W. Wrangham, W. C. McGrew & Frans B.M. de Waal (eds), *Chimpanzee cultures.* Cambridge, MA : Harvard University Press, 351-370.

MATTHEWS, P. H. (1974). *Morphology.* Cambridge, MA : Cambridge University Press, ed. 1991.

McLAUGHIN, W. (1994). "Resolving Zeno's paradoxes". *Scientific American, nov.,* 66-71.

McNEILL, D. (1992). *Hand and the mind. What gestures reveal about thought.* Chicago : University of Chicago Press.

MEHLER, J. & DUPOUX, E. (1990). *Naître humain.* Paris : Editions Odile Jacob, ed. 1995.

MECHELSEN, A. (1998). "Danse techno chez les abeilles". *La Recherche, 310,* 52-56.

MONOD, J. (1970). *Le hasard et la nécessité.* Paris : Seuil.

MUHLENBACH, F. (1999). *Pertinence des énoncés portant sur des événements improbables.* Paris : Mémoire de DEA de Sciences Cognitives, EHESS-Paris VI-CREA.

NOBLE, W. & DAVIDSON, I. (1996). *Human evolution, language and mind.* Cambridge : Cambridge University Press.

NÚÑEZ, R. (1994). "Cognitive Development and Infinity in the Small: Paradoxes and Consensus", In A. Ram & K. Eiselt (eds), *Proceedings of the Sixteenth Annual Conference of the Cognitive Science Society.* Hillsdale, NJ : Lawrence Erlbaum Associates, 670-674.

PELEGRIN, J. (1990). "Prehistoric Lithic Technology : Sorne Aspects of Research". *Archeological Review from Cambridge, 9*(1), 116-125.

PIAGET, J. (1967). *Biologie et connaissance.* Paris : Gallimard.

PIAGET, J. (1932). *Le jugement moral chez l'enfant.* Paris : P.U.F., ed. 1969.

PIAGET, J. & INHELDER, B. (1947). *La représentation de l'espace chez l'enfant.* Paris : P.U.F., ed. 1972.

PIAGET, J. & INHELDER, B. (1951). *La genèse de l'idée de hasard chez l'enfant.* Paris : P.U.F., ed. 1974.

PIAGET, J. (1976). *Le comportement, moteur de l'évolution.* Paris : Gallimard.

PIATTELLI-PALMARINJ, M. (1979). *Théories du langage - Théories de l' apprentissage.* Paris : Seuil.

PIATTELLI-PALMARINI, M. (1989). "Evolution, selection and cognition: From 'learning' to parameter setting in biology and in the study of language". *Cognition, 31,* 1-44.

PINKER, S, & BLOOM, P. (1990). "Natural language and natural selection". *Behavioral and Brain Sciences, 13*(4), 707-784.

PINKER, S. (1994). *The language instinct.* New York : Harper Perennial, ed. 1995.

PIRELLI, V. & YVON, F. (1999). "The hidden dimension : a probe paradigmatic view of data driven NLP". *Journal of Experimental and Theoretical Artificial Intelligence, 11,* 391-408.

POLLOCK, J-Yves (1997). *Langage et cognition: introduction au programme minimaliste de la grammaire générative.* Paris : P.U.F..

PREMACK, D. & PREMACK, A. J. (1983). *L'esprit de Sarah.* Paris : Fayard, ed. 1984.

PRINCE, A. & SMOLENSKY, P. (1993). *Optimality Theory - Constraint interaction in generative grammar- RUCCS technical report# 2.* Piscataway : Rutgers University.

PYLYSHYN, Z. W. (1980). "Computation and cognition: issues in the foundations of cognitive science". *Behavioral and Brain Sciences, 3,* 111-169.

RADFORD, A. (1997). *Syntax: a minimalist introduction.* Cambridge : Cambridge University Press.

RUHLEN, M. (1994). *The origin of language. Tracing the evolution of the mother tongue.* New York : John Wiley & Sons.

SAVAGE-RUMBAUGH, D.M., SAVAGE-RUMBAUGH, E. S. & SEVICK, R. A. (1994). "Biobehavioral roots of language - A comparative perspective of chimpanzee, child, and culture". In R. W. Wrangham, W. C. McGrew & Frans B.M. de Waal (eds), *Chimpanzee cultures*. Cambridge, MA : Harvard University Press, 319-334.

SAVAGE-RUMBAUGH, E. S. & LEWIN, R. (1994). *Kanzi: the ape at the brink of the human mind*. New York : John Wiley & Sons.

SEARLE, J. R. (1969). *Les actes de langage - Essai de philosophie du langage*. Paris : Hermann (Speech Acts, Cambridge University Press), ed. 1972.

SHANNON, C.E. (1948). "Mathematical Theory of Communication". *Bell Systems Technical Journal, 27*, 379-423, 623-656.

SPERBER, D. & WILSON, D. (1986). *Relevance : Communication and Cognition*. Oxford : Blackwell, ed. 1995.

STUDDERT-KENNEDY, M. (1998). 'The particulate origins of language generativity: from syllabe to gesture". In J. R. Hurford, M. Studdert-Kennedy & C. Knight (eds), *Approaches to the Evolution of Language - Social and Cognitive Bases*. Cambridge : Cambridge University Press, 202-221.

TALMY, L. (1988). "Force dynamics in language and thought". Cognitive Science, 12, 49-100.

TANNEN, D. (1984). *Conversational Style -Analyzing Talk Among Friends*. Norwood : Ablex Publishing Corporation.

TRIVERS, R. L. (1971). 'The evolution of reciprocal altruism". *The Quaterly Review of Biology, 46*, 35-57.

TVERSKY, A. & KAHNEMAN, D. (1974). "Judgement under uncertainty: heuristics and biases". *Science, 185*, 1124-1131.

TVERSKY, A. & KAHNEMAN, D. (1983). "Extensional Versus Intuitive Reasoning: The Conjunction Fallacy in Probability Judgment". *Psychological Review, 90*(4), 293-315.

ULBAEK, I. (1998). "The origin of language and cognition". In J. R. Hurford, M. Studdert Kennedy & C. Knight (eds), *Approaches to the Evolution of Language - Social and Cognitive Bases*. Cambridge : Cambridge University Press.

VAN VALIN, R. D. & LAPOLLA, R. J. (1997). *Syntax. Structure, meaning and function*. Cambridge : Cambridge University Press.

VARELA, F. (1988). *Invitation aux sciences cognitives*. Paris : Seuil, ed. 1996.

VICTORRI, B. (1999). "Débat sur la langue mère". In *Les langues du monde*. Paris : Bibliothèque Pour la Science, 37-42.

VICTORRI, B. & FUCHS, C. (1996). *La polysémie - Construction dynamique du sens*. Paris : Hermès.

VON FRISCH, K. (1967). *The dance language and orientation of bees*. Cambridge,

MA : Harvard University Press.

WILLIAMS, G. C. (1966). *Adaptation and natural selection: a critique of some current evolutionary thought*. Princeton : Princeton University Press.

WORDEN, R. (1998). "The evolution of language from social intelligence". In J. R. Hurford, M. Studdert-Kennedy & C. Knight (eds), *Approaches to the Evolution of Language – Social and Cognitive Bases*. Cambridge : Cambridge University Press, 148-166.

WRANGHAM, R. W., McGREW, W. C., DE WAAL, F. B. M., HELTNE, P. G. (1994). *Chimpanzee cultures*. Cambridge, MA : Harvard University Press.

YVON, F. (1996). *Prononcer par analogie: motivation, formalisation et évaluation*. Paris : Thèse de doctorat, ENST 96 E 015.

ZAHAVI, A. (1995). "Altruism as a handicap – the limitations of kin selection and reciprocity". *Journal of Avian Biology, 26*(1), 1-3.

ZAHAVI, A. & ZAHAVI, A. (1997). *The handicap principle*. New York : Oxford University Press.

역자 후기

    20년 가까이 언어학의 이모저모를 탐색하고 가르쳐오면서 이 분야의 지평을 넓힐 새로운 시각이 없는지 늘 살펴보고는 한다. 하지만 이 책과의 만남은 역자들의 적극적인 탐색과는 거리가 있는 우연한 기회에 이루어졌다. 대학 시절에 의미론 과목을 배웠던 은사님께서 은퇴하신 지 십수 년이 지난 어느 날, "이 선생, 이 책 좀 읽어봐. 내가 조금만 더 젊었어도 이 분야 공부를 다시 시작하고 싶네." 하시며 건넸던 책이 바로 장-루이 데살의 『말의 자연사』였다. 지금껏 매년 80권 정도의 원서를 읽으신다는 선생님의 말씀에, 제자들에게 여전히 본이 되는 스승을 두어 복이 많다고 생각했던 시간이 무색하게도 이 책은 다시금 책장에 갇힌 채 몇 년의 시간을 보냈다. 선뜻 완독을 다짐하지 못했던 것은 이 책이 넘나드는 영역의 방대함과 도대체 서로 엮일 것 같지 않은 이질적인 이론들의 융합, 그리고 이를 풀어가는 논리 관계의 생경함 때문이었다. 하지만, 역설적으로 번역을 결심하게 된 계기도 동일한 이유 때문이다. 방대한 지적 성찰 곳곳에 숨겨져 있는 창의적인 의외성과 체계적인 통합 과정을 따라가면서, 이를 통해 언어학적 상상력에 기분 좋은 자극을 받을 수 있었다.

인지언어학자이자 언어공학자인 장-루이 데살은 진화생물학과 동물행동학, 언어학의 제 영역인 형태·통사·의미·화용론, 그리고 심리학과 철학을 아우르며 인류가 어떻게 언어 능력을 발달시켜왔는지를 탐색한다. 크게 세 부분으로 구성된 이 책은 1부에서 동물의 언어와 근본적으로 다른 인간의 언어 능력을 생물학 및 진화론의 관점에서 살피고 있다. 저자는 인간의 언어 능력을 후두의 하강이나 두뇌 용량 증대에 따른 지능의 결과로 보거나 역으로 지성의 발달을 야기한 촉매로 보는 가설을 비판하면서, 이중 어떠한 것도 어떻게 인간이 지속적으로 언어를 발달시켰는지를 설명하지 못한다고 지적한다. 또한 진화론의 관점에서, 언어가 선택압에 의한 점진적이고 방향성이 있는 진화(소진화)의 산물이라는 가설과 우발적인 돌연변이에 따른 급진적 진화(대진화)의 산물이라는 상반된 주장도 모두 언어 출현 및 인간의 소통 행위에 대한 필연성을 설명하는 데 한계가 있음을 밝히고 이를 통합하는 새로운 관점의 질문을 던진다. '말의 기능적 해부학'이라고 제목 붙인 2부는 통사 기능과 의미 기능의 탄생 과정을 매우 심도 있게 다룬다. 특히, 선-언어에서 원시 언어로, 그리고 원시 언어에서 인간 언어로 넘어가면서, 의미 구조화의 방식에 통사적 기제가 어떤 역할을 수행하는지 증명하는 부분은 이 책의 가장 독창적인 부분 중 하나라고 할 수 있다. 이 책의 마지막 3부는 의사소통이라는 사회적 행동을 다시금 적자생존이라는 진화 경향성에 적용해 설명한다. 나의 생존 또는 내 가족, 내 부족의 이익을 위해서라면 정보를 다른 이들에게 전달하는 것보다 나/우리만 알고 있는 것이 생존율을 훨씬 높일 텐데, 왜 인간은 끊임없이 정보를 공유할 뿐만 아니라 뚜렷한 목적이 없는 잡담 행위를 매일매일 이어가는가 하는 역설을 설명하고자 한다. 더구나 거짓말하는 자와 사기꾼의 존재, 새로운 정보를 얻는 데 치르는 비용 등은 언어가 정보 전달이라는 기능적 목표를 수행하는 데 방해가 되는 요소이다. 이러한 언어적 역설을 명성 이론, 동맹 등의 개념을 통해 해결하면서 저자는 화자의 리더십과 그 진실성에 대한 청자들의 규명과정 및 견제행위, 이를 통해 사회 안정성과 정치체계를 구축해가는 과정을 진화라는 커다란 틀 안에서 밝힌다. 역자의 요약적 설명 때문에 본서의 내용이 표피적인 이슈로 비칠까 염려가 앞선다. 하지만 이 책은 수많은 참고문헌과 거장의 이름이 빼곡하게 언급된, 단단하고 명쾌한 논증과 분석의 글이다. 이 책을 읽는 도중에 역자들이 그랬던 것처럼 독자들도 인간 언어의 생성, 발달 과정에 대해 경이롭고 즐거운 발견을 할 수 있기를 바란다.

데살은 이 책 이후에 고고인류학자 파스칼 피크, 인지언어학자 베르나르 빅토리와 더불어 언어의 기원을 다루는 또 한 권의 책을 냈다. 그것이 더 최근의 저서지만, 다루는 범위와 깊이 면에서 본서가 앞선다고 판단했다. 번역한 책은 프랑스 Hermes Science Publications에서 2000년에 발간된 *Aux origines du langage. Une histoire naturelle de la parole*이다. 영어판이 Oxford University Press에서 2007년에 *Why we talk. The Evolutionary Origins of Language*라는 제목으로 출간되었고 필요한 경우에 영어판을 참고했다. 전문용어에 대하여 원어를 병기할 필요가 있을 때는 원본이 프랑스어이지만 프랑스어를 알지 못하는 독자들을 위하여 주로 영어로 표기하였으며, 인명 등의 고유명사는 해당 지역의 언어로 병기하였다. 예문은 필요에 따라서 프랑스어, 영어 등 다양하게 제시되어 있으며 영어 이외의 예문에는 해석을 붙였다. 또한 본문 중에 길게 인용된 문학작품의 경우는 아래의 번역서를 참고했음을 밝혀둔다.

『몰리에르 희곡선』, 몰리에르 지음, 민희식 옮김, 범우사, 1987/2007.
『헨리 5세』, 윌리엄 셰익스피어 지음, 최경희 옮김, 동인, 2014.

이 책이 빛을 보기까지 여러 선생님들의 격려와 도움이 있었다. 번역서 지원사업을 통해서 번역의 기회를 제공해준 인천대 인문학연구소, 복잡한 전문용어와 개념들로 인해 상대적으로 높은 진입장벽을 가진 언어학 분야의 서적임에도 불구하고 그 중요성과 필요성을 동감하고 지속적으로 작업을 이끌어주신 노지승 소장님과 정현경 연구원님, 그리고 정성스럽게 매 문장을 다듬고 교정한 황도옥, 김윤하 선생님, 세밀한 편집과 출간에 힘써주신 교유서가의 신정민 대표님께 깊은 감사를 표한다. 끝으로 이 책을 역자들의 손에 쥐여주시고 머리 희끗한 제자들의 연구를 지금까지도 북돋아주시는 이정 선생님께 지극한 존경과 감사의 마음을 바친다.

2022년 겨울
인천 송도에서
역자를 대표하여 이현주 씀

찾아보기

INU 번역 총서 이어(異語)

번역 총서 이어는 서로 다른 언어들을 이어주고 연결해주는 인천대 인문학연구소의 새로운 번역 프로젝트이다. 본 프로젝트를 통해 여러 언어로 된 텍스트들이 학인들 사이를 경계 없이 유동하면서 자유와 해방의 기획으로 거듭나기를 기대해본다.

지은이 　**장-루이 데살** Jean-Louis Dessalles

파리 전기 통신 그랑제콜(Télécom Paris) 교수. 인공지능과 같은 공학적 도구로 언어 및 추론과 관련된 인간 지성을 연구하며, 인지과학, 의사소통 및 언어 진화에 대한 다수의 논문과 저서를 영어와 프랑스어로 발표했다. 대표 저서로는 『매우 인공적인 지능 *Des intelligences TRES artificielles*』(2019), 『언어의 기원들*Les origines du langage*』(공저, 2010), 『관여성과 그 인지적 기원*La pertinence et ses origines cognitives*』(2008), 『유전학적 컴퓨터*L'ordinateur génétique*』(1996) 등이 있다.

옮긴이 　**박정준**

연세대학교에서 불어불문학 학사, 석사 학위를, 프랑스 파리7대학교에서 언어학 박사학위를 취득했다. 프랑스 국립동양어대학교(INALCO) 초빙교수를 지낸 후 현재 인천대학교 불어불문학과 교수로 재직중이다.
주요 논문으로는 「프랑스어 일반 명사의 의미 특성과 형식 의미론을 통한 하위 분류」 「프랑스어 은유 표현과 환유 표현의 분석」 「언어를 통한 사물과 사건의 표상」 「등가를 통한 번역의 이론과 구성 요소 분석」 등이 있으며, 저서로는 『언어와 세계의 구조』 (2014), 역서로는 『파피루스에서 하이퍼텍스트로』(2013)가 있다.

이현주

연세대학교에서 불어불문학 학사, 석사 학위를, 프랑스 파리7대학교에서 언어학 박사학위를 취득했다. 현재 인천대학교 불어불문학과 교수로 재직중이다. 어휘론, 사전학이 주된 연구 분야이며 전문어휘의 대중화나 공공성에 대해서도 지속적으로 탐구하고 있다. 주요 논문으로는 「史적 언어에 대한 私적인 서사-『프랑스어 역사 사전』에 대하여-」 「사전에서의 의미 구분 및 배열 방법론 연구」 「공공언어의 전문성, 전문용어의 공공성」 「지식 대중화와 전문용어」 등이 있으며, 저서로는 『전문 용어 연구』(공저, 2007), 『공공언어의 사회철학』(공저, 2021) 등이 있다.

말의 자연사
언어의 기원

초판 1쇄 인쇄 2022년 12월 21일
초판 1쇄 발행 2022년 12월 28일

지은이 장-루이 데살
옮긴이 박정준 이현주

편집 황도옥 이희연 김윤하 | 디자인 이정민 | 마케팅 배희주 김선진
브랜딩 함유지 함근아 김희숙 고보미 박민재 박진희 정승민
저작권 박지영 형소진 이영은 김하림
제작 강신은 김동욱 임현식 | 제작처 천광인쇄사

펴낸곳 ㈜교유당 | 펴낸이 신정민
출판등록 2019년 5월 24일 제406-2019-000052호

주소 10881 경기도 파주시 회동길 210
전화 031.955.8891(마케팅) | 031.955.2680(편집) | 031.955.8855(팩스)
전자우편 gyoyudang@munhak.com

인스타그램 @gyoyu_books | 트위터 @gyoyu_books | 페이스북 @gyoyubooks

ISBN 979-11-92247-96-0 93700